DIE LEBENSKRAFT DES
# MONDES

# ROSWITHA BROSZATH
## RITA STIENS

# DIE LEBENSKRAFT DES
# MONDES

### WIE DER MOND UNSER LEBEN,
### UNSERE GEFÜHLE UND
### DIE GESUNDHEIT BEEINFLUSST

SÜDWEST

2. Auflage
1994 © by Südwest Verlag GmbH & Co. KG, München
Redaktionsleitung: Renate Weinberger
Umschlaggestaltung: Heinz Kraxenberger, München
Layout, Satz: Kraxenberger DTP, München
Illustrationen: Sabine Paul, München
Druck und Bindung: Legoprint, Vicenza
Printed in Italy
Gedruckt auf chlor- und säurefreiem Papier

ISBN 3-517-01495-8

# INHALT

# VORWORT

## Ein wichtiger Begleiter durchs Leben: Der Mond

Von Neumond zu Neumond zieht er seine Bahn und durchläuft dabei in etwa 28 Tagen alle zwölf Zeichen des Tierkreises, vom Widder bis zu den Fischen. Sichtbar ist das Licht des Mondes, aber viele spüren auch die Impulse, die Energien, die für Natur und Mensch von ihm ausgehen. Bei Vollmond hellwach und emotional bis in die Fingerspitzen aufgeladen, bei Neumond frisch und voller Tatendrang – vor allem Frauen wissen oft aus eigener Erfahrung, wie sehr der Mond auch ein »Stimmungs-Barometer« ist. Wann was pflanzen? Wann klärende Gespräche führen? Wann eine Diät beginnen? Um diese und viele andere Fragen geht es im 1. Kapitel dieses Buches. »Vom rechten Zeitpunkt nach den Mondphasen« zu leben soll aber keineswegs bedeuten, alles Tun und Handeln allein nach dem Mondkalender auszurichten. Dieses Buch will etwas anderes, nämlich eine Anregung sein, sich selbst besser kennenzulernen, um mit den Energien des Mondes und der Mondphasen zu »fließen«. Um diese Energien bestmöglich für sich zu nutzen. Ganz wichtig: Es ist in diesem Buch viel von Sternzeichen die Rede, aber es geht nicht um Ihr Sternzeichen, es geht nicht darum, ob Sie (nach der üblichen Sonnenstandsastrologie) im Zeichen des Widders, des Krebses, des Skorpions usw. geboren wurden. In diesem Buch geht es um:

1. Den ständigen Lauf des Mondes durch die Tierkreiszeichen (siehe Mondkalender). Dabei wechselt er etwa alle zwei Tage von einem in das nächste. Um sich ein Bild von den dann wirksam werdenden Energien zu machen, ist es also sinnvoll, sich mit den einzelnen Mondphasen und mit dem Kapitel »Der Mondkalender und die Tierkreiszeichen« zu beschäftigen. Denn jede Mondphase, von Neumond über den Vollmond bis zur Mondfinsternis, wirkt anders auf die Natur, auf die Psyche und auf den Körper des Menschen. Und je nachdem, welches Tierkreiszeichen der Mond auf seiner Bahn durchläuft, sind wir unterschiedlich aktiv, ist das Interesse auf unterschiedliche Dinge gerichtet.

2. In welchem Tierkreiszeichen stand der Mond zum Zeitpunkt der Geburt? Die Tabellen, das auf einen Blick herauszufinden, und die sich daraus ergebenden Persönlichkeits-Prägungen machen den zen-

tralen Teil dieses Buches aus. Aus
gutem Grund: Da der Mond im
Horoskop die seelische Eigenart
symbolisiert, sind insbesondere
psychologische Analysen über
die Auswertung des Mond-
standes möglich.
Aber auch die Kapitel zu den
jeweiligen »Mond-Typen« sol-
len in erster Linie Anregung
und Hilfestellung sein, sich
selbst, seinem Wesen, seiner ge-
sundheitlichen Verfassung auf die
Spur zu kommen. Sie als Beschreibung
eines unabänderlichen »Schicksals« zu neh-
men hieße, sie – und die Astrologie generell – gründlich mißzuverste-
hen. Sie bezweifeln? Gerne. Denn gerade Zweifel führen oft zu wich-
tigen Erkenntnissen. »Schwere Belastungen meiner Mutter vor mei-
ner Geburt, dem war bestimmt nicht so«, reagierte eine Vorab-Leserin
auf ihre Mond-Analyse, »wir haben uns nie verstanden, das ist rich-
tig, aber warum sie mir gegenüber so kalt und abweisend war – ich
weiß es nicht.« Eigentlich nur um zu »beweisen«, daß zwischen den
Eltern zu der Zeit, als sie 1946 geboren wurde, alles in Ordnung war,
befragte sie erst die eine, dann eine zweite Tante. Und erfuhr nie Ge-
ahntes: Sie hörte von schlimmen Erlebnissen der Mutter. Von Erleb-
nissen, die vieles erklärten. Die es ihr schließlich sehr viel leichter
machten, das Verhalten der Mutter zu verstehen.

3. In den letzten Kapiteln geht es zunächst einmal um die »Heilkraft
der Edelsteine« für die einzelnen Tierkreiszeichen. So stärkt der Tür-
kis zum Beispiel die Heilkräfte des Wassermann-Geborenen, ver-
bessert der Rubin die geistige Beweglichkeit des Widders. Im an-
schließenden »Glossar« werden die Fachausdrücke und Therapie-
vorschläge erläutert.

# Wichtiger Hinweis

Die gesundheitlichen Betrachtungen und Anmerkungen in diesem Buch sollen hauptsächlich und insbesondere das Verständnis für die All-Einheit der Dinge vertiefen. Alles findet sich in allem wieder, ist Symbol oder Ebenbild der gleichen Energie. Ob Astrologie, Homöopathie oder Alchemie – alle Bilder drücken auf ihre Weise das gleiche aus. Ganz sicher soll mit diesem Buch nicht zur Selbstbehandlung animiert werden. Bei gesundheitlichen Problemen sollte unbedingt der Rat einer Fachfrau oder eines Fachmannes gesucht werden. Gerade in der Homöopathie ist eine Selbstbehandlung gar nicht möglich. Auch der professionelle Homöopath sucht in entsprechenden Situationen immer Hilfe von außen. Und die Astrologie verfehlt völlig ihren Sinn, wenn sie abhängig macht. Es geht nicht darum, alle Aktivitäten sklavisch nach dem Stand des Mondes oder dem Mondzeichen auszurichten. Die Energie zu verstehen und mit ihr zu fließen – das ist die Idee, die dieses Buch vermitteln will. Und auch das geht nicht immer. Wenn eine Blinddarmoperation ansteht, ist es Unsinn, auf den richtigen Mondstand zu warten. Dann gilt das Gebot der Stunde.

So ist es ratsam, immer weise zu entscheiden, ob ich mein Leben sinnvoll eingebunden in eine höhere Ordnung lebe oder mich nur von äußeren Impulsen – sinnentfremdet – bestimmen lasse.

# DER MOND IM A

- Was bei welchem Mondstand tun oder lassen? Antworten darauf werden in dem folgenden Kapitel gegeben.
- Doch wie sich orientieren?
- Wann ist Neumond oder Halbmond drittes Quartal?
- Wie läuft der Mond, und warum ist der Neumond zum Beispiel nicht zu sehen?

*Die Grund-orientierung:*

1. Es geht um drei Planeten: um die Erde, die Sonne und um den Mond. Steht die Erde zum Beispiel zwischen Sonne und Mond, ist Vollmond.

2. Doch der Mondzyklus beginnt nicht mit dem Voll-, sondern mit dem Neumond. Der knapp einen Monat lange Weg des Mondes führt also von Neumond zu Neumond, die Zeitmitte dazwischen ist Vollmond.

Bei Neumond steht der Mond zwischen Erde und Sonne – in Sonnennähe – und wird von der Sonne überstrahlt. Das ist der Grund dafür, warum man ihn nicht sieht.

# TAG

Zunehmend ist der Mond von der ersten schmalen Sichel (in der Zeichnung weiß) über den Halbmond erstes Quartal und den Dreiviertelmond (in der Zeichnung weiß).

Zunehmende Mondphasen

Zunehmender Mond

Halbmond 1. Quartal

Dreiviertelmond

Hat sich der Mond zur vollen Rundung entwickelt, ist Vollmond. Nun steht die Erde zwischen Sonne und Mond.

Vollmond

Abnehmend ist der Mond vom Viertelmond (in der Zeichnung dunkel) über den Halbmond drittes Quartal und den abnehmenden Mond (in der Zeichnung dunkel) bis zur Mondfinsternis

Abnehmender Mond

Viertelmond
(abnehmender Zyklus)

Halbmond 3. Quartal

Abnehmender Mond

Mondfinsternis, das heißt die Verdunkelung des Mondes durch den etwa dreimal so breiten Kernschatten der Erde, herrscht, wenn der Mond hinter der Erde steht – in der Verbindungslinie Sonne – Erde.

Mondfinsternis

In den Mondkalendern (Seite 32 bis Seite 41 ) ist auf einen Blick abzulesen, wann der Mond welche Phase seines Zyklus erreicht.

# DER RECHTE ZEITPUNKT

## DER MOND IST EINFÜHLUNG, INTUITION, GEFÜHL

*Die Kraft des Mondes – lange war das Wissen darüber verschüttet, nach und nach wird es wiederentdeckt. Und nicht nur in bezug auf die Natur, sondern auch in bezug auf die Gefühle, auf das Befinden des Menschen. Denn der Mond fördert nicht allein – je nach Mondphase – das Wachstum zum Beispiel von Pflanzen, er stärkt auch die menschliche Intuition, verhilft zu Einsichten, ebnet den Weg, dem Unbewußten näherzukommen.*

## Die Mondin – la luna – der Mond

*Durch das Zusammenspiel von Mond und Sonne, auch in der Position zur Erde, entstehen die uns allen vertrauten Mondphasen.*

Die Mondin: Sie ist die große Mutter, die Herrin über Geburt, Wachstum und Fruchtbarkeit. Die Mondin? La luna – in vielen Sprachen ist der Mond, was er ist, nämlich weiblich und nicht vermännlicht wie im Deutschen. Ist diese Vermännlichung, die ja auch einen Verlust von Vorbildern bedeutet, zum Beispiel den des Vorbilds »la luna« als Sinnbild der großen Mutter, einer der Gründe dafür, warum so viele Frauen Schwierigkeiten haben, die eigene Weiblichkeit zu bejahen, Weiblichkeit überhaupt zu definieren? Die Mondin und ihre Kräfte zu entdecken bedeutet in der Tat, ureigenste weibliche Energien wiederzuentdecken. Die Hinwendung zu den alten Göttinnen hilft, ein neues, positives Verständnis von Weiblichkeit zu entwickeln, deren Vorzüge und Möglichkeiten zu erkennen und zu leben.

## Das Wesen der Mondin

Erich Neumann schreibt: »Der Mond gehört als die Lichtseite der Nacht zur großen Göttin. Der Mond, oder besser die Mondin, ist ihre Erhöhung als Licht, als Ausdruck ihrer wesensmäßigen Geistnatur.« Sicher hatte die weibliche göttliche Ausdruckskraft viele Namen und Gestalten, die Mutter in ihrer reinsten Form aber ist die Mondin. Alle alten Religionen waren überwiegend auf den Mond ausgerichtet. Und die Mondgöttin hat viele Namen: Isis, Selene, Inanna, Levanah, Athene, Diane und Hekate. In dunkler Nacht schenkt die Mondin Licht, Weisheit, Klarheit und Trost. Ihr kühles Licht erfrischt nach der Hitze des Tages, wirkt regulierend und regenerierend. Weisheit erhalten wir auch durch unsere Träume. Die Mondin schenkt Visionen, tiefe Einsichten und fördert den Zugang zu unseren unbewußten Seiten. Esther Harding formuliert in ihrem Buch »Traummysterien«: »Man hielt die Mondgöttin meistens für die Quelle von Wissen und Weisheit. Die Griechen nannten die Weisheit die göttliche Sophia. Das Gewand der Isis, Göttin der Weisheit, verbarg die tiefste Offenbarung. Die Jungfrau Maria, der Mond (die Mondin) der christlichen Kirche, gilt als Trägerin der vollkommenen Weisheit.« Die Mondgöttin wurde in den unterschiedlichsten Kulturkreisen verehrt, angebetet und gerade von Frauen als Schutzgöttin und Helferin betrachtet.

# Sich am Mond orientieren

In der asiatischen Tradition, die nicht auf kausal-analytischem Denken basiert, sondern auf Synchronizität achtet und die der Intuition viel mehr Raum einräumt als der Rationalität, gilt noch heute der Mondkalender. Der altrömische Kalender richtete sich nach dem Mondlauf. Ostern und Pfingsten sind bewegliche Feiertage, die je nach Stand des Mondes wechseln. Die guten alten Bauernkalender haben sich stark am Mond orientiert. Da gibt es genaue Ratschläge, wann welches Gemüse am besten gepflanzt, bei welcher Mondphase es geerntet, gewaschen, geputzt oder eingekocht werden soll. Diese alten Überlieferungen, von manchem belächelt, gewinnen in heutiger Zeit wieder an Bedeutung. Selbst moderne Wissenschaftler erkennen zumindest bedingt den Einfluß des Mondes an. Viele Operateure verzichten zur Zeit des Vollmondes wegen der verstärkten Blutungsneigung auf eine Operation. Kriminalstatistiken zeigen, daß in Vollmondnächten die Zahl der Gewaltverbrechen ansteigt und ebenso die Zahl der Suizidversuche. Luna, das lateinische Wort für Mond, und lunatic, das englische Wort für Wahnsinn, haben die gleiche Wurzel. In der homöopathischen Praxis ist die Mondempfindlichkeit eines Patienten ein wichtiges Schlüsselsymptom für die Wahl des richtigen Konstitutionsmittels.

*Wenn Sonne und Mond sich an der gleichen Position befinden, entspricht das einer Konjunktion. Es ist Neumond.*

Die Mondin beeinflußt unsere Befindlichkeit und unsere Emotionen. In der Astrologie wird sie mit dem Prinzip der Weiblichkeit, der Mutter, und mit seelischer Eigenart, mit innerer Struktur, assoziiert. Sie ist Herrin der Gezeiten und der Fruchtbarkeit. Typische Aspekte der Mondin sind die Sensibilität, die Einfühlung, die Intuition, daß sie nährt und stärkt, aber auch verschlingende Aspekte hat. Der weibliche

*Halten Sonne und Mond sich in gegenüberliegenden Zeichen auf, ist Vollmond.*

Zyklus entspricht dem Mondumlauf. In früheren Zeiten, als die Einbindung in den Kosmos noch natürlicher war, als das elektrische Licht und künstliche Hormongaben noch nicht willkürlich den eigenen Rhythmus veränderten, sollen alle Frauen zur gleichen Zeit – nämlich bei Vollmond – ihre Menstruation gehabt haben. Der Arzt Dr. Eugen Jonas will in jahrelangen Untersuchungen bei seinen Patientinnen einen zusätzlichen Eisprung registriert haben, und zwar am Mondgeburtstag. Das heißt an dem Tag, an dem Sonne und Mond im gleichen Winkel zueinander stehen wie am Tag der eigenen Geburt.

## Gesundheit und Energie des Mondes

Als Grundregeln, die Energie des Mondes optimal für die Gesundheit zu nutzen, gelten: Den Sternzeichen werden bestimmte Bereiche des Körpers zugeordnet (siehe Übersicht rechts). Und da der Mond etwa

*Der Mond selbst strahlt kein Licht ab. Er reflektiert nur das Licht der Sonne und wird dadurch zu dem uns vertrauten romantisch scheinenden Mond.*

alle zwei Tage von einem Zeichen in das nächste wechselt (siehe Mondkalender, ab Seite 32), sind die entsprechenden Körperbereiche zu dieser Zeit besonders empfänglich für Pflege und Behandlung. Im Umkehrschluß heißt das, es wirken sich auch alle negativen Belastungen besonders gravierend aus. Wer also Probleme mit dem Magen hat, sollte an Tagen, an denen der Mond im Zeichen des Krebses steht, sehr darauf achten, den Schwachpunkt zu entlasten. Operationen sollte man, von Notfällen natürlich abgesehen, zu Zeiten, in denen der Mond im Zeichen des jeweiligen Organbereiches steht (z. B. Magenoperationen bei laufendem Mond im Krebs), vermeiden. Siehe auch Mondtabellen ab Seite 46 und das Kapitel »Mondstand zum Zeitpunkt der Geburt«. Welche Operationen dann ungünstig sind, ist dort aufgeführt.

## Tierkreiszeichen und Körperbereiche

Welches Tierkreiszeichen mit welchem Körperbereich in Verbindung gebracht wird, richtet sich nach dem Mondumlauf. Der Mond geht bei seinem Lauf entweder über sich, befindet sich also auf Nordkurs, oder unter sich, befindet sich also auf Südkurs. Die Reise beginnt bei 0 Grad Krebs (Wendekreis des Krebses). Sie endet bei 0 Grad Steinbock (Wendekreis des Steinbocks). Welches Tierkreiszeichen welchen Körperpartien zugeordnet wird, ist der folgenden Tabelle zu entnehmen.

# Körper und Tierkreiszeichen*

In der Astrologie werden die Tierkreiszeichen bestimmten Körperbereichen zugeordnet. Ein astrologiekundiger Heilpraktiker oder Arzt wird zur Diagnose auch das persönliche Horoskop eines Menschen hinzuziehen.

| | | |
|---|---|---|
| | Widder | Kopf und Gesicht |
| | Stier | Hals und Nacken |
| | Zwillinge | Schultern und Arme |
| | Krebs | Bauch und Magenbereich |
| | Löwe | Brustraum |
| | Jungfrau | Unterleib |
| | Waage | Beckenregion und Lenden |
| | Skorpion | Geschlechts- und Ausscheidungsorgane |
| | Schütze | Hüften, Lenden, Schenkel |
| | Steinbock | Knie, Epidermis |
| | Wassermann | Fußknöchel, Waden, Unterschenkel |
| | Fische | Füße, Zehen |

*Nach Max-M. Baltin, Astrosomatik, papyrus extra

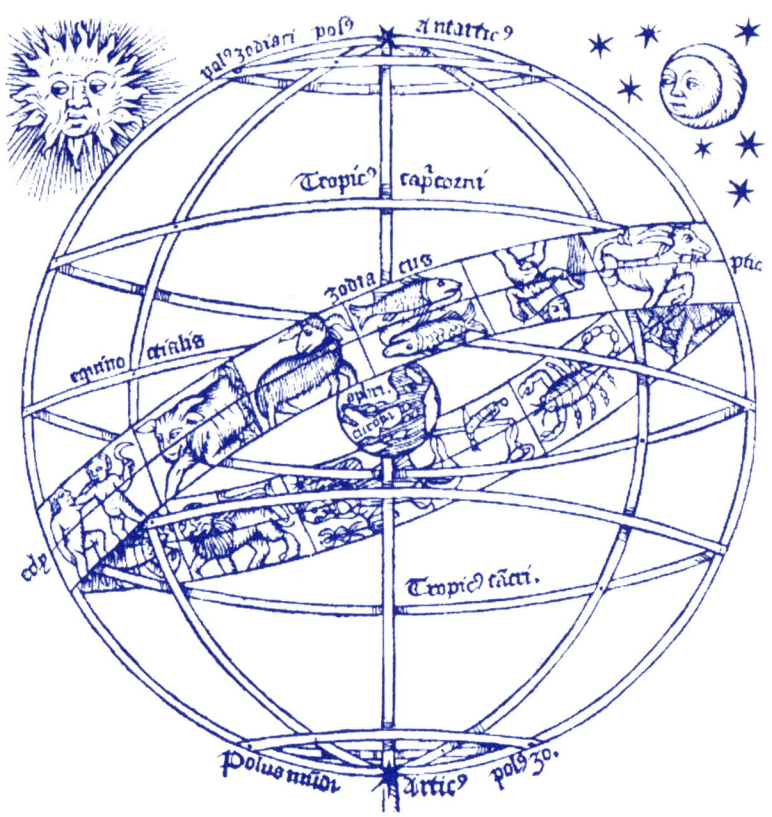

# Mondphasen und Aktivitäten

Hilfreich für die Orientierung, wie sich die Mondphasen auf Menschen, Pflanzen und Tiere auswirken, ist eine grundlegende Unterscheidung:

Der zunehmende Mond, das ist die Zeit nach dem Neumond bis zum Vollmond, ist die Phase der Aufnahme (Einatmungsphase). Es ist der rechte Zeitpunkt, um dem Körper und der Seele alles an Nahrung zukommen zu lassen, was dem Aufbau und der Regeneration dient.

Die Zeit des abnehmenden Mondes, das ist die Zeit nach dem Vollmond bis zum Neumond, ist die Phase der Abgabe (Ausatmungsphase). Dies ist der rechte Zeitpunkt, sich von Ballast zu befreien, zu entschlacken, Körper und Seele zu entlasten.

# DIE MONDPHASEN

## WIE SIE UNSER LEBEN BEEINFLUSSEN

*Wann Vollmond ist, wissen viele Menschen, ohne daß sie in den Mondkalender oder zum Himmel schauen. Sie wissen es, weil sie nicht einschlafen können oder besonders intensiv und viel träumen. Denn wie der Mond den Rhythmus des Meeres und auch das Wachstum in der Natur beeinflußt, wirkt er auch auf die Seele und das körperliche Befinden der Menschen, sorgt, je nach Mondphase, für Harmonie, emotionale Spannung, für Erfüllung oder Verständnis. Eine besondere Zeit zum Nachdenken sind die zwei Tage Mondfinsternis, als Vorbereitung auf einen neuen Zyklus.*

## Neumond = Expansion

Diese Mondphase (entspricht der ersten schmalen Mondsichel) steht für Wachstum und Vitalität. Zu dieser Zeit befinden sich Mond und Sonne im gleichen Tierkreiszeichen. Die Energie ist auf einen Punkt konzentriert. Darum gehen in dieser Phase besonders starke Impulse vom Mond aus. Die Kräfte sind frisch, unverbraucht und ursprünglich. Nach einer Zeit der Verinnerlichung sind jetzt Ideenreichtum, Inspiration und Aktivität gefragt. Es gilt, die seelisch-geistige Trägheit zu überwinden, sich etwas zuzutrauen und zu planen. Alle Neuanfänge sind deswegen begünstigt. Diese Mondphase fordert auch eine kritische Aufarbeitung aller unbewältigten Angelegenheiten. Es ist ein Zyklus der Befreiung.

Wer sein Leben verändern, sich von unguten Zwängen befreien möchte, sollte diese hochenergetische Zeit nutzen.

Mit Optimismus und großer Zuversicht gelingen jetzt auch schwierige Unternehmungen.

## Für den Körper eine gute Zeit, um ...

● eine Diät oder eine Fastenkur zu beginnen.

Mit dem Mondrhythmus zu arbeiten, dem Körper nicht Gewalt anzutun, sondern ihn bei seinen natürlichen Prozessen zu unterstützen, ist der einzig heilsame Weg. Ein gesundes Gewicht, eine gut arbeitende Verdauung sind das Ergebnis von gesunder Ernährung und der not-

wendigen Entschlackung. Dies ist die rechte Zeit, beim Essen maßzu-
halten, damit der Körper entlastet wird und neu Kräfte tanken kann.
Mehr Wohlgefühl und stabilere Abwehrkräfte sind die Folge.
● Schlechte Gewohnheiten aufzugeben, wobei die Einsicht der Tat
vorausgehen sollte. Es nützt wenig, sich gegen sich selbst zu stellen,
etwas mit dem Kopf erzwingen zu wollen. Nur wer für sich selbst
herausfindet, warum er an der Zigarette, an der Flasche, am exzessi-
ven Essen hängt, wird sich mit Erfolg auf ein bewußteres und gesün-
deres Leben umstellen können. Dann liefert der Neumond auch den
nötigen Rückenwind.

## Für die Seele eine gute Zeit, um ...

● Projekte zu beginnen, die viel Selbstbewußtsein und Elan erfor-
dern, ganz offene Gespräche zu führen, unverstellt, um mit offenem
Visier auf Menschen zuzugehen.
● Dinge zu regeln, die Durchsetzung erfordern, um zu neuen Ein-
stellungen und Ansichten zu kommen, um Weichen neu zu stellen.

Denn dies ist die Zeit, um Dinge zu beginnen, die wachsen, sich ent-
wickeln und sich entfalten sollen. Umzüge gehören in diese Phase,
aber nicht nur ein Umzug von Stadt zu Stadt, sondern es geht auch
um einen »Umzug« in neue innere Welten. Dazu gehört auch die
Freude. Ausgehen, ein Fest geben, das wirkt besonders stimulierend.
Auch Reisen tun jetzt gut, denn alle Sinne sind auf das Aufnehmen
neuer Eindrücke, sind auf Erleben und Verarbeiten programmiert.

## In der Natur eine gute Zeit, um ...

● kranke Bäume zu beschneiden, damit sie sich erholen und regene-
rieren können. Bei Neumond die Spitzen kappen, das gibt auch den
Zier- und Zimmerpflanzen einen erstaunlich positiven Schub.

# Zunehmender Mond = wachsende Unabhängigkeit

In dieser Mondphase werden die Entscheidungen, die bei Neumond getroffen wurden, handfest verwirklicht. Zu wachsen und aufkommende Schwierigkeiten zu überwinden, darauf kommt es während dieses Zyklus an. Das Selbstbewußtsein wird stabiler, und man sieht immer klarer, wohin die Lebensreise gehen soll. Wer an seiner Abgrenzungsfähigkeit arbeiten will, sollte die nun vorhandenen Energien nutzen. Jetzt fällt es leichter, sich zu schützen und die eigenen Bereiche nach außen zu verteidigen. In dieser Zeit fließen uns immer noch starke Energien zu, die dynamisch und durchsetzungsstark machen und die einem zu einer beneidenswerten Hartnäckigkeit bei der Verfolgung der Ziele verhelfen. Die Selbstheilungskräfte des Körpers werden besonders gestärkt.

Alles in der Natur, und so auch Körper und Geist des Menschen, ist auf Aufnahme und Zunahme ausgerichtet.

Impulse und Informationen werden jetzt begierig aufgenommen und entschlossen umgesetzt. Die Seelenlage ist optimistisch und zukunftsorientiert, ohne daß Luftschlösser gebaut werden, ohne daß der Sinn für die Realität verlorengeht.

## Für den Körper eine gute Zeit, um ...

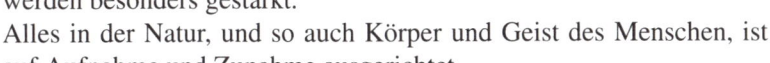

● eine Aufbau- oder Kräftigungskur zu beginnen. Jetzt kann der Organismus alle Stoffe, die ihm zugeführt werden – von innen wie von außen – besonders gut aufnehmen und verwerten;

● sich Kosmetikbehandlungen zu unterziehen, die in dieser Zeit sehr intensiv wirken.

## Für die Seele eine gute Zeit, um ...

● Gespräche zu führen, die viel Zähigkeit erfordern und bei denen es darauf ankommt, sich deutlich von den Ansprüchen anderer abzugrenzen;

● schwierige Korrespondenz zu erledigen, denn jetzt gelingt es, das richtige Wort und den richtigen Ton zu finden;

● Verhandlungen zu führen, bei denen es notwendig ist, den eigenen Standpunkt entschieden zu vertreten;

● mit Freunden schön zu essen;

● um innige, erotische Stunden zu erleben.

## Geschäftlich eine gute Zeit, um …

● ein Bauvorhaben zu beginnen;
● den Kaufvertrag für eine Wohnung, für ein Haus, überhaupt für Eigentum, zu unterschreiben;
● Geld gewinnbringend anzulegen;
● ein Studium oder eine Weiterbildung zu beginnen und Prüfungen in Angriff zu nehmen.

## In der Natur eine gute Zeit …

● für Gartenarbeit;
● fürs Pflanzen von allem, was nach oben wächst (Obst, Blattgemüse, Blumen);
● um Rasen zu säen oder den Rasen zu mähen, wenn er schnell und kräftig wachsen soll.

Der Grund liegt ganz einfach darin, daß die Säfte bei zunehmendem Mond steigen: Es ist die Zeit des Einatmens, des Wachstums über der Erde. Das heißt im Umkehrschluß: Bei abnehmendem Mond wird ausgeatmet, da gehen die Säfte in die Wurzeln, die Erde nimmt auf.

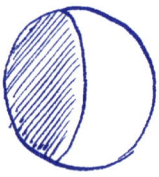

## Halbmond erstes Quartal = emotionale Spannung

Sonne und Mond stehen in dieser Phase unter einem schwierigen Aspekt. Es besteht ein Ungleichgewicht zwischen Wollen und Können, zwischen dem eigenen Anspruch und den tatsächlich vorhandenen Möglichkeiten. In dieser Zeit werden die eigenen Bedürfnisse besonders wichtig genommen.

Man kreist um sich selbst, die innere Spannung sucht ein Ventil und drängt auf rücksichtslose Verwirklichung der eigenen Absichten. Dabei wird nicht reflektiert, sondern der Aggression nachgegeben. Die innere Spannung wird nach außen abgeleitet. Auseinandersetzungen entstehen oft aus nichtigen Gründen.

Der Drang zu handeln animiert auch zu recht unklugen Entscheidungen. Man versucht, Konflikte durch noch mehr Aktivität aus der Welt zu schaffen und löst dadurch oft neue Komplikationen aus. Die Hauptgefahr ist, alles nur durch die Brille der eigenen Empfindungen zu sehen. Und es fällt jetzt oft schwer zu erkennen, welchen Anteil man selber an der Entwicklung der Dinge hat. Deswegen werden gerne Sündenböcke gesucht, die entsprechend attackiert werden, um sich selber ungestört ausleben zu können.

Mit der nach außen gerichteten, teils ungebändigten Energie dieser Halbmondzeit will gut umgegangen sein, um kein Porzellan zu zerschlagen. Das gelingt, wenn man sie zielgerichtet einsetzt.

## Für den Körper eine gute Zeit, um ...

● sportliche Höchstleistungen zu vollbringen, um das Beste und Äußerste aus sich rauszuholen.

## Für die Seele eine gute Zeit, um ...

● reinen Tisch zu machen, um spontan und unbedenklich aus sich herauszugehen;
● jemandem geradeheraus seine Meinung zu sagen;
● leidenschaftliche Liebeserklärungen zu machen;
● zu endgültigen, unumstößlichen Absprachen zu kommen; für Radikallösungen.

## Geschäftlich eine gute Zeit für ...

● kreative Projekte und Aufgaben, in denen man völlig aufgeht.

# Dreiviertelmond (kurz vor Vollmond) = strömende Harmonie

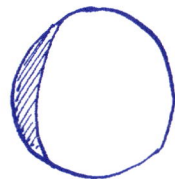

Mond und Sonne stehen in verträglichen Zeichen und ergänzen sich dadurch sinnvoll und harmonisch. In dieser Mondphase setzt man sich mit Leichtigkeit und Eleganz durch.

Die Entscheidungen sind gefallen, und man hat gelernt, dazu zu stehen und das Beste daraus zu machen.

Konsolidierung ist das Zauberwort. Man stützt sich auf vertraute Werte und engagiert sich auch für andere und für übergeordnete Ziele. Der Blick geht über die eigenen Bedürfnisse deutlich hinaus. Man empfindet sich als Teil eines großen harmonischen Ganzen und trägt gerne seinen Teil zum guten Gelingen bei.

Diplomatie und Fingerspitzengefühl erleichtern jetzt jede Diskussion. Kompromisse werden gefunden, und das Motto heißt: leben und leben lassen. Besonders wichtig ist in dieser Phase das emotionale Erleben. In dieser Mondphase gelingt es besonders gut, die eigenen Gefühle auszuloten und ein tiefes Verständnis für sich selbst und für andere zu entwickeln.

In dieser Zeit kurz vor Vollmond kann manches erreicht oder aus der Welt geschafft werden. Die Psyche ist in der Lage, sich selbst und anderen weiterzuhelfen.

## Für die Seele eine gute Zeit, um ...

● bereinigende Gespräche zu führen, Mißverständnisse aus der Welt zu räumen;
● Wohltätigkeitsveranstaltungen und Vernissagen zu besuchen;
● neue Kontakte zu knüpfen, um Verhandlungen mit noch unbekannten Partnern aufzunehmen;
● mit diplomatischem Geschick zu vermitteln und auszugleichen;
● eine Ehetherapie zu beginnen.

## Geschäftlich eine gute Zeit für ...

● Gehaltsgespräche, für Verhandlungen mit dem Chef über eine Gehaltserhöhung;
● Bewerbungen und Vorstellungsgespräche;
● die Teilnahme an künstlerischen Wettbewerben.

## In der Natur eine gute Zeit, um ...

● Obsthölzer und Rosen zu veredeln;
● Pflanzen umzutopfen.

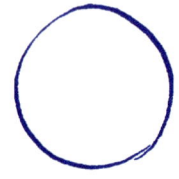

## Vollmond = Erfüllung

Bei dieser Mondphase stehen sich Mond und Sonne in Opposition gegenüber. Jetzt wird sichtbar, was in den vergangenen Zyklen initiiert wurde. Im hellen Licht des Vollmondes bleibt nichts verborgen, auch nicht das geheimste Gefühl.

Was bisher unter Kontrolle gehalten oder verdeckt wurde, bricht leidenschaftlich auf. Deswegen kann es auch zu Eskalationen kommen. Die Gefühle lassen sich nicht mehr beherrschen, latente Aggressionen brechen auf, man schießt übers Ziel hinaus und respektiert weder die eigenen Grenzen noch die der anderen.

Wunden bluten stärker und Geburten häufen sich.

Sensible Menschen haben Schlafstörungen und besonders eindrucksvolle Träume und Visionen.

Für außergewöhnliche Aktivitäten ist man besonders zugänglich. Es fasziniert das Abenteuer, und man neigt zu Handlungen, an die man später staunend, aber manchmal auch schaudernd zurückdenkt. Nicht wir haben große Gefühle und Sehnsüchte, sondern die Sehnsüchte und Gefühle haben uns.

Bei Vollmond hat der Mond die Hälfte des Umlaufs um die Erde hinter sich gebracht und steht als kreisrunde Scheibe am Himmel. Seine Kraft ist für Menschen, Pflanzen und Tiere deutlich zu spüren – am augenfälligsten bei »Mondsüchtigen«, die im Schlaf aufstehen und umherwandern.

## Für den Körper eine gute Zeit, um ...

● abzustillen;
● romantische Mondspaziergänge und Bootsausflüge zu unternehmen.

## Für die Seele eine gute Zeit, um ...

● Workshops über Astrologie und das Mondprinzip abzuhalten oder zu besuchen;
● sich mit seiner Mutter-Beziehung oder dem Verhältnis zur eigenen Weiblichkeit auseinanderzusetzen;
● Verhandlungen, bei denen es auf Eloquenz und inneres Engagement ankommt, zu führen;
● sich Traumarbeit, Psychodrama-Veranstaltungen oder Grof'sche Atemtherapie zu widmen.

Denn der Zugang zur eigenen Seele, zum eigenen Un- und Unterbewußten, ist während der hochenergetischen Vollmond-Zeit besonders gut.

## In der Natur eine gute Zeit, um ...

● einzukochen, einzufrieren, zu konservieren;
● Pilze zu sammeln;
● Pflanzen und Blumen zu düngen.

Wie negativ sich falsches Düngen auswirken kann, hat fast jeder schon einmal selbst beobachtet. Auf der Fensterbank führt es schlimmstenfalls dazu, daß Pflanzen absterben. In der Natur, im Garten, auf den Feldern hat es zu ernsten Umweltschäden geführt. Um zu verhindern, daß der Dünger auf der Erdoberfläche bleibt oder von den Pflanzen nicht aufgenommen wird, ist der rechte Zeitpunkt von Bedeutung. Da der Vollmondtag eine kurze Zeitspanne ist, kann die Düngephase auch noch auf die jetzt folgende abnehmende Mondzeit gestreckt werden. Auf den Vollmond folgt die Phase der Aussaat. Dieses soli-lunare Anderthalbquadrat ist die Phase eins des bei Vollmond beginnenden neuen Halbzyklus.

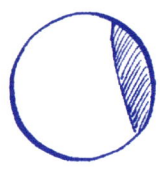

## Viertelmond (abnehmender Zyklus) = Demonstration und Aussaat

Mond und Sonne stehen im harmonischen Winkel. In dieser Mondphase wendet man sich intensiv und freundlich anderen Menschen zu, ist hilfsbereit und läßt die anderen bereitwillig und mit großer Sensibilität an den eigenen Entwicklungsprozessen teilhaben.

Die tiefen Erkenntnisse, die man in der Zeit zuvor gewonnen hat, werden weitergegeben. Jetzt ist man besonders mitleidig und gerne bereit zurückzustecken.

Die Energie wird sorgfältig eingeteilt und nicht für profane Aktivitäten vergeudet. Das Verständnis für die eigenen inneren Prozesse ist sehr ausgeprägt. Man versucht zu verstehen, indem man nach dem Sinn und nach der Botschaft sucht.

Alles Musisch-Schöpferische interessiert während dieser Mondphase sehr. Man erfreut sich an der Schönheit, sieht die Harmonie in der Natur, in der Kunst, hat einen Blick für das Außergewöhnliche. Gespräche gestalten sich besonders erfreulich, denn man spürt fast hellsichtig, was der andere zu sagen hat. Und man ist bereit, so weit wie möglich auf sein Gegenüber ein- und zuzugehen.

## Im Haushalt eine gute Zeit für ...

● Renovierungs- und Verschönerungsarbeiten, überhaupt für alle Hausarbeiten, die Geschicklichkeit und Geschmack erfordern.

## Für die Seele eine gute Zeit, um ...

● ins Konzert oder in die Oper zu gehen;
● spirituelle Workshops zu besuchen oder Gestalttherapien;
● eine Kultur- oder Bildungsreise zu unternehmen.

## Im Beruf eine gute Zeit für ...

● eine Aussprache mit dem Vorgesetzten;
● Schlichtungsverhandlungen.

## Für Zahnarztbesuche eine gute Zeit, ...

... denn der abnehmende Zyklus ist der Zeitraum für folgende Behandlungen beim Zahnarzt:
● um Zahnstein zu entfernen;
● wenn ein Zahn gezogen werden muß;
● um prothetische Ersatzstücke (Kronen und Brücken) einzusetzen.

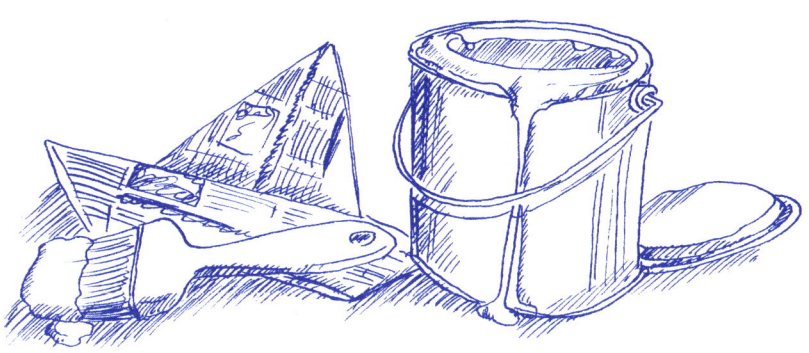

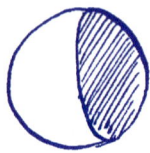

# Halbmond drittes Quartal = Neuorientierung

Mond und Sonne stehen unter disharmonischem Aspekt und bewirken so eine Krise des Bewußtseins. Man stellt sich in Frage und setzt sich intensiv mit sich selbst auseinander.

Die Selbstkritik macht einen gegenüber der Kritik anderer sehr empfindlich. Jede Bemerkung wird genau analysiert und im Zweifelsfall als gegen das eigene Selbst gerichtet empfunden. Der hohe Anspruch an sich selbst treibt auch zu extremer Leistung an, denn wer sich selbst in Frage stellt, muß sich stets selbst etwas beweisen.

Es entstehen auch aus der Überforderung heraus Aggressionen, die aber nicht nach außen, sondern nach innen gerichtet werden. Konflikte anzusprechen wäre hilfreich, aber meistens kann man erst reden, wenn der Leidensdruck unerträglich geworden ist. Die Spannung erweist sich jedoch letztendlich als positiv. Sie treibt dazu an, eine Neuorientierung vorzunehmen und Entscheidungen zu treffen, und zwar im Inneren wie im Äußeren.

## Für den Körper eine gute Zeit, um …

- zu meditieren, für Yoga, für eine Körpertherapie;
- zu putzen und aufzuräumen, um Dinge zu sichten und zu ordnen.

## In bezug auf die Gesundheit eine gute Zeit …

- für Operationen;
- um Polypen und Warzen zu entfernen.

## Im Beruf eine gute Zeit für …

- Aufgaben, die Geduld und Genauigkeit erfordern;
- kreative Arbeiten, bei denen es auf Sorgfalt und Detailgenauigkeit ankommt.

## Für die Seele eine gute Zeit, …

- um Gespräche zu führen, bei denen Ursachen für Probleme und Konflikte aufgedeckt werden sollen;
- für Analysen und analytische Gesprächsgruppen.

## In der Natur die rechte Zeit ...

● für Gartenarbeiten wie jäten und ernten;

● für die Aussaat von nach unten wachsendem Gemüse (zum Beispiel Möhren, Rettich, um Kartoffeln zu setzen);

● um den Rasen zu mähen, wenn er nicht so schnell nachwachsen soll;

● fürs Ausschneiden von Bäumen und Büschen;

● um Schädlinge und Ungeziefer zu bekämpfen.

## Abnehmender Mond = Freigabe

Mond und Sonne stehen jetzt wieder dicht beieinander und stärken die Intuition sowie das Einfühlungsvermögen. In der Astrologie nennt man diesen Mond balsamisch oder aussäend, denn er entspricht einer Samenphase zwischen dem jetzt endenden Zyklus und dem beginnenden neuen Zyklus. Diese Zeit ist eine gute und wichtige, um zu sich selbst zu kommen und den Dingen Raum und Zeit zu geben.

Die gewonnenen Erkenntnisse werden gebündelt und ausgewertet. Der Blick geht nach innen, aber nicht kritisierend, sondern betrachtend und auswertend, ohne zu bewerten.

Man akzeptiert die Resultate und bejaht den Entwicklungsprozeß. Das verführt aber ein bißchen zu Selbstzufriedenheit und Trägheit. Aber man hat auch die Kraft und die Stärke, Dinge geschehen und reifen zu lassen, ohne ständig einzugreifen oder immer und überall mitgestalten zu wollen.

Alles ist im Fluß, ist hier die Botschaft. Und die Aufforderung lautet, den Dingen vertrauensvoll Raum zu geben. Wir schließen eine Entwicklungsphase ab und schauen voller Erwartung und voller Zuversicht auf die kommenden Ereignisse.

In dieser Zeit wird der Boden bereitet für Neues, wird der Raum hergerichtet, werden Dinge zum Abschluß gebracht.

## Im Haushalt eine gute Zeit, um ...

● Malerarbeiten auszuführen, zu lackieren, Leder und Lammfell zu reinigen;

● schwierige Flecken zu entfernen und Schuhe erstmalig zu imprägnieren;

- Silber zu putzen, Matratzen zu reinigen und zu lüften, Fenster zu putzen;
- Schimmel zu entfernen und zu bekämpfen.

## Für die Seele eine gute Zeit, ...

- um bei Konflikten zu einem Konsens zu kommen;
- für Friedensversammlungen;
- für einen Workshop in prozeßorientierter Psychologie;
- um einen Abschluß zu feiern.

## In geschäftlichen Dingen gelingen ...

- Anwaltsgespräche, wenn eine einvernehmliche Trennung eingeleitet werden soll.

## Für die Gesundheit ...

... ist diese Zeit der Freigabe die rechte für kleinere Behandlungen des Gesichts und der Haut:
- für Kosmetikbehandlungen, um Akne oder Entzündungszustände zu lindern;
- für kleinere Eingriffe im Hautbereich.

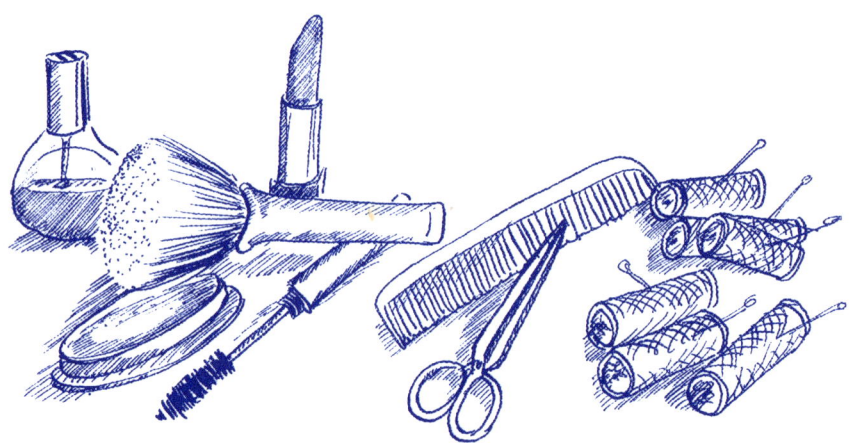

# Mondfinsternis (kein Mond sichtbar) = visionäre Einsichten

Fast zwei Tage lang entzieht sich der Mond unseren Blicken. Wir sprechen von einer Mondfinsternis. Es beginnt ein neuer Zyklus. Das geschieht in aller Stille und Zurückgezogenheit.

Entschlüsse werden gefaßt, Wünsche, Sehnsüchte und Hoffnungen auf ihre Möglichkeiten hin überprüft. Das Verborgene und auch die Schattenanteile können jetzt besonders gut erspürt werden, weil der Zugang zu den unbewußten Anteilen besonders gut ist.

Sensitive Menschen haben oft prophetische Träume oder das Gefühl, geführt zu werden. Man ist der Zukunft zugewandt. Aber nicht strotzend vor Aktionsdrang, sondern voller Bereitschaft, aus allem das wirklich Beste zu machen und alles erst einmal zu bejahen.

So viel Nachdenklichkeit kann manchmal auch als leichte Depression empfunden werden. Aber gerade in dieser Zeit der scheinbaren Inaktivität vollziehen sich in uns die wertvollsten Wandlungen. Und es wäre keine Handlung möglich, ohne diese enorm wichtige, vorbereitende Keimphase.

Man sollte auch diese Energie nutzen, um mit ihr zu wirken, um sich Zeit für einen Blick nach innen zu nehmen.

## Der Seele bekommen besonders gut ...

● Hypnose, Rebirthing, Reinkarnationstherapien. Und man wende sich vornehmlich Dingen zu, die in Ruhe, ohne jeden störenden Einfluß, wachsen und reifen sollen. Wer etwas in aller Stille und Heimlichkeit einfädeln möchte – dies ist der rechte Moment dafür.

# Der Rhythmus der Organe

Die Organuhr, und dieses Wissen haben wir von den alten Chinesen, zeigt die Zeiten der Aktivität und Passivität jedes Organsystems an. Die maximale Anregungszeit beträgt zwei Stunden. In dieser Zeit findet ein Reinigungsprozeß von Stoffwechselgiften und Schlacken statt. Die Zelle benötigt, um diesen Aufgaben optimal gewachsen zu sein, ihre volle Energie. Das Zellpotential beträgt –70 bis –90 mV. Bei chronischen Krankheiten fällt die Spannung ab, es verlangsamen sich die Stoffwechselprozesse, die Entgiftung dauert länger oder findet nur noch unvollständig statt.

Die Lebensenergie – das Chi – durchfließt den menschlichen Organismus in zwölf Meridianen – in 24 Stunden also einmal. Da die Yang-Energie Aktivität und Arbeit beinhaltet, die Ying-Energie aber Struktur und Materie zugeordnet ist, sind die Yang-Meridiane Arbeitsorgane (Dünndarm, Blase, Galle, Dickdarm, Magen), die Ying-Meridiane Speicherorgane (Herz, Niere, Leber, Milz, Pankreas und Lunge). Es ist weise, mit diesen Energien zu »fließen«.

Eine belastete Leber wird beispielsweise nachts, wenn sie von 1 bis 3 Uhr ihre Höchstleistung bringen soll, Schlafstörungen provozieren. Das wird sich ganz besonders bemerkbar machen, wenn man nach 19 Uhr noch große fetthaltige Nahrungsportionen zu sich nimmt und dann noch eins draufgibt, nämlich mit Alkohol für eine scheinbar bessere Verträglichkeit- und Bekömmlichkeit sorgen will. Zum Schaden der Leber.

Was auch immer wieder übersehen wird: Daß wir uns bis ca. 13 Uhr mittags in der Entgiftungs- oder Ausscheidungsphase befinden. Das deutsche Sprichwort »frühstücken wie ein König« ist grundverkehrt. Richtig wäre es, die Ausscheidung zu unterstützen, indem man bis 12 Uhr oder 13 Uhr mittags ausschließlich Obst und Obstsäfte zu sich nimmt. Auch das Mittagsschläfchen, die Siesta, oder der entspannende Spaziergang nach der Mittagsmahlzeit um ca. 13 Uhr bekommt dadurch wieder eine andere Bedeutung, schonen wir doch damit das in der Phase von 13 bis 15 Uhr eher aufs Relaxen eingestellte Herz.

Und noch etwas: Viele Menschen trinken tagsüber nicht genügend Flüssigkeit. Abends wird dann versucht, dieses Defizit auszugleichen, indem ein bis zwei Flaschen Mineralwasser getrunken werden. Nur nützt das Trinken zu später Stunde dem Organismus nichts mehr. Denn die Niere arbeitet nachmittags auf Hochtouren und abends ab 19 Uhr ganz deutlich nur noch auf Sparflamme.

# Die Organuhr

Wann arbeiten Leber, Galle, Kreislauf auf Hochtouren,
wann haben die Organe ihre Ruhephase?

| Organ | Hochphase | Tiefphase |
|---|---|---|
| Bauchspeicheldrüse | morgens 9 bis 11 Uhr | spätvormittags 11 bis 13 Uhr |
| Dickdarm | morgens 5 bis 7 Uhr | morgens 7 bis 9 Uhr |
| Dünndarm | mittags 13 bis 15 Uhr | nachmittags 15 bis 17 Uhr |
| Gallenblase | nachts 23 bis 1 Uhr | nachts 1 bis 3 Uhr |
| Harnblase | nachmittags 15 bis 17 Uhr | nachmittags 17 bis 19 Uhr |
| Herz | spätvormittags 11 bis 13 Uhr | frühnachmittags 13 bis 15 Uhr |
| Kreislauf | abends 19 bis 21 Uhr | spätabends 23 bis 1 Uhr |
| Leber | nachts 1 bis 3 Uhr | nachts 3 bis 5 Uhr |
| Lunge | nachts 3 bis 5 Uhr | frühmorgens 5 bis 7 Uhr |
| Magen | morgens 7 bis 9 Uhr | vormittags 9 bis 11 Uhr |
| Milz | morgens 9 bis 11 Uhr | spätvormittags 11 bis 13 Uhr |
| Nieren | nachmittags 17 bis 19 Uhr | abends 21 bis 23 Uhr |

# DER MONDKALENDER

## ERLÄUTERUNGEN ZUM MONDKALENDER

*In welcher Mondphase befinden wir uns just an diesem Tag? In den folgenden Kalendern für die Jahre 1994 bis 1997 ist es exakt verzeichnet. Und nicht nur das: Es ist auch für jeden Tag vermerkt, welches Tierkreiszeichen der Mond gerade durchläuft. Er wechselt nämlich etwa alle zwei Tage von einem Tierkreis in den nächsten.*

Welche Energien in welcher Mondphase wirksam werden und wie sie sich in der Natur, für die menschliche Psyche und für die Gesundheit des Menschen auswirken, ist in dem Kapitel »Die Mondphasen« (ab Seite 17) ausführlich beschrieben.

An klaren Tagen und wenn der Mondkalender gerade nicht zur Hand ist, kann auch ein Blick zum Himmel genügen um herauszufinden, ob wir uns in der Phase abnehmender oder zunehmender Mond befinden.

Die Eselsbrücke sind zwei Buchstaben: das a und das ɟ.
● Nimmt der Mond ab, ist die Rundung links sichtbar,
wie der runde Bogen des Buchstabens a.
● Nimmt der Mond zu, ist die sichtbare Rundung rechts, wie bei dem Buchstaben ɟ.

Diese Eselsbrücke hilft übrigens auch beim Umgang mit dem Mondkalender, in dem die abnehmende und die zunehmende Phase als linke und rechte Mondrundung dargestellt sind. Der Vollmond ist ein heller offener, der Neumond ein dunkler gefüllter Kreis.

Auf Seite 42 beginnt das Kapitel »Der Mondkalender und die Tierkreiszeichen«. So steht der Mond zum Beispiel am 18. März 1996 im Zeichen der Fische, am 23. Mai 1996 im Zeichen des Löwen. Der Fischemond macht nachdenklich, richtet den Blick auf sich selbst, ist Selbstbegegnung. Der Löwemond ist genau das Gegenteil – Selbstdarstellung, Vergnügen, Auftritte.

Welchen Abläufen der Mensch durch die Natur und mit der Natur unterworfen ist, damit hat sich auch die große Mystikerin Hildgard von Bingen (1098 bis 1179) in vielen Schriften beschäftigt.
Die Äbtissin der Benediktinerinnen von Rupertsberg (bei Bingen) verfaßte eine Reihe von Abhandlungen zum Kosmos, zur Natur- und Naturheilkunde. Sie faßte ihre Beobachtungen zum Einfluß des Mondes auf den Menschen folgendermaßen zusammen:

*»Die Zeit des Mondes regiert nicht über die menschliche Natur, wie wenn er ihr Gott sei und als ob der Mensch irgendwelche Naturkraft von ihm erhielte oder als ob der Mond der menschlichen Natur irgend etwas zuwende oder entzöge oder für irgend etwas bestimme.«*

Mit diesem Satz nimmt sie ihre Beschreibungen des Mondeinflusses auf die Natur und den Menschen nicht zurück, denn die Betonung liegt auf dem Wörtchen »regiert«. Der Mensch ist den vielfältigen Einflüssen ausgesetzt, zum Regenten über sein Leben sollte er sie nicht erheben. Der Mensch ist eingebunden, nicht ausgeliefert. Sein Schicksal ist und bleibt er selbst.

# 1994

| | | | |
|---|---|---|---|
| 🐏 Widder | 👬 Zwilling | 🦁 Löwe | ♎ Waage |
| 🐏 Stier | 🦀 Krebs | 👧 Jungfrau | 🦂 Skorpion |

Die Tagesangaben (Wochentag und Datum) mit Sternzeichen und Mondphasenzeiten:

| Januar | Februar | März | April | Mai | Juni |
|---|---|---|---|---|---|
| S 1 | D 1 | D 1 | F 1 | S 1 | M 1 |
| S 2 | M 2 | M 2 | S 2 | | D 2 |
| M 3 | D 3 | D 3 | S 3 | M 2 | F 3 |
| D 4 | F 4 | F 4 | | D 3 | S 4 |
| M 5 | S 5 | S 5 | M 4 | M 4 | S 5 |
| D 6 | S 6 | S 6 | D 5 | D 5 | |
| F 7 | | | M 6 | F 6 | M 6 |
| S 8 | M 7 | M 7 | D 7 | S 7 | D 7 |
| S 9 | D 8 | D 8 | F 8 | S 8 | M 8 |
| | M 9 | M 9 | S 9 | | D 9 — 09.2 |
| M 10 | D 10 — 15.31 | D 10 | S 10 | M 9 | F 10 |
| D 11 | F 11 | F 11 | | D 10 — 18.08 | S 11 |
| M 12 — 00.11 | S 12 | S 12 | M 11 — 01.18 | M 11 | S 12 |
| D 13 | S 13 | S 13 — 08.06 | D 12 | D 12 | |
| F 14 | | | M 13 | F 13 | M 13 |
| S 15 | M 14 | M 14 | D 14 | S 14 | D 14 |
| S 16 | D 15 | D 15 | F 15 | S 15 | M 15 |
| | M 16 | M 16 | S 16 | | D 16 |
| M 17 | D 17 | D 17 | S 17 | M 16 | F 17 |
| D 18 | F 18 | F 18 | | D 17 | S 18 |
| M 19 | S 19 | S 19 | M 18 | M 18 | S 19 |
| D 20 | S 20 | S 20 | D 19 | D 19 | |
| F 21 | | | M 20 | F 20 | M 20 |
| S 22 | M 21 | M 21 | D 21 | S 21 | D 21 |
| S 23 | D 22 | D 22 | F 22 | S 22 | M 22 |
| | M 23 | M 23 | S 23 | | D 23 — 12.34 |
| M 24 | D 24 | D 24 | S 24 | M 23 | F 24 |
| D 25 | F 25 | F 25 | | D 24 | S 25 |
| M 26 | S 26 — 02.16 | S 26 | M 25 | M 25 — 04.40 | S 26 |
| D 27 — 14.24 | S 27 | S 27 — 12.11 | D 26 — 20.46 | D 26 | |
| F 28 | | | M 27 | F 27 | M 27 |
| S 29 | M 28 | M 28 | D 28 | S 28 | D 28 |
| S 30 | | D 29 | F 29 | S 29 | M 29 |
| M 31 | | M 30 | S 30 | M 30 | D 30 |
| | | D 31 | | D 31 | |

34

# 1994

| Schütze | Wassermann | abnehm. Mond | Neumond |
|---|---|---|---|
| Steinbock | Fische | zunehm. Mond | Vollmond |

| Juli | | August | | September | | Oktober | | November | | Dezember | |
|---|---|---|---|---|---|---|---|---|---|---|---|
| | 1 | M | 1 | D | 1 | S | 1 | D | 1 | D | 1 |
| | 2 | D | 2 | F | 2 | S | 2 | M | 2 | F | 2 |
| | 3 | M | 3 | S | 3 | | | D | 3 14.36 | S | 3 00.55 |
| | | D | 4 | S | 4 | M | 3 | F | 4 | S | 4 |
| M | 4 | F | 5 | | | D | 4 | S | 5 | | |
| D | 5 | S | 6 | M | 5 19.34 | M | 5 04.56 | S | 6 | M | 5 |
| M | 6 | S | 7 09.46 | D | 6 | D | 6 | | | D | 6 |
| D | 7 | | | M | 7 | F | 7 | M | 7 | M | 7 |
| F | 8 22.38 | M | 8 | D | 8 | S | 8 | D | 8 | D | 8 |
| S | 9 | D | 9 | F | 9 | S | 9 | M | 9 | F | 9 |
| S | 10 | M | 10 | S | 10 | | | D | 10 | S | 10 |
| | | D | 11 | S | 11 | M | 10 | F | 11 | S | 11 |
| M | 11 | F | 12 | | | D | 11 | S | 12 | | |
| D | 12 | S | 13 | M | 12 | M | 12 | S | 13 | M | 12 |
| M | 13 | S | 14 | D | 13 | D | 13 | | | D | 13 |
| D | 14 | | | M | 14 | F | 14 | M | 14 | M | 14 |
| F | 15 | M | 15 | D | 15 | S | 15 | D | 15 | D | 15 |
| S | 16 | D | 16 | F | 16 | S | 16 | M | 16 | F | 16 |
| S | 17 | M | 17 | S | 17 | | | D | 17 | S | 17 |
| | | D | 18 | S | 18 | M | 17 | F | 18 07.58 | S | 18 03.18 |
| M | 18 | F | 19 | | | D | 18 | S | 19 | | |
| D | 19 | S | 20 | M | 19 21.02 | M | 19 13.19 | S | 20 | M | 19 |
| M | 20 | S | 21 07.48 | D | 20 | D | 20 | | | D | 20 |
| D | 21 | | | M | 21 | F | 21 | M | 21 | M | 21 |
| F | 22 21.17 | M | 22 | D | 22 | S | 22 | D | 22 | D | 22 |
| S | 23 | D | 23 | F | 23 | S | 23 | M | 23 | F | 23 |
| S | 24 | M | 24 | S | 24 | | | D | 24 | S | 24 |
| | | D | 25 | S | 25 | M | 24 | F | 25 | S | 25 |
| M | 25 | F | 26 | | | D | 25 | S | 26 | | |
| D | 26 | S | 27 | M | 26 | M | 26 | | | M | 26 |
| M | 27 | S | 28 | D | 27 | D | 27 | S | 27 | D | 27 |
| D | 28 | | | M | 28 | F | 28 | | | M | 28 |
| F | 29 | M | 29 | D | 29 | S | 29 | M | 28 | D | 29 |
| S | 30 | D | 30 | F | 30 | S | 30 | D | 29 | F | 30 |
| S | 31 | M | 31 | | | M | 31 | M | 30 | S | 31 |

# 1995

| | Widder | | Zwilling | | Löwe | | Waage |
|---|---|---|---|---|---|---|---|
| | Stier | | Krebs | | Jungfrau | | Skorpion |

| Januar | Februar | März | April | Mai | Juni |
|---|---|---|---|---|---|
| S 1 ● 11.57 | M 1 | M 1 ● 12.49 | S 1 | M 1 | D 1 |
| | D 2 | D 2 | S 2 | D 2 | F 2 |
| M 2 | F 3 | F 3 | | M 3 | S 3 |
| D 3 | S 4 | S 4 | M 3 | D 4 | S 4 |
| M 4 | S 5 | S 5 | D 4 | F 5 | |
| D 5 | | | M 5 | S 6 | M 5 |
| F 6 | M 6 | M 6 | D 6 | S 7 ◗ | D 6 ◗ |
| S 7 | D 7 ◗ | D 7 | F 7 | | M 7 |
| S 8 ◗ | M 8 | M 8 | S 8 ◗ | M 8 | D 8 |
| | D 9 | D 9 ◗ | S 9 | D 9 | F 9 |
| M 9 | F 10 | F 10 | | M 10 | S 10 |
| D 10 | S 11 | S 11 | M 10 | D 11 | S 11 |
| M 11 | S 12 | S 12 | D 11 | F 12 | |
| D 12 | | | M 12 | S 13 | M 12 |
| F 13 | M 13 | M 13 | D 13 | S 14 ◐ 21.49 | D 13 ◐ 05.05 |
| S 14 | D 14 | D 14 | F 14 | | M 14 |
| S 15 | M 15 ◐ 13.16 | M 15 | S 15 ◐ 13.09 | M 15 | D 15 |
| | D 16 | D 16 | S 16 | D 16 | F 16 |
| M 16 ◐ 21.27 | F 17 | F 17 ◐ 02.27 | | M 17 | S 17 |
| D 17 | S 18 | S 18 | M 17 | D 18 | S 18 |
| M 18 | S 19 | S 19 | D 18 | F 19 | |
| D 19 | | | M 19 | S 20 | M 19 ◔ |
| F 20 | M 20 | M 20 | D 20 | S 21 ◔ | D 20 |
| S 21 | D 21 | D 21 | F 21 | | M 21 |
| S 22 | M 22 ◔ | M 22 | S 22 | M 22 | D 22 |
| | D 23 | D 23 ◔ | S 23 | D 23 | F 23 |
| M 23 | F 24 | F 24 | | M 24 | S 24 |
| D 24 ◔ | S 25 | S 25 | M 24 | F 26 | S 25 |
| M 25 | S 26 | S 26 | D 25 | | |
| D 26 | | | M 26 | S 27 | M 26 |
| F 27 | M 27 | M 27 | D 27 | S 28 | D 27 |
| S 28 | D 28 | D 28 | F 28 | | M 28 ● 01.51 |
| S 29 | | M 29 | S 29 ● 18.37 | M 29 ● 10.28 | D 29 |
| | | D 30 | S 30 | D 30 | F 30 |
| M 30 ● 23.49 | | F 31 ● 03.10 | | M 31 | |
| D 31 | | | | | |

Schütze ♒ Wassermann ☾ abnehm. Mond ● Neumond **1995**
Steinbock ♓ Fische 🌙 zunehm. Mond ☺ Vollmond

| Juli | August | September | Oktober | November | Dezember |
|------|--------|-----------|---------|----------|----------|
| S 1 | D 1 | F 1 | S 1 🌙 | M 1 | F 1 |
| S 2 | M 2 | S 2 🌙 | S 1 | D 2 | S 2 |
| M 3 | D 3 | S 3 | M 2 | F 3 | S 3 |
| D 4 | F 4 🌙 | M 4 | D 3 | S 4 | M 4 |
| M 5 🌙 | S 5 | D 5 | M 4 | S 5 | D 5 |
| D 6 | S 6 | M 6 | D 5 | M 6 | M 6 |
| F 7 | M 7 | D 7 | F 6 | D 7 ☺ 08.22 | D 7 ☺ 08.22 |
| S 8 | D 8 | F 8 | S 7 | M 8 | F 8 |
| S 9 | M 9 | S 9 ☺ 04.38 | S 8 ☺ 16.53 | D 9 | S 9 |
| M 10 | D 10 ☺ 19.17 | S 10 | M 9 | F 10 | S 10 |
| D 11 | F 11 | M 11 | D 10 | S 11 | M 11 |
| M 12 ☺ 11.50 | S 12 | D 12 | M 11 | S 12 | D 12 |
| D 13 | S 13 | M 13 | D 12 | | M 13 |
| F 14 | M 14 | D 14 | F 13 | M 13 | D 14 |
| S 15 | D 15 | F 15 | S 14 | D 14 | F 15 ☾ |
| S 16 | M 16 | S 16 ☾ | S 15 | M 15 ☾ | S 16 |
| M 17 | D 17 | S 17 | M 16 ☾ | D 16 | S 17 |
| D 18 | F 18 ☾ | M 18 | D 17 | F 17 | M 18 |
| M 19 ☾ | S 19 | D 19 | M 18 | S 18 | D 19 |
| D 20 | S 20 | M 20 | D 19 | S 19 | M 20 |
| F 21 | M 21 | D 21 | F 20 | M 20 | D 21 |
| S 22 | D 22 | F 22 | S 21 | D 21 | F 22 ● 16.44 |
| S 23 | M 23 | S 23 | S 22 | M 22 ● 16.44 | S 23 |
| M 24 | D 24 | S 24 ● 17.56 | M 23 | D 23 | S 24 |
| D 25 | F 25 | M 25 | D 24 ● 05.37 | F 24 | M 25 |
| M 26 | S 26 ● 05.32 | D 26 | M 25 | S 25 | D 26 |
| D 27 ● 16.14 | S 27 | M 27 | D 26 | S 26 | M 27 |
| F 28 | | D 28 | F 27 | M 27 | D 28 🌙 |
| S 29 | M 28 | F 29 | S 28 | D 28 | F 29 |
| S 30 | D 29 | S 30 | S 29 | M 29 🌙 | S 30 |
| M 31 | M 30 | | M 30 | D 30 | S 31 |
| | D 31 | | D 31 | | |

© Heinrich Hugendubel Verlag. München 1991. Aus dem Buch »Vom richtigen Zeitpunkt« von J. Paungger und T. Poppe

# 1996

| Zeichen | | Zeichen | | Zeichen | | Zeichen | |
|---|---|---|---|---|---|---|---|
| ♈ | Widder | ♊ | Zwilling | ♌ | Löwe | ♎ | Waage |
| ♉ | Stier | ♋ | Krebs | ♍ | Jungfrau | ♏ | Skorpion |

### Januar
- M 1 Stier
- D 2 Stier
- M 3 Zwilling
- D 4 Zwilling
- F 5 Krebs — Vollmond 21.50
- S 6 Krebs
- S 7 Krebs
- M 8 Löwe
- D 9 Löwe
- M 10 Jungfrau
- D 11 Jungfrau
- F 12 Jungfrau
- S 13 Waage — Letztes Viertel
- S 14 Waage
- M 15 Skorpion
- D 16 Skorpion
- M 17 Schütze
- D 18 Schütze
- F 19 Schütze
- S 20 Steinbock — Neumond 13.51
- S 21 Steinbock
- M 22 Wassermann
- D 23 Fische
- M 24 Fische
- D 25 Widder
- F 26 Widder
- S 27 Stier — Erstes Viertel
- S 28 Stier
- M 29 Zwilling
- D 30 Zwilling
- M 31 Zwilling

### Februar
- D 1 Krebs
- F 2 Krebs
- S 3 Krebs
- S 4 Löwe — Vollmond 16.57
- M 5 Löwe
- D 6 Jungfrau
- M 7 Jungfrau
- D 8 Jungfrau
- F 9 Waage
- S 10 Waage
- S 11 Waage
- M 12 Skorpion — Letztes Viertel
- D 13 Schütze
- M 14 Schütze
- D 15 Schütze
- F 16 Steinbock
- S 17 Steinbock
- S 18 Steinbock
- M 19 Wassermann — Neumond 00.28
- D 20 Wassermann
- M 21 Wassermann
- D 22 Fische
- F 23 Widder
- S 24 Widder
- S 25 Widder
- M 26 Zwilling — Erstes Viertel
- D 27 Zwilling
- M 28 Zwilling
- D 29 Krebs

### März
- F 1 Krebs
- S 2 Löwe
- S 3 Löwe
- M 4 Löwe
- D 5 Jungfrau — Vollmond 10.18
- M 6 Jungfrau
- D 7 Waage
- F 8 Waage
- S 9 Skorpion
- S 10 Skorpion
- M 11 Skorpion
- D 12 Schütze — Letztes Viertel
- M 13 Schütze
- D 14 Schütze
- F 15 Steinbock
- S 16 Steinbock
- S 17 Steinbock
- M 18 Wassermann
- D 19 Wassermann — Neumond 11.48
- M 20 Wassermann
- D 21 Fische
- F 22 Widder
- S 23 Widder
- S 24 Widder
- M 25 Zwilling
- D 26 Zwilling
- M 27 Krebs
- D 28 Krebs
- F 29 Krebs
- S 30 Löwe
- S 31 Löwe

### April
- M 1 Jungfrau
- D 2 Jungfrau
- M 3 Waage
- D 4 Waage — Vollmond 01.05
- F 5 Waage
- S 6 Skorpion
- S 7 Skorpion
- M 8 Schütze
- D 9 Schütze
- M 10 Schütze
- D 11 Steinbock — Letztes Viertel
- F 12 Steinbock
- S 13 Wassermann
- S 14 Wassermann
- M 15 Wassermann
- D 16 Fische
- M 17 Widder — Neumond 23.50
- D 18 Widder
- F 19 Widder
- S 20 Stier
- S 21 Zwilling
- M 22 Zwilling
- D 23 Krebs
- M 24 Krebs
- D 25 Krebs — Erstes Viertel
- F 26 Löwe
- S 27 Löwe
- S 28 Jungfrau
- M 29 Jungfrau
- D 30 Jungfrau

### Mai
- M 1 Waage
- D 2 Waage
- F 3 Skorpion — Vollmond 12.45
- S 4 Skorpion
- S 5 Skorpion
- M 6 Schütze
- D 7 Schütze
- M 8 Steinbock
- D 9 Steinbock
- F 10 Steinbock — Letztes Viertel
- S 11 Wassermann
- S 12 Wassermann
- M 13 Wassermann
- D 14 Fische
- M 15 Fische
- D 16 Widder
- F 17 Widder — Neumond 12.48
- S 18 Stier
- S 19 Stier
- M 20 Zwilling
- D 21 Zwilling
- M 22 Krebs
- D 23 Krebs
- F 24 Löwe
- S 25 Löwe — Erstes Viertel
- S 26 Jungfrau
- M 27 Jungfrau
- D 28 Waage
- M 29 Waage
- D 30 Skorpion
- F 31 Skorpion

### Juni
- S 1 Skorpion — Vollmond 21.46
- S 2 Schütze
- M 3 Schütze
- D 4 Schütze
- M 5 Steinbock
- D 6 Steinbock
- F 7 Steinbock
- S 8 Wassermann — Letztes Viertel
- S 9 Wassermann
- M 10 Fische
- D 11 Fische
- M 12 Fische
- D 13 Widder
- F 14 Widder
- S 15 Stier
- S 16 Stier — Neumond 02.37
- M 17 Krebs
- D 18 Krebs
- M 19 Löwe
- D 20 Löwe
- F 21 Löwe
- S 22 Jungfrau
- S 23 Jungfrau
- M 24 Waage — Erstes Viertel
- D 25 Waage
- M 26 Waage
- D 27 Skorpion
- F 28 Skorpion
- S 29 Schütze
- S 30 Schütze

| Schütze | ♒ Wassermann | ☾ abnehm. Mond | ● Neumond | **1996** |
|---|---|---|---|---|
| Steinbock | ♓ Fische | ☽ zunehm. Mond | ☺ Vollmond | |

| Juli | | August | | September | | Oktober | | November | | Dezember | |
|---|---|---|---|---|---|---|---|---|---|---|---|
| M 1 | ☺ 04.56 | D 1 | | S 1 | | D 1 | | F 1 | | S 1 | |
| D 2 | | F 2 | | | | M 2 | | S 2 | | S 2 | |
| M 3 | | S 3 | | M 2 | | D 3 | | S 3 | ☾ | M 2 | |
| D 4 | | S 4 | | D 3 | | F 4 | ☾ | | | D 3 | ☾ |
| F 5 | | | | M 4 | ☾ | S 5 | | M 4 | | M 4 | |
| S 6 | | M 5 | | D 5 | | S 6 | | D 5 | | D 5 | |
| S 7 | ☾ | D 6 | ☾ | F 6 | | | | M 6 | | F 6 | |
| | | M 7 | | S 7 | | M 7 | | D 7 | | S 7 | |
| M 8 | | D 8 | | S 8 | | D 8 | | F 8 | | S 8 | |
| D 9 | | F 9 | | | | M 9 | | S 9 | | | |
| M 10 | | S 10 | | M 9 | | D 10 | | S 10 | | M 9 | |
| D 11 | | S 11 | | D 10 | | F 11 | | | | D 10 | ● 17.52 |
| F 12 | | | | M 11 | | S 12 | ● 15.10 | M 11 | ● 05.15 | M 11 | |
| S 13 | | M 12 | | D 12 | | S 13 | | D 12 | | D 12 | |
| S 14 | | D 13 | | F 13 | ● 00.09 | | | M 13 | | F 13 | |
| | | M 14 | ● 08.32 | S 14 | | M 14 | | D 14 | | S 14 | |
| M 15 | ● 17.16 | D 15 | | S 15 | | D 15 | | F 15 | | S 15 | |
| D 16 | | F 16 | | | | M 16 | | S 16 | | | |
| M 17 | | S 17 | | M 16 | | D 17 | | S 17 | | M 16 | |
| D 18 | | S 18 | | D 17 | | F 18 | | | | D 17 | ☽ |
| F 19 | | | | M 18 | | S 19 | ☽ | M 18 | ☽ | M 18 | |
| S 20 | | M 19 | | D 19 | | S 20 | | D 19 | | D 19 | |
| S 21 | | D 20 | | F 20 | ☽ | | | M 20 | | F 20 | |
| | | F 21 | | S 21 | | M 21 | | D 21 | | S 21 | |
| M 22 | | D 22 | ☽ | S 22 | | D 22 | | F 22 | | S 22 | |
| D 23 | ☽ | F 23 | | | | M 23 | | S 23 | | | |
| M 24 | | S 24 | | M 23 | | D 24 | | S 24 | | M 23 | |
| D 25 | | S 25 | | D 24 | | F 25 | | | | D 24 | ☺ 21.40 |
| F 26 | | | | M 25 | | S 26 | ☺ 15.15 | M 25 | ☺ 05.11 | M 25 | |
| S 27 | | M 26 | | D 26 | | S 27 | | D 26 | | D 26 | |
| S 28 | | D 27 | | F 27 | ☺ 03.52 | | | M 27 | | F 27 | |
| | | M 28 | ☺ 18.52 | S 28 | | M 28 | | D 28 | | S 28 | |
| M 29 | | D 29 | | S 29 | | D 29 | | F 29 | | S 29 | |
| D 30 | ☺ 11.35 | F 30 | | | | M 30 | | S 30 | | | |
| M 31 | | S 31 | | M 30 | | D 31 | | | | M 30 | |
| | | | | | | | | | | D 31 | |

# 1997

**Legend (zodiac symbols):**

| Symbol | Name | Symbol | Name | Symbol | Name | Symbol | Name |
|---|---|---|---|---|---|---|---|
| 🐏 | Widder | 👥 | Zwilling | 🦁 | Löwe | ⚖ | Waage |
| 🐂 | Stier | 🦀 | Krebs | 👧 | Jungfrau | 🦂 | Skorpion |

*(Day letters: M = Montag/Mittwoch, D = Dienstag/Donnerstag, F = Freitag, S = Samstag/Sonntag. Times indicate moon phases: new moon, first quarter, full moon, last quarter.)*

## Januar

| Tag | Datum | Mondphase |
|---|---|---|
| M | 1 | |
| D | 2 | (letztes Viertel) |
| F | 3 | |
| S | 4 | |
| S | 5 | |
| M | 6 | |
| D | 7 | |
| M | 8 | |
| D | 9 | Neumond 05.25 |
| F | 10 | |
| S | 11 | |
| S | 12 | |
| M | 13 | |
| D | 14 | |
| M | 15 | (erstes Viertel) |
| D | 16 | |
| F | 17 | |
| S | 18 | |
| S | 19 | |
| M | 20 | |
| D | 21 | |
| M | 22 | |
| D | 23 | Vollmond 16.11 |
| F | 24 | |
| S | 25 | |
| S | 26 | |
| M | 27 | |
| D | 28 | |
| M | 29 | |
| D | 30 | |
| F | 31 | (letztes Viertel) |

## Februar

| Tag | Datum | Mondphase |
|---|---|---|
| S | 1 | |
| S | 2 | |
| M | 3 | |
| D | 4 | |
| M | 5 | |
| D | 6 | |
| F | 7 | Neumond 16.05 |
| S | 8 | |
| S | 9 | |
| M | 10 | |
| D | 11 | |
| M | 12 | |
| D | 13 | |
| F | 14 | (erstes Viertel) |
| S | 15 | |
| S | 16 | |
| M | 17 | |
| D | 18 | |
| M | 19 | |
| D | 20 | |
| F | 21 | |
| S | 22 | Vollmond 11.26 |
| S | 23 | |
| M | 24 | |
| D | 25 | |
| M | 26 | |
| D | 27 | |
| F | 28 | |

## März

| Tag | Datum | Mondphase |
|---|---|---|
| S | 1 | |
| S | 2 | (letztes Viertel) |
| M | 3 | |
| D | 4 | |
| M | 5 | |
| D | 6 | |
| F | 7 | |
| S | 8 | |
| S | 9 | Neumond 02.15 |
| M | 10 | |
| D | 11 | |
| M | 12 | |
| D | 13 | |
| F | 14 | |
| S | 15 | |
| S | 16 | (erstes Viertel) |
| M | 17 | |
| D | 18 | |
| M | 19 | |
| D | 20 | |
| F | 21 | |
| S | 22 | |
| S | 23 | |
| M | 24 | Vollmond 05.45 |
| D | 25 | |
| M | 26 | |
| D | 27 | |
| F | 28 | |
| S | 29 | |
| S | 30 | |
| M | 31 | (letztes Viertel) |

## April

| Tag | Datum | Mondphase |
|---|---|---|
| D | 1 | |
| M | 2 | |
| D | 3 | |
| F | 4 | |
| S | 5 | |
| S | 6 | |
| M | 7 | Neumond 12.03 |
| D | 8 | |
| M | 9 | |
| D | 10 | |
| F | 11 | |
| S | 12 | |
| S | 13 | |
| M | 14 | (erstes Viertel) |
| D | 15 | |
| M | 16 | |
| D | 17 | |
| F | 18 | |
| S | 19 | |
| S | 20 | |
| M | 21 | |
| D | 22 | Vollmond 21.31 |
| M | 23 | |
| D | 24 | |
| F | 25 | |
| S | 26 | |
| S | 27 | |
| M | 28 | |
| D | 29 | |
| M | 30 | (letztes Viertel) |

## Mai

| Tag | Datum | Mondphase |
|---|---|---|
| D | 1 | |
| F | 2 | |
| S | 3 | |
| S | 4 | |
| M | 5 | |
| D | 6 | Neumond 21.50 |
| M | 7 | |
| D | 8 | |
| F | 9 | |
| S | 10 | |
| S | 11 | |
| M | 12 | |
| D | 13 | |
| M | 14 | (erstes Viertel) |
| D | 15 | |
| F | 16 | |
| S | 17 | |
| S | 18 | |
| M | 19 | |
| D | 20 | |
| M | 21 | |
| D | 22 | Vollmond 10.10 |
| F | 23 | |
| S | 24 | |
| S | 25 | |
| M | 26 | |
| D | 27 | |
| M | 28 | |
| D | 29 | (letztes Viertel) |
| F | 30 | |
| S | 31 | |

## Juni

| Tag | Datum | Mondphase |
|---|---|---|
| S | 1 | |
| M | 2 | |
| D | 3 | |
| M | 4 | |
| D | 5 | Neumond 08.06 |
| F | 6 | |
| S | 7 | |
| S | 8 | |
| M | 9 | |
| D | 10 | |
| M | 11 | |
| D | 12 | |
| F | 13 | (erstes Viertel) |
| S | 14 | |
| S | 15 | |
| M | 16 | |
| D | 17 | |
| M | 18 | |
| D | 19 | |
| F | 20 | Vollmond 20.07 |
| S | 21 | |
| S | 22 | |
| M | 23 | |
| D | 24 | |
| M | 25 | |
| D | 26 | |
| F | 27 | (letztes Viertel) |
| S | 28 | |
| S | 29 | |
| M | 30 | |

Schütze    Wassermann    abnehm. Mond    Neumond
Steinbock    Fische    zunehm. Mond    Vollmond

# 1997

| Juli | August | September | Oktober | November | Dezember |
|---|---|---|---|---|---|
| D 1 | F 1 | M 1 | M 1 ⊕ 17.50 | S 1 | M 1 |
| M 2 | S 2 | D 2 ⊕ 00.51 | D 2 | S 2 | D 2 |
| D 3 | S 3 ⊕ 09.15 | M 3 | F 3 | | M 3 |
| F 4 ⊕ 19.41 | | D 4 | S 4 | M 3 | D 4 |
| S 5 | M 4 | F 5 | S 5 | D 4 | F 5 |
| S 6 | D 5 | S 6 | | M 5 | S 6 |
| | M 6 | S 7 | M 6 | D 6 | S 7 ☽ |
| M 7 | D 7 | | D 7 | F 7 ☽ | |
| D 8 | F 8 | M 8 | M 8 | S 8 | M 8 |
| M 9 | S 9 | D 9 | D 9 ☽ | S 9 | D 9 |
| D 10 | S 10 | M 10 ☽ | F 10 | | M 10 |
| F 11 | | D 11 | S 11 | M 10 | D 11 |
| S 12 ☽ | M 11 ☽ | F 12 | S 12 | D 11 | F 12 |
| S 13 | D 12 | S 13 | | M 12 | S 13 |
| | M 13 | S 14 | M 13 | D 13 | S 14 ☺ 03.39 |
| M 14 | D 14 | | D 14 | F 14 ☺ 15.14 | |
| D 15 | F 15 | M 15 | M 15 | S 15 | M 15 |
| M 16 | S 16 | D 16 ☺ 19.49 | D 16 ☺ 04.48 | S 16 | D 16 |
| D 17 | S 17 | M 17 | F 17 | | M 17 |
| F 18 | | D 18 | S 18 | M 17 | D 18 |
| S 19 | M 18 ☺ 11.53 | F 19 | S 19 | D 18 | F 19 |
| S 20 ☺ 04.19 | D 19 | S 20 | | M 19 | S 20 |
| | M 20 | S 21 | M 20 | D 20 | S 21 ☾ |
| M 21 | D 21 | | D 21 | F 21 | |
| D 22 | F 22 | M 22 | M 22 | S 22 ☾ | M 22 |
| M 23 | S 23 | D 23 ☾ | D 23 ☾ | S 23 | D 23 |
| D 24 | S 24 | M 24 | F 24 | | M 24 |
| F 25 | | D 25 | S 25 | M 24 | D 25 |
| S 26 ☾ | M 25 ☾ | F 26 | S 26 | D 25 | F 26 |
| S 27 | D 26 | S 27 | | M 26 | S 27 |
| | M 27 | S 28 | M 27 | D 27 | S 28 |
| M 28 | D 28 | | D 28 | F 28 | |
| D 29 | F 29 | M 29 | M 29 | S 29 | M 29 ⊕ 17.53 |
| M 30 | S 30 | D 30 | D 30 | S 30 ⊕ 03.13 | D 30 |
| D 31 | S 31 | | F 31 ⊕ 10.59 | | M 31 |

# DER MONDKALENDER UND DIE TIERKREISZEICHEN

## DAS ENERGIE-BAROMETER FÜR JEDEN TAG

*Bei seinem etwa 28tägigen Umlauf um die Erde durchläuft der Mond alle 12 Tierkreiszeichen. Er hält sich in jedem Zeichen also jeden Monat etwa 2 Tage lang auf. Die Energien, die zum Beispiel wirksam werden, wenn der Mond im Steinbock oder einem der elf anderen Tierkreise steht, sind sicher nicht so deutlich spürbar wie die Vollmond-Energie, aber auch diese Energien sind wirksam in bezug auf die Psyche des Menschen. In den Mondkalendern (ab Seite 34) ist zu jedem Tag des Jahres vermerkt, in welchem Tierkreiszeichen der Mond steht. In den folgenden zwölf Abschnitten wird beschrieben, worauf das Sinnen und Trachten des Menschen an diesen Tagen besonders stark gerichtet ist.*

## Widder

An diesen Tagen ist man voller Tatendrang und hat den rechten Mut für Neuanfänge und um Dinge anzupacken, die etwas Risikobereitschaft erfordern. Der Schritt geht in die Außenwelt, in die Expansion. Um seine persönlichen Ziele zu erreichen, setzt man auch eine gute Portion Kampfgeist ein, aber unter Berücksichtigung der Regeln des »Fair Play«. Die Energie ist frisch und unverbraucht. Es ist eine Herausforderung, sich mit anderen zu vergleichen und mit anderen zu konkurrieren.

## Stier

Der Stiermond hilft, Erreichtes zu sammeln und zu bewahren. An diesen Tagen geht es darum zu überprüfen, wo der Einsatz lohnt und sinnvoll ist oder wo man sich besser zurückhält. Dem Genuß gibt man sich jetzt nur zu gerne hin, auch im Übermaß. Auf den Körper bezogen heißt das: Die Energie ist eine festhaltende, was auch bedeutet, daß die Schlemmerei besonders leicht auf die Hüften geht. Es fällt schwer, etwas auf- oder abzugeben und sich von Liebgewordenem und Vertrautem zu lösen. Sicherheit und Abgrenzung sind die wichtigsten Maximen.

## Zwillinge

Tage voller Lebendigkeit und Kommunikation. Man ist umtriebig, neugierig auf Menschen, neue Erfahrungen und Eindrücke. Dies ist eine gute Zeit für Studien, Vorträge, für Aussprachen von Mensch zu Mensch. Die Energie ist leicht, beschwingt, unkompliziert, animiert aber auch dazu, mehrere Dinge gleichzeitig anzufangen und sich möglicherweise zu verzetteln.

## Krebs

Der Krebsmond macht Lust auf Geborgenheit, auf kuschelige Stunden, auf häusliche Gemütlichkeit. Er bringt Sehnsucht nach Ruhe mit sich, nach Frieden, danach, aus dem Quell der eigenen Seele wieder neue Kraft zu schöpfen. Das eigene Heim wird zum Dreh- und Angelpunkt, man hat den Wunsch, zum Farbtopf zu greifen, die Wohnung zu verschönern, zu renovieren. Die Familienbande werden fester, man genießt es, einen Fixpunkt im Leben zu haben.

## Löwe

Der Löwemond schenkt Kreativität und verstärkt den Wunsch nach glanzvollen Auftritten und nach Selbstdarstellung. Die Lust zu flirten wächst, und das Leben scheint nur eine leichte Seite zu haben. Hobbys und Freizeitvergnügung stehen ganz oben auf der Liste der Dinge, nach denen einem der Sinn steht. Es wird aufgetankt, indem die schöpferischen Seiten stärker wahrgenommen und gelebt werden.

## Jungfrau

Pflichterfüllung steht auf der Tagesordnung. Die Rationalität überwiegt, man denkt analytisch, es geht – ohne Schnörkel und Verzierungen – hauptsächlich um die Arbeit. In dieser Zeit ist das Augenmerk auch darauf gerichtet, sich mit Fragen der Gesundheit und der Ernährung zu befassen. Es wäre jetzt gut, mal ganz bewußt etwas für sich und den eigenen Körper zu tun, zum Beispiel entspannen oder den Körper durch eine gezielte Ernährung – durch Entschlackungs-kost – von belastenden Giftstoffen befreien.

## Waage

Der Waagemond macht offen für Begegnungen und verstärkt den Wunsch nach Harmonie. Im Zentrum der Aufmerksamkeit stehen die Liebe und die Beziehung. Es ist die Zeit für romantische Verführun-gen, um sich dem Partner zuzuwenden und das Miteinander zu inten-sivieren. Man kann sich öffnen und ist deshalb auch offen für neue Kontakte und intime Begegnungen.

## Skorpion

Der Skorpionmond ist eine starke Energie und verstärkt die Sehn-sucht nach tiefen, ja urgewaltigen Erfahrungen, auch auf sexuellem Gebiet. Es geht darum, Tabus zu sprengen und etwas – sich – zu spüren, auch auf die Gefahr hin, Schmerzliches zu erleben. Das »Stirb und werde«, die Transformation, ist jetzt ein elementares Thema. Wir erkennen uns selbst und formen uns neu.

## Schütze

Diese Tage sind geprägt von dem Wunsch, die tieferen Zusammen-hänge des Lebens zu verstehen und den Sinn des Lebens zu leben. Dies ist eine gute Zeit, um Workshops oder Seminare zu besuchen, sich weiterzubilden und neue Erkenntnisse zu gewinnen. Bloß keine Routine und Stagnation! Man will immer wieder Inspiration und Im-pulse. Diese Energie ist auf Expansion, auf Wachstum ausgerichtet und hat etwas Ungestümes aber dennoch Weises.

## Steinbock

Eine gute Zeit, um sich zu konzentrieren, genau zu arbeiten, zielstre-big vorzugehen. Man sollte sich – mit dem Steinbockmond als Rückenwind – wichtigen beruflichen Dingen zuwenden, die Karriere vorantreiben, Bedeutung in der Außenwelt anstreben. Die Energien sind auf einen Punkt gerichtet. Alles Überflüssige kann losgelassen werden. Auch ungeliebte Arbeiten und Pflichten gehen jetzt besser von der Hand, zumeist allerdings auf Kosten der Freude am Genuß und der leichten Seiten des Lebens.

## Wassermann

Jetzt steht die Freundschaft, die Beziehung zu den Freunden, im Mittelpunkt. Und man hat viel Verständnis für soziale Themen. Diese Tage eignen sich besonders gut für Gruppenaktivitäten und für gemeinsames soziales Engagement, aber auch für Unternehmungen mit Freunden. Wichtig ist dabei, die Zeit nicht zu vertun und aus freundschaftlicher Nähe nicht Verschmelzung werden zu lassen.

## Fische

Der Mond in den Fischen macht nachdenklich und regt zu innerer Sammlung, zu Kontemplation an. Meditation und Rituale haben an diesen Tagen ihre tiefste Wirkung. Aber auch die Phantasie wird angeregt, die Träume werden bilderreicher und lebendiger. Dies ist eine gute Zeit, sich selbst zu begegnen. Die Sehnsucht nach außergewöhnlichen, grenzüberschreitenden Erfahrungen kann aber auch eine Gefahr in sich bergen und verstärkt zu Suchtverhalten führen – zum Griff nach Drogen oder nach Alkohol.

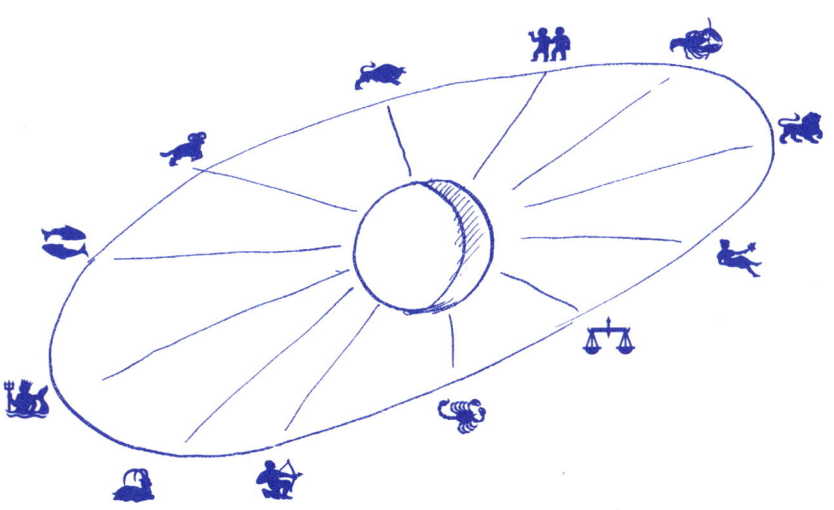

# WIE DER MOND

- Auf die Geburtsstunde genau
- Wie Sie Ihren Mondstand finden
- Was dieser Mondstand (Mond im Widder, im Stier…) über Sie aussagt

Ganz wichtig: Erst in den Mondtabellen unter dem Geburtsdatum nachschlagen, wo der Mond zum Zeitpunkt der Geburt stand.

### Der Mondstand

Da der Mond ungefähr alle zwei Tage von einem Tierkreiszeichen in das nächste wechselt, erlaubt eine astrologische Betrachtung auf der Basis des Geburtsmondes eine individuelle Analyse der psychischen und der gesundheitlichen Dispositionen eines Menschen.

### Das sagt Ihnen Ihr Mond-Horoskop

Der Mond, gefärbt durch das Tierkreiszeichen, in dem er sich gerade aufhält, steht im Astrologischen für Emotionen, die Mutter, die Intuition, die seelische Eigenart und die Weiblichkeit mit ihren heilenden und auch destruktiven Eigenschaften. Daraus ergeben sich Aussagen

- zum Wesen und zu den seelischen Eigenarten eines Menschen,
- zur pränatalen Situation und den daraus resultierenden Prägungen,
- zu Liebe und Partnerwahl,
- zur gesundheitlichen Disposition.

### Das bedeuten die Zeichen in den Monddaten

♈ Widder

♉ Stier

♊ Zwillinge

♋ Krebs

♌ Löwe

♍ Jungfrau

♎ Waage

♏ Skorpion

♐ Schütze

♑ Steinbock

♒ Wassermann

♓ Fische

Zeitangaben: Mitteleuropäische Zeit (MEZ) Ab dem Jahr 1996 sind keine Sommerzeiten berücksichtigt.

Außerdem zu jedem Mond-stand: Empfehlungen, wie gesundheitlichen Beein-trächtigungen vorgebeugt werden kann beziehungs-weise welche Therapie gut-tut: von der Homöopathie über Bachblüten, Bio-chemie, Phytotherapie bis zu Edelsteinen, Heilfarben und Körpertherapie.

*So finden Sie, wo Ihr Mond zum Zeitpunkt Ihrer Geburt stand*
Angenommen, der Geburts-tag ist der 10. Mai 1954.
1. Sie schlagen das Jahr 1954 auf.
2. Sie gehen in die linke Spalte (Tag) bis runter zum 10.
3. Sie gehen von der 10 nach rechts bis zum Monat Mai.
4. Das Zeichen, das dort steht – in diesem Fall sind es zwei – finden Sie auf die-ser Seite »übersetzt«.

5. Eine Zeile wie diese ♌ 17.23 ♍ wird folgender-maßen gelesen: ♌ gleich Löwe. Um 17.23 Uhr ging der Mond in das Tierkreis-zeichen ♍, also Jungfrau. Wer also nach 17.23 Uhr geboren wurde, findet seine Analyse unter »Mond in der Jungfrau«.

## 1954

| Tag | Januar<br>Mond im ♏ | Februar<br>Mond im ♑ | März<br>Mond im ♑ | April<br>Mond im ♓ | Mai<br>Mond im ♈ | Juni<br>Mond im ♊ |
|---|---|---|---|---|---|---|
| 1 | ♏ ab 17.40 ♐ | ♑ ab 16.38 ♒ | ♑ ab 03.07 ♒ | ♓ ab 16.40 ♈ | ♈ ab 02.43 ♉ | ♊ ab 13.46 ♋ |
| 2 | ♐ | | | ♈ | ♉ ab 02.07 ♊ | ♋ ab 17.35 ♌ |
| 3 | ♐ | ♒ ab 19.04 ♓ | ♒ ab 05.33 ♓ | ♈ ab 15.43 ♉ | ♊ | ♌ |
| 4 | ♐ ab 01.46 ♑ | ♓ | ♓ | ♉ ab 15.40 ♊ | ♊ ab 03.30 ♋ | ♌ ab 01.07 ♍ |
| 5 | | ♓ ab 20.15 ♈ | ♓ ab 05.41 ♈ | | | ♍ ab 11.59 ♎ |
| 6 | ♑ ab 07.10 ♒ | | | ♊ ab 18.29 ♋ | ♋ ab 08.29 ♌ | |
| 7 | ♒ | ♈ ab 21.47 ♉ | ♈ ab 05.33 ♉ | | ♌ ab 17.23 ♍ | ♎ ab 00.30 ♏ |
| 8 | ♒ ab 10.43 ♓ | ♉ | | ♋ ab 01.06 ♌ | ♍ | ♏ |
| 9 | | | ♉ ab 07.07 ♊ | | ♍ | ♏ ab 12.38 ♐ |
| 10 | ♓ ab 13.27 ♈ | ♉ ab 00.55 ♊ | ♊ | ♌ ab 11.03 ♍ | ♍ ab 05.04 ♎ | ♐ ab 23.06 ♑ |
| 11 | ♈ ab 16.10 ♉ | ♊ | ♊ ab 11.38 ♋ | ♍ | | |
| 12 | | ♊ ab 06.10 ♋ | ♋ | ♍ ab 22.58 ♎ | ♎ ab 17.42 ♏ | ♑ |
| 13 | ♉ ab 19.30 ♊ | ♋ ab 13.36 ♌ | ♋ ab 19.17 ♌ | | | ♑ ab 07.26 ♒ |
| 14 | ♊ | | | ♎ | ♏ | |
| 15 | | ♌ | ♌ | ♎ ab 11.33 ♏ | ♏ ab 05.54 ♐ | ♒ ab 13.37 ♓ |
| 16 | ♊ ab 00.01 ♋ | ♌ ab 23.01 ♍ | ♌ ab 05.22 ♍ | | | |
| 17 | | ♍ | ♍ | ♏ ab 23.55 ♐ | ♐ ab 16.49 ♑ | |
| 18 | ♋ ab 06.25 ♌ | | ♍ ab 16.58 ♎ | | | |
| 19 | | ♍ ab 10.15 ♎ | | ♐ | | |
| 20 | ♌ ab 15.14 ♍ | | ♎ | | | |
| 21 | | | | | | |

# 1921

| Tag | Januar Mond im | Februar Mond im | März Mond im | April Mond im | Mai Mond im | Juni Mond im |
|---|---|---|---|---|---|---|
| 1 | ♎ | ♏ ab 11.04 ♐ | ♐ | ♑ | ♒ ab 23.47 ♓ | ♈ |
| 2 | ♎ ab 18.27 ♏ | ♐ | ♐ | ♑ ab 03.22 ♒ | ♓ | ♈ |
| 3 | ♏ | ♐ ab 23.14 ♑ | ♐ ab 06.04 ♑ | ♒ | ♓ | ♈ ab 03.04 ♉ |
| 4 | ♏ | ♑ | ♑ | ♒ ab 15.28 ♓ | ♓ ab 08.14 ♈ | ♉ |
| 5 | ♏ ab 04.58 ♐ | ♑ | ♑ ab 18.46 ♒ | ♓ | ♈ | ♉ ab 07.17 ♊ |
| 6 | ♐ | ♑ ab 11.59 ♒ | ♒ | ♓ | ♈ ab 17.32 ♉ | ♊ |
| 7 | ♐ ab 17.10 ♑ | ♒ | ♒ | ♓ ab 01.31 ♈ | ♉ | ♊ ab 08.47 ♋ |
| 8 | ♑ | ♒ | ♒ ab 06.44 ♓ | ♈ | ♉ ab 21.51 ♊ | ♋ |
| 9 | ♑ | ♒ ab 00.04 ♓ | ♓ | ♈ ab 09.00 ♉ | ♊ | ♋ ab 09.19 ♌ |
| 10 | ♑ ab 05.50 ♒ | ♓ | ♓ ab 16.58 ♈ | ♉ | ♊ | ♌ |
| 11 | ♒ | ♓ ab 10.52 ♈ | ♈ | ♉ ab 14.16 ♊ | ♊ ab 00.19 ♋ | ♌ ab 09.41 ♍ |
| 12 | ♒ ab 18.11 ♓ | ♈ | ♈ | ♊ | ♋ | ♍ |
| 13 | ♓ | ♈ ab 19.45 ♉ | ♈ ab 01.15 ♉ | ♊ ab 17.59 ♋ | ♋ ab 02.17 ♌ | ♍ ab 14.10 ♎ |
| 14 | ♓ | ♉ | ♉ | ♋ | ♌ | ♎ |
| 15 | ♓ ab 05.15 ♈ | ♉ | ♉ ab 08.29 ♊ | ♋ ab 20.48 ♌ | ♌ ab 04.52 ♍ | ♎ ab 20.11 ♏ |
| 16 | ♈ | ♉ ab 01.55 ♊ | ♊ | ♌ | ♍ | ♏ |
| 17 | ♈ ab 13.40 ♉ | ♊ | ♊ ab 12.36 ♋ | ♌ ab 23.31 ♍ | ♍ ab 08.47 ♎ | ♏ |
| 18 | ♉ | ♊ ab 04.58 ♋ | ♋ | ♍ | ♎ | ♏ ab 04.28 ♐ |
| 19 | ♉ ab 18.24 ♊ | ♋ | ♋ ab 13.52 ♌ | ♍ | ♎ ab 14.22 ♏ | ♐ |
| 20 | ♊ | ♋ ab 05.34 ♌ | ♌ | ♍ ab 02.25 ♎ | ♏ | ♐ ab 14.39 ♑ |
| 21 | ♊ ab 19.36 ♋ | ♌ | ♌ ab 16.08 ♍ | ♎ | ♏ ab 21.53 ♐ | ♑ |
| 22 | ♋ | ♌ ab 05.21 ♍ | ♍ | ♎ ab 06.54 ♏ | ♐ | ♑ |
| 23 | ♋ ab 18.45 ♌ | ♍ | ♍ ab 17.50 ♎ | ♏ | ♐ | ♑ ab 02.24 ♒ |
| 24 | ♌ | ♍ ab 06.41 ♎ | ♎ | ♏ ab 13.45 ♐ | ♐ ab 07.35 ♑ | ♒ |
| 25 | ♌ ab 18.04 ♍ | ♎ | ♎ ab 21.34 ♏ | ♐ | ♑ | ♒ ab 15.04 ♓ |
| 26 | ♍ | ♎ ab 10.28 ♏ | ♏ | ♐ ab 23.28 ♑ | ♑ ab 19.17 ♒ | ♓ |
| 27 | ♍ ab 19.47 ♎ | ♏ | ♏ | ♑ | ♒ | ♓ |
| 28 | ♎ | ♏ ab 18.37 ♐ | ♏ ab 04.34 ♐ | ♑ | ♒ | ♓ ab 03.03 ♈ |
| 29 | ♎ | | ♐ | ♑ ab 11.26 ♒ | ♒ ab 07.51 ♓ | ♈ |
| 30 | ♎ ab 01.25 ♏ | | ♐ ab 14.58 ♑ | ♒ | ♓ | ♈ ab 12.14 ♉ |
| 31 | ♏ | | ♑ | | ♓ ab 18.05 ♈ | |

| Tag | Juli Mond im | August Mond im | September Mond im | Oktober Mond im | November Mond im | Dezember Mond im |
|---|---|---|---|---|---|---|
| 1 | ♉ | ♊ ab 05.18 ♋ | ♌ ab 15.07 ♍ | ♍ ab 01.41 ♎ | ♏ ab 17.08 ♐ | ♐ ab 09.32 ♑ |
| 2 | ♉ ab 17.23 ♊ | ♋ | ♍ | ♎ | ♐ | ♑ |
| 3 | ♊ | ♋ ab 05.11 ♌ | ♍ ab 15.06 ♎ | ♎ ab 03.37 ♏ | ♐ | ♑ ab 19.42 ♒ |
| 4 | ♊ ab 18.56 ♋ | ♌ | ♎ | ♏ | ♐ ab 0.38 ♑ | ♒ |
| 5 | ♋ | ♌ ab 04.19 ♍ | ♎ ab 17.24 ♏ | ♏ ab 08.22 ♐ | ♑ | ♒ |
| 6 | ♋ ab 18.34 ♌ | ♍ | ♏ | ♐ | ♑ ab 11.18 ♒ | ♒ ab 08.04 ♓ |
| 7 | ♌ | ♍ ab 04.52 ♎ | ♏ ab 23.21 ♐ | ♐ ab 15.45 ♑ | ♒ | ♓ |
| 8 | ♌ ab 18.28 ♍ | ♎ | ♐ | ♑ | ♒ ab 23.51 ♓ | ♓ ab 20.37 ♈ |
| 9 | ♍ | ♎ ab 08.33 ♏ | ♐ | ♑ | ♓ | ♈ |
| 10 | ♍ ab 20.28 ♎ | ♏ | ♐ ab 08.58 ♑ | ♑ ab 04.13 ♒ | ♓ | ♈ |
| 11 | ♎ | ♏ ab 16.00 ♐ | ♑ | ♒ | ♓ ab 11.52 ♈ | ♈ ab 06.46 ♉ |
| 12 | ♎ | ♐ | ♑ ab 21.01 ♒ | ♒ ab 16.51 ♓ | ♈ | ♉ |
| 13 | ♎ ab 01.43 ♏ | ♐ ab 02.30 ♑ | ♒ | ♓ | ♈ ab 21.20 ♉ | ♉ ab 13.08 ♊ |
| 14 | ♏ | ♑ | ♒ ab 09.39 ♓ | ♓ | ♉ | ♊ |
| 15 | ♏ ab 10.05 ♐ | ♑ ab 14.42 ♒ | ♓ | ♓ ab 04.34 ♈ | ♉ | ♊ ab 16.12 ♋ |
| 16 | ♐ | ♒ | ♓ ab 21.29 ♈ | ♈ | ♉ ab 03.41 ♊ | ♋ |
| 17 | ♐ ab 20.43 ♑ | ♒ | ♈ | ♈ ab 14.06 ♉ | ♊ | ♋ ab 17.35 ♌ |
| 18 | ♑ | ♒ ab 03.20 ♓ | ♈ | ♉ | ♊ ab 07.41 ♋ | ♌ |
| 19 | ♑ | ♓ | ♈ ab 07.41 ♉ | ♉ ab 21.21 ♊ | ♋ | ♌ ab 19.03 ♍ |
| 20 | ♑ ab 08.44 ♒ | ♓ ab 15.30 ♈ | ♉ | ♊ | ♋ ab 10.32 ♌ | ♍ |
| 21 | ♒ | ♈ | ♉ ab 15.42 ♊ | ♊ | ♌ | ♍ ab 21.52 ♎ |
| 22 | ♒ ab 21.24 ♓ | ♈ | ♊ | ♊ ab 02.32 ♋ | ♌ ab 13.17 ♍ | ♎ |
| 23 | ♓ | ♈ ab 02.07 ♉ | ♊ ab 21.06 ♋ | ♋ | ♍ | ♎ ab 02.33 ♏ |
| 24 | ♓ | ♉ | ♋ | ♋ ab 06.08 ♌ | ♍ ab 16.32 ♎ | ♏ |
| 25 | ♓ ab 09.42 ♈ | ♉ ab 09.58 ♊ | ♋ ab 23.58 ♌ | ♌ | ♎ | ♏ ab 09.02 ♐ |
| 26 | ♈ | ♊ | ♌ | ♌ ab 08.40 ♍ | ♎ ab 20.38 ♏ | ♐ |
| 27 | ♈ ab 19.58 ♉ | ♊ | ♌ | ♍ | ♏ | ♐ |
| 28 | ♉ | ♊ ab 14.18 ♋ | ♌ ab 01.02 ♍ | ♍ ab 07.49 ♎ | ♏ ab 02.03 ♐ | ♐ ab 17.17 ♑ |
| 29 | ♉ | ♋ | ♍ | ♎ | ♐ | ♑ |
| 30 | ♉ ab 02.37 ♊ | ♋ ab 15.31 ♌ | ♍ | ♎ ab 12.34 ♏ | ♐ | ♑ |
| 31 | ♊ | ♌ | | ♏ | | ♑ ab 03.32 ♒ |

48

# 1922

| Tag | Januar Mond im | Februar Mond im | März Mond im | April Mond im | Mai Mond im | Juni Mond im |
|---|---|---|---|---|---|---|
| 1 | ♒ | ♓ ab 11.36 ♈ | ♈ | ♉ ab 22.29 ♊ | ♊ ab 11.12 ♋ | ♌ |
| 2 | ♒ ab 15.45 ♓ | ♈ | ♈ | ♊ | ♋ | ♌ ab 00.48 ♍ |
| 3 | ♓ | ♈ ab 23.41 ♉ | ♈ ab 05.42 ♉ | ♊ | ♋ ab 16.05 ♌ | ♍ |
| 4 | ♓ | ♉ | ♉ | ♊ ab 05.46 ♋ | ♌ | ♍ ab 03.44 ♎ |
| 5 | ♓ ab 04.42 ♈ | ♉ | ♉ ab 15.49 ♊ | ♋ | ♌ ab 19.19 ♍ | ♎ |
| 6 | ♈ | ♉ ab 08.42 ♊ | ♊ | ♋ ab 08.13 ♌ | ♍ | ♎ ab 06.42 ♏ |
| 7 | ♈ ab 15.59 ♉ | ♊ | ♊ ab 22.19 ♋ | ♌ | ♍ ab 21.22 ♎ | ♏ |
| 8 | ♉ | ♊ ab 13.30 ♋ | ♋ | ♌ ab 12.09 ♍ | ♎ | ♏ ab 10.18 ♐ |
| 9 | ♉ ab 23.27 ♊ | ♋ | ♋ ab 01.10 ♌ | ♍ | ♎ ab 23.01 ♏ | ♐ |
| 10 | ♊ | ♋ ab 14.40 ♌ | ♌ | ♍ ab 12.36 ♎ | ♏ | ♐ ab 15.30 ♑ |
| 11 | ♊ | ♌ | ♌ | ♎ | ♏ | ♑ |
| 12 | ♊ ab 02.47 ♋ | ♌ ab 13.58 ♍ | ♌ ab 01.23 ♍ | ♎ ab 13.07 ♏ | ♏ ab 01.32 ♐ | ♑ ab 23.25 ♒ |
| 13 | ♋ | ♍ | ♍ | ♏ | ♐ | ♒ |
| 14 | ♋ ab 03.21 ♌ | ♍ ab 13.36 ♎ | ♍ ab 00.44 ♎ | ♏ ab 15.26 ♐ | ♐ ab 06.26 ♑ | ♒ |
| 15 | ♌ | ♎ | ♎ | ♐ | ♑ | ♒ ab 10.25 ♓ |
| 16 | ♌ ab 03.13 ♍ | ♎ ab 15.23 ♏ | ♎ ab 01.13 ♏ | ♐ ab 21.02 ♑ | ♑ ab 14.46 ♒ | ♓ |
| 17 | ♍ | ♏ | ♏ | ♑ | ♒ | ♓ ab 23.13 ♈ |
| 18 | ♍ ab 04.21 ♎ | ♏ ab 20.32 ♐ | ♏ ab 04.34 ♐ | ♑ | ♒ ab 02.21 ♓ | ♈ |
| 19 | ♎ | ♐ | ♐ | ♑ ab 06.28 ♒ | ♓ | ♈ |
| 20 | ♎ ab 08.02 ♏ | ♐ ab 05.05 ♑ | ♐ ab 11.41 ♑ | ♒ | ♓ ab 15.13 ♈ | ♈ ab 11.09 ♉ |
| 21 | ♏ | ♑ | ♑ | ♒ ab 18.44 ♓ | ♈ | ♉ |
| 22 | ♏ ab 14.33 ♐ | ♑ ab 16.12 ♒ | ♑ ab 22.18 ♒ | ♓ | ♈ | ♉ ab 20.02 ♊ |
| 23 | ♐ | ♒ | ♒ | ♓ | ♈ ab 02.46 ♉ | ♊ |
| 24 | ♐ ab 23.29 ♑ | ♒ | ♒ | ♓ ab 08.36 ♈ | ♉ | ♊ |
| 25 | ♑ | ♒ ab 04.45 ♓ | ♒ ab 10.56 ♓ | ♈ | ♉ ab 11.29 ♊ | ♊ ab 01.27 ♋ |
| 26 | ♑ | ♓ | ♓ | ♈ ab 19.08 ♉ | ♊ | ♋ |
| 27 | ♑ ab 10.17 ♒ | ♓ ab 16.42 ♈ | ♓ | ♉ | ♊ ab 17.27 ♋ | ♋ ab 04.28 ♌ |
| 28 | ♒ | ♈ | ♓ ab 00.50 ♈ | ♉ | ♋ | ♌ |
| 29 | ♒ ab 22.34 ♓ | | ♈ | ♉ ab 04.20 ♊ | ♋ | ♌ ab 06.37 ♍ |
| 30 | ♓ | | ♈ ab 12.38 ♉ | ♊ | ♋ ab 21.34 ♌ | ♍ |
| 31 | ♓ | | ♉ | | ♌ | |

| Tag | Juli Mond im | August Mond im | September Mond im | Oktober Mond im | November Mond im | Dezember Mond im |
|---|---|---|---|---|---|---|
| 1 | ♍ ab 09.05 ♎ | ♏ ab 22.35 ♐ | ♑ | ♒ | ♓ ab 08.04 ♈ | ♈ ab 04.00 ♉ |
| 2 | ♎ | ♐ | ♑ ab 20.12 ♒ | ♒ ab 13.41 ♓ | ♈ | ♉ |
| 3 | ♎ ab 12.30 ♏ | ♐ | ♒ | ♓ | ♈ ab 20.40 ♉ | ♉ ab 14.34 ♊ |
| 4 | ♏ | ♐ ab 05.22 ♑ | ♒ | ♓ | ♉ | ♊ |
| 5 | ♏ ab 17.05 ♐ | ♑ | ♒ ab 07.42 ♓ | ♓ ab 02.36 ♈ | ♉ | ♊ ab 22.34 ♋ |
| 6 | ♐ | ♑ ab 14.19 ♒ | ♓ | ♈ | ♉ ab 07.34 ♊ | ♋ |
| 7 | ♐ ab 23.12 ♑ | ♒ | ♓ ab 20.29 ♈ | ♈ ab 15.20 ♉ | ♊ | ♋ |
| 8 | ♑ | ♒ | ♈ | ♉ | ♊ ab 16.23 ♋ | ♋ ab 04.33 ♌ |
| 9 | ♑ | ♒ ab 01.23 ♓ | ♈ | ♉ ab 01.44 ♊ | ♋ | ♌ |
| 10 | ♑ ab 07.27 ♒ | ♓ | ♈ ab 09.24 ♉ | ♊ | ♋ ab 23.06 ♌ | ♌ ab 09.09 ♍ |
| 11 | ♒ | ♓ ab 14.06 ♈ | ♉ | ♊ ab 10.52 ♋ | ♌ | ♍ |
| 12 | ♒ ab 18.16 ♓ | ♈ | ♉ ab 20.51 ♊ | ♋ | ♌ | ♍ ab 12.40 ♎ |
| 13 | ♓ | ♈ | ♊ | ♋ ab 17.02 ♌ | ♌ ab 03.37 ♍ | ♎ |
| 14 | ♓ | ♈ ab 02.57 ♉ | ♊ ab 05.13 ♋ | ♌ | ♍ | ♎ ab 15.14 ♏ |
| 15 | ♓ ab 08.00 ♈ | ♉ | ♋ | ♌ ab 20.04 ♍ | ♍ ab 06.01 ♎ | ♏ |
| 16 | ♈ | ♉ ab 13.43 ♊ | ♋ | ♍ | ♎ | ♏ ab 17.28 ♐ |
| 17 | ♈ ab 19.28 ♉ | ♊ | ♋ ab 09.48 ♌ | ♍ ab 20.43 ♎ | ♎ ab 06.59 ♏ | ♐ |
| 18 | ♉ | ♊ ab 20.40 ♋ | ♌ | ♎ | ♏ | ♐ ab 20.35 ♑ |
| 19 | ♉ | ♋ | ♌ ab 11.08 ♍ | ♎ ab 20.26 ♏ | ♏ ab 07.53 ♐ | ♑ |
| 20 | ♉ ab 05.10 ♊ | ♋ ab 23.45 ♌ | ♍ | ♏ | ♐ | ♑ |
| 21 | ♊ | ♌ | ♍ ab 10.44 ♎ | ♏ ab 21.06 ♐ | ♐ ab 10.32 ♑ | ♑ ab 02.06 ♒ |
| 22 | ♊ ab 10.56 ♋ | ♌ | ♎ | ♐ | ♑ | ♒ |
| 23 | ♋ | ♌ ab 00.16 ♍ | ♎ ab 10.28 ♏ | ♐ | ♑ ab 16.36 ♒ | ♒ ab 11.14 ♓ |
| 24 | ♋ ab 13.27 ♌ | ♍ | ♏ | ♐ ab 00.34 ♑ | ♒ | ♓ |
| 25 | ♌ | ♍ ab 00.05 ♎ | ♏ ab 12.11 ♐ | ♑ | ♒ | ♓ ab 23.23 ♈ |
| 26 | ♌ ab 14.22 ♍ | ♎ | ♐ | ♑ ab 08.00 ♒ | ♒ ab 02.40 ♓ | ♈ |
| 27 | ♍ | ♎ ab 01.02 ♏ | ♐ ab 17.16 ♑ | ♒ | ♓ | ♈ |
| 28 | ♍ ab 15.27 ♎ | ♏ | ♑ | ♒ | ♓ ab 15.21 ♈ | ♈ ab 12.13 ♉ |
| 29 | ♎ | ♏ ab 04.26 ♐ | ♑ | ♒ ab 19.07 ♓ | ♈ | ♉ |
| 30 | ♎ ab 16.59 ♏ | ♐ | ♑ ab 02.03 ♒ | ♓ | ♈ | ♉ ab 23.03 ♊ |
| 31 | ♏ | ♐ ab 10.54 ♑ | | ♓ | | ♊ |

| Tag | Januar Mond im | Februar Mond im | März Mond im | April Mond im | Mai Mond im | Juni Mond im |
|---|---|---|---|---|---|---|
| 1 | ♊ | ♌ | ♌ | ♎ | ♏ | ♑ |
| 2 | ♊ ab 06.40 ♋ | ♌ ab 23.12 ♍ | ♌ ab 07.41 ♍ | ♎ ab 20.26 ♏ | ♏ ab 06.59 ♐ | ♑ ab 23.04 ♒ |
| 3 | ♋ | ♍ | ♍ | ♏ | ♐ | ♒ |
| 4 | ♋ ab 11.34 ♌ | ♍ | ♍ ab 10.01 ♎ | ♏ ab 20.34 ♐ | ♐ ab 08.15 ♑ | ♒ |
| 5 | ♌ | ♍ ab 00.39 ♎ | ♎ | ♐ | ♑ | ♒ ab 06.43 ♓ |
| 6 | ♌ ab 15.00 ♍ | ♎ | ♎ ab 10.16 ♏ | ♐ ab 21.10 ♑ | ♑ ab 13.05 ♒ | ♓ |
| 7 | ♍ | ♎ ab 02.37 ♏ | ♏ | ♑ | ♒ | ♓ ab 18.03 ♈ |
| 8 | ♍ ab 17.59 ♎ | ♏ | ♏ ab 12.06 ♐ | ♑ ab 05.49 ♒ | ♒ ab 22.07 ♓ | ♈ |
| 9 | ♎ | ♏ ab 05.59 ♐ | ♐ | ♒ | ♓ | ♈ |
| 10 | ♎ ab 21.05 ♏ | ♐ | ♐ ab 16.34 ♑ | ♒ ab 15.51 ♓ | ♓ ab 10.13 ♈ | ♈ ab 06.57 ♉ |
| 11 | ♏ | ♐ ab 11.08 ♑ | ♑ | ♓ | ♈ | ♉ |
| 12 | ♏ | ♑ | ♑ ab 00.02 ♒ | ♓ | ♈ | ♉ ab 19.03 ♊ |
| 13 | ♏ ab 00.34 ♐ | ♑ ab 18.19 ♒ | ♒ | ♓ ab 04.09 ♈ | ♈ ab 23.15 ♉ | ♊ |
| 14 | ♐ | ♒ | ♒ | ♈ | ♉ | ♊ ab 05.10 ♋ |
| 15 | ♐ ab 04.57 ♑ | ♒ ab 03.44 ♓ | ♒ ab 10.06 ♓ | ♈ | ♉ ab 11.27 ♊ | ♋ |
| 16 | ♑ | ♓ | ♓ | ♈ ab 19.07 ♉ | ♊ | ♋ ab 13.12 ♌ |
| 17 | ♑ ab 11.06 ♒ | ♓ ab 15.20 ♈ | ♓ ab 22.06 ♈ | ♉ | ♊ | ♌ |
| 18 | ♒ | ♈ | ♈ | ♉ | ♊ ab 22.03 ♋ | ♌ ab 19.23 ♍ |
| 19 | ♒ ab 19.58 ♓ | ♈ | ♈ ab 11.00 ♉ | ♉ ab 05.33 ♊ | ♋ | ♍ |
| 20 | ♓ | ♈ ab 04.15 ♉ | ♉ | ♊ | ♋ | ♍ |
| 21 | ♓ | ♉ | ♉ | ♊ ab 16.28 ♋ | ♋ ab 06.41 ♌ | ♍ ab 23.44 ♎ |
| 22 | ♓ ab 07.37 ♈ | ♉ ab 16.31 ♊ | ♉ ab 23.33 ♊ | ♋ | ♌ | ♎ |
| 23 | ♈ | ♊ | ♊ | ♋ | ♌ ab 12.54 ♍ | ♎ ab 02.21 ♏ |
| 24 | ♈ ab 20.34 ♉ | ♊ | ♊ ab 10.06 ♋ | ♋ ab 00.51 ♌ | ♍ | ♏ |
| 25 | ♉ | ♊ | ♋ | ♌ | ♍ ab 16.25 ♎ | ♏ ab 03.47 ♐ |
| 26 | ♉ ab 08.08 ♊ | ♊ ab 01.56 ♋ | ♋ | ♌ ab 05.56 ♍ | ♎ | ♐ |
| 27 | ♊ | ♋ | ♋ ab 17.14 ♌ | ♍ | ♎ ab 18.35 ♏ | ♐ ab 05.20 ♑ |
| 28 | ♊ | ♋ ab 07.31 ♌ | ♌ | ♍ ab 07.40 ♎ | ♏ | ♑ |
| 29 | ♊ ab 16.19 ♋ | | ♌ ab 20.37 ♍ | ♎ | ♏ ab 18.38 ♐ | ♑ ab 08.44 ♒ |
| 30 | ♋ | | ♍ | ♎ ab 07.33 ♏ | ♐ | ♒ |
| 31 | ♋ ab 20.57 ♌ | | ♍ ab 21.07 ♎ | | ♐ ab 19.28 ♑ | |

| Tag | Juli Mond im | August Mond im | September Mond im | Oktober Mond im | November Mond im | Dezember Mond im |
|---|---|---|---|---|---|---|
| 1 | ♒ | ♓ ab 08.11 ♈ | ♉ | ♊ | ♋ ab 06.00 ♌ | ♍ |
| 2 | ♒ ab 15.28 ♓ | ♈ | ♉ ab 18.51 ♊ | ♊ ab 14.01 ♋ | ♌ | ♍ |
| 3 | ♓ | ♈ ab 22.22 ♉ | ♊ | ♋ | ♌ ab 13.07 ♍ | ♍ ab 01.25 ♎ |
| 4 | ♓ | ♉ | ♊ | ♋ ab 23.15 ♌ | ♍ | ♎ |
| 5 | ♓ ab 01.51 ♈ | ♉ | ♊ ab 05.59 ♋ | ♌ | ♍ ab 16.24 ♎ | ♎ ab 03.15 ♏ |
| 6 | ♈ | ♉ ab 10.48 ♊ | ♋ | ♌ | ♎ | ♏ |
| 7 | ♈ ab 14.25 ♉ | ♊ | ♋ ab 13.54 ♌ | ♌ ab 04.41 ♍ | ♎ ab 16.38 ♏ | ♏ ab 02.57 ♐ |
| 8 | ♉ | ♊ ab 21.06 ♋ | ♌ | ♍ | ♏ | ♐ |
| 9 | ♉ | ♋ | ♌ ab 18.17 ♍ | ♍ ab 05.36 ♎ | ♏ ab 15.37 ♐ | ♐ ab 02.31 ♑ |
| 10 | ♉ ab 02.37 ♊ | ♋ | ♍ | ♎ | ♐ | ♑ |
| 11 | ♊ | ♋ ab 04.19 ♌ | ♍ ab 20.03 ♎ | ♎ ab 05.25 ♏ | ♐ ab 15.38 ♑ | ♑ ab 04.10 ♒ |
| 12 | ♊ ab 12.34 ♋ | ♌ | ♎ | ♏ | ♑ | ♒ |
| 13 | ♋ | ♌ ab 08.44 ♍ | ♎ ab 20.47 ♏ | ♏ ab 05.09 ♐ | ♑ ab 18.40 ♒ | ♒ ab 09.36 ♓ |
| 14 | ♋ ab 19.54 ♌ | ♍ | ♏ | ♐ | ♒ | ♓ |
| 15 | ♌ | ♍ ab 11.27 ♎ | ♏ ab 22.06 ♐ | ♐ ab 06.43 ♑ | ♒ | ♓ ab 19.06 ♈ |
| 16 | ♌ | ♎ | ♐ | ♑ | ♒ ab 01.47 ♓ | ♈ |
| 17 | ♌ ab 01.10 ♍ | ♎ ab 13.38 ♏ | ♐ ab 01.14 ♑ | ♑ ab 11.30 ♒ | ♓ | ♈ ab 07.22 ♉ |
| 18 | ♍ | ♏ | ♑ | ♒ | ♓ ab 12.25 ♈ | ♉ |
| 19 | ♍ ab 05.06 ♎ | ♏ ab 16.12 ♐ | ♑ ab 06.53 ♒ | ♒ ab 19.43 ♓ | ♈ | ♉ ab 20.03 ♊ |
| 20 | ♎ | ♐ | ♒ | ♓ | ♈ | ♊ |
| 21 | ♎ ab 08.09 ♏ | ♐ ab 19.49 ♑ | ♒ ab 15.03 ♓ | ♓ ab 06.33 ♈ | ♈ ab 00.53 ♉ | ♊ |
| 22 | ♏ | ♑ | ♓ | ♈ | ♉ | ♊ ab 07.40 ♋ |
| 23 | ♏ ab 08.43 ♐ | ♑ ab 01.03 ♒ | ♓ | ♈ ab 18.48 ♉ | ♉ ab 13.32 ♊ | ♋ |
| 24 | ♐ | ♒ | ♓ ab 01.24 ♈ | ♉ | ♊ | ♋ ab 17.40 ♌ |
| 25 | ♐ ab 13.33 ♑ | ♒ ab 08.25 ♓ | ♈ | ♉ | ♊ | ♌ |
| 26 | ♑ | ♓ | ♈ ab 13.23 ♉ | ♉ ab 07.29 ♊ | ♊ ab 01.28 ♋ | ♌ |
| 27 | ♑ ab 17.43 ♒ | ♓ ab 18.15 ♈ | ♉ | ♊ | ♋ | ♌ ab 01.51 ♍ |
| 28 | ♒ | ♈ | ♉ | ♊ | ♋ ab 12.02 ♌ | ♍ |
| 29 | ♒ | ♈ | ♉ | ♊ ab 19.39 ♋ | ♌ | ♍ |
| 30 | ♒ ab 00.23 ♓ | ♈ | ♉ ab 02.06 ♊ | ♋ | ♌ ab 20.19 ♍ | ♍ ab 07.52 ♎ |
| 31 | ♓ | ♈ ab 06.12 ♉ | | ♋ | | ♎ |

## 1924

| Tag | Januar Mond im | Februar Mond im | März Mond im | April Mond im | Mai Mond im | Juni Mond im |
|---|---|---|---|---|---|---|
| 1 | ♎ ab 11.23 ♏ | ♐ ab 22.03 ♑ | ♑ | ♓ | ♈ | ♉ ab 16.48 ♊ |
| 2 | ♏ | ♑ | ♑ ab 08.11 ♒ | ♓ | ♈ ab 22.37 ♉ | ♊ |
| 3 | ♏ ab 12.48 ♐ | ♑ | ♒ | ♓ ab 05.46 ♈ | ♉ | ♊ |
| 4 | ♐ | ♑ ab 00.43 ♒ | ♒ ab 13.45 ♓ | ♈ | ♉ | ♊ ab 05.27 ♋ |
| 5 | ♐ ab 13.22 ♑ | ♒ ab 05.12 ♓ | ♓ | ♈ ab 15.12 ♉ | ♉ ab 10.48 ♊ | ♋ ab 17.29 ♌ |
| 6 | ♑ | ♓ | ♓ ab 21.26 ♈ | ♉ | ♊ | ♌ |
| 7 | ♑ ab 14.54 ♒ | ♓ ab 12.37 ♈ | ♈ | ♉ | ♊ ab 23.31 ♋ | ♌ |
| 8 | ♒ | ♈ | ♈ | ♉ ab 04.13 ♊ | ♋ | ♌ ab 03.41 ♍ |
| 9 | ♒ ab 19.14 ♓ | ♈ ab 23.10 ♉ | ♈ ab 07.36 ♉ | ♊ | ♋ ab 11.30 ♌ | ♍ |
| 10 | ♓ | ♉ | ♉ | ♊ ab 16.53 ♋ | ♌ | ♍ ab 10.41 ♎ |
| 11 | ♓ | ♉ | ♉ ab 19.44 ♊ | ♋ | ♌ ab 20.57 ♍ | ♎ |
| 12 | ♓ ab 03.23 ♈ | ♉ ab 11.35 ♊ | ♊ | ♋ | ♍ | ♎ ab 13.57 ♏ |
| 13 | ♈ | ♊ | ♊ ab 08.08 ♋ | ♋ ab 04.15 ♌ | ♍ | ♏ |
| 14 | ♈ ab 14.49 ♉ | ♊ ab 23.34 ♋ | ♋ | ♌ | ♍ ab 02.29 ♎ | ♏ ab 14.17 ♐ |
| 15 | ♉ | ♋ | ♋ ab 18.32 ♌ | ♌ ab 12.21 ♍ | ♎ | ♐ |
| 16 | ♉ | ♋ | ♌ | ♍ | ♎ ab 04.11 ♏ | ♐ ab 13.29 ♑ |
| 17 | ♉ ab 03.38 ♊ | ♋ ab 09.09 ♌ | ♌ | ♍ ab 16.27 ♎ | ♏ | ♑ |
| 18 | ♊ | ♌ | ♌ ab 01.27 ♍ | ♎ | ♏ ab 03.34 ♐ | ♑ ab 13.43 ♒ |
| 19 | ♊ ab 15.06 ♋ | ♌ ab 15.46 ♍ | ♍ | ♎ ab 17.24 ♏ | ♐ | ♒ |
| 20 | ♋ | ♍ | ♍ ab 05.00 ♎ | ♏ | ♐ ab 02.49 ♑ | ♒ ab 16.52 ♓ |
| 21 | ♋ | ♍ ab 19.57 ♎ | ♎ | ♏ ab 17.15 ♐ | ♑ | ♓ |
| 22 | ♋ ab 00.34 ♌ | ♎ | ♎ ab 06.28 ♏ | ♐ | ♑ ab 04.05 ♒ | ♓ ab 23.56 ♈ |
| 23 | ♌ | ♎ ab 22.47 ♏ | ♏ | ♐ ab 17.33 ♑ | ♒ | ♈ |
| 24 | ♌ ab 07.19 ♍ | ♏ | ♏ ab 07.29 ♐ | ♑ | ♒ ab 08.50 ♓ | ♈ |
| 25 | ♍ | ♏ | ♐ | ♑ ab 20.30 ♒ | ♓ | ♈ ab 10.28 ♉ |
| 26 | ♍ ab 13.14 ♎ | ♏ ab 01.16 ♐ | ♐ ab 07.37 ♑ | ♒ | ♓ ab 17.16 ♈ | ♉ |
| 27 | ♎ | ♐ | ♑ | ♒ ab 02.39 ♓ | ♈ | ♉ ab 22.52 ♊ |
| 28 | ♎ ab 17.09 ♏ | ♐ ab 04.13 ♑ | ♑ ab 14.47 ♒ | ♓ | ♈ | ♊ |
| 29 | ♏ | ♑ | ♒ | ♓ ab 11.39 ♈ | ♈ ab 04.23 ♉ | ♊ |
| 30 | ♏ ab 19.53 ♐ |  | ♒ ab 20.13 ♓ | ♈ | ♉ | ♊ |
| 31 | ♐ |  | ♓ |  | ♉ |  |

| Tag | Juli Mond im | August Mond im | September Mond im | Oktober Mond im | November Mond im | Dezember Mond im |
|---|---|---|---|---|---|---|
| 1 | ♊ ab 11.28 ♋ | ♌ | ♍ ab 04.38 ♎ | ♏ | ♐ ab 01.39 ♑ | ♒ |
| 2 | ♋ | ♌ ab 15.05 ♍ | ♎ ab 08.55 ♏ | ♏ ab 17.55 ♐ | ♑ | ♒ ab 14.39 ♓ |
| 3 | ♋ ab 23.11 ♌ | ♍ | ♏ | ♐ | ♑ ab 03.53 ♒ | ♓ |
| 4 | ♌ | ♍ ab 22.20 ♎ | ♏ ab 12.01 ♐ | ♐ ab 20.03 ♑ | ♒ | ♓ ab 21.11 ♈ |
| 5 | ♌ | ♎ | ♐ | ♑ | ♒ ab 08.35 ♓ | ♈ |
| 6 | ♌ ab 09.16 ♍ | ♎ ab 03.24 ♏ | ♐ ab 14.41 ♑ | ♑ ab 22.20 ♒ | ♓ | ♈ ab 06.34 ♉ |
| 7 | ♍ | ♏ | ♑ | ♒ | ♓ ab 15.40 ♈ | ♉ |
| 8 | ♍ ab 16.55 ♎ | ♏ ab 06.32 ♐ | ♑ ab 17.33 ♒ | ♒ | ♈ | ♉ ab 17.53 ♊ |
| 9 | ♎ | ♐ | ♒ | ♒ ab 03.07 ♓ | ♈ | ♊ |
| 10 | ♎ ab 21.37 ♏ | ♐ ab 08.21 ♑ | ♒ ab 21.17 ♓ | ♓ | ♈ ab 00.44 ♉ | ♊ |
| 11 | ♏ | ♑ | ♓ | ♓ ab 09.31 ♈ | ♉ | ♊ ab 06.21 ♋ |
| 12 | ♏ ab 23.32 ♐ | ♑ ab 09.52 ♒ | ♓ | ♈ | ♉ ab 11.35 ♊ | ♋ |
| 13 | ♐ | ♒ | ♓ ab 02.42 ♈ | ♈ ab 17.50 ♉ | ♊ | ♋ ab 19.13 ♌ |
| 14 | ♐ ab 23.49 ♑ | ♒ ab 12.29 ♓ | ♈ | ♉ | ♊ ab 23.57 ♋ | ♌ |
| 15 | ♑ | ♓ | ♈ ab 10.39 ♉ | ♉ | ♋ | ♌ |
| 16 | ♑ | ♓ ab 17.32 ♈ | ♉ | ♉ ab 04.23 ♊ | ♋ | ♌ ab 07.07 ♍ |
| 17 | ♑ ab 00.11 ♒ | ♈ | ♉ ab 21.24 ♊ | ♊ | ♋ ab 12.51 ♌ | ♍ |
| 18 | ♒ | ♈ | ♊ | ♊ ab 16.48 ♋ | ♌ | ♍ ab 16.15 ♎ |
| 19 | ♒ ab 02.31 ♓ | ♈ ab 01.54 ♉ | ♊ | ♋ | ♌ | ♎ |
| 20 | ♓ | ♉ | ♊ ab 09.55 ♋ | ♋ | ♌ ab 00.11 ♍ | ♎ ab 21.26 ♏ |
| 21 | ♓ ab 08.12 ♈ | ♉ ab 13.15 ♊ | ♋ | ♋ ab 05.22 ♌ | ♍ | ♏ |
| 22 | ♈ | ♊ | ♋ ab 21.53 ♌ | ♌ | ♍ ab 07.52 ♎ | ♏ ab 22.56 ♐ |
| 23 | ♈ ab 17.37 ♉ | ♊ | ♌ | ♌ ab 15.33 ♍ | ♎ | ♐ |
| 24 | ♉ | ♊ ab 01.49 ♋ | ♌ | ♍ | ♎ ab 11.18 ♏ | ♐ ab 22.19 ♑ |
| 25 | ♉ ab 05.37 ♊ | ♋ | ♌ ab 07.07 ♍ | ♍ ab 21.49 ♎ | ♏ | ♑ |
| 26 | ♊ | ♋ ab 13.19 ♌ | ♍ | ♎ | ♏ ab 11.38 ♐ | ♑ ab 21.41 ♒ |
| 27 | ♊ ab 18.12 ♋ | ♌ | ♍ ab 12.54 ♎ | ♎ ab 00.27 ♏ | ♐ | ♒ |
| 28 | ♋ | ♌ | ♎ | ♏ | ♐ ab 10.58 ♑ | ♒ ab 23.06 ♓ |
| 29 | ♋ | ♌ ab 22.19 ♍ | ♎ | ♏ | ♑ | ♓ |
| 30 | ♋ | ♍ | ♎ ab 16.00 ♏ | ♏ ab 01.03 ♐ | ♑ ab 11.26 ♒ | ♓ |
| 31 | ♋ ab 05.38 ♌ | ♍ |  | ♐ |  | ♓ |

51

## 1925

| Tag | Januar Mond im | Februar Mond im | März Mond im | April Mond im | Mai Mond im | Juni Mond im |
|---|---|---|---|---|---|---|
| 1 | ♓ ab 03.57 ♈ | ♉ ab 07.33 ♊ | ♉ ab 14.26 ♊ | ♋ | ♌ | ♍ ab 14.31 ♎ |
| 2 | ♈ | ♊ | ♊ | ♋ ab 23.33 ♌ | ♌ ab 20.38 ♍ | ♎ ab 20.22 ♏ |
| 3 | ♈ ab 12.31 ♉ | ♊ | ♊ | ♌ | ♍ | ♏ |
| 4 | ♉ | ♊ ab 20.11 ♋ | ♊ ab 02.38 ♋ | ♌ | ♍ | ♏ ab 22.34 ♐ |
| 5 | ♉ ab 23.53 ♊ | ♋ | ♋ | ♌ ab 11.55 ♍ | ♍ ab 05.26 ♎ | ♐ |
| 6 | ♊ | ♋ | ♋ ab 15.23 ♌ | ♍ | ♎ | ♐ ab 22.45 ♑ |
| 7 | ♊ | ♋ ab 08.50 ♌ | ♌ | ♍ ab 20.05 ♎ | ♎ ab 10.22 ♏ | ♑ |
| 8 | ♊ ab 12.33 ♋ | ♌ | ♌ | ♎ | ♏ | ♑ |
| 9 | ♋ | ♌ ab 20.01 ♍ | ♌ ab 02.24 ♍ | ♎ | ♏ ab 12.28 ♐ | ♑ ab 22.54 ♒ |
| 10 | ♋ | ♍ | ♍ | ♎ ab 01.04 ♏ | ♐ | ♒ |
| 11 | ♋ ab 01.14 ♌ | ♍ | ♍ ab 10.44 ♎ | ♏ | ♐ ab 18.30 ♑ | ♒ |
| 12 | ♌ | ♍ ab 05.06 ♎ | ♎ | ♏ ab 04.06 ♐ | ♑ | ♒ ab 00.40 ♓ |
| 13 | ♌ ab 12.55 ♍ | ♎ | ♎ ab 16.38 ♏ | ♐ | ♑ ab 15.09 ♒ | ♓ |
| 14 | ♍ | ♎ ab 11.55 ♏ | ♏ | ♐ ab 06.32 ♑ | ♒ | ♓ ab 05.03 ♈ |
| 15 | ♍ ab 22.33 ♎ | ♏ | ♏ ab 20.52 ♐ | ♑ | ♒ ab 17.24 ♓ | ♈ |
| 16 | ♎ | ♏ ab 16.28 ♐ | ♐ | ♑ ab 09.23 ♒ | ♓ | ♈ ab 12.16 ♉ |
| 17 | ♎ | ♐ | ♐ | ♒ | ♓ ab 23.35 ♈ | ♉ |
| 18 | ♎ ab 05.12 ♏ | ♐ ab 19.02 ♑ | ♐ ab 00.07 ♑ | ♒ ab 13.03 ♓ | ♈ | ♉ ab 21.57 ♊ |
| 19 | ♏ | ♑ | ♑ | ♓ | ♈ | ♊ |
| 20 | ♏ ab 08.34 ♐ | ♑ ab 20.21 ♒ | ♑ ab 02.51 ♒ | ♓ ab 17.45 ♈ | ♈ ab 06.42 ♉ | ♊ |
| 21 | ♐ | ♒ | ♒ | ♈ | ♉ | ♊ ab 09.37 ♋ |
| 22 | ♐ ab 09.23 ♑ | ♒ ab 21.37 ♓ | ♒ ab 05.34 ♓ | ♈ ab 00.00 ♉ | ♉ ab 15.51 ♊ | ♋ |
| 23 | ♑ | ♓ | ♓ | ♉ | ♊ | ♋ ab 22.31 ♌ |
| 24 | ♑ ab 09.09 ♒ | ♓ | ♓ ab 07.04 ♈ | ♉ | ♊ | ♌ |
| 25 | ♒ | ♓ ab 00.22 ♈ | ♈ | ♉ ab 08.33 ♊ | ♊ ab 03.08 ♋ | ♌ |
| 26 | ♒ ab 09.46 ♓ | ♈ | ♈ ab 14.35 ♉ | ♊ | ♋ | ♌ ab 11.22 ♍ |
| 27 | ♓ | ♈ ab 06.04 ♉ | ♉ | ♊ ab 19.46 ♋ | ♋ | ♍ |
| 28 | ♓ ab 13.00 ♈ | ♉ | ♉ ab 23.08 ♊ | ♋ | ♋ ab 15.59 ♌ | ♍ ab 22.15 ♎ |
| 29 | ♈ | | ♊ | ♋ | ♌ | ♎ |
| 30 | ♈ ab 19.58 ♉ | | ♊ | ♋ ab 08.37 ♌ | ♌ ab 04.36 ♍ | ♎ |
| 31 | ♉ | | ♊ ab 10.43 ♋ | | ♍ | |

| Tag | Juli Mond im | August Mond im | September Mond im | Oktober Mond im | November Mond im | Dezember Mond im |
|---|---|---|---|---|---|---|
| 1 | ♎ ab 05.33 ♏ | ♐ ab 19.47 ♑ | ♒ | ♓ ab 17.06 ♈ | ♉ | ♊ |
| 2 | ♏ | ♑ | ♒ ab 06.03 ♓ | ♈ | ♉ ab 10.44 ♊ | ♊ ab 04.19 ♋ |
| 3 | ♏ ab 08.55 ♐ | ♑ ab 19.41 ♒ | ♓ | ♈ ab 20.20 ♉ | ♊ | ♋ |
| 4 | ♐ | ♒ | ♓ ab 07.02 ♈ | ♉ | ♊ ab 20.06 ♋ | ♋ ab 16.13 ♌ |
| 5 | ♐ ab 09.24 ♑ | ♒ ab 19.23 ♓ | ♈ | ♉ | ♋ | ♌ |
| 6 | ♑ | ♓ | ♈ ab 08.26 ♉ | ♉ ab 01.35 ♊ | ♋ | ♌ |
| 7 | ♑ ab 08.49 ♒ | ♓ ab 20.46 ♈ | ♉ | ♊ | ♋ ab 08.16 ♌ | ♌ ab 05.14 ♍ |
| 8 | ♒ | ♈ | ♉ ab 17.39 ♊ | ♊ ab 11.33 ♋ | ♌ | ♍ |
| 9 | ♒ ab 09.06 ♓ | ♈ | ♊ | ♋ | ♌ ab 21.07 ♍ | ♍ ab 16.53 ♎ |
| 10 | ♓ | ♈ ab 01.25 ♉ | ♊ | ♋ | ♍ | ♎ |
| 11 | ♓ ab 11.53 ♈ | ♉ | ♊ ab 04.35 ♋ | ♋ ab 00.09 ♌ | ♍ | ♎ |
| 12 | ♈ | ♉ ab 09.57 ♊ | ♋ | ♌ | ♍ ab 07.52 ♎ | ♎ ab 01.04 ♏ |
| 13 | ♈ ab 18.05 ♉ | ♊ | ♋ ab 17.30 ♌ | ♌ ab 12.44 ♍ | ♎ | ♏ |
| 14 | ♉ | ♊ ab 21.39 ♋ | ♌ | ♍ | ♎ ab 15.06 ♏ | ♏ ab 05.24 ♐ |
| 15 | ♉ | ♋ | ♌ | ♍ ab 22.58 ♎ | ♏ | ♐ |
| 16 | ♉ ab 03.38 ♊ | ♋ | ♌ ab 05.57 ♍ | ♎ | ♏ ab 19.13 ♐ | ♐ ab 06.59 ♑ |
| 17 | ♊ | ♋ ab 10.41 ♌ | ♍ | ♎ | ♐ | ♑ |
| 18 | ♊ ab 15.33 ♋ | ♌ | ♍ ab 16.18 ♎ | ♎ ab 06.13 ♏ | ♐ ab 21.39 ♑ | ♑ ab 07.36 ♒ |
| 19 | ♋ | ♌ ab 23.13 ♍ | ♎ | ♏ | ♑ | ♒ |
| 20 | ♋ | ♍ | ♎ ab 00.18 ♏ | ♏ ab 11.12 ♐ | ♑ ab 23.48 ♒ | ♒ ab 08.52 ♓ |
| 21 | ♋ ab 04.32 ♌ | ♍ | ♏ | ♐ | ♒ | ♓ |
| 22 | ♌ | ♍ ab 10.06 ♎ | ♏ ab 06.17 ♐ | ♐ ab 14.58 ♑ | ♒ | ♓ ab 11.57 ♈ |
| 23 | ♌ ab 17.18 ♍ | ♎ | ♐ | ♑ | ♒ ab 02.38 ♓ | ♈ |
| 24 | ♍ | ♎ ab 18.45 ♏ | ♐ ab 10.37 ♑ | ♑ ab 18.13 ♒ | ♓ | ♈ ab 17.25 ♉ |
| 25 | ♍ | ♏ | ♑ | ♒ | ♓ ab 06.32 ♈ | ♉ |
| 26 | ♍ ab 04.30 ♎ | ♏ | ♑ ab 13.29 ♒ | ♒ ab 21.15 ♓ | ♈ | ♉ |
| 27 | ♎ | ♏ ab 00.50 ♐ | ♒ | ♓ | ♈ ab 11.46 ♉ | ♉ ab 01.19 ♊ |
| 28 | ♎ ab 12.57 ♏ | ♐ | ♒ ab 15.19 ♓ | ♓ | ♉ | ♊ |
| 29 | ♏ | ♐ ab 04.19 ♑ | ♓ | ♓ ab 00.24 ♈ | ♉ ab 18.51 ♊ | ♊ ab 10.27 ♋ |
| 30 | ♏ ab 17.56 ♐ | ♑ | ♓ | ♈ | ♊ | ♋ |
| 31 | ♐ | ♑ ab 05.41 ♒ | | ♈ ab 04.29 ♉ | | ♋ ab 23.27 ♌ |

## 1926

| Tag | Januar Mond im | Februar Mond im | März Mond im | April Mond im | Mai Mond im | Juni Mond im |
|---|---|---|---|---|---|---|
| 1 | ♌ | ♍ | ♍ ab 13.04 ♎ | ♏ | ♐ | ♒ |
| 2 | ♌ | ♍ ab 07.11 ♎ | ♎ | ♏ ab 13.08 ♐ | ♐ ab 01.33 ♑ | ♒ ab 13.53 ♓ |
| 3 | ♌ ab 12.26 ♍ | ♎ | ♎ ab 23.28 ♏ | ♐ | ♑ | ♓ |
| 4 | ♍ | ♎ ab 17.40 ♏ | ♏ | ♐ ab 19.06 ♑ | ♑ ab 05.32 ♒ | ♓ ab 16.46 ♈ |
| 5 | ♍ | ♏ | ♏ | ♑ | ♒ | ♈ |
| 6 | ♍ ab 00.44 ♎ | ♏ | ♏ ab 07.40 ♐ | ♑ ab 23.01 ♒ | ♒ ab 08.32 ♓ | ♈ ab 20.29 ♉ |
| 7 | ♎ | ♏ ab 01.02 ♐ | ♐ | ♒ | ♓ | ♉ |
| 8 | ♎ ab 10.20 ♏ | ♐ | ♐ ab 13.07 ♑ | ♒ ab 01.04 ♓ | ♓ ab 11.55 ♈ | ♉ |
| 9 | ♏ | ♐ ab 04.50 ♑ | ♑ | ♓ | ♈ | ♉ ab 01.43 ♊ |
| 10 | ♏ ab 16.02 ♐ | ♑ | ♑ ab 15.40 ♒ | ♓ | ♈ ab 13.34 ♉ | ♊ |
| 11 | ♐ | ♑ ab 05.37 ♒ | ♒ | ♓ ab 02.03 ♈ | ♉ | ♊ ab 09.15 ♋ |
| 12 | ♐ ab 18.09 ♑ | ♒ | ♒ ab 16.04 ♓ | ♈ | ♉ ab 17.46 ♊ | ♋ |
| 13 | ♑ | ♒ ab 04.57 ♓ | ♓ | ♈ ab 03.31 ♉ | ♊ | ♋ ab 19.29 ♌ |
| 14 | ♑ ab 18.07 ♒ | ♓ | ♓ ab 15.52 ♈ | ♉ | ♊ ab 00.53 ♋ | ♌ |
| 15 | ♒ | ♓ ab 04.48 ♈ | ♈ | ♉ ab 07.21 ♊ | ♋ | ♌ |
| 16 | ♒ ab 17.48 ♓ | ♈ | ♈ ab 17.07 ♉ | ♊ | ♋ ab 11.20 ♌ | ♌ ab 07.49 ♍ |
| 17 | ♓ | ♈ ab 07.09 ♉ | ♉ | ♊ ab 15.56 ♋ | ♌ | ♍ |
| 18 | ♓ ab 19.04 ♈ | ♉ | ♉ ab 21.42 ♊ | ♋ | ♌ ab 23.55 ♍ | ♍ ab 20.19 ♎ |
| 19 | ♈ | ♉ ab 13.22 ♊ | ♊ | ♋ | ♍ | ♎ |
| 20 | ♈ ab 23.16 ♉ | ♊ | ♊ | ♋ ab 03.07 ♌ | ♍ | ♎ |
| 21 | ♉ | ♊ ab 23.28 ♋ | ♊ ab 06.31 ♋ | ♌ | ♍ ab 12.04 ♎ | ♎ ab 06.40 ♏ |
| 22 | ♉ | ♋ | ♋ | ♌ ab 15.58 ♍ | ♎ | ♏ |
| 23 | ♉ ab 06.55 ♊ | ♋ | ♋ ab 18.36 ♌ | ♍ | ♎ ab 21.42 ♏ | ♏ ab 13.35 ♐ |
| 24 | ♊ | ♋ ab 12.00 ♌ | ♌ | ♍ | ♏ | ♐ |
| 25 | ♊ ab 17.30 ♋ | ♌ | ♌ | ♍ ab 03.52 ♎ | ♏ | ♐ ab 17.18 ♑ |
| 26 | ♋ | ♌ | ♌ ab 07.37 ♍ | ♎ | ♏ ab 04.14 ♐ | ♑ |
| 27 | ♋ | ♌ ab 00.00 ♍ | ♍ | ♎ ab 13.19 ♏ | ♐ | ♑ ab 19.01 ♒ |
| 28 | ♋ ab 05.52 ♌ | ♍ | ♍ ab 19.27 ♎ | ♏ | ♐ ab 08.24 ♑ | ♒ |
| 29 | ♌ | | ♎ | ♏ ab 20.19 ♐ | ♑ | ♒ ab 20.14 ♓ |
| 30 | ♌ ab 18.49 ♍ | | ♎ | ♐ | ♑ | ♓ |
| 31 | ♍ | | ♎ ab 05.17 ♏ | | ♑ ab 11.19 ♒ | |

| Tag | Juli Mond im | August Mond im | September Mond im | Oktober Mond im | November Mond im | Dezember Mond im |
|---|---|---|---|---|---|---|
| 1 | ♓ ab 22.14 ♈ | ♉ | ♊ ab 02.49 ♋ | ♌ | ♍ | ♎ ab 00.40 ♏ |
| 2 | ♈ | ♉ ab 14.25 ♊ | ♋ | ♌ | ♍ ab 04.23 ♎ | ♏ |
| 3 | ♈ | ♊ | ♋ ab 15.01 ♌ | ♌ ab 08.49 ♍ | ♎ | ♏ ab 09.32 ♐ |
| 4 | ♈ ab 01.59 ♉ | ♊ ab 23.08 ♋ | ♌ | ♍ | ♎ ab 15.38 ♏ | ♐ |
| 5 | ♉ | ♋ | ♌ | ♍ ab 21.29 ♎ | ♏ | ♐ ab 15.53 ♑ |
| 6 | ♉ ab 07.57 ♊ | ♋ | ♌ ab 03.41 ♍ | ♎ | ♏ | ♑ |
| 7 | ♊ | ♋ ab 10.13 ♌ | ♍ | ♎ | ♏ ab 00.52 ♐ | ♑ ab 20.22 ♒ |
| 8 | ♊ ab 16.17 ♋ | ♌ | ♍ ab 16.23 ♎ | ♎ ab 08.59 ♏ | ♐ | ♒ |
| 9 | ♋ | ♌ ab 22.39 ♍ | ♎ | ♏ | ♐ ab 08.11 ♑ | ♒ ab 23.44 ♓ |
| 10 | ♋ | ♍ | ♎ | ♏ ab 18.54 ♐ | ♑ | ♓ |
| 11 | ♋ ab 02.51 ♌ | ♍ | ♎ ab 04.16 ♏ | ♐ | ♑ ab 13.42 ♒ | ♓ |
| 12 | ♌ | ♍ ab 11.27 ♎ | ♏ | ♐ | ♒ | ♓ ab 02.33 ♈ |
| 13 | ♌ ab 15.08 ♍ | ♎ | ♏ ab 14.22 ♐ | ♐ ab 02.47 ♑ | ♒ ab 17.22 ♓ | ♈ |
| 14 | ♍ | ♎ ab 23.18 ♏ | ♐ | ♑ | ♓ | ♈ ab 05.23 ♉ |
| 15 | ♍ | ♏ | ♐ ab 21.37 ♑ | ♑ ab 08.03 ♒ | ♓ ab 19.28 ♈ | ♉ |
| 16 | ♍ ab 03.52 ♎ | ♏ | ♑ | ♒ | ♈ | ♉ ab 09.00 ♊ |
| 17 | ♎ | ♏ ab 08.40 ♐ | ♑ | ♒ ab 10.30 ♓ | ♈ ab 20.54 ♉ | ♊ |
| 18 | ♎ ab 15.08 ♏ | ♐ ab 14.24 ♑ | ♑ ab 01.23 ♒ | ♓ | ♉ | ♊ ab 14.20 ♋ |
| 19 | ♏ | ♑ | ♒ | ♓ ab 10.56 ♈ | ♉ ab 21.10 ♊ | ♋ |
| 20 | ♏ ab 23.11 ♐ | ♑ ab 16.31 ♒ | ♒ ab 02.01 ♓ | ♈ | ♊ | ♋ |
| 21 | ♐ | ♒ | ♓ | ♈ ab 11.01 ♉ | ♊ | ♋ ab 22.17 ♌ |
| 22 | ♐ | ♒ ab 16.14 ♓ | ♓ ab 01.20 ♈ | ♉ | ♊ ab 03.55 ♋ | ♌ |
| 23 | ♐ ab 03.28 ♑ | ♓ | ♈ | ♉ ab 12.50 ♊ | ♋ | ♌ |
| 24 | ♑ | ♓ ab 15.30 ♈ | ♈ ab 01.13 ♉ | ♊ | ♋ ab 12.10 ♌ | ♌ ab 09.03 ♍ |
| 25 | ♑ ab 04.48 ♒ | ♈ | ♉ | ♊ ab 11.58 ♋ | ♌ | ♍ |
| 26 | ♒ | ♈ ab 16.25 ♉ | ♉ ab 03.51 ♊ | ♋ | ♌ ab 23.36 ♍ | ♍ ab 21.31 ♎ |
| 27 | ♒ ab 04.46 ♓ | ♉ | ♊ | ♋ ab 22.40 ♌ | ♍ | ♎ |
| 28 | ♓ | ♉ | ♊ ab 08.35 ♋ | ♌ | ♍ | ♎ |
| 29 | ♓ ab 05.13 ♈ | ♉ ab 10.40 ♊ | ♋ | ♌ | ♍ ab 12.14 ♎ | ♎ ab 09.29 ♏ |
| 30 | ♈ | ♊ | ♋ ab 13.25 ♌ | ♌ | ♎ | ♏ |
| 31 | ♈ ab 07.47 ♉ | ♊ | | ♍ | | ♏ ab 18.50 ♐ |

53

# 1927

| Tag | Januar Mond im | Februar Mond im | März Mond im | April Mond im | Mai Mond im | Juni Mond im |
|---|---|---|---|---|---|---|
| 1 | ♐ | ♑ ab 13.22 ♒ | ♑ ab 00.14 ♒ | ♓ ab 11.31 ♈ | ♉ | ♊ ab 10.50 ♋ |
| 2 | ♐ ab 23.52 ♑ | ♒ | ♒ ab 01.01 ♓ | ♈ | ♉ ab 21.53 ♊ | ♋ |
| 3 | ♑ | ♒ ab 14.07 ♓ | ♓ | ♈ ab 10.36 ♉ | ♊ | ♋ ab 16.38 ♌ |
| 4 | ♑ | ♓ | ♓ | ♉ | ♊ | ♌ |
| 5 | ♑ ab 03.10 ♒ | ♓ ab 14.20 ♈ | ♓ ab 00.19 ♈ | ♉ ab 11.25 ♊ | ♊ ab 00.52 ♋ | ♌ ab 01.56 ♍ |
| 6 | ♒ | ♈ | ♈ | ♊ | ♋ | ♍ |
| 7 | ♒ ab 05.06 ♓ | ♈ ab 15.51 ♉ | ♈ ab 00.07 ♉ | ♊ ab 15.43 ♋ | ♋ ab 07.39 ♌ | ♍ |
| 8 | ♓ | ♉ | ♉ | ♋ | ♌ | ♍ ab 13.50 ♎ |
| 9 | ♓ ab 07.00 ♈ | ♉ ab 19.55 ♊ | ♉ ab 02.29 ♊ | ♋ | ♌ ab 18.03 ♍ | ♎ |
| 10 | ♈ | ♊ | ♊ | ♋ ab 00.00 ♌ | ♍ | ♎ ab 02.16 ♏ |
| 11 | ♈ ab 07.56 ♉ | ♊ | ♊ ab 08.30 ♋ | ♌ | ♍ | ♏ |
| 12 | ♉ | ♊ ab 02.51 ♋ | ♋ | ♌ ab 11.19 ♍ | ♍ ab 06.27 ♎ | ♏ |
| 13 | ♉ ab 14.31 ♊ | ♋ | ♋ ab 17.52 ♌ | ♍ | ♎ | ♏ ab 13.16 ♐ |
| 14 | ♊ | ♋ ab 12.12 ♌ | ♌ | ♍ ab 23.54 ♎ | ♎ ab 18.52 ♏ | ♐ |
| 15 | ♊ ab 20.59 ♋ | ♌ | ♌ ab 05.23 ♍ | ♎ | ♏ | ♐ ab 21.52 ♑ |
| 16 | ♋ | ♌ ab 23.16 ♍ | ♍ | ♎ | ♏ | ♑ |
| 17 | | ♍ | ♍ | ♎ ab 12.20 ♏ | ♏ ab 05.58 ♐ | ♑ |
| 18 | ♋ ab 05.32 ♌ | ♍ | ♍ ab 17.49 ♎ | ♏ ab 23.49 ♐ | ♐ | ♑ ab 04.05 ♒ |
| 19 | ♌ | ♍ ab 11.31 ♎ | ♎ | ♐ | ♐ ab 15.11 ♑ | ♒ |
| 20 | ♌ ab 16.10 ♍ | ♎ | ♎ | ♐ | ♑ | ♒ ab 08.25 ♓ |
| 21 | ♍ | ♎ | ♎ ab 06.21 ♏ | ♐ ab 07.38 ♑ | ♑ ab 22.16 ♒ | ♓ |
| 22 | ♍ | ♎ ab 00.09 ♏ | ♏ ab 18.07 ♐ | ♑ | ♒ | ♓ ab 11.29 ♈ |
| 23 | ♍ ab 04.27 ♎ | ♏ | ♐ | ♑ ab 16.43 ♒ | ♒ | ♈ |
| 24 | ♎ | ♏ ab 11.35 ♐ | ♐ | ♒ | ♒ ab 03.02 ♓ | ♈ ab 13.54 ♉ |
| 25 | ♎ ab 16.54 ♏ | ♐ | ♐ ab 03.39 ♑ | ♒ | ♓ | ♉ |
| 26 | ♏ | ♐ ab 19.56 ♑ | ♑ | ♒ ab 20.36 ♓ | ♓ ab 05.38 ♈ | ♉ ab 16.26 ♊ |
| 27 | ♏ | ♑ | ♑ | ♓ | ♈ | ♊ |
| 28 | ♏ ab 03.21 ♐ | ♑ | ♑ ab 09.39 ♒ | ♓ ab 21.44 ♈ | ♈ ab 06.51 ♉ | ♊ ab 20.04 ♋ |
| 29 | ♐ | | ♒ | ♈ | ♉ | ♋ |
| 30 | ♐ ab 10.12 ♑ | | ♒ ab 11.53 ♓ | ♈ ab 21.29 ♉ | ♉ ab 08.03 ♊ | ♋ |
| 31 | ♑ | | ♓ | | ♊ | |

| Tag | Juli Mond im | August Mond im | September Mond im | Oktober Mond im | November Mond im | Dezember Mond im |
|---|---|---|---|---|---|---|
| 1 | ♋ ab 01.49 ♌ | ♍ | ♎ ab 01.36 ♏ | ♐ | ♑ ab 23.57 ♒ | ♒ ab 11.37 ♓ |
| 2 | ♌ | ♍ ab 05.44 ♎ | ♏ | ♐ | ♒ | ♓ |
| 3 | ♌ ab 10.27 ♍ | ♎ | ♏ ab 14.10 ♐ | ♐ ab 08.13 ♑ | ♒ | ♓ ab 15.20 ♈ |
| 4 | ♍ | ♎ ab 18.16 ♏ | ♐ | ♑ | ♒ ab 04.56 ♓ | ♈ |
| 5 | ♍ ab 21.48 ♎ | ♏ | ♐ | ♑ ab 16.07 ♒ | ♓ | ♈ ab 16.47 ♉ |
| 6 | ♎ | ♏ | ♐ ab 00.29 ♑ | ♒ | ♓ ab 06.54 ♈ | ♉ |
| 7 | ♎ | ♏ ab 04.14 ♐ | ♑ | ♒ ab 19.50 ♓ | ♈ | ♉ ab 17.11 ♊ |
| 8 | ♎ ab 10.17 ♏ | ♐ | ♑ ab 06.50 ♒ | ♓ | ♈ ab 06.37 ♉ | ♊ |
| 9 | ♏ | ♐ ab 15.23 ♑ | ♒ | ♓ ab 20.15 ♈ | ♉ | ♊ ab 18.11 ♋ |
| 10 | ♏ ab 21.37 ♐ | ♑ | ♒ ab 09.16 ♓ | ♈ | ♉ ab 06.04 ♊ | ♋ |
| 11 | ♐ | ♑ ab 20.46 ♒ | ♓ | ♈ ab 19.18 ♉ | ♊ | ♋ ab 21.32 ♌ |
| 12 | ♐ | ♒ | ♓ ab 09.18 ♈ | ♉ | ♊ ab 07.16 ♋ | ♌ |
| 13 | ♐ ab 06.07 ♑ | ♒ ab 23.05 ♓ | ♈ | ♉ ab 19.12 ♊ | ♋ | ♌ |
| 14 | ♑ | ♓ | ♈ ab 09.03 ♉ | ♊ | ♋ ab 11.49 ♌ | ♌ ab 04.25 ♍ |
| 15 | ♑ ab 11.31 ♒ | ♓ ab 23.58 ♈ | ♉ | ♊ ab 21.50 ♋ | ♌ | ♍ |
| 16 | ♒ | ♈ | ♉ ab 10.29 ♊ | ♋ | ♌ ab 20.14 ♍ | ♍ ab 14.55 ♎ |
| 17 | ♒ ab 14.43 ♓ | ♈ | ♊ | ♋ | ♍ | ♎ |
| 18 | ♓ | ♈ ab 01.12 ♉ | ♊ ab 14.50 ♋ | ♋ ab 04.07 ♌ | ♍ | ♎ ab 03.32 ♏ |
| 19 | ♓ ab 16.58 ♈ | ♉ | ♋ | ♌ | ♍ ab 07.41 ♎ | ♏ |
| 20 | ♈ | ♉ ab 04.09 ♊ | ♋ ab 22.13 ♌ | ♌ ab 13.43 ♍ | ♎ | ♏ |
| 21 | ♈ ab 19.24 ♉ | ♊ | ♌ | ♍ | ♎ ab 20.26 ♏ | ♏ ab 15.59 ♐ |
| 22 | ♉ | ♊ ab 09.19 ♋ | ♌ | ♍ | ♏ | ♐ |
| 23 | ♉ ab 22.46 ♊ | ♋ | ♌ ab 08.02 ♍ | ♍ ab 01.28 ♎ | ♏ | ♐ ab 02.38 ♑ |
| 24 | ♊ | ♋ ab 16.39 ♌ | ♍ | ♎ | ♏ ab 08.54 ♐ | ♑ |
| 25 | ♊ | ♌ | ♍ ab 19.30 ♎ | ♎ ab 14.09 ♏ | ♐ | ♑ ab 10.55 ♒ |
| 26 | ♊ ab 03.31 ♋ | ♌ | ♎ | ♏ | ♐ ab 20.01 ♑ | ♒ |
| 27 | ♋ | ♌ ab 06.56 ♍ | ♎ ab 08.06 ♏ | ♏ | ♑ | ♒ ab 17.00 ♓ |
| 28 | ♋ ab 10.01 ♌ | ♍ | ♏ | ♏ ab 02.48 ♐ | ♑ | ♓ |
| 29 | ♌ | ♍ ab 12.03 ♎ | ♏ | ♐ | ♑ ab 05.07 ♒ | ♓ |
| 30 | ♌ ab 18.42 ♍ | ♎ | ♏ ab 20.54 ♐ | ♐ ab 14.23 ♑ | ♒ | ♓ ab 21.19 ♈ |
| 31 | ♍ | ♎ | | ♑ | | ♈ |

54

# 1928

| Tag | Januar Mond im | Februar Mond im | März Mond im | April Mond im | Mai Mond im | Juni Mond im |
|---|---|---|---|---|---|---|
| 1 | ♈ | ♊ | ♋ | ♌ ab 12.54 ♍ | ♍ ab 04.36 ♎ | ♏ |
| 2 | ♈ ab 00.15 ♉ | ♊ ab 12.22 ♋ | ♋ ab 23.38 ♌ | ♍ | ♎ | ♏ ab 11.38 ♐ |
| 3 | ♉ | ♋ | ♌ | ♍ ab 22.47 ♎ | ♎ ab 16.38 ♏ | ♐ |
| 4 | ♉ ab 02.20 ♊ | ♋ ab 16.53 ♌ | ♌ | ♎ | ♏ | ♐ ab 00.00 ♑ |
| 5 | ♊ | ♌ | ♌ ab 06.52 ♍ | ♎ | ♏ | ♑ |
| 6 | ♊ ab 04.28 ♋ | ♌ ab 23.10 ♍ | ♍ | ♎ ab 10.28 ♏ | ♏ ab 05.33 ♐ | ♑ ab 10.41 ♒ |
| 7 | ♋ | ♍ | ♍ ab 16.05 ♎ | ♏ | ♐ | ♒ |
| 8 | ♋ ab 07.53 ♌ | ♍ | ♎ | ♏ ab 23.20 ♐ | ♐ ab 18.09 ♑ | ♒ ab 18.55 ♓ |
| 9 | ♌ | ♍ ab 08.04 ♎ | ♎ | ♐ | ♑ | ♓ |
| 10 | ♌ ab 12.54 ♍ | ♎ | ♎ ab 03.31 ♏ | ♐ | ♑ | ♓ |
| 11 | ♍ | ♎ ab 19.42 ♏ | ♏ | ♐ ab 11.57 ♑ | ♑ ab 04.58 ♒ | ♓ ab 00.14 ♈ |
| 12 | ♍ ab 23.18 ♎ | ♏ | ♏ ab 16.25 ♐ | ♑ | ♒ | ♈ |
| 13 | ♎ | ♏ | ♐ | ♑ ab 22.07 ♒ | ♒ ab 12.35 ♓ | ♈ ab 02.46 ♉ |
| 14 | ♎ | ♏ ab 08.32 ♐ | ♐ | ♒ | ♓ | ♉ |
| 15 | ♎ ab 11.27 ♏ | ♐ | ♐ ab 04.34 ♑ | ♒ ab 04.20 ♓ | ♓ ab 16.30 ♈ | ♉ ab 03.24 ♊ |
| 16 | ♏ | ♐ ab 19.54 ♑ | ♑ | ♓ | ♈ | ♊ |
| 17 | ♏ | ♑ | ♑ ab 13.31 ♒ | ♓ ab 06.40 ♈ | ♈ ab 17.26 ♉ | ♊ ab 03.05 ♋ |
| 18 | ♏ ab 00.07 ♐ | ♑ | ♒ | ♈ | ♉ | ♋ |
| 19 | ♐ | ♑ ab 03.47 ♒ | ♒ ab 18.20 ♓ | ♈ | ♉ ab 16.57 ♊ | ♋ ab 05.03 ♌ |
| 20 | ♐ ab 10.50 ♑ | ♒ | ♓ | ♈ ab 06.36 ♉ | ♊ | ♌ |
| 21 | ♑ | ♒ ab 08.08 ♓ | ♓ ab 19.54 ♈ | ♉ | ♊ ab 16.58 ♋ | ♌ ab 09.27 ♍ |
| 22 | ♑ ab 18.28 ♒ | ♓ | ♈ | ♉ ab 06.09 ♊ | ♋ | ♍ |
| 23 | ♒ | ♓ ab 10.00 ♈ | ♈ ab 20.06 ♉ | ♊ | ♋ ab 19.17 ♌ | ♍ |
| 24 | ♒ ab 23.25 ♓ | ♈ | ♉ | ♊ ab 06.14 ♋ | ♌ | ♍ ab 17.43 ♎ |
| 25 | ♓ | ♈ ab 11.42 ♉ | ♉ ab 20.54 ♊ | ♋ | ♌ | ♎ |
| 26 | ♓ | ♉ | ♊ | ♋ ab 11.12 ♌ | ♌ ab 01.07 ♍ | ♎ |
| 27 | ♓ ab 02.48 ♈ | ♉ ab 14.08 ♊ | ♊ ab 23.42 ♋ | ♌ | ♍ | ♎ ab 05.17 ♏ |
| 28 | ♈ | ♊ | ♋ | ♌ ab 18.29 ♍ | ♍ ab 10.37 ♎ | ♏ |
| 29 | ♈ ab 05.43 ♉ | ♊ ab 18.05 ♋ | ♋ | ♍ | ♎ | ♏ ab 18.14 ♐ |
| 30 | ♉ | | ♋ ab 05.05 ♌ | ♍ | ♎ ab 22.41 ♏ | ♐ |
| 31 | ♉ ab 08.47 ♊ | | ♌ | | ♏ | |

| Tag | Juli Mond im | August Mond im | September Mond im | Oktober Mond im | November Mond im | Dezember Mond im |
|---|---|---|---|---|---|---|
| 1 | ♐ | ♒ | ♓ ab 18.27 ♈ | ♈ ab 05.00 ♉ | ♊ ab 15.41 ♋ | ♋ ab 02.29 ♌ |
| 2 | ♐ ab 06.24 ♑ | ♒ | ♈ | ♉ ab 06.10 ♊ | ♋ ab 18.14 ♌ | ♌ ab 06.17 ♍ |
| 3 | ♑ | ♒ ab 07.35 ♓ | ♈ ab 21.07 ♉ | ♊ | ♌ | ♍ |
| 4 | ♑ ab 16.32 ♒ | ♓ | ♉ | ♊ ab 08.21 ♋ | ♌ ab 23.42 ♍ | ♍ ab 13.53 ♎ |
| 5 | ♒ | ♓ ab 11.33 ♈ | ♉ ab 23.43 ♊ | ♋ | ♍ | ♎ |
| 6 | ♒ | ♈ | ♊ | ♋ ab 12.18 ♌ | ♍ | ♎ |
| 7 | ♒ ab 00.23 ♓ | ♈ ab 15.19 ♉ | ♊ | ♌ | ♍ | ♎ ab 00.46 ♏ |
| 8 | ♓ | ♉ | ♊ ab 02.52 ♋ | ♌ | ♍ ab 08.05 ♎ | ♏ |
| 9 | ♓ ab 06.04 ♈ | ♉ ab 18.22 ♊ | ♋ | ♌ ab 18.14 ♍ | ♎ | ♏ ab 13.30 ♐ |
| 10 | ♈ | ♊ | ♋ ab 06.50 ♌ | ♍ | ♎ ab 18.54 ♏ | ♐ |
| 11 | ♈ ab 09.49 ♉ | ♊ ab 21.04 ♋ | ♌ | ♍ | ♏ | ♐ |
| 12 | ♉ | ♋ | ♌ ab 12.02 ♍ | ♍ ab 02.15 ♎ | ♏ | ♐ |
| 13 | ♉ ab 12.00 ♊ | ♋ ab 23.57 ♌ | ♍ | ♎ | ♏ ab 07.21 ♐ | ♐ ab 02.30 ♑ |
| 14 | ♊ | ♌ | ♍ ab 19.13 ♎ | ♎ ab 12.29 ♏ | ♐ | ♐ |
| 15 | ♊ ab 13.20 ♋ | ♌ | ♎ | ♏ | ♐ ab 20.26 ♑ | ♑ ab 14.36 ♒ |
| 16 | ♋ | ♌ ab 04.06 ♍ | ♎ | ♏ | ♑ | ♒ |
| 17 | ♋ ab 15.06 ♌ | ♍ | ♎ ab 05.05 ♏ | ♏ ab 00.51 ♐ | ♑ | ♒ |
| 18 | ♌ | ♍ ab 10.53 ♎ | ♏ | ♐ | ♑ ab 08.40 ♒ | ♒ ab 00.49 ♓ |
| 19 | ♌ ab 18.53 ♍ | ♎ | ♏ ab 17.24 ♐ | ♐ ab 13.51 ♑ | ♒ | ♓ |
| 20 | ♍ | ♎ ab 20.57 ♏ | ♐ | ♑ | ♒ ab 18.20 ♓ | ♓ ab 08.16 ♈ |
| 21 | ♍ | ♏ | ♐ | ♑ | ♓ | ♈ |
| 22 | ♍ ab 02.02 ♎ | ♏ | ♐ ab 06.16 ♑ | ♑ ab 01.34 ♒ | ♓ | ♈ ab 12.25 ♉ |
| 23 | ♎ | ♏ ab 09.29 ♐ | ♑ | ♒ | ♓ ab 00.14 ♈ | ♉ |
| 24 | ♎ ab 12.48 ♏ | ♐ | ♑ ab 17.02 ♒ | ♒ ab 09.50 ♓ | ♈ | ♉ ab 13.40 ♊ |
| 25 | ♏ | ♐ ab 21.59 ♑ | ♒ | ♓ | ♈ ab 02.31 ♉ | ♊ |
| 26 | ♏ | ♑ | ♒ ab 00.02 ♓ | ♓ ab 11.05 ♈ | ♉ | ♊ ab 13.17 ♋ |
| 27 | ♏ ab 01.35 ♐ | ♑ | ♓ | ♈ | ♉ ab 02.24 ♊ | ♋ |
| 28 | ♐ | ♑ ab 07.57 ♒ | ♓ ab 03.31 ♈ | ♈ ab 15.16 ♉ | ♊ | ♋ ab 13.07 ♌ |
| 29 | ♐ ab 13.47 ♑ | ♒ | ♈ | ♉ | ♊ ab 01.44 ♋ | ♌ |
| 30 | ♑ | ♒ ab 14.31 ♓ | ♈ | ♉ ab 15.11 ♊ | ♋ | ♌ ab 15.13 ♍ |
| 31 | ♑ ab 23.33 ♒ | ♓ | | ♊ | | ♍ |

| Tag | Januar Mond im | Februar Mond im | März Mond im | April Mond im | Mai Mond im | Juni Mond im |
|---|---|---|---|---|---|---|
| 1 | ♍ ab 21.09 ♎ | ♏ | ♏ | ♐ ab 08.03 ♑ | ♑ ab 04.19 ♒ | ♓ |
| 2 | ♎ | ♏ | ♏ ab 11.03 ♐ | ♑ | ♒ | ♓ ab 06.58 ♈ |
| 3 | ♎ | ♏ ab 02.59 ♐ | ♐ | ♑ ab 20.18 ♒ | ♒ ab 14.51 ♓ | ♈ |
| 4 | ♎ ab 07.10 ♏ | ♐ | ♐ ab 23.55 ♑ | ♒ | ♓ | ♈ ab 11.35 ♉ |
| 5 | ♏ | ♐ ab 16.01 ♑ | ♑ | ♒ | ♓ ab 21.51 ♈ | ♉ |
| 6 | ♏ ab 19.50 ♐ | ♑ | ♑ | ♒ ab 05.52 ♓ | ♈ | ♉ ab 12.57 ♊ |
| 7 | ♐ | ♑ | ♑ ab 11.44 ♒ | ♓ | ♈ | ♊ |
| 8 | ♐ | ♑ ab 03.35 ♒ | ♒ | ♓ ab 11.58 ♈ | ♈ ab 01.18 ♉ | ♊ ab 12.35 ♋ |
| 9 | ♐ ab 08.51 ♑ | ♒ | ♒ ab 20.44 ♓ | ♈ | ♉ | ♋ |
| 10 | ♑ | ♒ ab 12.43 ♓ | ♓ | ♈ ab 15.17 ♉ | ♉ ab 02.22 ♊ | ♋ ab 12.25 ♌ |
| 11 | ♑ ab 20.33 ♒ | ♓ | ♓ | ♉ | ♊ | ♌ |
| 12 | ♒ | ♓ ab 19.41 ♈ | ♓ ab 02.52 ♈ | ♉ ab 17.13 ♊ | ♊ ab 02.45 ♋ | ♌ ab 14.20 ♍ |
| 13 | ♒ | ♈ | ♈ | ♊ | ♋ | ♍ |
| 14 | ♒ ab 06.22 ♓ | ♈ | ♈ ab 07.05 ♉ | ♊ ab 19.05 ♋ | ♋ ab 04.03 ♌ | ♍ ab 19.39 ♎ |
| 15 | ♓ | ♈ ab 01.02 ♉ | ♉ | ♋ | ♌ | ♎ |
| 16 | ♓ ab 14.07 ♈ | ♉ | ♉ ab 10.24 ♊ | ♋ ab 21.51 ♌ | ♌ ab 07.34 ♍ | ♎ ab 04.33 ♏ |
| 17 | ♈ | ♉ ab 05.02 ♊ | ♊ | ♌ | ♍ | ♏ |
| 18 | ♈ ab 19.37 ♉ | ♊ | ♊ ab 13.24 ♋ | ♌ | ♍ ab 13.53 ♎ | ♏ ab 16.03 ♐ |
| 19 | ♉ | ♊ ab 07.45 ♋ | ♋ | ♌ ab 02.06 ♍ | ♎ | ♐ |
| 20 | ♉ ab 22.44 ♊ | ♋ | ♋ ab 16.28 ♌ | ♍ | ♎ ab 22.54 ♏ | ♐ |
| 21 | ♊ | ♋ ab 09.41 ♌ | ♌ | ♍ ab 08.14 ♎ | ♏ | ♐ |
| 22 | ♊ ab 23.52 ♋ | ♌ | ♌ ab 20.05 ♍ | ♎ | ♏ | ♐ ab 04.45 ♑ |
| 23 | ♋ | ♌ ab 11.59 ♍ | ♍ | ♎ ab 16.35 ♏ | ♏ ab 10.04 ♐ | ♑ |
| 24 | ♋ | ♍ | ♍ | ♏ | ♐ | ♑ ab 17.24 ♒ |
| 25 | ♋ ab 00.17 ♌ | ♍ ab 16.15 ♎ | ♍ ab 01.12 ♎ | ♏ ab 03.16 ♐ | ♐ ab 22.35 ♑ | ♒ |
| 26 | ♌ | ♎ | ♎ | ♐ | ♑ | ♒ |
| 27 | ♌ ab 01.48 ♍ | ♎ ab 23.54 ♏ | ♎ ab 08.50 ♏ | ♐ | ♑ | ♒ ab 04.59 ♓ |
| 28 | ♍ ab 06.19 ♎ | ♏ | ♏ | ♐ ab 15.43 ♑ | ♑ ab 11.18 ♒ | ♓ |
| 29 | ♎ | | ♏ ab 19.26 ♐ | ♑ | ♒ | ♓ ab 14.22 ♈ |
| 30 | ♎ | | ♐ | ♑ | ♒ ab 22.38 ♓ | ♈ |
| 31 | ♎ ab 14.57 ♏ | | ♐ | | ♓ | |

| Tag | Juli Mond im | August Mond im | September Mond im | Oktober Mond im | November Mond im | Dezember Mond im |
|---|---|---|---|---|---|---|
| 1 | ♈ ab 20.32 ♉ | ♊ | ♌ | ♍ | ♏ | ♐ |
| 2 | ♉ | ♊ ab 09.16 ♋ | ♌ ab 19.27 ♍ | ♍ ab 07.10 ♎ | ♏ | ♐ |
| 3 | ♉ ab 23.14 ♊ | ♋ ab 09.11 ♌ | ♍ | ♎ | ♏ ab 05.47 ♐ | ♐ ab 00.26 ♑ |
| 4 | ♊ | ♌ | ♍ ab 21.51 ♎ | ♎ ab 12.40 ♏ | ♐ | ♑ |
| 5 | ♊ ab 23.51 ♋ | ♌ ab 09.23 ♍ | ♎ | ♏ | ♐ ab 16.57 ♑ | ♑ ab 12.58 ♒ |
| 6 | ♋ | ♍ | ♎ | ♏ ab 21.19 ♐ | ♑ | ♒ |
| 7 | ♋ ab 22.37 ♌ | ♍ ab 11.56 ♎ | ♎ ab 03.21 ♏ | ♐ | ♑ | ♒ |
| 8 | ♌ | ♎ | ♏ | ♐ ab 08.50 ♑ | ♑ ab 05.33 ♒ | ♒ ab 01.28 ♓ |
| 9 | ♌ ab 23.10 ♍ | ♎ ab 18.22 ♏ | ♏ ab 12.39 ♐ | ♑ | ♒ | ♓ |
| 10 | ♍ | ♏ | ♐ | ♑ ab 21.26 ♒ | ♒ ab 17.31 ♓ | ♓ ab 11.58 ♈ |
| 11 | ♍ | ♏ | ♐ | ♒ | ♓ | ♈ |
| 12 | ♍ ab 02.54 ♎ | ♏ ab 04.45 ♐ | ♐ ab 00.45 ♑ | ♒ | ♓ | ♈ ab 18.50 ♉ |
| 13 | ♎ | ♐ | ♑ | ♒ ab 08.40 ♓ | ♓ ab 02.43 ♈ | ♉ |
| 14 | ♎ ab 10.45 ♏ | ♐ ab 17.21 ♑ | ♑ ab 13.17 ♒ | ♓ | ♈ | ♉ ab 21.49 ♊ |
| 15 | ♏ | ♑ | ♒ | ♓ ab 17.02 ♈ | ♈ ab 08.19 ♉ | ♊ |
| 16 | ♏ ab 22.00 ♐ | ♑ | ♒ | ♈ | ♉ | ♊ ab 22.05 ♋ |
| 17 | ♐ | ♑ ab 05.50 ♒ | ♒ ab 00.07 ♓ | ♈ | ♉ ab 10.53 ♊ | ♋ |
| 18 | ♐ | ♒ | ♓ ab 08.31 ♈ | ♈ ab 22.29 ♉ | ♊ | ♋ ab 21.35 ♌ |
| 19 | ♐ ab 10.48 ♑ | ♒ ab 16.46 ♓ | ♈ | ♉ | ♊ ab 11.53 ♋ | ♌ |
| 20 | ♑ | ♓ | ♈ ab 14.46 ♉ | ♉ | ♋ | ♌ ab 22.22 ♍ |
| 21 | ♑ ab 23.20 ♒ | ♓ | ♉ | ♉ ab 01.55 ♊ | ♋ ab 12.58 ♌ | ♍ |
| 22 | ♒ | ♓ ab 01.47 ♈ | ♉ ab 19.25 ♊ | ♊ | ♌ | ♍ |
| 23 | ♒ | ♈ | ♊ | ♊ ab 04.24 ♋ | ♌ ab 15.32 ♍ | ♍ ab 02.03 ♎ |
| 24 | ♒ ab 10.40 ♓ | ♈ ab 08.56 ♉ | ♊ ab 22.52 ♋ | ♋ | ♍ | ♎ |
| 25 | ♓ | ♉ | ♋ | ♋ ab 06.55 ♌ | ♍ ab 20.23 ♎ | ♎ ab 09.12 ♏ |
| 26 | ♓ ab 20.13 ♈ | ♉ ab 14.03 ♊ | ♋ | ♌ | ♎ | ♏ |
| 27 | ♈ | ♊ | ♋ | ♌ ab 10.09 ♍ | ♎ | ♏ ab 19.12 ♐ |
| 28 | ♈ | ♊ ab 17.04 ♋ | ♋ ab 01.28 ♌ | ♍ | ♎ ab 03.40 ♏ | ♐ |
| 29 | ♈ ab 03.25 ♉ | ♋ | ♌ | ♍ ab 14.39 ♎ | ♏ | ♐ |
| 30 | ♉ | ♋ | ♌ ab 03.52 ♍ | ♎ | ♏ ab 13.08 ♐ | ♐ ab 06.56 ♑ |
| 31 | ♉ ab 07.43 ♊ | ♋ ab 18.27 ♌ | | ♎ ab 21.02 ♏ | | ♑ |

56

## 1930

| Tag | Januar Mond im | Februar Mond im | März Mond im | April Mond im | Mai Mond im | Juni Mond im |
|---|---|---|---|---|---|---|
| 1 | ♑ ab 19.30 ♒ | ♓ | ♓ | ♉ | ♊ | ♌ |
| 2 |  | ♓ | ♓ ab 07.09 Υ | ♉ | ♊ ab 14.54 ♋ | ♌ |
| 3 | ♒ | ♓ ab 01.23 Υ | Υ | ♉ ab 04.43 ♊ | ♋ | ♌ ab 01.37 ♍ |
| 4 | ♒ ab 08.05 ♓ | Υ | Υ ab 16.19 ♉ | ♊ | ♋ ab 17.32 ♌ | ♍ |
| 5 | ♓ | Υ ab 10.49 ♉ | ♉ | ♊ ab 09.11 ♋ | ♌ | ♍ ab 05.04 ♎ |
| 6 | ♓ ab 19.28 Υ | ♉ | ♉ ab 23.16 ♊ | ♋ | ♌ ab 20.11 ♍ | ♎ |
| 7 | Υ | ♉ ab 17.08 ♊ | ♊ | ♋ ab 12.09 ♌ | ♍ | ♎ ab 10.30 ♏ |
| 8 |  | ♊ | ♊ | ♌ | ♍ ab 23.30 ♎ | ♏ |
| 9 | Υ ab 03.59 ♉ | ♊ ab 19.56 ♋ | ♊ ab 03.35 ♋ | ♌ ab 14.11 ♍ | ♎ | ♏ ab 17.56 ♐ |
| 10 | ♉ | ♋ | ♋ | ♍ | ♎ | ♐ |
| 11 | ♉ ab 08.35 ♊ | ♋ ab 20.01 ♌ | ♋ ab 05.26 ♌ | ♍ ab 16.17 ♎ | ♎ ab 04.07 ♏ | ♐ |
| 12 | ♊ | ♌ | ♌ | ♎ | ♏ | ♐ ab 03.21 ♑ |
| 13 | ♊ ab 09.35 ♋ | ♌ ab 19.14 ♍ | ♌ ab 05.54 ♍ | ♎ ab 19.45 ♏ | ♏ ab 10.39 ♐ | ♑ |
| 14 | ♋ | ♍ | ♍ | ♏ | ♐ | ♑ ab 14.39 ♒ |
| 15 | ♋ ab 08.38 ♌ | ♍ ab 19.51 ♎ | ♍ ab 06.44 ♎ | ♏ | ♐ ab 19.40 ♑ | ♒ |
| 16 | ♌ | ♎ | ♎ | ♏ ab 01.50 ♐ | ♑ | ♒ |
| 17 | ♌ ab 07.57 ♍ | ♎ ab 23.45 ♏ | ♎ ab 09.46 ♏ | ♐ | ♑ ab 07.04 ♒ | ♒ ab 03.12 ♓ |
| 18 | ♍ | ♏ | ♏ | ♐ ab 11.08 ♑ | ♒ | ♓ |
| 19 | ♍ ab 09.45 ♎ | ♏ | ♏ ab 16.24 ♐ | ♑ | ♒ ab 19.34 ♓ | ♓ ab 15.15 Υ |
| 20 | ♎ | ♏ ab 07.49 ♐ | ♐ | ♑ ab 22.59 ♒ | ♓ | Υ |
| 21 | ♎ ab 15.25 ♏ | ♐ | ♐ | ♒ | ♓ | Υ |
| 22 | ♏ | ♐ ab 19.13 ♑ | ♐ ab 02.40 ♑ | ♒ | ♓ | Υ ab 00.36 ♉ |
| 23 | ♏ | ♑ | ♑ | ♒ ab 11.24 ♓ | ♓ ab 06.56 Υ | ♉ |
| 24 | ♏ ab 00.56 ♐ | ♑ | ♑ ab 15.05 ♒ | ♓ | Υ | ♉ ab 06.01 ♊ |
| 25 | ♐ | ♑ ab 07.57 ♒ | ♒ | ♓ ab 22.10 Υ | Υ ab 15.16 ♉ | ♊ |
| 26 | ♐ ab 12.53 ♑ | ♒ | ♒ | Υ | ♉ | ♊ ab 07.58 ♋ |
| 27 | ♑ | ♒ ab 20.13 ♓ | ♒ ab 03.24 ♓ | Υ | ♉ ab 20.07 ♊ | ♋ |
| 28 | ♑ | ♓ | ♓ | Υ ab 06.09 ♉ | ♊ | ♋ ab 08.07 ♌ |
| 29 | ♑ ab 01.35 ♒ |  | ♓ ab 14.00 Υ | ♉ | ♊ ab 22.26 ♋ | ♌ |
| 30 |  |  | Υ | ♉ ab 11.26 ♊ | ♋ | ♌ ab 08.29 ♍ |
| 31 | ♒ ab 13.59 ♓ |  | Υ ab 22.24 ♉ |  | ♋ ab 23.45 ♌ |  |

| Tag | Juli Mond im | August Mond im | September Mond im | Oktober Mond im | November Mond im | Dezember Mond im |
|---|---|---|---|---|---|---|
| 1 | ♍ | ♏ | ♐ ab 21.36 ♑ | ♑ ab 16.10 ♒ | ♓ | Υ |
| 2 | ♍ ab 10.47 ♎ |  | ♑ | ♒ |  | Υ ab 19.32 ♉ |
| 3 |  | ♏ ab 05.25 ♐ | ♑ |  | ♓ ab 00.35 Υ | ♉ |
| 4 | ♎ ab 15.56 ♏ | ♐ | ♑ ab 09.28 ♒ | ♒ ab 04.48 ♓ | Υ | ♉ ab 02.32 ♊ |
| 5 | ♏ | ♐ ab 15.35 ♑ | ♒ | ♓ | Υ ab 10.38 ♉ | ♊ |
| 6 | ♏ ab 23.50 ♐ | ♑ | ♒ ab 22.07 ♓ | ♓ ab 16.52 Υ | ♉ | ♊ ab 06.32 ♋ |
| 7 | ♐ | ♑ | ♓ | Υ | ♉ ab 17.59 ♊ | ♋ |
| 8 | ♐ | ♑ ab 03.27 ♒ | ♓ | Υ | ♊ | ♋ ab 08.53 ♌ |
| 9 | ♐ ab 09.50 ♑ | ♒ | ♓ ab 10.22 Υ | Υ ab 03.15 ♉ | ♊ ab 23.05 ♋ | ♌ |
| 10 | ♑ | ♒ ab 16.03 ♓ | Υ | ♉ | ♋ | ♌ ab 11.04 ♍ |
| 11 | ♑ ab 21.23 ♒ | ♓ | Υ ab 21.18 ♉ | ♉ ab 11.30 ♊ | ♋ | ♍ |
| 12 | ♒ | ♓ ab 04.33 Υ | ♉ | ♊ | ♋ ab 02.46 ♌ | ♍ ab 14.05 ♎ |
| 13 | ♒ | Υ | ♉ | ♊ ab 17.30 ♋ | ♌ | ♎ |
| 14 | ♒ ab 09.58 ♓ | Υ ab 15.38 ♉ | ♉ ab 06.01 ♊ | ♋ | ♌ ab 05.42 ♍ | ♎ ab 18.20 ♏ |
| 15 | ♓ | ♉ | ♊ | ♋ ab 21.20 ♌ | ♍ | ♏ |
| 16 | ♓ ab 22.26 Υ | ♉ ab 23.46 ♊ | ♊ ab 11.43 ♋ | ♌ | ♍ ab 08.27 ♎ | ♏ ab 23.55 ♐ |
| 17 | Υ | ♊ | ♋ | ♌ ab 23.26 ♍ | ♎ | ♐ |
| 18 | Υ | ♊ | ♋ ab 14.19 ♌ | ♍ | ♎ ab 11.37 ♏ | ♐ |
| 19 | Υ ab 08.55 ♉ | ♊ | ♌ | ♍ | ♏ | ♐ ab 07.12 ♑ |
| 20 | ♉ | ♊ ab 04.02 ♋ | ♌ ab 14.46 ♍ | ♍ ab 00.44 ♎ | ♏ ab 16.01 ♐ | ♑ |
| 21 | ♉ ab 15.40 ♊ | ♋ | ♍ | ♎ | ♐ | ♑ ab 16.44 ♒ |
| 22 | ♊ | ♋ ab 04.58 ♌ | ♍ ab 14.44 ♎ | ♎ ab 02.33 ♏ | ♐ ab 22.42 ♑ | ♒ |
| 23 | ♊ ab 18.23 ♋ | ♌ | ♎ | ♏ | ♑ | ♒ |
| 24 | ♋ | ♌ ab 04.14 ♍ | ♎ ab 16.08 ♏ | ♏ ab 06.24 ♐ | ♑ | ♒ ab 04.36 ♓ |
| 25 | ♋ ab 18.19 ♌ | ♍ | ♏ | ♐ | ♑ ab 08.23 ♒ | ♓ |
| 26 | ♌ | ♍ ab 03.58 ♎ | ♏ ab 20.35 ♐ | ♐ ab 13.27 ♑ | ♒ | ♓ ab 17.30 Υ |
| 27 | ♌ ab 17.35 ♍ | ♎ | ♐ | ♑ | ♒ ab 20.33 ♓ | Υ |
| 28 | ♍ | ♎ ab 06.11 ♏ | ♐ | ♑ ab 23.54 ♒ | ♓ | Υ |
| 29 | ♍ ab 18.18 ♎ | ♏ | ♐ ab 04.49 ♑ | ♒ | ♓ | Υ |
| 30 | ♎ | ♏ ab 12.05 ♐ | ♑ | ♒ | ♓ ab 09.07 Υ | Υ ab 04.52 ♉ |
| 31 | ♎ ab 22.05 ♏ | ♐ |  | ♒ ab 12.23 ♓ |  | ♉ |

57

# 1931

| Tag | Januar Mond im | Februar Mond im | März Mond im | April Mond im | Mai Mond im | Juni Mond im |
|---|---|---|---|---|---|---|
| 1 | ♉ ab 12.35 ♊ | ♋ | ♋ ab 15.25 ♌ | ♍ | ♎ ab 12.26 ♏ | ♐ |
| 2 | ♊ | ♋ ab 04.25 ♌ | ♌ | ♍ ab 01.50 ♎ | ♏ | ♐ ab 04.08 ♑ |
| 3 | ♊ ab 16.21 ♋ | ♌ | ♌ ab 15.21 ♍ | ♎ | ♏ ab 14.14 ♐ | ♑ |
| 4 | ♋ | ♌ ab 03.57 ♍ | ♍ | ♎ ab 01.51 ♏ | ♐ | ♑ ab 11.24 ♒ |
| 5 | ♋ ab 17.32 ♌ | ♍ | ♍ ab 14.33 ♎ | ♏ | ♐ ab 18.36 ♑ | ♒ |
| 6 | ♌ | ♍ ab 03.58 ♎ | ♎ | ♏ ab 03.52 ♐ | ♑ | ♒ ab 22.01 ♓ |
| 7 | ♌ ab 18.06 ♍ | ♎ | ♎ ab 15.03 ♏ | ♐ | ♑ | ♓ |
| 8 | ♍ | ♎ ab 06.06 ♏ | ♏ | ♐ ab 09.21 ♑ | ♑ ab 02.37 ♒ | ♓ |
| 9 | ♍ ab 19.49 ♎ | ♏ | ♏ ab 18.30 ♐ | ♑ | ♒ | ♓ ab 10.44 ♈ |
| 10 | ♎ | ♏ ab 11.22 ♐ | ♐ | ♑ ab 18.40 ♒ | ♒ ab 14.02 ♓ | ♈ |
| 11 | ♎ ab 23.41 ♏ | ♐ | ♐ | ♒ | ♓ | ♈ ab 22.55 ♉ |
| 12 | ♏ | ♐ ab 19.30 ♑ | ♐ ab 01.39 ♑ | ♒ | ♓ | ♉ |
| 13 | ♏ | ♑ | ♑ | ♒ ab 06.40 ♓ | ♓ ab 02.57 ♈ | ♉ |
| 14 | ♏ ab 05.51 ♐ | ♑ | ♑ ab 12.04 ♒ | ♓ | ♈ | ♉ ab 08.22 ♊ |
| 15 | ♐ | ♑ ab 06.15 ♒ | ♒ | ♓ ab 19.48 ♈ | ♈ ab 14.54 ♉ | ♊ |
| 16 | ♐ ab 14.02 ♑ | ♒ | ♒ | ♈ | ♉ | ♊ ab 14.38 ♋ |
| 17 | ♑ | ♒ ab 18.24 ♓ | ♒ ab 00.27 ♓ | ♈ | ♉ | ♋ |
| 18 | ♑ | ♓ | ♓ | ♈ ab 07.51 ♉ | ♉ ab 00.27 ♊ | ♋ ab 18.37 ♌ |
| 19 | ♑ ab 00.04 ♒ | ♓ | ♓ ab 13.24 ♈ | ♉ | ♊ | ♌ |
| 20 | ♒ | ♓ ab 09.21 ♈ | ♈ | ♉ ab 17.56 ♊ | ♊ ab 07.26 ♋ | ♌ ab 21.33 ♍ |
| 21 | ♒ ab 11.55 ♓ | ♈ | ♈ | ♊ | ♋ | ♍ |
| 22 | ♓ | ♈ ab 19.54 ♉ | ♈ ab 01.45 ♉ | ♊ | ♋ ab 12.28 ♌ | ♍ |
| 23 | ♓ | ♉ | ♉ | ♊ ab 01.43 ♋ | ♌ | ♍ ab 00.23 ♎ |
| 24 | ♓ ab 00.55 ♈ | ♉ | ♉ ab 12.19 ♊ | ♋ | ♌ ab 16.07 ♍ | ♎ |
| 25 | ♈ | ♉ ab 07.13 ♊ | ♊ | ♋ ab 07.04 ♌ | ♍ | ♎ ab 03.25 ♏ |
| 26 | ♈ ab 13.10 ♉ | ♊ | ♊ ab 20.05 ♋ | ♌ | ♍ ab 18.51 ♎ | ♏ |
| 27 | ♉ | ♊ ab 12.47 ♋ | ♋ | ♌ ab 10.10 ♍ | ♎ | ♏ ab 07.27 ♐ |
| 28 | ♉ ab 22.19 ♊ | ♋ | ♋ | ♍ | ♎ ab 21.08 ♏ | ♐ |
| 29 | ♊ | | ♋ ab 00.29 ♌ | ♍ ab 11.35 ♎ | ♏ | ♐ ab 12.35 ♑ |
| 30 | ♊ | | ♌ | ♎ | ♏ ab 23.48 ♐ | ♑ |
| 31 | ♊ ab 03.10 ♋ | | ♌ | | ♐ | |

| Tag | Juli Mond im | August Mond im | September Mond im | Oktober Mond im | November Mond im | Dezember Mond im |
|---|---|---|---|---|---|---|
| 1 | ♑ ab 19.57 ♒ | ♓ | ♈ ab 21.59 ♉ | ♉ ab 16.04 ♊ | ♋ | ♌ |
| 2 | ♒ | ♓ | ♉ | ♊ | ♋ ab 14.40 ♌ | ♌ ab 01.17 ♍ |
| 3 | ♒ | ♓ ab 02.10 ♈ | ♉ | ♊ | ♌ | ♍ |
| 4 | ♒ ab 06.10 ♓ | ♈ | ♉ ab 09.44 ♊ | ♊ ab 01.38 ♋ | ♌ ab 19.08 ♍ | ♍ ab 04.45 ♎ |
| 5 | ♓ | ♈ ab 15.05 ♉ | ♊ | ♋ | ♍ | ♎ |
| 6 | ♓ ab 18.40 ♈ | ♉ | ♊ ab 18.15 ♋ | ♋ ab 07.50 ♌ | ♍ ab 21.03 ♎ | ♎ ab 06.43 ♏ |
| 7 | ♈ | ♉ | ♋ | ♌ | ♎ | ♏ |
| 8 | ♈ | ♉ ab 02.02 ♊ | ♋ ab 22.48 ♌ | ♌ ab 10.34 ♍ | ♎ ab 21.21 ♏ | ♏ ab 08.04 ♐ |
| 9 | ♈ ab 07.14 ♉ | ♊ | ♌ | ♍ | ♏ | ♐ |
| 10 | ♉ | ♊ ab 09.11 ♋ | ♌ | ♍ ab 10.50 ♎ | ♏ ab 21.39 ♐ | ♐ ab 10.18 ♑ |
| 11 | ♉ ab 17.14 ♊ | ♋ | ♌ ab 00.04 ♍ | ♎ | ♐ | ♑ |
| 12 | ♊ | ♋ ab 12.31 ♌ | ♍ ab 23.43 ♎ | ♎ ab 10.17 ♏ | ♐ ab 23.52 ♑ | ♑ ab 15.10 ♒ |
| 13 | ♊ ab 23.31 ♋ | ♌ | ♎ | ♏ | ♑ | ♒ |
| 14 | ♋ | ♌ ab 13.29 ♍ | ♎ ab 23.41 ♏ | ♏ ab 10.51 ♐ | ♑ | ♒ ab 23.51 ♓ |
| 15 | ♋ | ♍ | ♏ | ♐ | ♑ ab 05.41 ♒ | ♓ |
| 16 | ♋ ab 02.42 ♌ | ♍ ab 13.45 ♎ | ♏ | ♐ ab 14.19 ♑ | ♒ | ♓ |
| 17 | ♌ | ♎ | ♏ ab 01.40 ♐ | ♑ | ♒ ab 15.33 ♓ | ♓ ab 11.50 ♈ |
| 18 | ♌ ab 04.22 ♍ | ♎ ab 15.11 ♏ | ♐ | ♑ ab 21.39 ♒ | ♓ | ♈ |
| 19 | ♍ | ♏ | ♐ ab 06.48 ♑ | ♒ | ♓ | ♈ |
| 20 | ♍ ab 06.06 ♎ | ♏ ab 18.47 ♐ | ♑ | ♒ | ♓ ab 04.09 ♈ | ♈ ab 00.46 ♉ |
| 21 | ♎ | ♐ | ♑ ab 15.18 ♒ | ♒ ab 08.33 ♓ | ♈ | ♉ |
| 22 | ♎ ab 08.57 ♏ | ♐ | ♒ | ♓ | ♈ ab 17.00 ♉ | ♉ ab 12.00 ♊ |
| 23 | ♏ | ♐ ab 00.59 ♑ | ♒ | ♓ ab 21.21 ♈ | ♉ | ♊ |
| 24 | ♏ ab 13.19 ♐ | ♑ | ♒ ab 02.29 ♓ | ♈ | ♉ | ♊ ab 20.22 ♋ |
| 25 | ♐ | ♑ ab 09.38 ♒ | ♓ | ♈ | ♉ ab 04.12 ♊ | ♋ |
| 26 | ♐ ab 19.23 ♑ | ♒ | ♓ ab 15.10 ♈ | ♈ ab 10.12 ♉ | ♊ | ♋ |
| 27 | ♑ | ♒ ab 20.28 ♓ | ♈ | ♉ | ♊ ab 13.10 ♋ | ♋ ab 02.17 ♌ |
| 28 | ♑ | ♓ | ♈ | ♉ ab 21.48 ♊ | ♋ | ♌ |
| 29 | ♑ ab 03.25 ♒ | ♓ | ♈ ab 04.07 ♉ | ♊ | ♋ ab 20.06 ♌ | ♌ ab 06.41 ♍ |
| 30 | ♒ | ♓ ab 08.57 ♈ | ♉ | ♊ | ♌ | ♍ |
| 31 | ♒ ab 13.46 ♓ | ♈ | | ♊ ab 07.27 ♋ | | ♍ ab 10.48 ♎ |

## 1932

| Tag | Januar | Februar | März | April | Mai | Juni |
|---|---|---|---|---|---|---|
| | Mond im | Mond im | Mond im | Mond im | Mond im | Mond im |
| 1 | ♎ | ♐ | ♐ ab 08.07 ♑ | ♒ | ♓ ab 23.47 ♈ | ♉ |
| 2 | ♎ ab 13.24 ♏ | ♐ | ♑ | ♒ ab 06.05 ♓ | ♈ | ♉ |
| 3 | ♏ | ♐ ab 02.39 ♑ | ♑ ab 15.01 ♒ | ♓ | ♈ | ♉ ab 07.33 ♊ |
| 4 | ♏ ab 16.16 ♐ | ♑ | ♒ | ♓ ab 17.53 ♈ | ♈ ab 12.46 ♉ | ♊ |
| 5 | ♐ | ♑ ab 08.49 ♒ | ♒ | ♈ | ♉ | ♊ ab 18.21 ♋ |
| 6 | ♐ ab 19.37 ♑ | ♒ | ♒ ab 00.16 ♓ | ♈ | ♉ | ♋ |
| 7 | ♑ | ♒ ab 17.15 ♓ | ♓ | ♈ ab 06.44 ♉ | ♉ ab 01.20 ♊ | ♋ |
| 8 | ♑ | ♓ | ♓ ab 11.36 ♈ | ♉ | ♊ | ♋ ab 03.15 ♌ |
| 9 | ♑ ab 00.44 ♒ | ♓ ab 04.18 ♈ | ♈ | ♉ ab 19.27 ♊ | ♊ ab 12.35 ♋ | ♌ |
| 10 | ♒ | | ♈ | ♊ | ♋ | ♌ ab 10.07 ♍ |
| 11 | ♒ ab 08.50 ♓ | ♈ ab 17.05 ♉ | ♈ ab 00.20 ♉ | ♊ ab 06.47 ♋ | ♋ ab 21.47 ♌ | ♍ |
| 12 | ♓ | ♉ | ♉ | ♋ | ♌ | ♍ ab 14.42 ♎ |
| 13 | ♓ ab 20.08 ♈ | ♉ | ♉ ab 13.03 ♊ | ♋ | ♌ | ♎ |
| 14 | ♈ | ♉ | ♊ | ♋ ab 15.22 ♌ | ♌ ab 04.14 ♍ | ♎ ab 17.00 ♏ |
| 15 | ♈ | ♉ ab 05.28 ♊ | ♊ ab 23.46 ♋ | ♌ | ♍ | ♏ |
| 16 | ♈ ab 09.03 ♉ | ♊ | ♋ | ♌ ab 20.22 ♍ | ♍ ab 07.33 ♎ | ♏ ab 17.46 ♐ |
| 17 | ♉ | ♊ ab 15.00 ♋ | ♋ | ♍ | ♎ | ♐ |
| 18 | ♉ ab 20.48 ♊ | ♋ | ♋ ab 06.56 ♌ | ♍ ab 22.00 ♎ | ♎ ab 08.15 ♏ | ♐ ab 18.31 ♑ |
| 19 | ♊ | ♋ ab 20.49 ♌ | ♌ | ♎ | ♏ | ♑ |
| 20 | ♊ | ♌ | ♌ ab 10.19 ♍ | ♎ ab 21.34 ♏ | ♏ ab 07.48 ♐ | ♑ ab 21.12 ♒ |
| 21 | ♊ ab 05.23 ♋ | ♌ ab 23.25 ♍ | ♍ | ♏ | ♐ | ♒ |
| 22 | ♋ | ♍ | ♍ ab 10.57 ♎ | ♏ ab 20.58 ♐ | ♐ ab 08.13 ♑ | ♒ |
| 23 | ♋ ab 10.40 ♌ | ♍ ab 00.22 ♎ | ♎ | ♐ ab 22.15 ♑ | ♑ | ♒ ab 03.26 ♓ |
| 24 | ♌ | ♎ | ♎ ab 10.35 ♏ | ♑ | ♑ ab 11.31 ♒ | ♓ |
| 25 | ♌ ab 13.47 ♍ | ♎ ab 01.20 ♏ | ♏ | ♑ | ♒ | ♓ ab 13.34 ♈ |
| 26 | ♍ | ♏ | ♏ ab 11.07 ♐ | ♑ ab 03.05 ♒ | ♒ ab 18.58 ♓ | ♈ |
| 27 | ♍ ab 16.08 ♎ | ♏ ab 03.30 ♐ | ♐ | ♒ | ♓ | ♈ |
| 28 | ♎ | ♐ | ♐ ab 14.08 ♑ | ♒ ab 11.56 ♓ | ♓ | ♈ ab 02.08 ♉ |
| 29 | ♎ ab 18.43 ♏ | ♐ | ♑ | ♓ | ♓ ab 06.09 ♈ | ♉ |
| 30 | ♏ | | ♑ ab 20.31 ♒ | ♓ | ♈ | ♉ ab 14.35 ♊ |
| 31 | ♏ ab 22.07 ♐ | | ♒ | | ♈ ab 19.05 ♉ | |

| Tag | Juli | August | September | Oktober | November | Dezember |
|---|---|---|---|---|---|---|
| | Mond im | Mond im | Mond im | Mond im | Mond im | Mond im |
| 1 | ♊ | ♋ ab 16.57 ♌ | ♍ | ♎ ab 19.44 ♏ | ♐ | ♑ ab 19.47 ♒ |
| 2 | ♊ ab 01.07 ♋ | ♌ | ♍ ab 09.32 ♎ | ♏ | ♐ ab 05.55 ♑ | ♒ ab 23.08 ♓ |
| 3 | ♋ | ♌ ab 22.15 ♍ | ♎ ab 11.06 ♏ | ♏ ab 20.00 ♐ | ♑ | ♓ |
| 4 | ♋ ab 09.19 ♌ | ♍ | ♏ | ♐ | ♑ ab 09.06 ♒ | ♓ |
| 5 | ♌ | ♍ | ♏ ab 13.00 ♐ | ♐ ab 22.00 ♑ | ♒ | ♓ ab 08.35 ♈ |
| 6 | ♌ ab 14.33 ♍ | ♍ ab 01.56 ♎ | ♐ | ♑ | ♒ ab 16.07 ♓ | ♈ |
| 7 | ♍ | ♎ | ♐ ab 16.12 ♑ | ♑ | ♓ | ♈ ab 20.42 ♉ |
| 8 | ♍ ab 20.13 ♎ | ♎ ab 04.50 ♏ | ♑ | ♑ ab 02.44 ♒ | ♓ | ♉ |
| 9 | ♎ | ♏ | ♑ ab 21.16 ♒ | ♒ | ♓ ab 02.25 ♈ | ♉ ab 07.26 ♊ |
| 10 | ♎ ab 23.28 ♏ | ♏ ab 07.32 ♐ | ♒ | ♒ ab 10.27 ♓ | ♈ | ♊ |
| 11 | ♏ | ♐ | ♒ | ♓ ab 19.36 ♈ | ♈ ab 14.34 ♉ | ♊ |
| 12 | ♏ | ♐ ab 10.39 ♑ | ♒ ab 04.31 ♓ | ♈ | ♉ | ♊ ab 21.28 ♋ |
| 13 | ♏ ab 01.38 ♐ | ♑ | ♓ | ♈ | ♉ | ♋ |
| 14 | ♐ | ♑ ab 14.54 ♒ | ♓ ab 14.01 ♈ | ♈ ab 08.24 ♉ | ♉ ab 03.14 ♊ | ♋ |
| 15 | ♐ ab 03.36 ♑ | ♒ | ♈ | ♉ | ♊ | ♋ ab 08.13 ♌ |
| 16 | ♑ | ♒ ab 21.14 ♓ | ♈ | ♉ ab 21.03 ♊ | ♊ ab 15.32 ♋ | ♌ |
| 17 | ♑ ab 06.45 ♒ | ♓ | ♈ ab 01.34 ♉ | ♊ | ♋ | ♌ ab 17.08 ♍ |
| 18 | ♒ | ♓ ab 06.18 ♈ | ♉ | ♊ | ♋ | ♍ |
| 19 | ♒ ab 12.35 ♓ | ♈ | ♉ ab 14.14 ♊ | ♊ ab 09.27 ♋ | ♋ ab 02.36 ♌ | ♍ ab 23.32 ♎ |
| 20 | ♓ | ♈ ab 17.56 ♉ | ♊ | ♋ | ♌ | ♎ |
| 21 | ♓ ab 21.52 ♈ | ♉ | ♊ | ♋ ab 19.57 ♌ | ♌ ab 11.09 ♍ | ♎ |
| 22 | ♈ | ♉ | ♊ ab 02.14 ♋ | ♌ | ♍ | ♎ ab 02.53 ♏ |
| 23 | ♈ | ♉ ab 06.34 ♊ | ♋ | ♌ | ♍ ab 16.08 ♎ | ♏ |
| 24 | ♈ ab 07.55 ♉ | ♊ | ♋ ab 11.32 ♌ | ♌ ab 03.00 ♍ | ♎ | ♏ ab 03.43 ♐ |
| 25 | ♉ | ♊ ab 16.50 ♋ | ♌ | ♍ | ♎ ab 17.38 ♏ | ♐ |
| 26 | ♉ | ♋ | ♌ ab 17.07 ♍ | ♍ ab 06.16 ♎ | ♏ | ♐ ab 03.31 ♑ |
| 27 | ♉ ab 22.27 ♊ | ♋ | ♍ | ♎ | ♏ ab 16.59 ♐ | ♑ |
| 28 | ♊ | | ♍ | ♎ | ♐ | ♑ ab 04.23 ♒ |
| 29 | ♊ | ♋ ab 02.03 ♌ | ♍ ab 19.22 ♎ | ♎ ab 06.31 ♏ | ♐ ab 16.17 ♑ | ♒ |
| 30 | ♊ ab 09.08 ♋ | ♌ | ♎ | ♏ | ♑ | ♒ |
| 31 | ♋ | ♌ ab 06.59 ♍ | | ♏ ab 05.40 ♐ | | ♒ ab 08.17 ♓ |

# 1933

| Tag | Januar Mond im | Februar Mond im | März Mond im | April Mond im | Mai Mond im | Juni Mond im |
|---|---|---|---|---|---|---|
| 1 | ♓ | ♈ ab 11.40 ♉ | ♉ | ♊ | ♋ | ♍ |
| 2 | ♓ ab 16.14 ♈ | ♉ | ♉ | ⊙♊ ab 4.50 ♋ | ♋ ab 00.07 ♌ | ♍ |
| 3 | ♈ | ♉ | ♉ ab 08.18 ♊ | ♋ | ♌ | ♍ ab 00.15 ♎ |
| 4 | ♈ | ♉ ab 00.05 ♊ | ♊ | ♋ ab 16.17 ♌ | ♌ ab 09.41 ♍ | ♎ |
| 5 | ♈ ab 03.37 ♉ | ♊ | ♊ ab 20.43 ♋ | ♌ | ♍ | ♎ ab 03.25 ♏ |
| 6 | ♉ | ♊ ab 12.14 ♋ | ♋ | ♌ | ♍ ab 15.17 ♎ | ♏ |
| 7 | ♉ ab 16.20 ♊ | ♋ | ♋ ab 07.18 ♌ | ♌ ab 00.33 ♍ | ♎ | ♏ ab 03.32 ♐ |
| 8 | ♊ | ♋ ab 22.17 ♌ | ♌ | ♍ | ♎ ab 17.07 ♏ | ♐ |
| 9 | ♊ | ♌ | ♌ ab 14.42 ♍ | ♍ ab 05.01 ♎ | ♏ | ♐ ab 02.33 ♑ |
| 10 | ♊ ab 04.17 ♋ | ♌ | ♍ | ♎ | ♏ ab 16.43 ♐ | ♑ |
| 11 | ♋ | ♌ ab 05.43 ♍ | ♍ | ♎ ab 06.32 ♏ | ♐ | ♑ ab 02.41 ♒ |
| 12 | ♋ ab 14.27 ♌ | ♍ | ♍ ab 19.03 ♎ | ♏ | ♐ ab 16.15 ♑ | ♒ |
| 13 | ♌ | ♍ ab 10.59 ♎ | ♎ | ♏ ab 06.52 ♐ | ♑ | ♒ ab 05.50 ♓ |
| 14 | ♌ ab 22.42 ♍ | ♎ | ♎ ab 21.28 ♏ | ♐ | ♑ ab 17.46 ♒ | ♓ |
| 15 | ♍ | ♎ ab 14.47 ♏ | ♏ | ♐ ab 07.54 ♑ | ♒ | ♓ ab 12.51 ♈ |
| 16 | ♍ | ♏ | ♏ ab 23.19 ♐ | ♑ | ♒ ab 22.34 ♓ | ♈ |
| 17 | ♍ ab 05.03 ♎ | ♏ ab 17.43 ♐ | ♐ | ♑ ab 11.03 ♒ | ♓ | ♈ ab 23.12 ♉ |
| 18 | ♎ | ♐ | ♐ | ♒ | ♓ | ♉ |
| 19 | ♎ ab 09.25 ♏ | ♐ ab 20.23 ♑ | ♐ ab 01.47 ♑ | ♒ ab 16.54 ♓ | ♓ ab 06.46 ♈ | ♉ |
| 20 | ♏ | ♑ | ♑ | ♓ | ♈ | ♉ ab 11.26 ♊ |
| 21 | ♏ ab 11.55 ♐ | ♑ ab 23.29 ♒ | ♑ ab 05.39 ♒ | ♓ ab 01.14 ♈ | ♈ ab 17.27 ♉ | ♊ |
| 22 | ♐ | ♒ | ♒ | ♈ | ♉ | ♊ ab 00.07 ♋ |
| 23 | ♐ ab 13.18 ♑ | ♒ | ♒ ab 11.16 ♓ | ♈ | ♉ | ♋ |
| 24 | ♑ | ♒ ab 03.56 ♓ | ♓ | ♈ ab 11.31 ♉ | ♉ ab 05.32 ♊ | ♋ ab 12.17 ♌ |
| 25 | ♑ ab 14.57 ♒ | ♓ | ♓ ab 18.50 ♈ | ♉ | ♊ | ♌ |
| 26 | ♒ | ♓ ab 10.43 ♈ | ♈ | ♉ ab 23.16 ♊ | ♊ ab 18.12 ♋ | ♌ ab 23.01 ♍ |
| 27 | ♒ ab 18.31 ♓ | ♈ | ♈ | ♊ | ♋ | ♍ |
| 28 | ♓ | ♈ ab 20.20 ♉ | ♈ ab 04.32 ♉ | ♊ | ♋ | ♍ |
| 29 | ♓ | | ♉ | ♊ ab 11.59 ♋ | ♋ ab 06.34 ♌ | ♍ |
| 30 | ♓ ab 01.21 ♈ | | ♉ ab 16.14 ♊ | ♋ | ♌ | ♍ ab 07.11 ♎ |
| 31 | ♈ | | ♊ | | ♌ ab 17.06 ♍ | |

| Tag | Juli Mond im | August Mond im | September Mond im | Oktober Mond im | November Mond im | Dezember Mond im |
|---|---|---|---|---|---|---|
| 1 | ♎ | ♐ | ♑ ab 08.00 ♒ | ♓ | ♈ ab 14.53 ♉ | ♉ ab 07.45 ♊ |
| 2 | ♎ ab 11.57 ♏ | ♐ ab 22.41 ♑ | ♒ | ♓ ab 23.51 ♈ | ♉ | ♊ |
| 3 | ♏ | ♑ | ♒ ab 10.44 ♓ | ♈ | ♉ | ♊ ab 19.53 ♋ |
| 4 | ♏ ab 13.32 ♐ | ♑ ab 23.22 ♒ | ♓ | ♈ | ♉ ab 01.02 ♊ | ♋ |
| 5 | ♐ ab 13.16 ♑ | ♒ | ♓ ab 15.15 ♈ | ♈ ab 07.18 ♉ | ♊ | ♋ ab 08.49 ♌ |
| 6 | ♑ | ♒ ab 01.11 ♓ | ♈ | ♉ | ♊ ab 13.05 ♋ | ♌ |
| 7 | ♑ ab 13.05 ♒ | ♓ | ♈ ab 22.35 ♉ | ♉ ab 17.18 ♊ | ♋ | ♌ ab 21.00 ♍ |
| 8 | ♒ | ♓ ab 05.41 ♈ | ♉ | ♊ | ♋ | ♍ |
| 9 | ♒ ab 15.02 ♓ | ♈ | ♉ ab 09.01 ♊ | ♊ | ♋ ab 01.58 ♌ | ♍ |
| 10 | ♓ | ♈ ab 13.45 ♉ | ♊ | ♊ ab 05.30 ♋ | ♌ | ♍ ab 06.19 ♎ |
| 11 | ♓ ab 20.31 ♈ | ♉ | ♊ ab 21.25 ♋ | ♋ | ♌ ab 13.24 ♍ | ♎ |
| 12 | ♈ | ♉ | ♋ | ♋ ab 18.02 ♌ | ♍ | ♎ ab 11.27 ♏ |
| 13 | ♈ | ♉ ab 00.58 ♊ | ♋ | ♌ | ♍ ab 21.13 ♎ | ♏ |
| 14 | ♈ ab 05.49 ♉ | ♊ | ♋ ab 09.31 ♌ | ♌ | ♎ | ♏ ab 12.49 ♐ |
| 15 | ♉ | ♊ ab 13.33 ♋ | ♌ | ♌ ab 04.25 ♍ | ♎ ab 00.52 ♏ | ♐ |
| 16 | ♉ ab 17.45 ♊ | ♋ | ♌ | ♍ | ♏ | ♐ ab 12.08 ♑ |
| 17 | ♊ | ♋ | ♌ ab 19.14 ♍ | ♍ ab 11.06 ♎ | ♏ ab 01.35 ♐ | ♑ |
| 18 | ♊ | ♋ ab 01.23 ♌ | ♍ | ♎ | ♐ | ♑ ab 11.38 ♒ |
| 19 | ♊ ab 06.25 ♋ | ♌ | ♍ | ♎ ab 14.28 ♏ | ♐ ab 01.24 ♑ | ♒ |
| 20 | ♋ | ♌ ab 11.08 ♍ | ♍ ab 01.52 ♎ | ♏ | ♑ | ♒ ab 13.15 ♓ |
| 21 | ♋ ab 18.19 ♌ | ♍ | ♎ | ♏ ab 14.54 ♐ | ♑ ab 02.21 ♒ | ♓ |
| 22 | ♌ | ♍ ab 18.30 ♎ | ♎ ab 06.00 ♏ | ♐ | ♒ | ♓ ab 18.16 ♈ |
| 23 | ♌ | ♎ | ♏ | ♐ ab 17.14 ♑ | ♒ ab 05.50 ♓ | ♈ |
| 24 | ♌ ab 04.36 ♍ | ♎ ab 23.45 ♏ | ♏ ab 08.49 ♐ | ♑ | ♓ | ♈ |
| 25 | ♍ | ♏ | ♐ | ♑ ab 19.49 ♒ | ♓ | ♈ ab 02.43 ♉ |
| 26 | ♍ ab 12.45 ♎ | ♏ | ♐ ab 11.23 ♑ | ♒ | ♓ ab 12.13 ♈ | ♉ |
| 27 | ♎ | ♏ | ♑ | ♒ | ♈ | ♉ |
| 28 | ♎ ab 18.22 ♏ | ♏ ab 03.22 ♐ | ♑ ab 14.27 ♒ | ♒ ab 00.18 ♓ | ♈ ab 21.03 ♉ | ♉ ab 13.43 ♊ |
| 29 | ♏ | ♐ | ♒ | ♓ | ♉ | ♊ |
| 30 | ♏ ab 21.27 ♐ | ♐ ab 05.52 ♑ | ♒ ab 18.27 ♓ | ♓ ab 06.41 ♈ | ♉ | ♊ |
| 31 | ♐ | ♑ | | ♈ | | ♊ ab 02.07 ♋ |

## 1934

| Tag | Januar Mond im | Februar Mond im | März Mond im | April Mond im | Mai Mond im | Juni Mond im |
|---|---|---|---|---|---|---|
| 1 | ♋ | ♌ ab 09.01 ♍ | ♍ | ♎ ab 14.36 ♏ | ♏ ab 02.02 ♐ | ♑ ab 12.55 ♒ |
| 2 | ♋ ab 14.56 ♌ | ♍ | ♍ | ♏ | ♐ | ♒ ab 15.07 ♓ |
| 3 | ♌ | ♍ ab 19.00 ♎ | ♍ ab 01.02 ♎ | ♏ ab 18.37 ♐ | ♐ ab 03.54 ♑ | ♓ |
| 4 | | ♎ | ♎ | ♐ | ♑ | ♓ |
| 5 | ♌ ab 03.09 ♍ | ♎ ab 02.32 ♏ | ♎ ab 07.59 ♏ | ♐ ab 21.46 ♑ | ♑ ab 06.06 ♒ | ♓ ab 19.32 ♈ |
| 6 | ♍ | ♏ | ♏ | ♑ | ♒ | ♈ |
| 7 | ♍ ab 13.21 ♎ | ♏ ab 07.15 ♐ | ♏ ab 12.59 ♐ | ♑ | ♒ ab 09.26 ♓ | ♈ |
| 8 | ♎ | ♐ | ♐ | ♑ ab 00.43 ♒ | ♓ | ♈ ab 02.17 ♉ |
| 9 | ♎ ab 20.11 ♏ | ♐ ab 09.24 ♑ | ♐ ab 16.22 ♑ | ♒ | ♓ ab 14.09 ♈ | ♉ |
| 10 | ♏ | ♑ | ♑ | ♒ ab 03.52 ♓ | ♈ | ♉ ab 11.14 ♊ |
| 11 | ♏ ab 23.18 ♐ | ♑ ab 09.57 ♒ | ♑ ab 18.36 ♒ | ♓ | ♈ ab 20.24 ♉ | ♊ |
| 12 | ♐ | ♒ | ♒ | ♓ ab 07.40 ♈ | ♉ | ♊ ab 22.14 ♋ |
| 13 | ♐ ab 23.37 ♑ | ♒ | ♒ ab 20.26 ♓ | ♈ | ♉ ab 04.38 ♊ | ♋ |
| 14 | ♑ | ♒ ab 10.28 ♓ | ♓ | ♈ ab 12.56 ♉ | ♊ | ♋ |
| 15 | ♑ ab 22.56 ♒ | ♓ | ♓ ab 23.00 ♈ | ♉ | ♊ ab 15.18 ♋ | ♋ ab 10.53 ♌ |
| 16 | ♒ | ♓ ab 12.40 ♈ | ♈ | ♉ ab 20.42 ♊ | ♋ | ♌ |
| 17 | ♒ ab 23.18 ♓ | ♈ | ♈ | ♊ | ♋ | ♌ ab 23.52 ♍ |
| 18 | ♓ | ♈ ab 18.04 ♉ | ♈ ab 03.46 ♉ | ♊ | ♋ | ♍ |
| 19 | ♓ | ♉ | ♉ | ♊ ab 07.27 ♋ | ♋ ab 03.55 ♌ | ♍ |
| 20 | ♓ ab 02.28 ♈ | ♉ | ♉ ab 11.52 ♊ | ♋ ab 20.10 ♌ | ♌ | ♍ ab 10.59 ♎ |
| 21 | ♈ | ♉ ab 03.17 ♊ | ♊ | ♌ | ♌ ab 16.36 ♍ | ♎ |
| 22 | ♈ ab 09.27 ♉ | ♊ | ♊ ab 23.13 ♋ | ♌ | ♍ | ♎ ab 18.25 ♏ |
| 23 | ♉ | ♊ ab 15.23 ♋ | ♋ | ♌ ab 08.20 ♍ | ♍ | ♏ |
| 24 | ♉ ab 19.54 ♊ | ♋ | ♋ | ♍ | ♍ ab 02.43 ♎ | ♏ ab 21.50 ♐ |
| 25 | ♊ | ♋ | ♋ ab 12.03 ♌ | ♍ | ♎ | ♐ |
| 26 | ♊ | ♋ ab 04.14 ♌ | ♌ | ♍ ab 17.33 ♎ | ♎ ab 08.52 ♏ | ♐ ab 22.25 ♑ |
| 27 | ♊ ab 08.24 ♋ | ♌ | ♌ ab 23.45 ♍ | ♎ | ♏ | ♑ |
| 28 | ♋ | ♌ ab 15.46 ♍ | ♍ | ♎ ab 23.07 ♏ | ♏ ab 11.29 ♐ | ♑ ab 22.03 ♒ |
| 29 | ♋ ab 21.12 ♌ | | ♍ | ♏ | ♐ | ♒ |
| 30 | ♌ | | ♍ ab 08.37 ♎ | ♏ | ♐ ab 12.12 ♑ | ♒ ab 22.38 ♓ |
| 31 | ♌ | | ♎ | | ♑ | |

| Tag | Juli Mond im | August Mond im | September Mond im | Oktober Mond im | November Mond im | Dezember Mond im |
|---|---|---|---|---|---|---|
| 1 | ♓ | ♈ ab 14.25 ♉ | ♊ | ♋ | ♌ ab 09.36 ♍ | ♍ ab 05.39 ♎ |
| 2 | ♓ | ♉ | ♊ ab 16.41 ♋ | ♋ ab 12.45 ♌ | ♍ | ♎ |
| 3 | ♓ ab 01.39 ♈ | ♉ ab 22.49 ♊ | ♋ | ♌ | ♍ ab 20.41 ♎ | ♎ ab 14.06 ♏ |
| 4 | ♈ | ♊ | ♋ | ♌ | ♎ | ♏ |
| 5 | ♈ ab 07.48 ♉ | ♊ | ♋ ab 05.32 ♌ | ♌ ab 01.31 ♍ | ♎ ab 04.33 ♏ | ♏ ab 18.53 ♐ |
| 6 | ♉ | ♊ ab 10.13 ♋ | ♌ | ♍ | ♏ | ♐ |
| 7 | ♉ ab 16.56 ♊ | ♋ | ♌ ab 18.17 ♍ | ♍ ab 12.21 ♎ | ♏ ab 09.33 ♐ | ♐ ab 21.09 ♑ |
| 8 | ♊ | ♋ ab 23.08 ♌ | ♍ | ♎ | ♐ | ♑ |
| 9 | ♊ | ♌ | ♍ | ♎ ab 20.32 ♏ | ♐ ab 12.57 ♑ | ♑ ab 22.34 ♒ |
| 10 | ♊ ab 04.21 ♋ | ♌ ab 11.59 ♍ | ♍ ab 05.23 ♎ | ♏ | ♑ | ♒ |
| 11 | ♋ | ♍ | ♎ | ♏ | ♑ ab 15.52 ♒ | ♒ |
| 12 | ♋ ab 17.08 ♌ | ♍ ab 23.33 ♎ | ♎ ab 14.20 ♏ | ♏ ab 02.32 ♐ | ♒ | ♒ ab 00.31 ♓ |
| 13 | ♌ | ♎ | ♏ | ♐ | ♒ ab 18.57 ♓ | ♓ |
| 14 | ♌ | ♎ ab 21.04 ♏ | ♏ ab 21.04 ♐ | ♐ ab 07.04 ♑ | ♓ | ♓ ab 03.51 ♈ |
| 15 | ♌ ab 06.07 ♍ | ♎ | ♐ | ♑ | ♓ ab 22.26 ♈ | ♈ |
| 16 | ♍ | ♎ ab 08.51 ♏ | ♐ | ♑ ab 10.32 ♒ | ♈ | ♈ ab 08.57 ♉ |
| 17 | ♍ ab 17.48 ♎ | ♏ ab 15.12 ♐ | ♐ ab 01.36 ♑ | ♒ | ♈ | ♉ |
| 18 | ♎ | ♐ | ♑ | ♒ ab 13.10 ♓ | ♈ ab 02.47 ♉ | ♉ ab 15.58 ♊ |
| 19 | ♎ | ♐ | ♑ ab 04.07 ♒ | ♓ | ♉ | ♊ |
| 20 | ♎ ab 02.31 ♏ | ♐ ab 18.27 ♑ | ♒ | ♓ ab 15.29 ♈ | ♉ ab 08.48 ♊ | ♊ |
| 21 | ♏ | ♑ | ♒ ab 05.14 ♓ | ♈ | ♊ | ♊ ab 01.11 ♋ |
| 22 | ♏ ab 07.28 ♐ | ♑ ab 19.19 ♒ | ♓ | ♈ ab 18.35 ♉ | ♊ ab 17.26 ♋ | ♋ |
| 23 | ♐ | ♒ | ♓ ab 06.13 ♈ | ♉ | ♋ | ♋ ab 12.38 ♌ |
| 24 | ♐ ab 09.04 ♑ | ♒ ab 19.08 ♓ | ♈ | ♉ ab 23.58 ♊ | ♋ | ♌ |
| 25 | ♑ | ♓ | ♈ ab 08.47 ♉ | ♊ | ♋ ab 04.54 ♌ | ♌ |
| 26 | ♑ ab 08.44 ♒ | ♓ ab 19.44 ♈ | ♉ | ♊ | ♌ | ♌ ab 01.32 ♍ |
| 27 | ♒ | ♈ | ♉ ab 14.34 ♊ | ♊ ab 08.46 ♋ | ♌ ab 17.52 ♍ | ♍ |
| 28 | ♒ ab 08.21 ♓ | ♈ ab 22.55 ♉ | ♊ | ♋ | ♍ | ♍ ab 14.00 ♎ |
| 29 | ♓ | ♉ | ♊ | ♋ ab 20.43 ♌ | ♍ | ♎ |
| 30 | ♓ ab 09.46 ♈ | ♉ | ♊ ab 00.15 ♋ | ♌ | ♍ | ♎ ab 23.42 ♏ |
| 31 | ♈ | ♉ ab 05.56 ♊ | | ♌ | | ♏ |

61

## 1935

| Tag | Januar Mond im | Februar Mond im | März Mond im | April Mond im | Mai Mond im | Juni Mond im |
|---|---|---|---|---|---|---|
| 1 | ♏ | ♑ | ♑ | ♓ | ♈ | ♊ |
| 2 | ♏ ab 05.27 ♐ | ♑ ab 19.26 ♒ | ♑ ab 06.16 ♒ | ♓ ab 16.32 ♈ | ♈ ab 03.10 ♉ | ♊ ab 21.44 ♋ |
| 3 | ♐ | ♒ | ♒ | ♈ | ♉ | ♋ |
| 4 | ♐ ab 07.44 ♑ | ♒ ab 18.47 ♓ | ♒ ab 06.13 ♓ | ♈ ab 17.18 ♉ | ♉ ab 06.26 ♊ | ♋ ab 07.20 ♌ |
| 5 |  | ♓ | ♓ | ♉ | ♊ | ♌ |
| 6 | ♑ ab 08.04 ♒ | ♓ ab 18.49 ♈ | ♓ ab 05.41 ♈ | ♉ ab 20.36 ♊ | ♊ ab 12.51 ♋ | ♌ |
| 7 | ♒ | ♈ | ♈ | ♊ | ♋ | ♌ ab 19.26 ♍ |
| 8 | ♒ ab 08.18 ♓ | ♈ ab 21.23 ♉ | ♈ ab 06.43 ♉ | ♊ ab 03.49 ♋ | ♋ ab 22.55 ♌ | ♍ |
| 9 | ♓ | ♉ | ♉ | ♋ | ♌ | ♍ |
| 10 | ♓ ab 10.03 ♈ | ♉ | ♉ ab 11.12 ♊ | ♋ ab 14.52 ♌ | ♌ | ♍ ab 08.00 ♎ |
| 11 | ♈ | ♉ ab 03.36 ♊ | ♊ | ♌ | ♌ ab 11.26 ♍ | ♎ |
| 12 | ♈ ab 14.25 ♉ | ♊ | ♊ ab 19.52 ♋ | ♌ | ♍ | ♎ ab 18.36 ♏ |
| 13 | ♉ | ♊ ab 13.24 ♋ | ♋ | ♌ | ♍ ab 23.48 ♎ | ♏ |
| 14 | ♉ ab 21.43 ♊ | ♋ | ♋ | ♌ ab 03.47 ♍ | ♎ | ♏ |
| 15 | ♊ | ♋ | ♋ ab 07.48 ♌ | ♍ | ♎ | ♏ ab 01.57 ♐ |
| 16 | ♊ | ♋ ab 01.35 ♌ | ♌ | ♍ ab 16.01 ♎ | ♎ ab 09.55 ♏ | ♐ |
| 17 | ♊ ab 07.38 ♋ | ♌ | ♌ ab 20.52 ♍ | ♎ | ♏ | ♐ ab 06.21 ♑ |
| 18 | ♋ | ♌ ab 14.33 ♍ | ♍ | ♎ ab 02.10 ♏ | ♏ ab 17.13 ♐ | ♑ |
| 19 | ♋ ab 19.27 ♌ | ♍ | ♍ | ♏ | ♐ | ♑ ab 08.56 ♒ |
| 20 | ♌ | ♍ | ♍ ab 09.08 ♎ | ♏ ab 10.06 ♐ | ♐ ab 22.21 ♑ | ♒ |
| 21 | ♌ ab 08.20 ♍ | ♍ ab 03.03 ♎ | ♎ ab 19.45 ♏ | ♐ | ♑ | ♒ ab 10.56 ♓ |
| 22 | ♍ | ♎ | ♏ | ♐ ab 16.14 ♑ | ♑ ab 02.09 ♒ | ♓ |
| 23 |  | ♎ ab 14.05 ♏ | ♏ | ♑ | ♒ | ♓ ab 13.21 ♈ |
| 24 | ♍ ab 21.00 ♎ | ♏ | ♏ ab 04.24 ♐ | ♑ ab 20.44 ♒ | ♒ ab 05.14 ♓ | ♈ |
| 25 | ♎ | ♏ ab 22.41 ♐ | ♐ | ♒ | ♓ | ♈ ab 16.54 ♉ |
| 26 | ♎ | ♐ | ♐ | ♒ | ♓ ab 07.59 ♈ | ♉ |
| 27 | ♎ ab 07.46 ♏ | ♐ | ♐ ab 10.49 ♑ | ♒ ab 23.40 ♓ | ♈ | ♉ ab 22.07 ♊ |
| 28 | ♏ | ♐ ab 04.05 ♑ | ♑ | ♓ | ♈ ab 10.59 ♉ | ♊ |
| 29 | ♏ ab 15.11 ♐ |  | ♑ ab 14.42 ♒ | ♓ | ♉ | ♊ |
| 30 | ♐ |  | ♒ | ♓ ab 01.27 ♈ | ♉ | ♊ ab 05.27 ♋ |
| 31 | ♐ ab 18.48 ♑ |  | ♒ ab 16.15 ♓ |  | ♉ ab 15.11 ♊ |  |

| Tag | Juli Mond im | August Mond im | September Mond im | Oktober Mond im | November Mond im | Dezember Mond im |
|---|---|---|---|---|---|---|
| 1 | ♋ | ♌ ab 10.07 ♍ | ♎ | ♏ | ♑ | ♒ |
| 2 | ♋ ab 15.13 ♌ | ♍ | ♎ ab 17.22 ♏ | ♏ ab 07.41 ♐ | ♑ ab 05.39 ♒ | ♒ ab 15.03 ♓ |
| 3 | ♌ | ♍ ab 22.55 ♎ | ♏ | ♐ | ♒ | ♓ |
| 4 | ♌ | ♎ | ♏ | ♐ ab 18.03 ♑ | ♒ ab 09.21 ♓ | ♓ ab 17.53 ♈ |
| 5 | ♌ ab 03.09 ♍ | ♎ ab 10.57 ♏ | ♏ ab 03.49 ♐ | ♑ | ♓ | ♈ |
| 6 | ♍ | ♏ | ♐ | ♑ ab 23.21 ♒ | ♓ ab 10.54 ♈ | ♈ ab 20.04 ♉ |
| 7 | ♍ ab 15.53 ♎ | ♏ | ♐ ab 11.08 ♑ | ♒ | ♈ | ♉ |
| 8 | ♎ | ♏ ab 20.25 ♐ | ♑ | ♒ ab 01.27 ♓ | ♈ ab 11.29 ♉ | ♉ ab 22.37 ♊ |
| 9 | ♎ | ♐ | ♑ ab 14.44 ♒ | ♓ ab 01.21 ♈ | ♉ | ♊ |
| 10 | ♎ ab 03.15 ♏ | ♐ | ♒ | ♈ | ♉ ab 12.53 ♊ | ♊ |
| 11 | ♏ | ♐ ab 02.10 ♑ | ♒ ab 15.15 ♓ | ♈ ab 00.54 ♉ | ♊ | ♊ ab 02.54 ♋ |
| 12 | ♏ ab 11.28 ♐ | ♑ | ♓ | ♉ | ♊ ab 16.57 ♋ | ♋ |
| 13 | ♐ | ♑ ab 04.22 ♒ | ♓ ab 14.21 ♈ | ♉ ab 02.18 ♊ | ♋ | ♋ ab 10.07 ♌ |
| 14 | ♐ ab 16.03 ♑ | ♒ | ♈ ab 14.11 ♉ | ♊ | ♋ | ♌ |
| 15 | ♑ | ♒ ab 04.19 ♓ | ♉ | ♊ | ♋ ab 00.51 ♌ | ♌ ab 20.33 ♍ |
| 16 | ♑ ab 17.54 ♒ | ♓ | ♉ | ♊ ab 07.21 ♋ | ♌ | ♍ |
| 17 | ♒ | ♓ ab 03.55 ♈ | ♉ ab 16.48 ♊ | ♋ | ♌ ab 12.11 ♍ | ♍ |
| 18 | ♒ ab 18.31 ♓ | ♈ | ♊ | ♋ ab 16.36 ♌ | ♍ | ♍ ab 08.59 ♎ |
| 19 | ♓ | ♈ ab 05.08 ♉ | ♊ ab 23.27 ♋ | ♌ | ♍ | ♎ |
| 20 | ♓ ab 19.33 ♈ | ♉ | ♋ | ♌ | ♍ ab 00.53 ♎ | ♎ ab 21.03 ♏ |
| 21 | ♈ | ♉ ab 09.26 ♊ | ♋ | ♌ ab 04.45 ♍ | ♎ | ♏ |
| 22 | ♈ ab 22.21 ♉ | ♊ | ♋ ab 09.50 ♌ | ♍ | ♎ ab 12.36 ♏ | ♏ ab 06.45 ♐ |
| 23 | ♉ | ♊ ab 17.17 ♋ | ♌ | ♍ ab 17.32 ♎ | ♏ | ♐ |
| 24 | ♉ | ♋ | ♌ ab 22.19 ♍ | ♎ | ♏ ab 22.09 ♐ | ♐ ab 13.28 ♑ |
| 25 | ♉ ab 03.42 ♊ | ♋ | ♍ | ♎ ab 05.15 ♏ | ♐ | ♑ |
| 26 | ♊ | ♋ ab 04.01 ♌ | ♍ | ♏ | ♐ | ♑ ab 17.46 ♒ |
| 27 | ♊ ab 11.44 ♋ | ♌ | ♍ ab 11.06 ♎ | ♏ ab 15.18 ♐ | ♐ ab 05.29 ♑ | ♒ |
| 28 | ♋ | ♌ ab 16.21 ♍ | ♎ | ♐ | ♑ | ♒ |
| 29 | ♋ ab 22.04 ♌ | ♍ | ♎ ab 23.06 ♏ | ♐ | ♑ ab 11.00 ♒ | ♒ ab 20.42 ♓ |
| 30 | ♌ | ♍ | ♏ | ♐ ab 23.31 ♑ | ♒ | ♓ |
| 31 | ♌ | ♍ ab 05.08 ♎ |  | ♑ |  | ♓ ab 23.16 ♈ |

62

## 1936

| Tag | Januar Mond im | Februar Mond im | März Mond im | April Mond im | Mai Mond im | Juni Mond im |
|---|---|---|---|---|---|---|
| 1 | ♈ | ♉ ab 11.39 ♊ | ♊ ab 23.26 ♋ | ♌ | ♍ | ♎ ab 15.12 ♏ |
| 2 | ♈ | ♊ | ♋ | ♌ | ♍ ab 19.43 ♎ | ♏ |
| 3 | ♈ ab 02.11 ♉ | ♊ ab 17.58 ♋ | ♋ | ♌ ab 01.08 ♍ | ♎ | ♏ |
| 4 | ♉ | ♋ | ♋ ab 08.21 ♌ | ♍ | ♎ ab 08.17 ♏ | ♏ ab 02.38 ♐ |
| 5 | ♉ ab 06.04 ♊ | ♋ | ♌ | ♍ ab 13.31 ♎ | ♏ | ♐ |
| 6 | ♊ | ♋ ab 02.26 ♌ | ♌ ab 19.18 ♍ | ♎ | ♏ | ♐ ab 12.03 ♑ |
| 7 | ♊ ab 11.29 ♋ | ♌ | ♍ | ♎ | ♏ ab 19.54 ♐ | ♑ |
| 8 | ♋ | ♌ ab 12.48 ♍ | ♍ | ♎ ab 02.05 ♏ | ♐ | ♑ ab 19.18 ♒ |
| 9 | ♋ ab 19.02 ♌ | ♍ | ♍ ab 07.26 ♎ | ♏ | ♐ | ♒ |
| 10 | ♌ | ♍ | ♎ | ♏ ab 14.03 ♐ | ♐ ab 05.57 ♑ | ♒ |
| 11 | ♌ | ♍ ab 00.46 ♎ | ♎ ab 20.04 ♏ | ♐ | ♑ | ♒ ab 00.27 ♓ |
| 12 | ♌ ab 05.05 ♍ | ♎ | ♏ | ♐ | ♑ ab 13.48 ♒ | ♓ |
| 13 | ♍ | ♎ ab 13.25 ♏ | ♏ | ♐ ab 00.23 ♑ | ♒ | ♓ ab 03.47 ♈ |
| 14 | ♍ ab 17.11 ♎ | ♏ | ♏ ab 08.06 ♐ | ♑ | ♒ ab 18.53 ♓ | ♈ |
| 15 | ♎ | ♏ | ♐ | ♑ ab 07.49 ♒ | ♓ | ♈ ab 05.49 ♉ |
| 16 | ♎ | ♏ ab 00.57 ♐ | ♐ ab 17.52 ♑ | ♒ | ♓ ab 21.14 ♈ | ♉ |
| 17 | ♎ ab 05.39 ♏ | ♐ | ♑ | ♒ ab 11.38 ♓ | ♈ | ♉ ab 07.30 ♊ |
| 18 | ♏ | ♐ ab 09.21 ♑ | ♑ ab 23.52 ♒ | ♓ | ♈ ab 21.48 ♉ | ♊ |
| 19 | ♏ ab 16.12 ♐ | ♑ | ♒ | ♓ ab 12.21 ♈ | ♉ | ♊ ab 10.09 ♋ |
| 20 | ♐ | ♑ ab 13.47 ♒ | ♒ | ♈ | ♉ ab 22.12 ♊ | ♋ |
| 21 | ♐ ab 23.19 ♑ | ♒ | ♒ ab 01.59 ♓ | ♈ ab 11.37 ♉ | ♊ | ♋ ab 15.06 ♌ |
| 22 | ♑ | ♒ ab 14.56 ♓ | ♓ | ♉ | ♊ | ♌ |
| 23 | ♑ | ♓ | ♓ ab 01.32 ♈ | ♉ ab 11.38 ♊ | ♊ ab 00.20 ♋ | ♌ ab 23.16 ♍ |
| 24 | ♑ ab 03.03 ♒ | ♓ ab 14.35 ♈ | ♈ | ♊ | ♋ | ♍ |
| 25 | ♒ | ♈ | ♈ ab 00.38 ♉ | ♊ ab 14.23 ♋ | ♋ ab 05.42 ♌ | ♍ |
| 26 | ♒ ab 04.35 ♓ | ♈ ab 14.51 ♉ | ♉ | ♋ | ♌ | ♍ ab 10.24 ♎ |
| 27 | ♓ | ♉ | ♉ ab 01.32 ♊ | ♋ ab 21.04 ♌ | ♌ ab 14.48 ♍ | ♎ |
| 28 | ♓ ab 05.36 ♈ | ♉ ab 17.30 ♊ | ♊ | ♌ | ♍ | ♎ ab 22.53 ♏ |
| 29 | ♈ | ♊ | ♊ ab 05.52 ♋ | ♌ | ♍ | ♏ |
| 30 | ♈ ab 07.38 ♉ | | ♋ | ♌ ab 07.22 ♍ | ♍ ab 02.39 ♎ | ♏ |
| 31 | ♉ | | ♋ ab 14.04 ♌ | | ♎ | |

| Tag | Juli Mond im | August Mond im | September Mond im | Oktober Mond im | November Mond im | Dezember Mond im |
|---|---|---|---|---|---|---|
| 1 | ♏ ab 10.27 ♐ | ♑ | ♓ | ♈ | ♊ | ♋ |
| 2 | ♐ ab 19.34 ♑ | ♑ ab 10.26 ♒ | ♓ ab 23.43 ♈ | ♈ ab 09.25 ♉ | ♊ ab 21.01 ♋ | ♋ ab 10.44 ♌ |
| 3 | ♑ | ♒ | ♈ | ♉ | ♋ | ♌ |
| 4 | ♑ | ♒ ab 13.36 ♓ | ♈ | ♉ ab 09.37 ♊ | ♋ | ♌ ab 17.31 ♍ |
| 5 | ♑ ab 01.57 ♒ | ♓ | ♈ ab 00.04 ♉ | ♊ | ♋ ab 01.37 ♌ | ♍ |
| 6 | ♒ | ♓ ab 15.22 ♈ | ♉ | ♊ ab 12.29 ♋ | ♌ | ♍ |
| 7 | ♒ | ♈ | ♉ ab 01.55 ♊ | ♋ | ♌ ab 10.00 ♍ | ♍ ab 03.56 ♎ |
| 8 | ♒ ab 06.11 ♓ | ♈ ab 17.12 ♉ | ♊ | ♋ ab 18.45 ♌ | ♍ | ♎ |
| 9 | ♓ | ♉ | ♊ ab 06.16 ♋ | ♌ | ♍ ab 21.15 ♎ | ♎ ab 16.28 ♏ |
| 10 | ♓ ab 07.10 ♈ | ♉ ab 20.12 ♊ | ♋ | ♌ | ♎ | ♏ |
| 11 | ♈ | ♊ | ♋ ab 13.13 ♌ | ♌ ab 04.02 ♍ | ♎ | ♏ |
| 12 | ♈ ab 11.46 ♉ | ♊ ab 00.52 ♋ | ♌ | ♍ | ♎ ab 09.52 ♏ | ♏ ab 05.07 ♐ |
| 13 | ♉ | ♋ | ♌ ab 22.20 ♍ | ♍ ab 15.19 ♎ | ♏ | ♐ |
| 14 | ♉ ab 14.39 ♊ | ♋ ab 07.20 ♌ | ♍ | ♎ | ♏ ab 22.34 ♐ | ♐ ab 16.26 ♑ |
| 15 | ♊ | ♌ | ♍ | ♎ | ♐ | ♑ |
| 16 | ♊ ab 18.28 ♋ | ♌ ab 15.45 ♍ | ♍ ab 09.13 ♎ | ♎ ab 03.47 ♏ | ♐ | ♑ ab 01.43 ♒ |
| 17 | ♋ | ♍ | ♎ | ♏ | ♐ ab 10.21 ♑ | ♒ |
| 18 | ♋ ab 23.58 ♌ | ♍ | ♎ ab 21.33 ♏ | ♏ ab 16.38 ♐ | ♑ | ♒ ab 08.44 ♓ |
| 19 | ♌ | ♍ ab 02.17 ♎ | ♏ | ♐ | ♑ ab 20.11 ♒ | ♓ |
| 20 | ♌ | ♎ | ♏ | ♐ | ♒ | ♓ |
| 21 | ♌ ab 07.54 ♍ | ♎ ab 14.36 ♏ | ♏ ab 10.25 ♐ | ♐ ab 04.38 ♑ | ♒ | ♓ ab 13.27 ♈ |
| 22 | ♍ | ♏ | ♐ | ♑ | ♒ ab 03.04 ♓ | ♈ |
| 23 | ♍ ab 18.31 ♎ | ♏ | ♐ ab 21.53 ♑ | ♑ ab 14.00 ♒ | ♓ | ♈ ab 16.06 ♉ |
| 24 | ♎ | ♏ ab 03.10 ♐ | ♑ | ♒ | ♓ ab 06.37 ♈ | ♉ |
| 25 | ♎ ab 06.54 ♏ | ♐ | ♑ ab 05.53 ♒ | ♒ ab 19.28 ♓ | ♈ | ♉ ab 17.25 ♊ |
| 26 | ♏ | ♐ ab 13.35 ♑ | ♒ | ♓ | ♈ ab 07.29 ♉ | ♊ |
| 27 | ♏ | ♑ | ♒ ab 09.39 ♓ | ♓ ab 21.10 ♈ | ♉ | ♊ ab 18.37 ♋ |
| 28 | ♏ ab 18.56 ♐ | ♑ | ♓ | ♈ | ♉ ab 07.12 ♊ | ♋ |
| 29 | ♐ | ♑ ab 20.13 ♒ | ♓ ab 10.10 ♈ | ♈ ab 20.34 ♉ | ♊ | ♋ ab 21.14 ♌ |
| 30 | ♐ | ♒ | ♈ | ♉ | ♊ ab 07.40 ♋ | ♌ |
| 31 | ♐ ab 04.24 ♑ | ♒ ab 23.06 ♓ | | ♉ ab 19.50 ♊ | | ♌ |

## 1937

| Tag | Januar Mond im | Februar Mond im | März Mond im | April Mond im | Mai Mond im | Juni Mond im |
|---|---|---|---|---|---|---|
| 1 | ♌ ab 02.46 ♍ | ♎ | ♎ ab 16.23 ♏ | ♐ | ♑ | ♒ ab 09.58 ♓ |
| 2 | ♍ | ♎ ab 08.11 ♏ | ♏ | ♐ | ♑ ab 19.09 ♒ | ♓ |
| 3 | ♍ ab 11.55 ♎ | ♏ | ♏ | ♐ ab 01.17 ♑ | ♒ | ♓ ab 15.22 ♈ |
| 4 | ♎ | ♏ ab 20.59 ♐ | ♏ ab 05.08 ♐ | ♑ | ♒ ab 02.57 ♓ | ♈ |
| 5 | ♎ ab 23.58 ♏ | ♐ | ♐ | ♑ ab 11.39 ♒ | ♓ | ♈ ab 17.36 ♉ |
| 6 | ♏ | ♐ | ♐ ab 17.23 ♑ | ♒ | ♓ | ♉ |
| 7 | ♏ | ♐ ab 08.34 ♑ | ♑ | ♒ ab 18.00 ♓ | ♓ ab 06.48 ♈ | ♉ ab 17.46 ♊ |
| 8 | ♏ ab 12.43 ♐ | ♑ | ♑ ab 02.36 ♒ | ♓ | ♈ | ♊ |
| 9 | ♐ | ♑ ab 17.00 ♒ | ♒ | ♓ ab 20.29 ♈ | ♈ ab 07.32 ♉ | ♊ ab 17.32 ♋ |
| 10 | ♐ ab 23.54 ♑ | ♒ | ♒ | ♈ | ♉ | ♋ |
| 11 | ♑ | ♒ ab 22.10 ♓ | ♒ ab 07.50 ♓ | ♈ ab 20.40 ♉ | ♉ ab 06.57 ♊ | ♋ ab 18.45 ♌ |
| 12 | | ♓ | ♓ | ♉ | ♊ | ♌ |
| 13 | ♑ ab 08.25 ♒ | ♓ | ♓ ab 10.00 ♈ | ♉ ab 20.35 ♊ | ♊ ab 07.00 ♋ | ♌ ab 23.01 ♍ |
| 14 | ♒ | ♓ ab 01.12 ♈ | ♈ | ♊ | ♋ | ♍ |
| 15 | ♒ ab 14.29 ♓ | ♈ | ♈ ab 10.54 ♉ | ♊ ab 22.03 ♋ | ♋ ab 09.28 ♌ | ♍ |
| 16 | ♓ | ♈ ab 03.35 ♉ | ♉ | ♋ | ♌ | ♍ ab 07.08 ♎ |
| 17 | ♓ ab 18.49 ♈ | ♉ | ♉ ab 12.19 ♊ | ♋ | ♌ ab 15.19 ♍ | ♎ |
| 18 | ♈ | ♉ ab 06.23 ♊ | ♊ | ♋ ab 02.12 ♌ | ♍ | ♎ ab 18.31 ♏ |
| 19 | ♈ ab 22.07 ♉ | ♊ | ♊ ab 15.25 ♋ | ♌ | ♍ | ♏ |
| 20 | ♉ | ♊ ab 10.04 ♋ | ♋ ab 20.36 ♌ | ♌ ab 07.16 ♍ | ♍ ab 00.35 ♎ | ♏ |
| 21 | | ♋ | ♌ | ♍ | ♎ | ♏ ab 07.26 ♐ |
| 22 | ♉ ab 00.54 ♊ | ♋ ab 14.51 ♌ | ♌ | ♍ ab 18.51 ♎ | ♎ ab 12.18 ♏ | ♐ |
| 23 | ♊ | ♌ | ♌ ab 03.44 ♍ | ♎ | ♏ | ♐ ab 19.58 ♑ |
| 24 | ♊ ab 03.38 ♋ | ♌ ab 21.05 ♍ | ♍ | ♎ ab 06.21 ♏ | ♏ ab 01.10 ♐ | ♑ |
| 25 | | ♍ | | ♏ | ♐ | ♑ |
| 26 | ♋ ab 07.08 ♌ | ♍ | ♍ ab 12.47 ♎ | ♏ ab 19.06 ♐ | ♐ ab 13.54 ♑ | ♑ ab 06.54 ♒ |
| 27 | ♌ | ♍ ab 05.27 ♎ | ♎ | ♐ | ♑ | ♒ |
| 28 | ♌ ab 12.31 ♍ | ♎ | ♎ ab 23.51 ♏ | ♐ | ♑ | ♒ ab 15.37 ♓ |
| 29 | ♍ | | ♏ | ♐ ab 07.57 ♑ | ♑ ab 01.13 ♒ | ♓ |
| 30 | ♍ ab 20.50 ♎ | | ♏ | ♑ | ♒ | ♓ ab 21.51 ♈ |
| 31 | ♎ | | ♏ ab 12.33 ♐ | | ♒ | |

| Tag | Juli Mond im | August Mond im | September Mond im | Oktober Mond im | November Mond im | Dezember Mond im |
|---|---|---|---|---|---|---|
| 1 | ♈ | ♉ ab 10.29 ♊ | ♋ ab 22.21 ♌ | ♌ ab 09.29 ♍ | ♎ ab 08.49 ♏ | ♏ |
| 2 | ♈ | ♊ | ♌ | ♍ | ♏ | ♏ ab 03.06 ♐ |
| 3 | ♈ ab 01.35 ♉ | ♊ ab 12.34 ♋ | ♌ | ♍ ab 16.32 ♎ | ♏ ab 20.46 ♐ | ♐ |
| 4 | ♉ | ♋ | ♌ ab 02.35 ♍ | ♎ | ♐ | ♐ ab 16.06 ♑ |
| 5 | ♉ ab 03.16 ♊ | ♋ ab 14.36 ♌ | ♍ | ♎ ab 01.55 ♏ | ♐ | ♑ |
| 6 | ♊ | ♌ | ♍ ab 08.48 ♎ | ♏ | ♐ ab 09.50 ♑ | ♑ |
| 7 | ♊ ab 03.54 ♋ | ♌ ab 17.54 ♍ | ♎ | ♏ | ♑ | ♑ ab 04.41 ♒ |
| 8 | ♋ | ♍ | ♎ ab 18.00 ♏ | ♏ ab 13.44 ♐ | ♑ ab 22.19 ♒ | ♒ |
| 9 | ♋ ab 04.59 ♌ | ♍ ab 23.59 ♎ | ♏ | ♐ | ♒ | ♒ ab 15.22 ♓ |
| 10 | ♌ | ♎ | ♏ | ♐ | ♒ | ♓ |
| 11 | ♌ ab 08.16 ♍ | ♎ ab 07.37 ♏ | ♏ ab 05.59 ♐ | ♐ ab 02.47 ♑ | ♒ ab 08.08 ♓ | ♓ ab 22.55 ♈ |
| 12 | ♍ | ♏ | ♐ | ♑ | ♓ | ♈ |
| 13 | ♍ ab 15.04 ♎ | ♏ ab 21.59 ♐ | ♐ ab 18.52 ♑ | ♑ ab 14.38 ♒ | ♓ ab 14.00 ♈ | ♈ ab 02.50 ♉ |
| 14 | ♎ | ♐ | ♑ | ♒ | ♈ | ♉ |
| 15 | ♎ | ♐ | ♑ | ♒ ab 23.04 ♓ | ♈ ab 16.12 ♉ | ♉ ab 03.43 ♊ |
| 16 | ♎ ab 01.36 ♏ | ♐ ab 10.38 ♑ | ♑ ab 05.51 ♒ | ♓ | ♉ | ♊ |
| 17 | ♏ | ♑ | ♒ | ♓ ab 03.33 ♈ | ♉ ab 16.10 ♊ | ♊ ab 03.03 ♋ |
| 18 | ♏ ab 14.20 ♐ | ♑ ab 21.05 ♒ | ♒ ab 13.19 ♓ | ♈ | ♊ | ♋ |
| 19 | ♐ | ♒ | ♓ | ♈ ab 05.10 ♉ | ♊ ab 15.48 ♋ | ♋ ab 02.49 ♌ |
| 20 | ♐ | ♒ | ♓ ab 17.31 ♈ | ♉ | ♋ | ♌ |
| 21 | ♐ ab 02.51 ♑ | ♒ ab 04.29 ♓ | ♈ | ♉ ab 05.40 ♊ | ♋ ab 16.55 ♌ | ♌ ab 04.57 ♍ |
| 22 | ♑ | ♓ | ♈ ab 19.50 ♉ | ♊ | ♌ | ♍ |
| 23 | ♑ ab 13.20 ♒ | ♓ ab 07.24 ♈ | ♉ | ♊ ab 06.47 ♋ | ♌ ab 20.56 ♍ | ♍ ab 10.53 ♎ |
| 24 | ♒ | ♈ | ♉ ab 21.46 ♊ | ♋ | ♍ | ♎ |
| 25 | ♒ ab 21.21 ♓ | ♈ ab 12.57 ♉ | ♊ | ♋ ab 09.43 ♌ | ♍ | ♎ ab 20.45 ♏ |
| 26 | ♓ | ♉ | ♊ ab 00.25 ♋ | ♌ | ♍ ab 04.22 ♎ | ♏ |
| 27 | ♓ | ♉ ab 16.02 ♊ | ♋ | ♌ ab 15.02 ♍ | ♎ | ♏ |
| 28 | ♓ ab 03.16 ♈ | ♊ | ♋ ab 04.14 ♌ | ♍ | ♎ ab 14.46 ♏ | ♏ ab 07.12 ♐ |
| 29 | ♈ | ♊ ab 19.04 ♋ | ♌ | ♍ ab 22.47 ♎ | ♏ | ♐ |
| 30 | ♈ ab 07.32 ♉ | ♋ | ♌ | ♎ | ♏ | ♐ |
| 31 | | | | | | ♐ ab 22.17 ♑ |

## 1938

| Tag | Januar Mond im | Februar Mond im | März Mond im | April Mond im | Mai Mond im | Juni Mond im |
|---|---|---|---|---|---|---|
| 1 | ♑ | ♒ | ♒ ab 10.14 ♓ | ♈ | ♉ ab 16.45 ♊ | ♋ |
| 2 | ♑ | ♒ ab 02.59 ♓ | ♓ | ♈ ab 05.43 ♉ | ♊ | ♋ ab 03.09 ♌ |
| 3 | ♑ ab 10.32 ♒ | ♓ | ♓ ab 17.17 ♈ | ♉ | ♊ ab 17.51 ♋ | ♌ |
| 4 | ♒ | ♓ ab 10.55 ♈ | ♈ | ♉ ab 08.34 ♊ | ♋ | ♌ ab 05.22 ♍ |
| 5 | ♒ ab 21.07 ♓ | ♈ | ♈ ab 22.30 ♉ | ♊ | ♋ ab 19.42 ♌ | ♍ |
| 6 | ♓ | ♈ ab 16.59 ♉ | ♉ | ♊ ab 11.06 ♋ | ♌ | ♍ ab 10.36 ♎ |
| 7 | ♓ | ♉ | ♉ | ♋ | ♌ ab 23.17 ♍ | ♎ |
| 8 | ♓ ab 05.29 ♈ | ♉ ab 21.08 ♊ | ♉ ab 02.34 ♊ | ♋ ab 14.05 ♌ | ♍ | ♎ ab 19.01 ♏ |
| 9 | ♈ | ♊ | ♊ | ♌ | ♍ | ♏ |
| 10 | ♈ ab 11.06 ♉ | ♊ ab 23.26 ♋ | ♊ ab 05.46 ♋ | ♌ ab 17.51 ♍ | ♍ ab 05.06 ♎ | ♏ |
| 11 | ♉ | ♋ | ♋ | ♍ | ♎ | ♏ ab 05.58 ♐ |
| 12 | ♉ ab 13.50 ♊ | ♋ | ♋ ab 08.23 ♌ | ♍ ab 23.02 ♎ | ♎ ab 13.16 ♏ | ♐ |
| 13 | ♊ | ♋ ab 00.34 ♌ | ♌ | ♎ | ♏ | ♐ ab 18.21 ♑ |
| 14 | ♊ ab 14.22 ♋ | ♌ ab 01.57 ♍ | ♌ ab 11.06 ♍ | ♎ | ♏ ab 23.41 ♐ | ♑ |
| 15 | ♋ | ♍ | ♍ | ♎ ab 06.21 ♏ | ♐ | ♑ |
| 16 | ♋ ab 14.10 ♌ | ♍ | ♍ ab 15.08 ♎ | ♏ | ♐ | ♑ ab 07.08 ♒ |
| 17 | ♌ | ♍ ab 05.28 ♎ | ♎ | ♏ ab 16.20 ♐ | ♐ ab 11.51 ♑ | ♒ |
| 18 | ♌ ab 15.13 ♍ | ♎ ab 12.37 ♏ | ♎ ab 21.54 ♏ | ♐ | ♑ | ♒ ab 19.03 ♓ |
| 19 | ♍ | ♏ | ♏ | ♐ | ♑ | ♓ |
| 20 | ♍ ab 19.28 ♎ | ♏ | ♏ | ♐ ab 04.32 ♑ | ♑ ab 00.38 ♒ | ♓ |
| 21 | ♎ | ♏ ab 23.34 ♐ | ♏ ab 08.01 ♐ | ♑ | ♒ | ♓ ab 04.40 ♈ |
| 22 | | ♐ | ♐ | ♑ ab 17.11 ♒ | ♒ ab 12.09 ♓ | ♈ |
| 23 | ♎ ab 03.55 ♏ | ♐ | ♐ ab 20.32 ♑ | ♒ | ♓ | ♈ ab 10.50 ♉ |
| 24 | ♏ | ♐ ab 12.28 ♑ | ♑ | ♒ | ♓ ab 20.36 ♈ | ♉ |
| 25 | ♏ ab 15.52 ♐ | ♑ | ♑ | ♒ ab 03.54 ♓ | ♈ | ♉ ab 13.25 ♊ |
| 26 | ♐ | ♑ | ♑ ab 08.56 ♒ | ♓ | ♈ | ♊ |
| 27 | ♐ | ♑ ab 00.36 ♒ | ♒ | ♓ ab 11.09 ♈ | ♈ ab 01.17 ♉ | ♊ ab 13.27 ♋ |
| 28 | ♐ ab 04.58 ♑ | ♒ | ♒ ab 18.52 ♓ | ♈ | ♉ | ♋ |
| 29 | ♑ | | ♓ | ♈ ab 15.02 ♉ | ♉ ab 02.52 ♊ | ♋ ab 12.46 ♌ |
| 30 | ♑ ab 17.00 ♒ | | ♓ | ♉ | ♊ | ♌ |
| 31 | ♒ | | ♓ ab 01.34 ♈ | | ♊ ab 02.53 ♋ | |

| Tag | Juli Mond im | August Mond im | September Mond im | Oktober Mond im | November Mond im | Dezember Mond im |
|---|---|---|---|---|---|---|
| 1 | ♌ ab 13.24 ♍ | ♎ | ♏ ab 01.28 ♐ | ♑ | ♒ | ♓ |
| 2 | ♍ | ♎ ab 07.50 ♏ | ♐ | ♑ | ♒ ab 06.09 ♓ | ♓ ab 01.03 ♈ |
| 3 | ♍ ab 17.09 ♎ | ♏ | ♐ ab 13.30 ♑ | ♑ ab 09.58 ♒ | ♓ | ♈ |
| 4 | ♎ | ♏ ab 18.02 ♐ | ♑ | ♒ | ♓ ab 15.35 ♈ | ♈ ab 08.01 ♉ |
| 5 | ♎ | ♐ | ♑ | ♒ ab 21.27 ♓ | ♈ | ♉ |
| 6 | ♎ ab 00.49 ♏ | ♐ ab 06.34 ♑ | ♑ ab 02.11 ♒ | ♓ | ♈ ab 21.41 ♉ | ♉ ab 11.19 ♊ |
| 7 | ♏ | ♑ | ♒ | ♓ | ♉ | ♊ |
| 8 | ♏ ab 11.46 ♐ | ♑ | ♒ ab 13.29 ♓ | ♓ ab 06.23 ♈ | ♉ | ♊ ab 12.08 ♋ |
| 9 | ♐ | ♑ ab 19.15 ♒ | ♓ | ♈ | ♉ ab 01.04 ♊ | ♋ |
| 10 | ♐ | ♒ | ♓ ab 22.41 ♈ | ♈ ab 12.43 ♉ | ♊ | ♋ ab 12.18 ♌ |
| 11 | ♐ ab 00.22 ♑ | ♒ ab 06.45 ♓ | ♈ | ♉ | ♊ ab 03.00 ♋ | ♌ |
| 12 | ♑ | ♓ | ♈ | ♉ ab 17.11 ♊ | ♋ | ♌ ab 13.38 ♍ |
| 13 | ♑ ab 13.06 ♒ | ♓ ab 16.35 ♈ | ♈ ab 05.54 ♉ | ♊ | ♋ ab 04.50 ♌ | ♍ |
| 14 | ♒ | ♈ | ♉ | ♊ ab 20.31 ♋ | ♌ | ♍ ab 16.28 ♎ |
| 15 | ♒ | ♈ | ♉ ab 11.23 ♊ | ♋ | ♌ ab 07.38 ♍ | ♎ |
| 16 | ♒ ab 00.56 ♓ | ♈ ab 00.26 ♉ | ♊ | ♋ ab 23.20 ♌ | ♍ | ♎ |
| 17 | ♓ | ♉ | ♊ ab 15.10 ♋ | ♌ | ♍ ab 12.04 ♎ | ♎ ab 00.13 ♏ |
| 18 | ♓ ab 11.03 ♈ | ♉ ab 05.51 ♊ | ♋ | ♌ | ♎ | ♏ |
| 19 | ♈ | ♊ | ♋ ab 17.26 ♌ | ♌ ab 02.09 ♍ | ♎ ab 18.26 ♏ | ♏ ab 09.31 ♐ |
| 20 | ♈ ab 18.31 ♉ | ♊ | ♌ | ♍ | ♏ | ♐ |
| 21 | ♉ | ♊ ab 08.40 ♋ | ♌ ab 19.01 ♍ | ♍ ab 05.43 ♎ | ♏ | ♐ ab 20.39 ♑ |
| 22 | ♉ ab 22.43 ♊ | ♋ | ♍ | ♎ | ♏ ab 02.57 ♐ | ♑ |
| 23 | ♊ | ♋ ab 07.27 ♌ | ♍ ab 21.19 ♎ | ♎ ab 11.00 ♏ | ♐ | ♑ ab 08.59 ♒ |
| 24 | ♊ ab 23.55 ♋ | ♌ | ♎ | ♏ | ♐ ab 13.38 ♑ | ♒ |
| 25 | ♋ | ♌ ab 07.43 ♍ | ♎ | ♏ ab 18.54 ♐ | ♑ | ♒ |
| 26 | ♋ ab 23.26 ♌ | ♍ | ♎ ab 01.57 ♏ | ♐ | ♑ | ♒ ab 21.41 ♓ |
| 27 | ♌ | ♍ ab 11.26 ♎ | ♏ | ♐ ab 05.39 ♑ | ♑ ab 01.59 ♒ | ♓ |
| 28 | ♌ ab 23.17 ♍ | ♎ | ♏ ab 10.02 ♐ | ♑ | ♒ | ♓ |
| 29 | ♍ | ♎ ab 16.26 ♏ | ♐ | ♑ ab 18.09 ♒ | ♒ ab 14.30 ♓ | ♓ ab 09.15 ♈ |
| 30 | ♍ | ♏ | ♐ ab 21.21 ♑ | ♒ | ♓ | ♈ |
| 31 | ♍ ab 01.35 ♎ | ♏ | | ♒ | | ♈ ab 17.48 ♉ |

65

| Tag | Januar Mond im | Februar Mond im | März Mond im | April Mond im | Mai Mond im | Juni Mond im |
|---|---|---|---|---|---|---|
| 1 | ♉ | ♊ ab 10.22 ♋ | ♋ | ♌ ab 05.39 ♍ | ♎ | ♏ ab 08.15 ♐ |
| 2 | ♉ ab 22.20 ♊ | ♋ | ♋ ab 20.30 ♌ | ♍ | ♎ ab 18.36 ♏ | ♐ |
| 3 | ♊ | ♋ ab 10.06 ♌ | ♌ | ♍ ab 06.49 ♎ | ♏ | ♐ ab 16.50 ♑ |
| 4 | ♊ ab 23.20 ♋ | ♌ | ♌ ab 20.17 ♍ | ♎ | ♏ | ♑ |
| 5 | ♋ | ♌ ab 09.03 ♍ | ♍ | ♎ ab 09.22 ♏ | ♏ ab 00.11 ♐ | ♑ ab 03.41 ♒ |
| 6 | ♋ ab 22.32 ♌ | ♍ | ♍ ab 20.26 ♎ | ♏ | ♐ | ♒ |
| 7 | ♌ | ♍ ab 09.30 ♎ | ♎ | ♏ ab 14.48 ♐ | ♐ ab 08.34 ♑ | ♒ ab 16.05 ♓ |
| 8 | ♌ ab 22.08 ♍ | ♎ | ♎ ab 23.00 ♏ | ♐ | ♑ | ♓ |
| 9 | ♍ | ♎ ab 13.22 ♏ | ♏ | ♐ ab 23.47 ♑ | ♑ ab 19.41 ♒ | ♓ |
| 10 | ♍ | ♏ | ♏ | ♑ | ♒ | ♓ |
| 11 | ♍ ab 00.11 ♎ | ♏ ab 21.24 ♐ | ♏ ab 05.23 ♐ | ♑ | ♒ | ♓ ab 04.11 ♈ |
| 12 | ♎ | ♐ | ♐ | ♑ ab 11.34 ♒ | ♒ ab 08.10 ♓ | ♈ |
| 13 | ♎ ab 05.54 ♏ | ♐ | ♐ ab 15.36 ♑ | ♒ | ♓ | ♈ ab 13.43 ♉ |
| 14 | ♏ | ♐ ab 08.42 ♑ | ♑ | ♒ | ♓ ab 19.41 ♈ | ♉ |
| 15 | ♏ ab 15.10 ♐ | ♑ | ♑ | ♒ ab 00.05 ♓ | ♈ | ♉ ab 19.33 ♊ |
| 16 | ♐ | ♑ ab 22.22 ♒ | ♑ ab 04.02 ♒ | ♓ | ♈ | ♊ |
| 17 | ♐ | ♒ | ♒ | ♓ ab 11.14 ♈ | ♈ ab 04.28 ♉ | ♊ ab 22.07 ♋ |
| 18 | ♐ ab 02.44 ♑ | ♒ | ♒ ab 16.32 ♓ | ♈ | ♉ | ♋ |
| 19 | ♑ | ♒ ab 09.52 ♓ | ♓ | ♈ ab 19.57 ♉ | ♉ ab 10.07 ♊ | ♋ ab 22.58 ♌ |
| 20 | ♑ ab 15.15 ♒ | ♓ | ♓ | ♉ | ♊ | ♌ |
| 21 | ♒ | ♓ ab 21.24 ♈ | ♓ ab 03.41 ♈ | ♉ ab 02.17 ♊ | ♊ ab 13.23 ♋ | ♌ ab 23.57 ♍ |
| 22 | ♒ | ♈ | ♈ | ♊ | ♋ | ♍ |
| 23 | ♒ ab 03.51 ♓ | ♈ ab 07.19 ♉ | ♈ ab 12.59 ♉ | ♊ ab 06.44 ♋ | ♋ ab 15.34 ♌ | ♍ |
| 24 | ♓ | ♉ | ♉ | ♋ | ♌ | ♍ ab 02.31 ♎ |
| 25 | ♓ ab 15.42 ♈ | ♉ ab 14.48 ♊ | ♉ ab 20.15 ♊ | ♋ ab 09.55 ♌ | ♌ ab 17.51 ♍ | ♎ |
| 26 | ♈ | ♊ | ♊ | ♌ | ♍ | ♎ ab 07.25 ♏ |
| 27 | ♈ | ♊ | ♊ | ♌ ab 21.06 ♍ | ♍ | ♏ |
| 28 | ♈ ab 01.29 ♉ | ♊ ab 19.07 ♋ | ♊ ab 01.20 ♋ | ♍ | ♍ ab 12.27 ♎ | ♏ ab 14.39 ♐ |
| 29 | ♉ | | ♋ | ♍ | ♎ | ♐ |
| 30 | ♉ ab 07.50 ♊ | | ♋ ab 04.15 ♌ | ♍ ab 15.02 ♎ | ♎ ab 01.48 ♏ | ♐ ab 23.54 ♑ |
| 31 | ♊ | | ♌ | | ♏ | |

| Tag | Juli Mond im | August Mond im | September Mond im | Oktober Mond im | November Mond im | Dezember Mond im |
|---|---|---|---|---|---|---|
| 1 | ♑ | ♒ | ♓ ab 00.15 ♈ | ♉ | ♊ ab 14.42 ♋ | ♋ ab 00.34 ♌ |
| 2 | ♑ | ♒ ab 05.42 ♓ | ♈ | ♉ ab 02.38 ♊ | ♋ ab 19.02 ♌ | ♌ |
| 3 | ♑ ab 10.54 ♒ | ♓ | ♈ ab 11.48 ♉ | ♊ | ♌ | ♌ ab 03.23 ♍ |
| 4 | ♒ | ♓ ab 18.23 ♈ | ♉ | ♊ ab 09.17 ♋ | ♌ ab 21.57 ♍ | ♍ |
| 5 | ♒ ab 23.18 ♓ | ♈ | ♉ ab 21.02 ♊ | ♋ | ♍ | ♍ ab 06.23 ♎ |
| 6 | ♓ | ♈ | ♊ | ♋ ab 13.10 ♌ | ♍ | ♎ |
| 7 | ♓ | ♈ ab 05.48 ♉ | ♊ | ♌ | ♍ | ♎ ab 09.57 ♏ |
| 8 | ♓ ab 11.50 ♈ | ♉ | ♊ ab 02.52 ♋ | ♌ | ♍ ab 00.03 ♎ | ♏ |
| 9 | ♈ | ♉ ab 14.06 ♊ | ♋ | ♌ ab 14.46 ♍ | ♎ | ♏ ab 14.33 ♐ |
| 10 | ♈ ab 22.27 ♉ | ♊ | ♋ ab 05.12 ♌ | ♍ | ♎ ab 02.14 ♏ | ♐ |
| 11 | ♉ | ♊ ab 18.21 ♋ | ♌ | ♍ ab 15.16 ♎ | ♏ | ♐ ab 20.51 ♑ |
| 12 | ♉ | ♋ | ♌ ab 05.10 ♍ | ♎ | ♏ ab 05.42 ♐ | ♑ |
| 13 | ♉ ab 05.21 ♊ | ♋ ab 19.10 ♌ | ♍ | ♎ ab 16.19 ♏ | ♐ | ♑ ab 05.43 ♒ |
| 14 | ♊ | ♌ | ♍ ab 04.39 ♎ | ♏ | ♐ ab 11.42 ♑ | ♒ |
| 15 | ♊ ab 08.16 ♋ | ♌ ab 18.19 ♍ | ♎ | ♏ ab 19.36 ♐ | ♑ | ♒ ab 17.14 ♓ |
| 16 | ♋ | ♍ | ♎ ab 05.44 ♏ | ♐ | ♑ ab 21.01 ♒ | ♓ |
| 17 | ♋ ab 08.31 ♌ | ♍ ab 18.04 ♎ | ♏ | ♐ ab 02.22 ♑ | ♒ | ♓ |
| 18 | ♌ | ♎ | ♏ ab 10.22 ♐ | ♑ | ♒ ab 09.00 ♓ | ♓ ab 06.03 ♈ |
| 19 | ♌ ab 08.08 ♍ | ♎ ab 20.20 ♏ | ♐ | ♑ ab 12.40 ♒ | ♓ | ♈ |
| 20 | ♍ | ♏ | ♐ ab 18.11 ♑ | ♒ | ♓ ab 21.36 ♈ | ♈ ab 17.32 ♉ |
| 21 | ♍ ab 09.11 ♎ | ♏ ab 02.14 ♐ | ♑ | ♒ | ♈ | ♉ |
| 22 | ♎ | ♐ | ♑ ab 05.24 ♒ | ♒ ab 01.06 ♓ | ♈ | ♉ |
| 23 | ♎ ab 13.04 ♏ | ♐ ab 11.34 ♑ | ♒ | ♓ | ♈ ab 08.23 ♉ | ♉ ab 01.37 ♊ |
| 24 | ♏ | ♑ | ♒ ab 18.00 ♓ | ♓ ab 13.28 ♈ | ♉ | ♊ |
| 25 | ♏ ab 20.10 ♐ | ♑ ab 23.09 ♒ | ♓ | ♈ | ♉ ab 16.09 ♊ | ♊ ab 06.03 ♋ |
| 26 | ♐ | ♒ | ♓ | ♈ | ♊ | ♋ |
| 27 | ♐ | ♒ | ♓ ab 06.22 ♈ | ♈ ab 00.09 ♉ | ♊ | ♋ |
| 28 | ♐ ab 05.51 ♑ | ♒ | ♈ | ♉ | ♊ ab 21.12 ♋ | ♋ ab 08.05 ♌ |
| 29 | ♑ | ♒ ab 11.43 ♓ | ♈ | ♉ | ♋ | ♌ |
| 30 | ♑ ab 17.15 ♒ | ♓ | ♈ ab 17.29 ♉ | ♉ ab 08.31 ♊ | ♋ | ♌ ab 09.29 ♍ |
| 31 | ♒ | ♓ | | ♊ | | ♍ |

## 1940

| Tag | Januar Mond im | Februar Mond im | März Mond im | April Mond im | Mai Mond im | Juni Mond im |
|---|---|---|---|---|---|---|
| 1 | ♍ ab 11.44 ♎ | ♏ | ♐ | ♑ ab 09.14 ♒ | ♒ ab 03.56 ♓ | ♈ |
| 2 | ♎ | ♏ ab 02.36 ♐ | ♐ ab 16.03 ♑ | ♒ | ♓ | ♈ ab 12.44 ♉ |
| 3 | ♎ ab 15.36 ♏ | ♐ | ♑ | ♒ ab 21.11 ♓ | ♓ ab 16.52 ♈ | ♉ |
| 4 | ♏ | ♐ ab 10.27 ♑ | ♑ | ♓ | ♈ | ♉ ab 22.50 ♊ |
| 5 | ♏ ab 21.13 ♐ | ♑ | ♑ ab 02.08 ♒ | ♓ | ♈ | ♊ |
| 6 | ♐ | ♑ ab 20.22 ♒ | ♒ | ♓ ab 10.10 ♈ | ♈ ab 05.13 ♉ | ♊ ab 06.02 ♋ |
| 7 | ♐ | ♒ | ♒ ab 14.08 ♓ | ♈ | ♉ | ♋ |
| 8 | ♐ ab 04.30 ♑ | ♒ ab 07.59 ♓ | ♓ | ♈ ab 22.39 ♉ | ♉ ab 15.34 ♊ | ♋ ab 11.01 ♌ |
| 9 | ♑ | ♓ | ♓ | ♉ | ♊ | ♌ |
| 10 | ♑ ab 13.42 ♒ | ♓ | ♓ ab 03.01 ♈ | ♉ | ♊ ab 23.34 ♋ | ♌ ab 14.41 ♍ |
| 11 | ♒ | ♓ ab 20.50 ♈ | ♈ | ♉ ab 09.33 ♊ | ♋ | ♍ |
| 12 | ♒ | ♈ | ♈ ab 15.45 ♉ | ♊ | ♋ | ♍ |
| 13 | ♒ ab 01.03 ♓ | ♈ ab 09.36 ♉ | ♉ | ♊ ab 18.04 ♋ | ♋ ab 05.23 ♌ | ♍ ab 17.44 ♎ |
| 14 | ♓ | ♉ | ♉ | ♋ | ♌ | ♎ |
| 15 | ♓ ab 13.56 ♈ | ♉ ab 20.10 ♊ | ♉ ab 02.53 ♊ | ♋ ab 23.44 ♌ | ♌ ab 09.18 ♍ | ♎ ab 20.32 ♏ |
| 16 | ♈ | ♊ | ♊ | ♌ | ♍ | ♏ |
| 17 | ♈ | ♊ | ♊ ab 10.57 ♋ | ♌ | ♍ ab 11.41 ♎ | ♏ ab 23.34 ♐ |
| 18 | ♈ ab 02.16 ♉ | ♊ ab 02.47 ♋ | ♋ | ♌ ab 02.35 ♍ | ♎ | ♐ |
| 19 | ♉ | ♋ | ♋ ab 15.15 ♌ | ♍ | ♎ ab 13.12 ♏ | ♐ |
| 20 | ♉ ab 11.32 ♊ | ♋ ab 05.19 ♌ | ♌ | ♍ ab 03.23 ♎ | ♏ | ♐ ab 03.45 ♑ |
| 21 | ♊ | ♌ | ♌ ab 16.21 ♍ | ♎ | ♏ ab 15.00 ♐ | ♑ |
| 22 | ♊ ab 16.35 ♋ | ♌ ab 05.12 ♍ | ♍ | ♎ ab 03.33 ♏ | ♐ | ♑ ab 10.15 ♒ |
| 23 | ♋ | ♍ | ♍ ab 15.48 ♎ | ♏ | ♐ ab 18.35 ♑ | ♒ |
| 24 | ♋ ab 18.11 ♌ | ♍ ab 04.29 ♎ | ♎ | ♏ ab 04.49 ♐ | ♑ | ♒ ab 19.56 ♓ |
| 25 | ♌ | ♎ | ♎ ab 15.34 ♏ | ♐ | ♑ ab 01.19 ♒ | ♓ |
| 26 | ♌ ab 18.12 ♍ | ♎ ab 05.14 ♏ | ♏ | ♐ ab 08.50 ♑ | ♒ | ♓ |
| 27 | ♍ | ♏ | ♏ ab 17.31 ♐ | ♑ | ♒ ab 11.39 ♓ | ♓ ab 08.13 ♈ |
| 28 | ♍ ab 18.43 ♎ | ♏ | ♐ | ♑ ab 16.39 ♒ | ♓ | ♈ |
| 29 | ♎ | ♏ ab 08.55 ♐ | ♐ ab 23.00 ♑ | ♒ | ♓ | ♈ ab 20.53 ♉ |
| 30 | ♎ ab 21.18 ♏ | | ♑ | ♒ | ♓ | ♉ |
| 31 | ♏ | | ♑ | | ♓ ab 00.19 ♈ | |

| Tag | Juli Mond im | August Mond im | September Mond im | Oktober Mond im | November Mond im | Dezember Mond im |
|---|---|---|---|---|---|---|
| 1 | ♉ | ♋ | ♌ ab 14.57 ♍ | ♍ ab 01.47 ♎ | ♏ ab 12.21 ♐ | ♐ ab 00.51 ♑ |
| 2 | ♉ ab 07.16 ♊ | ♋ | ♍ | ♎ ab 01.12 ♏ | ♐ | ♑ ab 05.13 ♒ |
| 3 | ♊ | ♋ ab 03.20 ♌ | ♍ ab 14.54 ♎ | ♏ | ♐ ab 14.23 ♑ | ♒ |
| 4 | ♊ ab 14.11 ♋ | ♌ | ♎ | ♏ | ♑ | ♒ |
| 5 | ♋ | ♌ ab 04.51 ♍ | ♎ ab 15.17 ♏ | ♏ ab 01.54 ♐ | ♑ ab 20.04 ♒ | ♒ ab 13.36 ♓ |
| 6 | ♋ ab 18.12 ♌ | ♍ | ♏ | ♐ | ♒ | ♓ |
| 7 | ♌ | ♍ ab 05.50 ♎ | ♏ ab 17.36 ♐ | ♐ ab 05.29 ♑ | ♒ | ♓ |
| 8 | ♌ ab 20.45 ♍ | ♎ | ♐ | ♑ | ♒ ab 05.46 ♓ | ♓ ab 01.27 ♈ |
| 9 | ♍ | ♎ ab 07.46 ♏ | ♐ ab 22.46 ♑ | ♑ ab 12.44 ♒ | ♓ | ♈ |
| 10 | ♍ ab 23.07 ♎ | ♏ | ♑ | ♒ | ♓ ab 18.13 ♈ | ♈ ab 14.28 ♉ |
| 11 | ♎ | ♏ ab 11.29 ♐ | ♑ | ♒ ab 23.18 ♓ | ♈ | ♉ |
| 12 | ♎ | ♐ | ♑ ab 06.52 ♒ | ♓ | ♈ | ♉ |
| 13 | ♎ ab 02.07 ♏ | ♐ ab 17.15 ♑ | ♒ | ♓ | ♈ ab 07.13 ♉ | ♉ ab 02.08 ♊ |
| 14 | ♏ | ♑ | ♒ ab 17.26 ♓ | ♓ ab 11.50 ♈ | ♉ | ♊ |
| 15 | ♏ ab 06.05 ♐ | ♑ | ♓ | ♈ | ♉ ab 19.01 ♊ | ♊ ab 11.20 ♋ |
| 16 | ♐ | ♑ ab 01.08 ♒ | ♓ | ♈ | ♊ | ♋ |
| 17 | ♐ ab 11.18 ♑ | ♒ | ♓ ab 05.43 ♈ | ♈ ab 00.50 ♉ | ♊ | ♋ ab 18.17 ♌ |
| 18 | ♑ | ♒ ab 11.10 ♓ | ♈ | ♉ | ♊ ab 04.53 ♋ | ♌ |
| 19 | ♑ ab 18.22 ♒ | ♓ | ♈ ab 18.46 ♉ | ♉ ab 13.00 ♊ | ♋ | ♌ ab 23.35 ♍ |
| 20 | ♒ | ♓ ab 23.14 ♈ | ♉ | ♊ | ♋ ab 12.39 ♌ | ♍ |
| 21 | ♒ | ♈ | ♉ | ♊ ab 23.18 ♋ | ♌ | ♍ |
| 22 | ♒ ab 03.59 ♓ | ♈ | ♉ ab 07.06 ♊ | ♋ | ♌ ab 18.11 ♍ | ♍ ab 03.37 ♎ |
| 23 | ♓ | ♈ ab 12.17 ♉ | ♊ | ♋ | ♍ | ♎ |
| 24 | ♓ ab 16.02 ♈ | ♉ | ♊ ab 16.58 ♋ | ♋ ab 06.51 ♌ | ♍ ab 21.25 ♎ | ♎ ab 06.30 ♏ |
| 25 | ♈ | ♉ | ♋ | ♌ | ♎ | ♏ |
| 26 | ♈ | ♉ ab 00.13 ♊ | ♋ ab 23.09 ♌ | ♌ ab 11.10 ♍ | ♎ ab 22.45 ♏ | ♏ ab 08.37 ♐ |
| 27 | ♈ ab 03.57 ♉ | ♊ | ♌ | ♍ | ♏ | ♐ |
| 28 | ♉ | ♊ ab 08.54 ♋ | ♌ | ♍ ab 12.37 ♎ | ♏ ab 23.19 ♐ | ♐ ab 10.59 ♑ |
| 29 | ♉ ab 16.04 ♊ | ♋ | ♌ ab 01.42 ♍ | ♎ | ♐ | ♑ |
| 30 | ♊ | ♋ ab 13.32 ♌ | ♍ | ♎ ab 12.25 ♏ | ♐ | ♑ ab 15.09 ♒ |
| 31 | ♊ ab 23.32 ♋ | ♌ | | ♏ | | ♒ |

## 1941

| Tag | Januar Mond im | Februar Mond im | März Mond im | April Mond im | Mai Mond im | Juni Mond im |
|---|---|---|---|---|---|---|
| 1 | ≈ ab 22.35 ♓ | ♈ | ♈ | ♉ ab 10.07 ♊ | ♊ ab 03.56 ♋ | ♌ |
| 2 | ♓ | ♈ | ♈ ab 14.24 ♉ | ♊ | ♋ | ♌ ab 02.39 ♍ |
| 3 | ♓ | ♈ ab 06.41 ♉ | ♉ | ♊ ab 21.44 ♋ | ♋ ab 13.34 ♌ | ♍ |
| 4 | ♓ ab 09.35 ♈ | ♉ | ♉ | ♋ | ♌ | ♍ ab 07.17 ♎ |
| 5 | ♈ | ♉ ab 19.10 ♊ | ♉ ab 03.12 ♊ | ♋ | ♌ ab 20.06 ♍ | ♎ |
| 6 | ♈ ab 22.29 ♉ | ♊ | ♊ | ♋ ab 06.26 ♌ | ♍ | ♎ ab 09.14 ♏ |
| 7 | ♉ | ♊ | ♊ ab 14.04 ♋ | ♌ | ♍ ab 23.12 ♎ | ♏ |
| 8 | ♉ | ♊ ab 04.58 ♋ | ♋ | ♌ ab 11.21 ♍ | ♎ | ♏ ab 09.24 ♐ |
| 9 | ♉ ab 10.27 ♊ | ♋ | ♋ ab 21.19 ♌ | ♍ | ♎ ab 23.34 ♏ | ♐ |
| 10 | ♊ | ♋ ab 11.08 ♌ | ♌ | ♍ ab 12.55 ♎ | ♏ | ♐ ab 09.32 ♑ |
| 11 | ♊ ab 19.34 ♋ | ♌ | ♌ | ♎ | ♏ ab 22.50 ♐ | ♑ |
| 12 | ♋ | ♌ ab 14.21 ♍ | ♌ ab 00.52 ♍ | ♎ ab 12.32 ♏ | ♐ | ♑ ab 11.42 ≈ |
| 13 | ♋ | ♍ | ♍ | ♏ | ♐ ab 23.04 ♑ | ≈ |
| 14 | ♋ ab 01.40 ♌ | ♍ ab 16.08 ♎ | ♍ ab 01.52 ♎ | ♏ ab 12.08 ♐ | ♑ | ≈ ab 17.34 ♓ |
| 15 | ♌ | ♎ | ♎ ab 02.03 ♏ | ♐ | ♑ | ♓ |
| 16 | ♌ ab 05.46 ♍ | ♎ ab 17.53 ♏ | ♏ | ♐ ab 13.39 ♑ | ♑ ab 02.15 ≈ | ♓ |
| 17 | ♍ | ♏ | ♏ | ♑ | ≈ | ♓ ab 03.31 ♈ |
| 18 | ♍ ab 09.00 ♎ | ♏ ab 20.37 ♐ | ♏ ab 03.08 ♐ | ♑ ab 18.31 ≈ | ≈ ab 09.34 ♓ | ♈ |
| 19 | ♎ | ♐ | ♐ | ≈ | ♓ | ♈ ab 16.03 ♉ |
| 20 | ♎ ab 12.04 ♏ | ♐ | ♐ ab 06.25 ♑ | ≈ ab 03.07 ♓ | ♓ ab 20.34 ♈ | ♉ |
| 21 | ♏ | ♐ ab 00.54 ♑ | ♑ | ♓ | ♈ | ♉ |
| 22 | ♏ ab 15.17 ♐ | ♑ | ♑ ab 12.34 ≈ | ♓ ab 14.35 ♈ | ♈ ab 09.27 ♉ | ♉ ab 04.45 ♊ |
| 23 | ♐ | ♑ ab 07.02 ≈ | ≈ | ♈ | ♉ | ♊ |
| 24 | ♐ ab 19.01 ♑ | ≈ | ≈ ab 21.30 ♓ | ♈ | ♉ ab 22.10 ♊ | ♊ ab 15.51 ♋ |
| 25 | ♑ | ≈ ab 15.19 ♓ | ♓ | ♈ ab 03.23 ♉ | ♊ | ♋ |
| 26 | ♑ | ♓ | ♓ | ♉ | ♊ | ♋ |
| 27 | ♑ ab 00.06 ≈ | ♓ | ♓ ab 08.40 ♈ | ♉ ab 16.11 ♊ | ♊ ab 09.37 ♋ | ♋ ab 00.55 ♌ |
| 28 | ≈ | ♓ ab 01.55 ♈ | ♈ | ♊ | ♋ | ♌ |
| 29 | ≈ ab 07.35 ♓ | | ♈ ab 21.14 ♉ | ♊ | ♋ ab 19.16 ♌ | ♌ ab 08.03 ♍ |
| 30 | ♓ | | ♉ | ♊ | ♌ | ♍ |
| 31 | ♓ ab 18.02 ♈ | | ♉ | | ♌ | |

| Tag | Juli Mond im | August Mond im | September Mond im | Oktober Mond im | November Mond im | Dezember Mond im |
|---|---|---|---|---|---|---|
| 1 | ♍ ab 13.17 ♎ | ♏ | ♑ | ≈ | ♈ | ♉ |
| 2 | ♎ | ♏ ab 00.50 ♐ | ♑ ab 13.39 ≈ | ≈ ab 02.18 ♓ | ♈ | ♉ |
| 3 | ♎ ab 16.34 ♏ | ♐ | ≈ | ♓ | ♈ ab 05.19 ♉ | ♊ |
| 4 | ♏ | ♐ ab 03.17 ♑ | ≈ ab 19.52 ♓ | ♓ ab 11.38 ♈ | ♉ | ♊ |
| 5 | ♏ ab 18.14 ♐ | ♑ | ♓ | ♈ | ♉ ab 17.53 ♊ | ♊ ab 12.22 ♋ |
| 6 | ♐ | ♑ ab 06.32 ≈ | ♓ | ♈ ab 22.52 ♉ | ♊ | ♋ |
| 7 | ♐ ab 19.21 ♑ | ≈ | ♓ ab 04.29 ♈ | ♉ | ♊ | ♋ ab 23.43 ♌ |
| 8 | ♑ | ≈ ab 11.51 ♓ | ♈ | ♉ | ♊ ab 06.26 ♋ | ♌ |
| 9 | ♑ ab 21.36 ≈ | ♓ | ♈ ab 15.32 ♉ | ♉ ab 11.23 ♊ | ♋ | ♌ |
| 10 | ≈ | ♓ ab 20.13 ♈ | ♉ | ♊ | ♋ ab 17.49 ♌ | ♌ ab 09.13 ♍ |
| 11 | ≈ | ♈ | ♉ | ♊ ab 23.53 ♋ | ♌ | ♍ |
| 12 | ≈ ab 02.42 ♓ | ♈ | ♉ ab 04.06 ♊ | ♋ | ♌ | ♍ ab 15.46 ♎ |
| 13 | ♓ | ♈ ab 07.32 ♉ | ♊ | ♋ | ♌ ab 02.29 ♍ | ♎ |
| 14 | ♓ ab 11.35 ♈ | ♉ | ♊ ab 16.09 ♋ | ♋ ab 10.29 ♌ | ♍ | ♎ ab 18.52 ♏ |
| 15 | ♈ | ♉ ab 20.10 ♊ | ♋ | ♌ | ♍ ab 07.22 ♎ | ♏ |
| 16 | ♈ ab 23.30 ♉ | ♊ | ♋ | ♌ ab 17.36 ♍ | ♎ | ♏ ab 19.10 ♐ |
| 17 | ♉ | ♊ | ♋ ab 01.36 ♌ | ♍ | ♎ ab 08.40 ♏ | ♐ |
| 18 | ♉ ab 12.10 ♊ | ♊ ab 07.38 ♋ | ♌ | ♍ ab 18.54 ♎ | ♏ | ♐ ab 18.27 ♑ |
| 19 | ♊ | ♋ | ♌ ab 07.29 ♍ | ♎ | ♏ ab 07.54 ♐ | ♑ |
| 20 | ♊ ab 23.15 ♋ | ♋ ab 16.16 ♌ | ♍ | ♎ ab 21.26 ♏ | ♐ | ♑ ab 18.54 ≈ |
| 21 | ♋ | ♌ | ♍ ab 10.18 ♎ | ♏ | ♐ ab 07.12 ♑ | ≈ |
| 22 | ♋ | ♌ ab 21.53 ♍ | ♎ | ♏ ab 21.01 ♐ | ♑ | ≈ ab 22.33 ♓ |
| 23 | ♋ ab 07.48 ♌ | ♍ | ♎ ab 11.24 ♏ | ♐ | ♑ ab 08.47 ≈ | ♓ |
| 24 | ♌ | ♍ | ♏ | ♐ ab 21.40 ♑ | ≈ | ♓ |
| 25 | ♌ ab 14.04 ♍ | ♍ ab 01.22 ♎ | ♏ ab 12.25 ♐ | ♑ | ≈ ab 14.09 ♓ | ♓ ab 06.24 ♈ |
| 26 | ♍ | ♎ | ♐ | ♑ ab 01.03 ≈ | ♓ | ♈ |
| 27 | ♍ ab 18.41 ♎ | ♎ ab 03.49 ♏ | ♐ ab 14.45 ♑ | ≈ | ♓ ab 23.27 ♈ | ♈ ab 17.43 ♉ |
| 28 | ♎ | ♏ | ♑ | ≈ | ♈ | ♉ |
| 29 | ♎ ab 22.09 ♏ | ♏ ab 06.13 ♐ | ♑ ab 19.17 ≈ | ≈ ab 07.51 ♓ | ♈ | ♉ |
| 30 | ♏ | ♐ | ≈ | ♓ | ♈ ab 11.19 ♉ | ♉ ab 06.27 ♊ |
| 31 | ♏ | ♐ ab 09.18 ♑ | | ♓ ab 17.38 ♈ | | ♊ |

# 1942

| Tag | Januar Mond im | Februar Mond im | März Mond im | April Mond im | Mai Mond im | Juni Mond im |
|---|---|---|---|---|---|---|
| 1 | ♊ ab 18.42 ♋ | ♌ | ♌ | ♎ | ♏ | ♑ |
| 2 | ♋ | ♌ ab 20.58 ♍ | ♌ ab 05.06 ♍ | ♎ ab 21.55 ♏ | ♏ ab 08.03 ♐ | ♑ ab 18.00 ♒ |
| 3 | ♋ | ♍ | ♍ | ♏ | ♐ | ♒ |
| 4 | ♋ ab 05.33 ♌ | ♍ | ♍ ab 10.23 ♎ | ♏ ab 23.05 ♐ | ♐ ab 08.05 ♑ | ♒ ab 21.14 ♓ |
| 5 | ♌ | ♍ ab 03.18 ♎ | ♎ | ♐ | ♑ | ♓ |
| 6 | ♌ ab 14.43 ♍ | ♎ | ♎ ab 13.50 ♏ | ♐ | ♑ ab 09.56 ♒ | ♓ |
| 7 | ♍ | ♎ ab 07.56 ♏ | ♏ | ♐ ab 00.42 ♑ | ♒ | ♓ ab 04.11 ♈ |
| 8 | ♍ ab 21.49 ♎ | ♏ | ♏ ab 16.28 ♐ | ♑ | ♒ ab 14.44 ♓ | ♈ |
| 9 | ♎ | ♏ ab 11.07 ♐ | ♐ | ♑ ab 03.57 ♒ | ♓ | ♈ ab 14.16 ♉ |
| 10 | ♎ | ♐ | ♐ ab 19.09 ♑ | ♒ | ♓ ab 22.32 ♈ | ♉ |
| 11 | ♎ ab 02.25 ♏ | ♐ ab 13.19 ♑ | ♑ | ♒ ab 09.20 ♓ | ♈ | ♉ |
| 12 | ♏ | ♑ | ♑ ab 22.31 ♒ | ♓ | ♈ | ♉ ab 02.12 ♊ |
| 13 | ♏ ab 04.32 ♐ | ♑ ab 15.28 ♒ | ♒ | ♓ ab 16.49 ♈ | ♈ ab 08.37 ♉ | ♊ |
| 14 | ♐ | ♒ | ♒ | ♈ | ♉ | ♊ ab 14.50 ♋ |
| 15 | ♐ ab 05.07 ♑ | ♒ ab 18.51 ♓ | ♒ ab 03.09 ♓ | ♈ | ♉ ab 20.15 ♊ | ♋ |
| 16 | ♑ | ♓ | ♓ | ♈ ab 02.18 ♉ | ♊ | ♋ |
| 17 | ♑ ab 05.53 ♒ | ♓ | ♓ ab 09.41 ♈ | ♉ | ♊ | ♋ ab 03.20 ♌ |
| 18 | ♒ | ♓ ab 00.47 ♈ | ♈ | ♉ | ♊ ab 08.49 ♋ | ♌ |
| 19 | ♒ ab 08.43 ♓ | ♈ | ♈ ab 18.39 ♉ | ♉ ab 13.37 ♊ | ♋ | ♌ ab 14.34 ♍ |
| 20 | ♓ | ♈ ab 09.58 ♉ | ♉ | ♊ | ♋ ab 21.22 ♌ | ♍ |
| 21 | ♓ ab 15.08 ♈ | ♉ ab 21.48 ♊ | ♉ ab 06.01 ♊ | ♊ ab 02.10 ♋ | ♌ | ♍ ab 23.05 ♎ |
| 22 | ♈ | ♊ | ♊ | ♋ | ♌ | ♎ |
| 23 | ♈ | ♊ | ♊ | ♋ ab 14.22 ♌ | ♌ ab 08.08 ♍ | ♎ |
| 24 | ♈ ab 01.19 ♉ | ♊ ab 10.16 ♋ | ♊ ab 18.33 ♋ | ♌ | ♍ | ♎ ab 03.51 ♏ |
| 25 | ♉ | ♋ | ♋ | ♌ | ♍ ab 15.22 ♎ | ♏ |
| 26 | ♉ ab 13.44 ♊ | ♋ ab 21.06 ♌ | ♋ ab 06.05 ♌ | ♌ ab 00.03 ♍ | ♎ | ♏ ab 05.09 ♐ |
| 27 | ♊ | ♌ | ♌ | ♍ | ♎ ab 18.32 ♏ | ♐ |
| 28 | ♊ | ♌ | ♌ | ♍ ab 05.50 ♎ | ♏ | ♐ ab 04.30 ♑ |
| 29 | ♊ ab 02.04 ♋ | | ♌ ab 14.37 ♍ | ♎ | ♏ ab 18.39 ♐ | ♑ |
| 30 | ♋ | | ♍ | ♎ ab 07.59 ♏ | ♐ | ♑ ab 04.01 ♒ |
| 31 | ♋ ab 12.37 ♌ | | ♍ ab 19.37 ♎ | | ♐ ab 17.44 ♑ | |

| Tag | Juli Mond im | August Mond im | September Mond im | Oktober Mond im | November Mond im | Dezember Mond im |
|---|---|---|---|---|---|---|
| 1 | ♒ | ♈ | ♉ ab 22.41 ♊ | ♊ ab 19.03 ♋ | ♌ | ♍ |
| 2 | ♒ ab 05.46 ♓ | ♈ | ♊ | ♋ | ♌ | ♍ ab 19.56 ♎ |
| 3 | ♓ | ♈ ab 03.48 ♉ | ♊ | ♋ | ♌ ab 02.19 ♍ | ♎ |
| 4 | ♓ ab 11.11 ♈ | ♉ | ♊ ab 11.01 ♋ | ♋ ab 07.36 ♌ | ♍ | ♎ ab 01.07 ♏ |
| 5 | ♈ | ♉ ab 14.55 ♊ | ♋ | ♌ | ♍ ab 10.22 ♎ | ♏ |
| 6 | ♈ ab 20.23 ♉ | ♊ | ♋ ab 23.16 ♌ | ♌ ab 18.14 ♍ | ♎ | ♏ ab 02.34 ♐ |
| 7 | ♉ | ♊ | ♌ | ♍ | ♎ ab 14.27 ♏ | ♐ |
| 8 | ♉ | ♊ ab 03.31 ♋ | ♌ | ♍ ab 01.33 ♎ | ♏ | ♐ ab 02.07 ♑ |
| 9 | ♉ ab 08.10 ♊ | ♋ | ♌ ab 09.31 ♍ | ♎ | ♏ ab 15.47 ♐ | ♑ |
| 10 | ♊ | ♋ ab 15.40 ♌ | ♍ | ♎ ab 05.47 ♏ | ♐ | ♑ ab 01.57 ♒ |
| 11 | ♊ ab 20.52 ♋ | ♌ | ♍ ab 17.05 ♎ | ♏ | ♐ ab 16.18 ♑ | ♒ |
| 12 | ♋ | ♌ | ♎ | ♏ ab 08.11 ♐ | ♑ | ♒ |
| 13 | ♋ ab 09.08 ♌ | ♌ ab 02.09 ♍ | ♎ ab 22.19 ♏ | ♐ | ♑ ab 17.49 ♒ | ♒ ab 03.56 ♓ |
| 14 | ♌ | ♍ | ♏ | ♐ ab 10.14 ♑ | ♒ | ♓ |
| 15 | ♌ ab 20.09 ♍ | ♍ ab 08.31 ♎ | ♏ | ♑ | ♒ ab 21.28 ♓ | ♓ ab 07.05 ♈ |
| 16 | ♍ | ♎ | ♏ ab 01.58 ♐ | ♑ ab 13.01 ♒ | ♓ | ♈ |
| 17 | ♍ | ♎ ab 16.38 ♏ | ♐ | ♒ | ♓ | ♈ ab 17.17 ♉ |
| 18 | ♍ ab 05.02 ♎ | ♏ | ♐ ab 04.48 ♑ | ♒ ab 17.05 ♓ | ♓ ab 03.31 ♈ | ♉ |
| 19 | ♎ | ♏ ab 20.35 ♐ | ♑ | ♓ | ♈ | ♉ |
| 20 | ♎ | ♐ | ♑ ab 07.27 ♒ | ♓ ab 22.37 ♈ | ♈ ab 11.38 ♉ | ♉ ab 03.46 ♊ |
| 21 | ♎ ab 11.02 ♏ | ♐ ab 22.47 ♑ | ♒ | ♈ | ♉ | ♊ |
| 22 | ♏ | ♑ | ♒ ab 10.34 ♓ | ♈ | ♉ ab 21.35 ♊ | ♊ ab 15.46 ♋ |
| 23 | ♏ ab 13.58 ♐ | ♑ | ♓ | ♈ ab 05.52 ♉ | ♊ | ♋ |
| 24 | ♐ | ♑ ab 00.07 ♒ | ♓ ab 14.57 ♈ | ♉ | ♊ | ♋ |
| 25 | ♐ ab 14.38 ♑ | ♒ | ♈ | ♉ ab 15.19 ♊ | ♊ ab 09.17 ♋ | ♋ ab 04.36 ♌ |
| 26 | ♑ | ♒ ab 01.56 ♓ | ♈ ab 21.35 ♉ | ♊ | ♋ | ♌ |
| 27 | ♑ ab 14.37 ♒ | ♓ | ♉ | ♊ | ♋ ab 22.10 ♌ | ♌ ab 17.11 ♍ |
| 28 | ♒ | ♓ ab 05.39 ♈ | ♉ | ♊ ab 03.00 ♋ | ♌ | ♍ |
| 29 | ♒ ab 15.49 ♓ | ♈ | ♉ ab 07.05 ♊ | ♋ | ♌ | ♍ |
| 30 | ♓ | ♈ ab 12.29 ♉ | ♊ | ♋ | ♌ ab 10.30 ♍ | ♍ ab 03.45 ♎ |
| 31 | ♓ ab 19.56 ♈ | ♉ | | ♋ ab 15.49 ♌ | | |

## 1943

| Tag | Januar | Februar | März | April | Mai | Juni |
|---|---|---|---|---|---|---|
| | Mond im | Mond im | Mond im | Mond im | Mond im | Mond im |
| 1 | ♎ ab 10.40 ♏ | ♐ | ♐ ab 08.19 ♑ | ♒ ab 20.27 ♓ | ♓ ab 06.40 ♈ | ♉ |
| 2 | ♏ | ♐ ab 00.16 ♑ | ♑ | ♓ | ♈ | ♉ ab 02.30 ♊ |
| 3 | ♏ ab 13.34 ♐ | ♑ | ♑ ab 09.57 ♒ | ♓ ab 23.18 ♈ | ♈ ab 11.57 ♉ | ♊ |
| 4 | ♐ | ♑ ab 00.11 ♒ | ♒ | ♈ | ♉ | ♊ ab 12.46 ♋ |
| 5 | ♐ ab 13.35 ♑ | ♒ | ♒ ab 10.55 ♓ | ♈ | ♉ ab 19.16 ♊ | ♋ |
| 6 | ♑ | ♒ ab 00.08 ♓ | ♓ | ♈ ab 03.38 ♉ | ♊ | ♋ |
| 7 | ♑ ab 12.42 ♒ | ♓ | ♓ ab 12.42 ♈ | ♉ | ♊ | ♋ ab 01.03 ♌ |
| 8 | ♒ | ♓ ab 02.01 ♈ | ♈ | ♉ ab 10.42 ♊ | ♊ ab 05.17 ♋ | ♌ |
| 9 | ♒ ab 13.03 ♓ | ♈ | ♈ ab 16.54 ♉ | ♊ | ♋ | ♌ ab 14.04 ♍ |
| 10 | ♓ | ♈ ab 07.18 ♉ | ♉ | ♊ ab 21.03 ♋ | ♋ ab 17.39 ♌ | ♍ |
| 11 | ♓ ab 16.21 ♈ | ♉ | ♉ | ♋ | ♌ | ♍ |
| 12 | ♈ | ♉ ab 16.25 ♊ | ♉ ab 00.39 ♊ | ♋ | ♌ | ♍ ab 01.22 ♎ |
| 13 | ♈ ab 23.22 ♉ | ♊ | ♊ | ♋ ab 09.40 ♌ | ♌ ab 06.22 ♍ | ♎ |
| 14 | ♉ | ♊ | ♊ ab 11.51 ♋ | ♌ | ♍ | ♎ ab 08.59 ♏ |
| 15 | ♉ | ♊ ab 04.25 ♋ | ♋ | ♌ ab 21.59 ♍ | ♍ ab 16.45 ♎ | ♏ |
| 16 | ♉ ab 09.39 ♊ | ♋ | ♋ | ♍ | ♎ | ♏ ab 12.36 ♐ |
| 17 | ♊ | ♋ ab 17.19 ♌ | ♋ ab 00.41 ♌ | ♍ | ♎ ab 23.20 ♏ | ♐ |
| 18 | ♊ ab 21.54 ♋ | ♌ | ♌ | ♍ ab 07.41 ♎ | ♏ | ♐ ab 13.30 ♑ |
| 19 | ♋ | ♌ | ♌ ab 12.43 ♍ | ♎ | ♏ | ♑ |
| 20 | ♋ | ♌ ab 05.20 ♍ | ♍ | ♎ ab 14.04 ♏ | ♏ ab 02.33 ♐ | ♑ ab 13.34 ♒ |
| 21 | ♋ ab 10.44 ♌ | ♍ | ♍ ab 22.21 ♎ | ♏ | ♐ | ♒ |
| 22 | ♌ | ♍ ab 15.30 ♎ | ♎ | ♏ ab 17.57 ♐ | ♐ ab 04.00 ♑ | ♒ ab 14.37 ♓ |
| 23 | ♌ ab 23.03 ♍ | ♎ | ♎ | ♐ | ♑ | ♓ |
| 24 | ♍ | ♎ ab 23.25 ♏ | ♎ ab 05.23 ♏ | ♐ ab 20.40 ♑ | ♑ ab 05.23 ♒ | ♓ ab 17.53 ♈ |
| 25 | ♍ | ♏ | ♏ | ♑ | ♒ | ♈ |
| 26 | ♍ ab 09.47 ♎ | ♏ | ♏ ab 10.24 ♐ | ♑ ab 23.21 ♒ | ♒ ab 07.58 ♓ | ♈ ab 23.52 ♉ |
| 27 | ♎ | ♏ ab 04.59 ♐ | ♐ | ♒ | ♓ | ♉ |
| 28 | ♎ ab 17.51 ♏ | ♐ | ♐ ab 14.05 ♑ | ♒ | ♓ ab 12.17 ♈ | ♉ |
| 29 | ♏ | | ♑ | ♒ ab 02.36 ♓ | ♈ | ♉ ab 08.27 ♊ |
| 30 | ♏ ab 22.34 ♐ | | ♑ ab 17.57 ♒ | ♓ | ♈ ab 18.25 ♉ | ♊ |
| 31 | ♐ | | ♒ | | ♉ | |

| Tag | Juli | August | September | Oktober | November | Dezember |
|---|---|---|---|---|---|---|
| | Mond im | Mond im | Mond im | Mond im | Mond im | Mond im |
| 1 | ♊ ab 19.14 ♋ | ♌ | ♍ ab 20.34 ♎ | ♎ ab 12.05 ♏ | ♐ | ♑ ab 14.02 ♒ |
| 2 | ♋ | ♌ | ♎ | ♏ | ♐ ab 04.37 ♑ | ♒ |
| 3 | ♋ | ♌ ab 02.46 ♍ | ♎ | ♏ ab 19.03 ♐ | ♑ | ♒ ab 16.36 ♓ |
| 4 | ♋ ab 07.40 ♌ | ♍ | ♎ ab 06.21 ♏ | ♐ | ♑ ab 08.10 ♒ | ♓ |
| 5 | ♌ | ♍ ab 14.52 ♎ | ♏ | ♐ ab 23.11 ♑ | ♒ | ♓ ab 20.00 ♈ |
| 6 | ♌ ab 20.45 ♍ | ♎ | ♏ ab 13.39 ♐ | ♑ | ♒ ab 11.16 ♓ | ♈ |
| 7 | ♍ | ♎ | ♐ | ♑ | ♓ | ♈ |
| 8 | ♍ | ♎ ab 00.40 ♏ | ♐ ab 18.14 ♑ | ♑ ab 02.40 ♒ | ♓ ab 14.11 ♈ | ♈ ab 00.30 ♉ |
| 9 | ♍ ab 08.45 ♎ | ♏ | ♑ | ♒ | ♈ | ♉ |
| 10 | ♎ | ♏ ab 07.09 ♐ | ♑ ab 20.18 ♒ | ♒ ab 04.45 ♓ | ♈ ab 17.33 ♉ | ♉ ab 06.33 ♊ |
| 11 | ♎ ab 17.41 ♏ | ♐ | ♒ | ♓ | ♉ | ♊ |
| 12 | ♏ | ♐ ab 10.10 ♑ | ♒ ab 20.47 ♓ | ♓ ab 06.12 ♈ | ♉ ab 22.32 ♊ | ♊ ab 14.47 ♋ |
| 13 | ♏ ab 22.37 ♐ | ♑ | ♓ | ♈ | ♊ | ♋ |
| 14 | ♐ | ♑ ab 10.37 ♒ | ♓ ab 21.09 ♈ | ♈ ab 08.26 ♉ | ♊ | ♋ |
| 15 | ♐ | ♒ | ♈ | ♉ | ♊ ab 06.23 ♋ | ♋ ab 01.37 ♌ |
| 16 | ♐ ab 00.07 ♑ | ♒ ab 10.07 ♓ | ♈ ab 23.15 ♉ | ♉ ab 13.07 ♊ | ♋ | ♌ |
| 17 | ♑ ab 23.46 ♒ | ♓ | ♉ | ♊ | ♋ ab 17.28 ♌ | ♌ ab 14.23 ♍ |
| 18 | ♒ | ♓ ab 10.33 ♈ | ♉ | ♊ ab 21.28 ♋ | ♌ | ♍ |
| 19 | ♒ ab 23.31 ♓ | ♈ | ♉ ab 04.43 ♊ | ♋ | ♌ | ♍ |
| 20 | ♓ | ♈ ab 13.40 ♉ | ♊ | ♋ | ♌ ab 06.22 ♍ | ♍ ab 02.56 ♎ |
| 21 | ♓ | ♉ | ♊ ab 14.11 ♋ | ♋ ab 09.13 ♌ | ♍ | ♎ |
| 22 | ♓ ab 01.09 ♈ | ♉ ab 20.35 ♊ | ♋ | ♌ | ♍ ab 18.19 ♎ | ♎ ab 12.46 ♏ |
| 23 | ♈ | ♊ | ♋ | ♌ ab 22.10 ♍ | ♎ | ♏ |
| 24 | ♈ ab 05.53 ♉ | ♊ | ♋ ab 02.34 ♌ | ♍ | ♎ | ♏ ab 18.44 ♐ |
| 25 | ♉ | ♊ ab 07.07 ♋ | ♌ | ♍ | ♎ ab 03.09 ♏ | ♐ |
| 26 | ♉ ab 14.04 ♊ | ♋ | ♌ ab 15.31 ♍ | ♍ ab 09.38 ♎ | ♏ | ♐ ab 21.24 ♑ |
| 27 | ♊ | ♋ ab 19.50 ♌ | ♍ | ♎ | ♏ ab 08.35 ♐ | ♑ |
| 28 | ♊ | ♌ | ♍ | ♎ ab 18.15 ♏ | ♐ | ♑ ab 22.21 ♒ |
| 29 | ♊ ab 01.04 ♋ | ♌ | ♍ ab 02.57 ♎ | ♏ | ♐ ab 11.43 ♑ | ♒ |
| 30 | ♋ | ♌ ab 08.47 ♍ | ♎ | ♏ | ♑ | ♒ ab 23.17 ♓ |
| 31 | ♋ ab 13.43 ♌ | ♍ | | ♏ ab 00.15 ♐ | | ♓ |

## 1944

| Tag | Januar | Februar | März | April | Mai | Juni |
|---|---|---|---|---|---|---|
| | Mond im | Mond im | Mond im | Mond im | Mond im | Mond im |
| 1 | ♓ | ♉ | ♉ ab 01.06 ♊ | ♋ | ♌ | ♎ |
| 2 | ♓ ab 01.34 ♈ | ♉ ab 18.18 ♊ | ♊ | ♋ ab 03.54 ♌ | ♌ ab 01.05 ♍ | ♎ |
| 3 | ♈ | ♊ | ♊ ab 09.38 ♋ | ♌ | ♍ | ♎ ab 08.32 ♏ |
| 4 | ♈ ab 05.59 ♉ | ♊ | ♋ | ♌ ab 17.49 ♍ | ♍ ab 13.40 ♎ | ♏ |
| 5 | ♉ | ♊ ab 03.40 ♋ | ♋ ab 21.20 ♌ | ♍ | ♎ | ♏ ab 16.28 ♐ |
| 6 | ♉ ab 12.45 ♊ | ♋ | ♌ | ♍ | ♎ | ♐ |
| 7 | ♊ | ♋ ab 15.20 ♌ | ♌ | ♍ ab 06.22 ♎ | ♎ ab 00.18 ♏ | ♐ ab 21.41 ♑ |
| 8 | ♊ ab 21.48 ♋ | ♌ | ♌ ab 10.19 ♍ | ♎ | ♏ ab 08.27 ♐ | ♑ |
| 9 | ♋ | ♌ ab 04.08 ♍ | ♍ | ♎ ab 17.12 ♏ | ♐ | ♑ |
| 10 | ♋ | ♍ | ♍ ab 22.55 ♎ | ♏ | ♐ | ♑ ab 01.13 ♒ |
| 11 | ♋ ab 08.58 ♌ | ♍ ab 16.55 ♎ | ♎ | ♏ | ♐ ab 14.33 ♑ | ♒ |
| 12 | ♌ | ♎ | ♎ | ♏ ab 02.03 ♐ | ♑ | ♒ ab 03.59 ♓ |
| 13 | ♌ ab 21.39 ♍ | ♎ ab 04.24 ♏ | ♎ ab 10.12 ♏ | ♐ | ♑ ab 19.10 ♒ | ♓ |
| 14 | ♍ | ♏ | ♏ | ♐ ab 08.56 ♑ | ♒ | ♓ ab 06.41 ♈ |
| 15 | ♍ | ♏ | ♏ ab 19.31 ♐ | ♑ | ♒ ab 22.35 ♓ | ♈ |
| 16 | ♍ ab 10.29 ♎ | ♏ ab 13.15 ♐ | ♐ | ♑ ab 13.46 ♒ | ♓ | ♈ ab 09.52 ♉ |
| 17 | ♎ | ♐ | ♐ | ♒ | ♓ | ♉ |
| 18 | ♎ ab 21.28 ♏ | ♐ ab 18.33 ♑ | ♐ ab 02.14 ♑ | ♒ ab 16.28 ♓ | ♓ ab 01.04 ♈ | ♉ ab 14.11 ♊ |
| 19 | ♏ | ♑ | ♑ | ♓ | ♈ | ♊ |
| 20 | ♏ | ♑ ab 20.27 ♒ | ♑ ab 05.55 ♒ | ♓ ab 17.36 ♈ | ♈ ab 03.16 ♉ | ♊ ab 20.29 ♋ |
| 21 | ♏ ab 04.54 ♐ | ♒ | ♒ | ♈ | ♉ | ♋ |
| 22 | ♐ | ♒ | ♒ ab 06.59 ♓ | ♈ ab 18.29 ♉ | ♉ ab 06.27 ♊ | ♋ |
| 23 | ♐ ab 08.27 ♑ | ♒ ab 20.09 ♓ | ♓ | ♉ | ♊ | ♋ ab 05.26 ♌ |
| 24 | ♑ | ♓ | ♓ ab 06.42 ♈ | ♉ ab 20.59 ♊ | ♊ ab 12.04 ♋ | ♌ |
| 25 | ♑ ab 09.10 ♒ | ♓ ab 19.31 ♈ | ♈ | ♊ | ♋ | ♌ ab 16.58 ♍ |
| 26 | ♒ | ♈ | ♈ ab 07.01 ♉ | ♊ | ♋ ab 21.05 ♌ | ♍ |
| 27 | ♒ ab 08.48 ♓ | ♈ ab 20.36 ♉ | ♉ | ♊ ab 02.49 ♋ | ♌ | ♍ |
| 28 | ♓ | ♉ | ♉ ab 09.59 ♊ | ♋ | ♌ | ♍ ab 05.40 ♎ |
| 29 | ♓ ab 09.15 ♈ | | ♊ | ♋ ab 12.36 ♌ | ♌ ab 08.59 ♍ | ♎ |
| 30 | ♈ | | ♊ ab 17.00 ♋ | ♌ | ♍ | ♎ ab 17.11 ♏ |
| 31 | ♈ ab 12.07 ♉ | | ♋ | | ♍ ab 21.38 ♎ | |

| Tag | Juli | August | September | Oktober | November | Dezember |
|---|---|---|---|---|---|---|
| | Mond im | Mond im | Mond im | Mond im | Mond im | Mond im |
| 1 | ♏ | ♐ ab 16.43 ♑ | ♒ | ♓ ab 16.30 ♈ | ♉ | ♊ ab 16.17 ♋ |
| 2 | ♏ | ♑ | ♒ ab 06.15 ♓ | ♈ | ♉ ab 02.29 ♊ | ♋ |
| 3 | ♏ ab 01.39 ♐ | ♑ ab 19.11 ♒ | ♓ | ♈ ab 14.46 ♉ | ♊ | ♋ ab 22.53 ♌ |
| 4 | ♐ | ♒ | ♓ ab 05.27 ♈ | ♉ | ♊ ab 06.05 ♋ | ♌ |
| 5 | ♐ ab 06.42 ♑ | ♒ ab 19.35 ♓ | ♈ | ♉ ab 16.00 ♊ | ♋ | ♌ |
| 6 | ♑ | ♓ | ♈ ab 05.29 ♉ | ♊ | ♋ ab 13.45 ♌ | ♌ ab 09.04 ♍ |
| 7 | ♑ ab 09.14 ♒ | ♓ ab 19.44 ♈ | ♉ | ♊ ab 20.57 ♋ | ♌ | ♍ |
| 8 | ♒ | ♈ | ♉ ab 08.14 ♊ | ♋ | ♌ | ♍ ab 21.29 ♎ |
| 9 | ♒ ab 10.39 ♓ | ♈ ab 21.20 ♉ | ♊ | ♋ ab 06.04 ♌ | ♌ ab 00.59 ♍ | ♎ |
| 10 | ♓ | ♉ | ♊ ab 14.47 ♋ | ♌ | ♍ | ♎ |
| 11 | ♓ ab 12.19 ♈ | ♉ | ♋ | ♌ ab 18.05 ♍ | ♍ ab 13.45 ♎ | ♎ ab 09.42 ♏ |
| 12 | ♈ | ♉ ab 01.39 ♊ | ♋ | ♍ | ♎ | ♏ |
| 13 | ♈ ab 15.17 ♉ | ♊ | ♋ ab 00.51 ♌ | ♍ | ♎ | ♏ ab 19.51 ♐ |
| 14 | ♉ | ♊ ab 09.04 ♋ | ♌ | ♍ ab 06.56 ♎ | ♎ ab 01.48 ♏ | ♐ |
| 15 | ♉ ab 20.12 ♊ | ♋ | ♌ ab 13.01 ♍ | ♎ | ♏ | ♐ |
| 16 | ♊ | ♋ ab 19.08 ♌ | ♍ | ♎ ab 19.04 ♏ | ♏ ab 12.02 ♐ | ♐ ab 03.22 ♑ |
| 17 | ♊ | ♌ | ♍ | ♏ | ♐ | ♑ |
| 18 | ♊ ab 03.22 ♋ | ♌ ab 07.01 ♍ | ♍ ab 01.48 ♎ | ♏ | ♐ ab 20.20 ♑ | ♑ ab 08.44 ♒ |
| 19 | ♋ | ♍ | ♎ | ♏ ab 05.50 ♐ | ♑ | ♒ |
| 20 | ♋ ab 12.51 ♌ | ♍ ab 19.46 ♎ | ♎ ab 14.11 ♏ | ♐ | ♑ | ♒ ab 12.40 ♓ |
| 21 | ♌ | ♎ | ♏ | ♐ ab 14.49 ♑ | ♑ ab 02.47 ♒ | ♓ |
| 22 | ♌ | ♎ | ♏ | ♑ | ♒ | ♓ ab 15.43 ♈ |
| 23 | ♌ ab 00.25 ♍ | ♎ ab 08.13 ♏ | ♏ ab 01.17 ♐ | ♑ ab 21.19 ♒ | ♒ ab 07.19 ♓ | ♈ |
| 24 | ♍ | ♏ | ♐ | ♒ | ♓ | ♈ ab 18.25 ♉ |
| 25 | ♍ ab 13.08 ♎ | ♏ ab 18.52 ♐ | ♐ ab 09.56 ♑ | ♒ | ♓ ab 09.57 ♈ | ♉ |
| 26 | ♎ | ♐ | ♑ | ♒ ab 00.54 ♓ | ♈ | ♉ ab 21.26 ♊ |
| 27 | ♎ | ♐ | ♑ ab 15.10 ♒ | ♓ | ♈ ab 11.23 ♉ | ♊ |
| 28 | ♎ ab 01.17 ♏ | ♐ ab 02.13 ♑ | ♒ | ♓ ab 01.54 ♈ | ♉ | ♊ |
| 29 | ♏ | ♑ | ♒ ab 16.58 ♓ | ♈ | ♉ ab 12.55 ♊ | ♊ ab 01.44 ♋ |
| 30 | ♏ ab 10.50 ♐ | ♑ | ♓ | ♈ | ♊ | ♋ |
| 31 | ♐ | ♑ ab 05.45 ♒ | | ♈ ab 01.45 ♉ | | ♋ ab 08.20 ♌ |

# 1945

| Tag | Januar Mond im | Februar Mond im | März Mond im | April Mond im | Mai Mond im | Juni Mond im |
|---|---|---|---|---|---|---|
| 1 | ♌ | ♍ ab 13.46 ♎ | ♎ | ♏ | ♐ ab 21.40 ♑ | ♒ |
| 2 | ♌ ab 17.49 ♍ | ♎ | | ♏ ab 05.06 ♐ | ♑ | ♒ ab 17.26 ♓ |
| 3 | ♍ | ♎ | ♎ ab 07.33 ♏ | ♐ | ♑ | ♓ |
| 4 | ♍ | ♎ ab 02.23 ♏ | ♏ | ♐ ab 15.52 ♑ | ♑ ab 06.06 ♒ | ♓ ab 20.51 ♈ |
| 5 | ♍ ab 05.44 ♎ | ♏ | ♏ ab 21.45 ♐ | ♑ | ♒ | ♈ |
| 6 | ♎ | ♏ ab 13.58 ♐ | ♐ | ♑ ab 23.29 ♒ | ♒ ab 11.21 ♓ | ♈ ab 22.24 ♉ |
| 7 | ♎ ab 18.13 ♏ | ♐ | ♐ | ♒ | ♓ | ♉ |
| 8 | ♏ | ♐ ab 22.30 ♑ | ♐ ab 07.38 ♑ | ♒ ab 03.11 ♓ | ♓ ab 13.25 ♈ | ♉ ab 23.15 ♊ |
| 9 | ♏ | ♑ | ♑ | ♓ | ♈ | ♊ |
| 10 | ♏ ab 04.56 ♐ | ♑ | ♑ ab 13.40 ♒ | ♓ | ♈ ab 13.25 ♉ | ♊ |
| 11 | ♐ | ♑ ab 03.12 ♒ | ♒ | ♓ ab 03.36 ♈ | ♉ | ♊ ab 01.02 ♋ |
| 12 | ♐ ab 12.28 ♑ | ♒ | ♒ ab 15.50 ♓ | ♈ | ♉ ab 13.12 ♊ | ♋ |
| 13 | ♑ | ♒ ab 04.53 ♓ | ♓ | ♈ ab 02.40 ♉ | ♊ | ♋ ab 05.20 ♌ |
| 14 | ♑ ab 16.57 ♒ | ♓ | ♓ ab 15.33 ♈ | ♉ | ♊ ab 14.51 ♋ | ♌ |
| 15 | ♒ | ♓ ab 05.13 ♈ | ♈ | ♉ ab 02.31 ♊ | ♋ | ♌ ab 13.08 ♍ |
| 16 | ♒ ab 19.28 ♓ | ♈ | ♈ ab 14.55 ♉ | ♊ | ♋ ab 19.57 ♌ | ♍ |
| 17 | ♓ | ♈ ab 06.05 ♉ | ♉ | ♊ ab 05.14 ♋ | ♌ | ♍ |
| 18 | ♓ ab 21.21 ♈ | ♉ | ♉ ab 16.05 ♊ | ♋ | ♌ | ♍ ab 00.07 ♎ |
| 19 | ♈ | ♉ ab 09.01 ♊ | ♊ | ♋ ab 11.52 ♌ | ♌ ab 04.56 ♍ | ♎ |
| 20 | ♈ ab 23.48 ♉ | ♊ | ♊ ab 20.32 ♋ | ♌ | ♍ | ♎ ab 12.36 ♏ |
| 21 | ♉ | ♊ ab 14.43 ♋ | ♋ | ♌ ab 22.04 ♍ | ♍ ab 16.43 ♎ | ♏ |
| 22 | ♉ | ♋ | ♋ | ♍ | ♎ | ♏ |
| 23 | ♉ ab 03.35 ♊ | ♋ ab 22.59 ♌ | ♋ ab 04.32 ♌ | ♍ | ♎ ab 05.21 ♏ | ♏ ab 00.28 ♐ |
| 24 | ♊ | ♌ | ♌ | ♍ ab 08.15 ♎ | ♏ | ♐ |
| 25 | ♊ ab 07.05 ♋ | ♌ | ♌ ab 15.11 ♍ | ♎ | ♏ ab 17.12 ♐ | ♐ ab 10.15 ♑ |
| 26 | ♋ | ♌ ab 07.14 ♍ | ♍ | ♎ ab 22.53 ♏ | ♐ | ♑ |
| 27 | ♋ ab 16.33 ♌ | ♍ | ♍ | ♏ | ♐ | ♑ ab 17.37 ♒ |
| 28 | ♌ | ♍ ab 20.57 ♎ | ♍ ab 03.15 ♎ | ♏ | ♐ ab 03.25 ♑ | ♒ |
| 29 | ♌ | | ♎ | ♏ ab 08.56 ♐ | ♑ | ♒ ab 22.52 ♓ |
| 30 | ♌ ab 02.09 ♍ | | ♎ ab 15.50 ♏ | ♐ | ♑ | ♓ |
| 31 | ♍ | | ♏ | | ♑ ab 11.35 ♒ | |

| Tag | Juli Mond im | August Mond im | September Mond im | Oktober Mond im | November Mond im | Dezember Mond im |
|---|---|---|---|---|---|---|
| 1 | ♓ | ♉ | ♋ | ♌ | ♍ ab 11.08 ♎ | ♎ ab 05.43 ♏ |
| 2 | ♓ ab 02.30 ♈ | ♉ ab 13.24 ♊ | ♋ | ♌ ab 18.34 ♍ | ♎ | ♏ |
| 3 | ♈ | ♊ | ♋ ab 05.20 ♌ | ♍ | ♎ ab 23.30 ♏ | ♏ ab 18.30 ♐ |
| 4 | ♈ ab 05.05 ♉ | ♊ ab 17.23 ♋ | ♌ | ♍ | ♏ | ♐ |
| 5 | ♉ | ♋ | ♌ ab 13.37 ♍ | ♍ ab 05.17 ♎ | ♏ | ♐ |
| 6 | ♉ ab 07.20 ♊ | ♋ ab 22.53 ♌ | ♍ | ♎ | ♏ ab 12.19 ♐ | ♐ ab 06.24 ♑ |
| 7 | ♊ | ♌ | ♍ ab 23.49 ♎ | ♎ ab 17.24 ♏ | ♐ | ♑ |
| 8 | ♊ ab 10.11 ♋ | ♌ | ♎ | ♏ | ♐ | ♑ ab 16.35 ♒ |
| 9 | ♋ | ♌ ab 06.24 ♍ | ♎ | ♏ | ♐ ab 00.36 ♑ | ♒ |
| 10 | ♋ ab 14.44 ♌ | ♍ | ♎ ab 11.48 ♏ | ♏ ab 06.18 ♐ | ♑ | ♒ ab 00.21 ♓ |
| 11 | ♌ | ♍ ab 16.21 ♎ | ♏ | ♐ | ♑ ab 10.59 ♒ | ♓ |
| 12 | ♌ ab 21.58 ♍ | ♎ | ♏ | ♐ ab 18.33 ♑ | ♒ | ♓ ab 05.16 ♈ |
| 13 | ♍ | ♎ | ♏ ab 00.38 ♐ | ♑ | ♒ ab 18.05 ♓ | ♈ |
| 14 | ♍ | ♎ ab 04.25 ♏ | ♐ | ♑ | ♓ | ♈ ab 07.30 ♉ |
| 15 | ♍ ab 08.13 ♎ | ♏ | ♐ ab 12.12 ♑ | ♑ ab 04.07 ♒ | ♓ ab 21.25 ♈ | ♉ |
| 16 | ♎ | ♏ ab 16.56 ♐ | ♑ | ♒ | ♈ | ♉ ab 08.03 ♊ |
| 17 | ♎ ab 20.29 ♏ | ♐ | ♑ ab 19.20 ♒ | ♒ ab 09.34 ♓ | ♈ ab 21.48 ♉ | ♊ |
| 18 | ♏ | ♐ | ♒ | ♓ | ♉ | ♊ ab 08.28 ♋ |
| 19 | ♏ | ♐ ab 03.31 ♑ | ♒ ab 23.19 ♓ | ♓ ab 11.09 ♈ | ♉ ab 21.03 ♊ | ♋ |
| 20 | ♏ ab 08.36 ♐ | ♑ | ♓ | ♈ | ♊ | ♋ |
| 21 | ♐ | ♑ ab 08.33 ♒ | ♓ | ♈ ab 10.31 ♉ | ♊ ab 21.14 ♋ | ♋ ab 10.31 ♌ |
| 22 | ♐ ab 18.29 ♑ | ♒ | ♓ ab 00.11 ♈ | ♉ | ♋ | ♌ |
| 23 | ♑ | ♒ ab 14.05 ♓ | ♈ ab 23.54 ♉ | ♉ ab 09.50 ♊ | ♋ | ♌ ab 15.44 ♍ |
| 24 | ♑ | ♓ | ♉ | ♊ | ♋ ab 00.12 ♌ | ♍ |
| 25 | ♑ ab 01.17 ♒ | ♓ ab 15.30 ♈ | ♉ | ♊ ab 11.11 ♋ | ♌ | ♍ |
| 26 | ♒ | ♈ | ♉ ab 00.32 ♊ | ♋ | ♌ ab 07.00 ♍ | ♍ ab 00.45 ♎ |
| 27 | ♒ ab 05.27 ♓ | ♈ ab 16.34 ♉ | ♊ | ♋ ab 15.56 ♌ | ♍ | ♎ |
| 28 | ♓ | ♉ | ♊ ab 03.39 ♋ | ♌ | ♍ ab 17.19 ♎ | ♎ ab 12.43 ♏ |
| 29 | ♓ ab 08.08 ♈ | ♉ ab 18.47 ♊ | ♋ | ♌ | ♎ | ♏ |
| 30 | ♈ | ♊ | ♋ ab 09.47 ♌ | ♌ ab 00.12 ♍ | ♎ | ♏ |
| 31 | ♈ ab 10.29 ♉ | ♊ ab 23.00 ♋ | | ♍ | | ♏ ab 01.33 ♐ |

72

## 1946

| Tag | Januar Mond im | Februar Mond im | März Mond im | April Mond im | Mai Mond im | Juni Mond im |
|---|---|---|---|---|---|---|
| 1 | ♐ | ♑ ab 06.24 ♒ | ♒ | ♓ ab 10.17 ♈ | ♉ | ♊ ab 08.29 ♋ |
| 2 | ♐ ab 13.11 ♑ | ♒ | ♒ ab 21.25 ♓ | ♈ | ♉ ab 22.04 ♊ | ♋ |
| 3 | ♑ | ♒ ab 12.33 ♓ | ♓ | ♈ ab 10.57 ♉ | ♊ | ♋ ab 09.40 ♌ |
| 4 | ♑ ab 22.38 ♒ | ♓ | ♓ | ♉ | ♊ ab 22.23 ♋ | ♌ |
| 5 | ♒ | ♓ ab 16.38 ♈ | ♓ ab 00.24 ♈ | ♉ ab 11.25 ♊ | ♋ | ♌ ab 13.57 ♍ |
| 6 | ♒ | ♈ | ♈ | ♊ | ♋ | ♍ |
| 7 | ♒ ab 05.47 ♓ | ♈ ab 19.47 ♉ | ♈ ab 02.09 ♉ | ♊ ab 13.21 ♋ | ♋ ab 01.05 ♌ | ♍ ab 21.57 ♎ |
| 8 | ♓ | ♉ | ♉ | ♋ | ♌ | ♎ |
| 9 | ♓ ab 10.56 ♈ | ♉ ab 22.46 ♊ | ♉ ab 04.12 ♊ | ♋ ab 17.38 ♌ | ♌ ab 06.58 ♍ | ♎ |
| 10 | ♈ | ♊ | ♊ | ♌ | ♍ | ♎ ab 09.05 ♏ |
| 11 | ♈ ab 14.26 ♉ | ♊ | ♊ ab 07.29 ♋ | ♌ | ♍ ab 15.54 ♎ | ♏ |
| 12 | ♉ | ♊ ab 01.59 ♋ | ♋ | ♌ ab 00.21 ♍ | ♎ | ♏ ab 21.51 ♐ |
| 13 | ♉ ab 16.43 ♊ | ♋ | ♋ ab 12.15 ♌ | ♍ | ♎ ab 03.09 ♏ | ♐ |
| 14 | ♊ | ♋ ab 05.51 ♌ | ♌ | ♍ ab 10.14 ♎ | ♏ | ♐ |
| 15 | ♊ ab 18.33 ♋ | ♌ | ♌ ab 18.33 ♍ | ♎ | ♏ ab 15.46 ♐ | ♐ ab 10.40 ♑ |
| 16 | ♋ | ♌ ab 11.03 ♍ | ♍ | ♎ ab 21.04 ♏ | ♐ | ♑ |
| 17 | ♋ ab 21.04 ♌ | ♍ | ♍ | ♏ | ♐ | ♑ ab 22.16 ♒ |
| 18 | ♌ | ♍ ab 18.36 ♎ | ♍ ab 02.41 ♎ | ♏ | ♐ ab 04.42 ♑ | ♒ |
| 19 | ♌ | ♎ | ♎ | ♏ ab 09.30 ♐ | ♑ | ♒ |
| 20 | ♌ ab 01.41 ♍ | ♎ ab 05.05 ♏ | ♎ ab 13.05 ♏ | ♐ | ♑ ab 16.32 ♒ | ♒ ab 07.43 ♓ |
| 21 | ♍ | ♏ | ♏ | ♐ ab 22.29 ♑ | ♒ | ♓ |
| 22 | ♍ ab 09.32 ♎ | ♏ ab 17.41 ♐ | ♏ | ♑ | ♒ | ♓ ab 14.20 ♈ |
| 23 | ♎ | ♐ | ♏ ab 01.31 ♐ | ♑ ab 09.57 ♒ | ♒ ab 01.39 ♓ | ♈ |
| 24 | ♎ ab 20.40 ♏ | ♐ | ♐ | ♒ | ♓ | ♈ ab 17.56 ♉ |
| 25 | ♏ | ♐ ab 06.02 ♑ | ♐ ab 14.18 ♑ | ♒ ab 17.55 ♓ | ♓ ab 07.05 ♈ | ♉ |
| 26 | ♏ | ♑ | ♑ | ♓ | ♈ | ♉ ab 19.08 ♊ |
| 27 | ♏ ab 09.28 ♐ | ♑ ab 15.35 ♒ | ♑ | ♓ ab 21.46 ♈ | ♈ ab 09.04 ♉ | ♊ |
| 28 | ♐ | ♒ | ♑ ab 00.51 ♒ | ♈ | ♉ | ♊ ab 19.11 ♋ |
| 29 | ♐ ab 21.18 ♑ | | ♒ | ♈ ab 22.31 ♉ | ♉ ab 08.55 ♊ | ♋ |
| 30 | ♑ | | ♒ ab 07.26 ♓ | ♉ | ♊ | ♋ ab 19.48 ♌ |
| 31 | ♑ | | ♓ | | ♊ | |

| Tag | Juli Mond im | August Mond im | September Mond im | Oktober Mond im | November Mond im | Dezember Mond im |
|---|---|---|---|---|---|---|
| 1 | ♌ | ♍ ab 14.05 ♎ | ♏ | ♐ | ♑ ab 11.37 ♒ | ♒ ab 05.30 ♓ |
| 2 | ♌ ab 22.45 ♍ | ♎ | ♏ ab 19.32 ♐ | ♐ ab 16.30 ♑ | ♒ | ♓ |
| 3 | ♍ | ♎ ab 23.23 ♏ | ♐ | ♑ | ♒ ab 21.32 ♓ | ♓ ab 13.06 ♈ |
| 4 | ♍ | ♏ | ♐ | ♑ | ♓ | ♈ |
| 5 | ♍ ab 05.21 ♎ | ♏ | ♐ ab 08.24 ♑ | ♑ ab 04.28 ♒ | ♓ | ♈ ab 16.49 ♉ |
| 6 | ♎ | ♏ ab 11.37 ♐ | ♑ | ♒ | ♓ ab 03.28 ♈ | ♉ |
| 7 | ♎ ab 15.42 ♏ | ♐ | ♑ ab 19.42 ♒ | ♒ ab 12.09 ♓ | ♈ | ♉ ab 17.30 ♊ |
| 8 | ♏ | ♐ | ♒ | ♓ | ♈ ab 05.49 ♉ | ♊ |
| 9 | ♏ | ♐ ab 00.24 ♑ | ♒ ab 03.46 ♓ | ♓ ab 17.05 ♈ | ♉ | ♊ ab 16.50 ♋ |
| 10 | ♏ ab 04.21 ♐ | ♑ | ♓ | ♈ | ♉ ab 06.08 ♊ | ♋ |
| 11 | ♐ | ♑ ab 11.24 ♒ | ♓ ab 08.49 ♈ | ♈ ab 19.21 ♉ | ♊ | ♋ ab 16.47 ♌ |
| 12 | ♐ ab 17.06 ♑ | ♒ | ♈ | ♉ | ♊ ab 06.16 ♋ | ♌ |
| 13 | ♑ | ♒ ab 19.41 ♓ | ♈ ab 12.04 ♉ | ♉ ab 20.37 ♊ | ♋ | ♌ ab 19.09 ♍ |
| 14 | ♑ | ♓ | ♉ | ♊ | ♋ ab 07.53 ♌ | ♍ |
| 15 | ♑ ab 04.17 ♒ | ♓ | ♉ ab 14.46 ♊ | ♊ ab 22.23 ♋ | ♌ | ♍ |
| 16 | ♒ | ♓ ab 01.37 ♈ | ♊ | ♋ | ♌ ab 12.05 ♍ | ♍ ab 01.06 ♎ |
| 17 | ♒ ab 13.16 ♓ | ♈ | ♊ | ♋ ab 01.35 ♌ | ♍ | ♎ ab 10.43 ♏ |
| 18 | ♓ | ♈ ab 06.00 ♉ | ♊ ab 17.42 ♋ | ♌ | ♍ ab 19.13 ♎ | ♏ |
| 19 | ♓ ab 19.59 ♈ | ♉ | ♋ | ♌ ab 06.36 ♍ | ♎ | ♏ ab 22.49 ♐ |
| 20 | ♈ | ♉ ab 09.23 ♊ | ♋ ab 21.13 ♌ | ♍ | ♎ ab 04.58 ♏ | ♐ |
| 21 | ♈ | ♊ | ♌ | ♍ | ♏ | ♐ |
| 22 | ♈ ab 00.36 ♉ | ♊ ab 12.07 ♋ | ♌ | ♍ ab 13.34 ♎ | ♏ | ♐ ab 11.51 ♑ |
| 23 | ♉ | ♋ | ♌ ab 01.38 ♍ | ♎ | ♏ ab 16.44 ♐ | ♑ |
| 24 | ♉ ab 03.19 ♊ | ♋ ab 14.38 ♌ | ♍ | ♎ ab 22.41 ♏ | ♐ | ♑ |
| 25 | ♊ | ♌ | ♍ ab 07.40 ♎ | ♏ | ♐ | ♑ ab 00.30 ♒ |
| 26 | ♊ ab 04.44 ♋ | ♌ ab 17.54 ♍ | ♎ | ♏ ab 10.04 ♐ | ♐ ab 05.40 ♑ | ♒ |
| 27 | ♋ | ♍ | ♎ ab 16.13 ♏ | ♐ | ♑ | ♒ ab 11.44 ♓ |
| 28 | ♋ ab 05.58 ♌ | ♍ ab 23.15 ♎ | ♏ | ♐ ab 23.00 ♑ | ♑ ab 18.30 ♒ | ♓ |
| 29 | ♌ | ♎ | ♏ | ♑ | ♒ | ♓ ab 20.31 ♈ |
| 30 | ♌ ab 08.33 ♍ | ♎ | ♏ ab 03.33 ♐ | ♑ | ♒ | ♈ |
| 31 | ♍ | ♎ ab 07.50 ♏ | | ♑ | | ♈ |

## 1947

| Tag | Januar Mond im | Februar Mond im | März Mond im | April Mond im | Mai Mond im | Juni Mond im |
|---|---|---|---|---|---|---|
| 1 | ♈ | ♊ | ♊ ab 21.59 ♋ | ♌ | ♍ ab 21.24 ♎ | ♏ |
| 2 | ♈ ab 02.06 ♉ | ♊ ab 14.39 ♋ | ♋ | ♌ ab 09.31 ♍ | ♎ | ♏ ab 21.45 ♐ |
| 3 | ♉ | ♋ | ♋ | ♍ | ♎ | ♐ |
| 4 | ♉ ab 04.26 ♊ | ♋ ab 15.02 ♌ | ♌ | ♍ ab 13.40 ♎ | ♎ ab 04.36 ♏ | ♐ ab 09.52 ♑ |
| 5 | ♊ | ♌ | ♌ | ♎ | ♏ | ♑ |
| 6 | ♊ ab 04.28 ♋ | ♌ ab 15.42 ♍ | ♌ ab 01.47 ♍ | ♎ ab 20.57 ♏ | ♏ ab 14.10 ♐ | ♑ ab 22.38 ♒ |
| 7 | ♋ | ♍ | ♍ | ♏ | ♐ | ♒ |
| 8 | ♋ ab 03.54 ♌ | ♍ ab 18.40 ♎ | ♍ ab 04.51 ♎ | ♏ | ♐ | ♒ |
| 9 | ♌ | ♎ | ♎ | ♏ ab 06.13 ♐ | ♐ ab 01.55 ♑ | ♒ |
| 10 | ♌ ab 04.45 ♍ | ♎ ab 01.29 ♏ | ♎ ab 10.51 ♏ | ♐ | ♑ | ♒ ab 10.47 ♓ |
| 11 | ♍ | ♏ | ♏ | ♐ ab 18.09 ♑ | ♑ ab 15.41 ♒ | ♓ |
| 12 | ♍ ab 08.54 ♎ | ♏ ab 12.16 ♐ | ♏ ab 20.34 ♐ | ♑ | ♒ | ♓ ab 20.34 ♈ |
| 13 | ♎ | ♐ | ♐ | ♑ | ♒ | ♈ |
| 14 | ♎ ab 17.16 ♏ | ♐ | ♐ | ♑ ab 06.52 ♒ | ♒ ab 03.21 ♓ | ♈ |
| 15 | ♏ | ♐ ab 01.12 ♑ | ♐ ab 09.01 ♑ | ♒ | ♓ | ♈ ab 02.46 ♉ |
| 16 | ♏ | ♑ | ♑ | ♒ ab 17.48 ♓ | ♓ ab 11.57 ♈ | ♉ |
| 17 | ♏ ab 05.03 ♐ | ♑ ab 13.39 ♒ | ♑ ab 21.36 ♒ | ♓ | ♈ | ♉ ab 05.22 ♊ |
| 18 | ♐ | ♒ | ♒ | ♓ ab 16.52 ♈ | ♈ ab 16.52 ♉ | ♊ |
| 19 | ♐ ab 18.11 ♑ | ♒ ab 23.58 ♓ | ♒ | ♈ ab 01.26 ♈ | ♉ | ♊ ab 05.33 ♋ |
| 20 | ♑ | ♓ | ♓ ab 07.58 ♈ | ♈ | ♉ ab 18.52 ♊ | ♋ |
| 21 | ♑ | ♓ | ♓ | ♈ ab 05.56 ♉ | ♊ | ♋ ab 05.07 ♌ |
| 22 | ♑ ab 06.37 ♒ | ♓ | ♓ ab 15.23 ♈ | ♉ | ♊ ab 19.27 ♋ | ♌ |
| 23 | ♒ | ♓ ab 07.58 ♈ | ♈ | ♉ ab 08.28 ♊ | ♋ | ♌ ab 06.02 ♍ |
| 24 | ♒ ab 17.23 ♓ | ♈ | ♈ ab 20.29 ♉ | ♊ | ♋ ab 20.18 ♌ | ♍ |
| 25 | ♓ | ♈ ab 14.08 ♉ | ♉ | ♊ ab 10.23 ♋ | ♌ | ♍ ab 09.52 ♎ |
| 26 | ♓ | ♉ | ♉ | ♋ | ♌ ab 22.50 ♍ | ♎ |
| 27 | ♓ ab 02.11 ♈ | ♉ ab 18.47 ♊ | ♉ ab 01.16 ♊ | ♋ ab 12.44 ♌ | ♍ | ♎ ab 17.17 ♏ |
| 28 | ♈ | ♊ | ♊ | ♌ | ♍ | ♏ |
| 29 | ♈ ab 08.46 ♉ | | ♊ ab 03.26 ♋ | ♌ ab 16.15 ♍ | ♍ ab 03.54 ♎ | ♏ |
| 30 | ♉ | | ♋ | ♍ | ♎ | ♏ ab 02.46 ♐ |
| 31 | ♉ ab 12.52 ♊ | | ♋ ab 06.22 ♌ | | ♎ ab 11.43 ♏ | |

| Tag | Juli Mond im | August Mond im | September Mond im | Oktober Mond im | November Mond im | Dezember Mond im |
|---|---|---|---|---|---|---|
| 1 | ♐ | ♑ ab 09.50 ♒ | ♓ | ♈ | ♊ | ♋ |
| 2 | ♐ ab 15.03 ♑ | ♒ | ♓ ab 14.03 ♈ | ♈ ab 04.16 ♉ | ♊ ab 18.32 ♋ | ♋ ab 03.30 ♌ |
| 3 | ♑ | ♒ ab 21.49 ♓ | ♈ | ♉ | ♋ | ♌ |
| 4 | ♑ | ♓ | ♈ ab 22.11 ♉ | ♉ ab 09.44 ♊ | ♋ ab 21.04 ♌ | ♌ ab 05.24 ♍ |
| 5 | ♑ ab 03.50 ♒ | ♓ | ♉ | ♊ | ♌ | ♍ |
| 6 | ♒ | ♓ ab 08.20 ♈ | ♉ | ♊ ab 12.47 ♋ | ♌ ab 23.55 ♍ | ♍ ab 09.14 ♎ |
| 7 | ♒ ab 16.03 ♓ | ♈ | ♉ ab 04.19 ♊ | ♋ | ♍ | ♎ |
| 8 | ♓ | ♈ ab 16.44 ♉ | ♊ | ♋ ab 15.42 ♌ | ♍ | ♎ ab 15.25 ♏ |
| 9 | ♓ | ♉ | ♊ ab 08.12 ♋ | ♌ | ♍ ab 03.43 ♎ | ♏ |
| 10 | ♓ ab 02.35 ♈ | ♉ ab 22.18 ♊ | ♋ | ♌ ab 17.57 ♍ | ♎ | ♏ ab 23.50 ♐ |
| 11 | ♈ | ♊ | ♋ ab 10.03 ♌ | ♍ | ♎ ab 07.03 ♏ | ♐ |
| 12 | ♈ ab 10.12 ♉ | ♊ | ♌ | ♍ ab 20.32 ♎ | ♏ | ♐ |
| 13 | ♉ | ♊ ab 00.50 ♋ | ♌ ab 10.51 ♍ | ♎ | ♏ ab 16.34 ♐ | ♐ ab 10.14 ♑ |
| 14 | ♉ ab 14.17 ♊ | ♋ | ♍ | ♎ | ♐ | ♑ |
| 15 | ♊ | ♋ ab 01.07 ♌ | ♍ ab 12.17 ♎ | ♎ ab 00.46 ♏ | ♐ | ♑ ab 22.16 ♒ |
| 16 | ♊ ab 15.15 ♋ | ♌ | ♎ | ♏ | ♐ ab 02.37 ♑ | ♒ |
| 17 | ♋ | ♌ ab 00.49 ♍ | ♎ ab 16.11 ♏ | ♏ ab 07.53 ♐ | ♑ | ♒ |
| 18 | ♋ ab 14.35 ♌ | ♍ | ♏ | ♐ | ♑ ab 14.45 ♒ | ♒ ab 10.59 ♓ |
| 19 | ♌ | ♍ ab 02.04 ♎ | ♏ ab 23.50 ♐ | ♐ ab 18.14 ♑ | ♒ | ♓ |
| 20 | ♌ ab 14.19 ♍ | ♎ | ♐ | ♑ | ♒ ab 03.17 ♓ | ♓ ab 22.37 ♈ |
| 21 | ♍ | ♎ ab 06.45 ♏ | ♐ | ♑ ab 06.39 ♒ | ♓ | ♈ |
| 22 | ♍ ab 16.34 ♎ | ♏ | ♐ ab 10.58 ♑ | ♒ | ♓ ab 13.54 ♈ | ♈ ab 07.12 ♉ |
| 23 | ♎ | ♏ ab 15.35 ♐ | ♑ | ♒ ab 18.46 ♓ | ♈ | ♉ |
| 24 | ♎ ab 22.41 ♏ | ♐ | ♑ ab 23.38 ♒ | ♓ | ♈ ab 21.06 ♉ | ♉ ab 11.47 ♊ |
| 25 | ♏ | ♐ ab 03.31 ♑ | ♒ | ♓ | ♉ | ♊ |
| 26 | ♏ | ♑ | ♒ | ♓ ab 04.31 ♈ | ♉ | ♊ ab 13.03 ♋ |
| 27 | ♏ ab 08.41 ♐ | ♑ | ♒ ab 11.25 ♓ | ♈ | ♉ ab 00.56 ♊ | ♋ |
| 28 | ♐ | ♑ ab 16.18 ♒ | ♓ | ♈ | ♊ | ♋ |
| 29 | ♐ ab 21.02 ♑ | ♒ | ♓ ab 20.59 ♈ | ♈ ab 11.16 ♉ | ♊ ab 02.31 ♋ | ♋ ab 12.42 ♌ |
| 30 | ♑ | ♒ | ♈ | ♉ | ♋ | ♌ |
| 31 | ♑ | ♒ ab 04.04 ♓ | | ♉ ab 15.36 ♊ | | ♌ ab 12.47 ♍ |

## 1948

| Tag | Januar Mond im | Februar Mond im | März Mond im | April Mond im | Mai Mond im | Juni Mond im |
|---|---|---|---|---|---|---|
| 1 | ♍ | ♎ ab 03.28 ♏ | ♏ ab 18.42 ♐ | ♑ | ♒ | ♓ ab 17.55 ♈ |
| 2 | ♍ ab 15.10 ♎ | ♏ | ♐ | ♑ ab 00.19 ♒ | ♒ ab 21.44 ♓ | ♈ |
| 3 | ♎ | ♏ ab 11.26 ♐ | ♐ | ♒ | ♓ | ♈ |
| 4 | ♎ ab 20.51 ♏ | ♐ | ♐ ab 04.51 ♑ | ♒ ab 12.56 ♓ | ♓ | ♈ ab 03.44 ♉ |
| 5 | ♏ | ♐ ab 22.30 ♑ | ♑ | ♓ | ♓ ab 09.29 ♈ | ♉ |
| 6 | ♏ | ♑ | ♑ ab 17.15 ♒ | ♓ | ♈ | ♉ ab 10.07 ♊ |
| 7 | ♏ ab 05.41 ♐ | ♑ | ♒ | ♓ ab 00.29 ♈ | ♈ ab 18.48 ♉ | ♊ |
| 8 | ♐ | ♑ ab 10.59 ♒ | ♒ | ♈ | ♉ | ♊ ab 13.29 ♋ |
| 9 | ♐ ab 16.41 ♑ | ♒ | ♒ ab 05.54 ♓ | ♈ | ♉ | ♋ |
| 10 | ♑ | ♒ ab 23.37 ♓ | ♓ | ♈ ab 07.59 ♉ | ♉ ab 01.20 ♊ | ♋ ab 15.12 ♌ |
| 11 | ♑ | ♓ | ♓ ab 17.33 ♈ | ♉ | ♊ | ♌ |
| 12 | ♑ ab 04.54 ♒ | ♓ | ♈ | ♉ ab 17.20 ♊ | ♊ ab 05.39 ♋ | ♌ ab 16.49 ♍ |
| 13 | ♒ | ♓ ab 11.38 ♈ | ♈ | ♊ | ♋ | ♍ |
| 14 | ♒ ab 17.36 ♓ | ♈ | ♈ ab 03.41 ♉ | ♊ ab 22.42 ♋ | ♋ ab 08.39 ♌ | ♍ ab 19.34 ♎ |
| 15 | ♓ | ♈ ab 22.09 ♉ | ♉ | ♋ | ♌ | ♎ |
| 16 | ♓ | ♉ | ♉ ab 11.46 ♊ | ♋ | ♌ ab 11.15 ♍ | ♎ ab 00.04 ♏ |
| 17 | ♓ ab 05.44 ♈ | ♉ | ♊ | ♋ ab 02.16 ♌ | ♍ | ♏ |
| 18 | ♈ | ♉ ab 05.56 ♊ | ♊ ab 17.14 ♋ | ♌ | ♍ ab 14.07 ♎ | ♏ ab 06.29 ♐ |
| 19 | ♈ ab 15.43 ♉ | ♊ | ♋ | ♌ ab 05.31 ♍ | ♎ | ♐ |
| 20 | ♉ | ♊ ab 10.09 ♋ | ♋ ab 19.58 ♌ | ♍ | ♎ ab 17.56 ♏ | ♐ |
| 21 | ♉ ab 22.02 ♊ | ♋ ab 11.07 ♌ | ♌ | ♍ ab 07.20 ♎ | ♏ | ♐ ab 14.51 ♑ |
| 22 | ♊ | ♌ | ♌ ab 20.43 ♍ | ♎ | ♏ ab 23.22 ♐ | ♑ |
| 23 | ♊ | ♌ | ♍ | ♎ ab 09.50 ♏ | ♐ | ♑ |
| 24 | ♊ ab 00.24 ♋ | ♌ ab 10.23 ♍ | ♍ ab 21.02 ♎ | ♏ | ♐ | ♑ ab 01.16 ♒ |
| 25 | ♋ | ♍ | ♎ | ♏ ab 14.32 ♐ | ♐ ab 07.08 ♑ | ♒ |
| 26 | ♌ | ♍ ab 10.06 ♎ | ♎ ab 22.50 ♏ | ♐ | ♑ | ♒ ab 13.24 ♓ |
| 27 | ♌ ab 22.56 ♍ | ♎ ab 12.24 ♏ | ♏ | ♐ ab 22.22 ♑ | ♑ ab 17.31 ♒ | ♓ |
| 28 | ♍ | ♏ | ♏ | ♑ | ♒ | ♓ |
| 29 | ♍ ab 23.30 ♎ | ♏ | ♏ ab 03.47 ♐ | ♑ | ♒ | ♓ ab 01.56 ♈ |
| 30 | ♎ | | ♐ | ♑ ab 09.16 ♒ | ♒ ab 05.46 ♓ | ♈ |
| 31 | ♎ | | ♐ ab 12.34 ♑ | | ♓ | |

| Tag | Juli Mond im | August Mond im | September Mond im | Oktober Mond im | November Mond im | Dezember Mond im |
|---|---|---|---|---|---|---|
| 1 | ♈ ab 12.40 ♉ | ♊ | ♌ | ♍ | ♏ | ♐ |
| 2 | ♉ | ♊ ab 09.21 ♋ | ♌ ab 20.21 ♍ | ♍ ab 06.30 ♎ | ♏ ab 19.11 ♐ | ♐ ab 10.17 ♑ |
| 3 | ♉ ab 19.48 ♊ | ♋ | ♍ | ♎ | ♐ | ♑ |
| 4 | ♊ | ♋ ab 10.14 ♌ | ♍ ab 19.36 ♎ | ♎ ab 05.59 ♏ | ♐ ab 00.40 ♑ | ♑ ab 18.32 ♒ |
| 5 | ♊ ab 23.07 ♋ | ♌ | ♎ | ♏ | ♑ | ♒ |
| 6 | ♋ | ♌ ab 09.33 ♍ | ♎ ab 20.35 ♏ | ♏ ab 08.55 ♐ | ♑ ab 09.42 ♒ | ♒ ab 05.46 ♓ |
| 7 | ♋ ab 23.53 ♌ | ♍ | ♏ | ♐ | ♒ | ♓ |
| 8 | ♌ | ♍ ab 09.30 ♎ | ♏ | ♐ ab 15.31 ♑ | ♒ ab 21.34 ♓ | ♓ ab 18.30 ♈ |
| 9 | ♌ | ♎ | ♏ ab 00.52 ♐ | ♑ | ♓ | ♈ |
| 10 | ♌ ab 00.04 ♍ | ♎ ab 11.57 ♏ | ♐ | ♑ ab 01.43 ♒ | ♓ | ♈ |
| 11 | ♍ | ♏ | ♐ ab 08.57 ♑ | ♒ | ♓ ab 10.13 ♈ | ♈ |
| 12 | ♍ ab 01.31 ♎ | ♏ ab 17.50 ♐ | ♑ | ♒ | ♈ | ♈ ab 06.09 ♉ |
| 13 | ♎ | ♐ | ♑ ab 19.59 ♒ | ♒ ab 14.04 ♓ | ♈ ab 21.24 ♉ | ♉ |
| 14 | ♎ ab 05.28 ♏ | ♐ ab 02.52 ♑ | ♒ | ♓ | ♉ | ♉ ab 14.44 ♊ |
| 15 | ♏ | ♑ | ♒ | ♓ | ♉ | ♊ |
| 16 | ♏ ab 12.11 ♐ | ♑ ab 14.03 ♒ | ♒ ab 08.27 ♓ | ♓ ab 02.37 ♈ | ♉ ab 06.02 ♊ | ♊ ab 20.01 ♋ |
| 17 | ♐ | ♒ | ♓ | ♈ | ♊ | ♋ |
| 18 | ♐ ab 21.14 ♑ | ♒ | ♓ ab 21.02 ♈ | ♈ ab 13.54 ♉ | ♊ ab 12.12 ♋ | ♋ ab 23.03 ♌ |
| 19 | ♑ | ♒ ab 02.23 ♓ | ♈ | ♉ | ♋ | ♌ |
| 20 | ♑ | ♓ | ♈ | ♉ ab 23.15 ♊ | ♋ ab 16.33 ♌ | ♌ |
| 21 | ♑ ab 08.03 ♒ | ♓ ab 15.06 ♈ | ♈ ab 08.46 ♉ | ♊ | ♌ | ♌ ab 01.19 ♍ |
| 22 | ♒ | ♈ | ♉ | ♊ | ♌ ab 19.49 ♍ | ♍ |
| 23 | ♒ ab 20.13 ♓ | ♈ | ♉ ab 18.40 ♊ | ♊ ab 06.22 ♋ | ♍ | ♍ ab 04.00 ♎ |
| 24 | ♓ | ♈ ab 03.04 ♉ | ♊ | ♋ | ♍ ab 22.33 ♎ | ♎ |
| 25 | ♓ | ♉ | ♊ | ♋ ab 11.10 ♌ | ♎ | ♎ ab 07.39 ♏ |
| 26 | ♓ ab 08.58 ♈ | ♉ ab 12.40 ♊ | ♊ ab 01.46 ♋ | ♌ | ♎ ab 01.19 ♏ | ♏ |
| 27 | ♈ | ♊ | ♋ | ♌ ab 13.54 ♍ | ♏ | ♏ ab 12.29 ♐ |
| 28 | ♈ ab 20.34 ♉ | ♊ ab 18.34 ♋ | ♋ ab 05.35 ♌ | ♍ | ♏ | ♐ |
| 29 | ♉ | ♋ | ♌ | ♍ ab 15.16 ♎ | ♏ | ♐ ab 18.47 ♑ |
| 30 | ♉ | ♋ | ♌ ab 06.41 ♍ | ♎ | ♏ ab 04.52 ♐ | ♑ |
| 31 | ♉ ab 05.02 ♊ | ♋ ab 20.42 ♌ | | ♎ ab 16.32 ♏ | | ♑ |

75

## 1949

| Tag | Januar Mond im | Februar Mond im | März Mond im | April Mond im | Mai Mond im | Juni Mond im |
|---|---|---|---|---|---|---|
| 1 | ♑ ab 03.08 ♒ | ♓ | ♓ ab 16.36 ♈ | ♉ | ♊ | ♋ ab 02.36 ♌ |
| 2 | ♒ | ♓ ab 10.05 ♈ | ♈ | ♉ ab 23.03 ♊ | ♊ ab 14.44 ♋ | ♌ |
| 3 | ♒ ab 13.59 ♓ | ♈ | ♈ | ♊ | ♋ | ♌ ab 06.54 ♍ |
| 4 | ♓ | ♈ ab 22.57 ♉ | ♈ ab 05.33 ♉ | ♊ | ♋ ab 21.12 ♌ | ♍ |
| 5 | ♓ | ♉ | ♉ | ♊ ab 08.10 ♋ | ♌ | ♍ ab 09.58 ♎ |
| 6 | ♓ ab 02.41 ♈ | ♉ | ♉ ab 17.06 ♊ | ♋ | ♌ | ♎ |
| 7 | ♈ | ♉ ab 09.41 ♊ | ♊ | ♋ ab 14.00 ♌ | ♌ ab 01.12 ♍ | ♎ ab 12.14 ♏ |
| 8 | ♈ ab 15.03 ♉ | ♊ | ♊ | ♌ | ♍ | ♏ |
| 9 | ♉ | ♊ ab 16.23 ♋ | ♊ ab 01.22 ♋ | ♌ ab 16.32 ♍ | ♍ ab 03.07 ♎ | ♏ ab 14.24 ♐ |
| 10 | ♉ | ♋ | ♋ | ♍ | ♎ | ♐ |
| 11 | ♉ ab 00.31 ♊ | ♋ ab 19.01 ♌ | ♋ ab 05.34 ♌ | ♍ ab 17.48 ♎ | ♎ ab 03.54 ♏ | ♐ ab 17.40 ♑ |
| 12 | ♊ | ♌ | ♌ | ♎ | ♏ | ♑ |
| 13 | ♊ ab 05.57 ♋ | ♌ ab 19.06 ♍ | ♌ ab 06.24 ♍ | ♎ ab 07.28 ♏ | ♏ ab 04.57 ♐ | ♑ ab 23.27 ♒ |
| 14 | ♋ | ♍ | ♍ | ♏ | ♐ | ♒ |
| 15 | ♋ ab 08.08 ♌ | ♍ ab 18.44 ♎ | ♍ ab 05.40 ♎ | ♏ ab 18.24 ♐ | ♐ ab 07.57 ♑ | ♒ |
| 16 | ♌ | ♎ | ♎ | ♐ | ♑ | ♒ ab 08.39 ♓ |
| 17 | ♌ ab 08.52 ♍ | ♎ ab 19.53 ♏ | ♎ ab 05.26 ♏ | ♐ ab 22.16 ♑ | ♑ ab 14.19 ♒ | ♓ ab 20.45 ♈ |
| 18 | ♍ | ♏ | ♏ | ♑ | ♒ | ♈ |
| 19 | ♍ ab 10.03 ♎ | ♏ ab 23.50 ♐ | ♏ ab 07.31 ♐ | ♑ | ♒ | ♈ |
| 20 | ♎ | ♐ | ♐ | ♑ ab 06.00 ♒ | ♒ ab 00.26 ♓ | ♈ |
| 21 | ♎ ab 13.00 ♏ | ♐ ab 06.51 ♑ | ♐ ab 13.05 ♑ | ♒ | ♓ | ♈ ab 09.31 ♉ |
| 22 | ♏ | ♑ | ♑ | ♒ ab 17.08 ♓ | ♓ ab 13.02 ♈ | ♉ |
| 23 | ♏ ab 18.09 ♐ | ♑ ab 16.26 ♒ | ♑ ab 22.11 ♒ | ♓ | ♈ | ♉ ab 20.20 ♊ |
| 24 | ♐ | ♒ | ♒ | ♓ | ♈ | ♊ |
| 25 | ♐ | ♒ | ♒ | ♓ ab 06.01 ♈ | ♈ ab 01.42 ♉ | ♊ |
| 26 | ♐ ab 01.22 ♑ | ♒ | ♒ ab 09.50 ♓ | ♈ | ♉ | ♊ ab 04.02 ♋ |
| 27 | ♑ | ♒ ab 03.54 ♓ | ♓ | ♈ ab 18.41 ♉ | ♉ ab 12.27 ♊ | ♋ |
| 28 | ♑ ab 10.27 ♒ | ♓ | ♓ ab 22.42 ♈ | ♉ | ♊ | ♋ ab 09.01 ♌ |
| 29 | ♒ | | ♈ | ♉ | ♊ ab 20.39 ♋ | ♌ |
| 30 | ♒ ab 21.27 ♓ | | ♈ | ♉ ab 05.48 ♊ | ♋ | ♌ ab 12.27 ♍ |
| 31 | ♓ | | ♈ ab 11.30 ♉ | | ♋ | |

| Tag | Juli Mond im | August Mond im | September Mond im | Oktober Mond im | November Mond im | Dezember Mond im |
|---|---|---|---|---|---|---|
| 1 | ♍ | ♏ | ♐ ab 14.05 ♑ | ♑ ab 03.14 ♒ | ♓ | ♈ |
| 2 | ♍ ab 15.22 ♎ | ♏ | ♑ ab 21.37 ♒ | ♒ | ♓ ab 06.35 ♈ | ♈ ab 02.22 ♉ |
| 3 | ♎ | ♏ ab 03.25 ♐ | ♒ | ♒ ab 12.20 ♓ | ♈ | ♉ |
| 4 | ♎ ab 18.22 ♏ | ♐ | ♒ | ♓ | ♈ ab 19.37 ♉ | ♉ ab 14.29 ♊ |
| 5 | ♏ | ♐ ab 08.36 ♑ | ♒ ab 07.27 ♓ | ♓ | ♉ | ♊ |
| 6 | ♏ ab 21.45 ♐ | ♑ | ♓ | ♓ ab 00.28 ♈ | ♉ | ♊ ab 00.32 ♋ |
| 7 | ♐ | ♑ ab 15.34 ♒ | ♓ ab 19.14 ♈ | ♈ | ♉ ab 07.55 ♊ | ♋ |
| 8 | ♐ | ♒ | ♈ | ♈ ab 13.27 ♉ | ♊ | ♋ ab 08.28 ♌ |
| 9 | ♐ ab 02.03 ♑ | ♒ | ♈ | ♉ | ♊ ab 18.35 ♋ | ♌ |
| 10 | ♑ | ♒ ab 00.46 ♓ | ♈ ab 08.13 ♉ | ♉ | ♋ | ♌ ab 14.32 ♍ |
| 11 | ♑ ab 08.09 ♒ | ♓ | ♉ | ♉ ab 02.03 ♊ | ♋ | ♍ |
| 12 | ♒ | ♓ ab 12.20 ♈ | ♉ ab 20.47 ♊ | ♊ | ♋ ab 03.01 ♌ | ♍ |
| 13 | ♒ ab 17.02 ♓ | ♈ | ♊ | ♊ ab 12.51 ♋ | ♌ | ♍ ab 18.45 ♎ |
| 14 | ♓ | ♈ | ♊ | ♋ | ♌ ab 08.43 ♍ | ♎ |
| 15 | ♓ | ♈ ab 01.18 ♉ | ♊ ab 06.52 ♋ | ♋ ab 20.35 ♌ | ♍ | ♎ ab 21.14 ♏ |
| 16 | ♓ ab 04.43 ♈ | ♉ | ♋ | ♌ | ♍ ab 11.36 ♎ | ♏ |
| 17 | ♈ | ♉ ab 13.23 ♊ | ♋ ab 13.05 ♌ | ♌ | ♎ | ♏ ab 22.32 ♐ |
| 18 | ♈ ab 17.36 ♉ | ♊ | ♌ | ♌ ab 00.43 ♍ | ♎ ab 12.19 ♏ | ♐ |
| 19 | ♉ | ♊ ab 22.15 ♋ | ♌ | ♍ | ♏ | ♐ |
| 20 | ♉ | ♋ | ♌ ab 15.34 ♍ | ♍ ab 01.48 ♎ | ♏ ab 12.16 ♐ | ♐ ab 03.25 ♑ |
| 21 | ♉ ab 04.58 ♊ | ♋ | ♍ | ♎ ab 01.19 ♏ | ♐ | ♑ |
| 22 | ♊ | ♋ ab 03.06 ♌ | ♍ ab 15.42 ♎ | ♏ | ♐ ab 13.20 ♑ | ♑ ab 03.25 ♒ |
| 23 | ♊ ab 12.52 ♋ | ♌ | ♎ | ♏ ab 01.08 ♐ | ♑ | ♒ |
| 24 | ♋ | ♌ ab 04.56 ♍ | ♎ ab 15.21 ♏ | ♐ | ♑ ab 17.25 ♒ | ♒ ab 10.20 ♓ |
| 25 | ♋ ab 17.19 ♌ | ♍ | ♏ | ♐ ab 03.11 ♑ | ♒ | ♓ |
| 26 | ♌ | ♍ ab 05.25 ♎ | ♏ ab 16.22 ♐ | ♑ | ♒ ab 01.36 ♓ | ♓ ab 21.05 ♈ |
| 27 | ♌ ab 19.36 ♍ | ♎ | ♐ | ♑ ab 08.51 ♒ | ♓ | ♈ |
| 28 | ♍ | ♎ ab 06.20 ♏ | ♐ ab 20.07 ♑ | ♒ | ♓ ab 13.18 ♈ | ♈ |
| 29 | ♍ ab 21.20 ♎ | ♏ | ♑ | ♒ ab 18.22 ♓ | ♈ | ♈ ab 07.58 ♉ |
| 30 | ♎ | ♏ ab 09.01 ♐ | ♑ | ♓ | ♈ | ♉ |
| 31 | ♎ ab 23.44 ♏ | ♐ | | ♓ | | ♉ ab 22.13 ♊ |

76

# 1950

| Tag | Januar — Mond im | Februar — Mond im | März — Mond im | April — Mond im | Mai — Mond im | Juni — Mond im |
|---|---|---|---|---|---|---|
| 1 | ♊ | ♋ ab 23.34 ♌ | ♋ ab 09.31 ♌ | ♍ | ♎ ab 12.38 ♏ | ♐ ab 22.27 ♑ |
| 2 | ♊ | ♌ | ♌ | ♍ ab 01.41 ♎ | ♏ | ♑ |
| 3 | ♊ ab 07.57 ♋ | ♌ | ♌ ab 13.25 ♍ | ♎ | ♏ ab 11.51 ♐ | ♑ |
| 4 | ♋ | ♌ ab 03.37 ♍ | ♍ | ♎ ab 01.36 ♏ | ♐ | ♑ ab 00.18 ♒ |
| 5 | ♋ ab 14.58 ♌ | ♍ | ♍ ab 15.01 ♎ | ♏ | ♐ ab 12.08 ♑ | ♒ |
| 6 | ♌ | ♍ ab 06.19 ♎ | ♎ | ♏ ab 01.37 ♐ | ♑ | ♒ ab 05.58 ♓ |
| 7 | ♌ ab 20.06 ♍ | ♎ | ♎ ab 15.56 ♏ | ♐ | ♑ ab 15.22 ♒ | ♓ |
| 8 | ♍ | ♎ ab 08.51 ♏ | ♏ | ♐ ab 03.30 ♑ | ♒ | ♓ ab 15.44 ♈ |
| 9 | ♍ | ♏ | ♏ ab 17.38 ♐ | ♑ | ♒ ab 22.34 ♓ | ♈ |
| 10 | ♍ ab 00.09 ♎ | ♏ ab 11.52 ♐ | ♐ | ♑ ab 08.25 ♒ | ♓ | ♈ |
| 11 | ♎ | ♐ | ♐ ab 21.07 ♑ | ♒ | ♓ | ♈ ab 04.13 ♉ |
| 12 | ♎ ab 03.28 ♏ | ♐ ab 15.45 ♑ | ♑ | ♒ ab 16.38 ♓ | ♓ ab 09.18 ♈ | ♉ |
| 13 | ♏ | ♑ | ♑ | ♓ | ♈ | ♉ ab 17.05 ♊ |
| 14 | ♏ ab 06.16 ♐ | ♑ ab 20.58 ♒ | ♑ ab 02.53 ♒ | ♓ | ♈ ab 21.59 ♉ | ♊ |
| 15 | ♐ | ♒ | ♒ | ♓ ab 03.32 ♈ | ♉ | ♊ |
| 16 | ♐ ab 09.07 ♑ | ♒ ab 04.11 ♓ | ♒ ab 11.00 ♓ | ♈ | ♉ | ♊ ab 04.45 ♋ |
| 17 | ♑ | ♓ | ♓ | ♈ ab 16.00 ♉ | ♉ ab 10.53 ♊ | ♋ |
| 18 | ♑ ab 13.07 ♒ | ♓ ab 14.01 ♈ | ♓ ab 21.21 ♈ | ♉ | ♊ | ♋ ab 14.38 ♌ |
| 19 | ♒ | ♈ | ♈ | ♉ | ♊ ab 22.51 ♋ | ♌ |
| 20 | ♒ ab 19.42 ♓ | ♈ | ♈ ab 09.33 ♉ | ♉ ab 04.55 ♊ | ♋ | ♌ ab 22.32 ♍ |
| 21 | ♓ | ♈ ab 02.12 ♉ | ♉ | ♊ | ♋ | ♍ |
| 22 | ♓ | ♉ | ♉ | ♊ ab 17.02 ♋ | ♋ ab 09.07 ♌ | ♍ |
| 23 | ♓ ab 05.38 ♈ | ♉ ab 15.03 ♊ | ♉ ab 22.28 ♊ | ♋ | ♌ | ♍ ab 04.10 ♎ |
| 24 | ♈ | ♊ | ♊ | ♋ ab 02.58 ♌ | ♌ ab 16.51 ♍ | ♎ |
| 25 | ♈ ab 18.08 ♉ | ♊ | ♊ ab 10.17 ♋ | ♌ | ♍ | ♎ ab 07.19 ♏ |
| 26 | ♉ | ♊ ab 02.03 ♋ | ♋ | ♌ ab 09.30 ♍ | ♍ ab 21.26 ♎ | ♏ |
| 27 | ♉ | ♋ | ♋ | ♍ | ♎ | ♏ ab 08.26 ♐ |
| 28 | ♉ ab 06.43 ♊ | ♋ | ♋ ab 19.05 ♌ | ♍ ab 12.25 ♎ | ♎ ab 23.01 ♏ | ♐ |
| 29 | ♊ | | ♌ | ♎ | ♏ | ♐ ab 08.49 ♑ |
| 30 | ♊ ab 16.50 ♋ | | ♌ | ♎ | ♏ ab 22.44 ♐ | ♑ |
| 31 | ♋ | | ♌ ab 00.01 ♍ | | ♐ | |

| Tag | Juli — Mond im | August — Mond im | September — Mond im | Oktober — Mond im | November — Mond im | Dezember — Mond im |
|---|---|---|---|---|---|---|
| 1 | ♑ ab 10.20 ♒ | ♓ | ♈ ab 03.19 ♉ | ♊ | ♋ | ♌ ab 22.54 ♍ |
| 2 | ♒ | ♓ ab 08.03 ♈ | ♉ | ♊ | ♋ ab 06.38 ♌ | ♍ |
| 3 | ♒ ab 14.52 ♓ | ♈ | ♉ ab 15.46 ♊ | ♊ ab 12.00 ♋ | ♌ | ♍ |
| 4 | ♓ | ♈ ab 19.06 ♉ | ♊ | ♋ | ♌ ab 15.21 ♍ | ♍ ab 05.29 ♎ |
| 5 | ♓ ab 23.25 ♈ | ♉ | ♊ | ♋ ab 22.40 ♌ | ♍ | ♎ |
| 6 | ♈ | ♉ | ♊ ab 03.54 ♋ | ♌ | ♍ ab 20.11 ♎ | ♎ ab 08.20 ♏ |
| 7 | ♈ | ♉ ab 07.44 ♊ | ♋ | ♌ | ♎ | ♏ |
| 8 | ♈ ab 11.14 ♉ | ♊ | ♋ ab 13.34 ♌ | ♌ ab 05.54 ♍ | ♎ ab 21.29 ♏ | ♏ ab 08.17 ♐ |
| 9 | ♉ | ♊ ab 19.27 ♋ | ♌ | ♍ | ♏ | ♐ |
| 10 | ♉ | ♋ | ♌ ab 19.55 ♍ | ♍ ab 09.29 ♎ | ♏ ab 20.52 ♐ | ♐ ab 07.17 ♑ |
| 11 | ♉ ab 00.02 ♊ | ♋ | ♍ | ♎ | ♐ | ♑ |
| 12 | ♊ | ♋ ab 04.37 ♌ | ♍ ab 23.28 ♎ | ♎ ab 10.31 ♏ | ♐ ab 20.26 ♑ | ♑ ab 07.35 ♒ |
| 13 | ♊ ab 11.34 ♋ | ♌ | ♎ | ♏ | ♑ | ♒ |
| 14 | ♋ | ♌ ab 11.04 ♍ | ♎ | ♏ ab 10.44 ♐ | ♑ ab 22.15 ♒ | ♒ ab 11.11 ♓ |
| 15 | ♋ ab 20.53 ♌ | ♍ | ♎ ab 01.27 ♏ | ♐ | ♒ | ♓ |
| 16 | ♌ | ♍ ab 15.31 ♎ | ♏ | ♐ ab 11.56 ♑ | ♒ | ♓ ab 18.59 ♈ |
| 17 | ♌ | ♎ | ♏ ab 03.13 ♐ | ♑ | ♒ ab 03.39 ♓ | ♈ |
| 18 | ♌ ab 04.06 ♍ | ♎ ab 18.49 ♏ | ♐ | ♑ ab 15.27 ♒ | ♓ | ♈ |
| 19 | ♍ | ♏ | ♐ ab 05.49 ♑ | ♒ | ♓ ab 12.40 ♈ | ♈ ab 06.10 ♉ |
| 20 | ♍ ab 09.34 ♎ | ♏ ab 21.36 ♐ | ♑ | ♒ ab 21.53 ♓ | ♈ | ♉ |
| 21 | ♎ | ♐ | ♑ ab 10.00 ♒ | ♓ | ♈ | ♉ ab 18.50 ♊ |
| 22 | ♎ ab 13.27 ♏ | ♐ | ♒ | ♓ | ♈ ab 00.08 ♉ | ♊ |
| 23 | ♏ | ♐ ab 00.23 ♑ | ♒ ab 16.10 ♓ | ♓ ab 06.59 ♈ | ♉ | ♊ |
| 24 | ♏ ab 15.56 ♐ | ♑ | ♓ | ♈ | ♉ ab 12.39 ♊ | ♊ ab 07.18 ♋ |
| 25 | ♐ | ♑ ab 03.53 ♒ | ♓ | ♈ ab 18.03 ♉ | ♊ | ♋ |
| 26 | ♐ ab 17.40 ♑ | ♒ | ♓ ab 00.32 ♈ | ♉ | ♊ | ♋ ab 18.46 ♌ |
| 27 | ♑ | ♒ ab 09.02 ♓ | ♈ | ♉ | ♊ ab 01.14 ♋ | ♌ |
| 28 | ♑ ab 19.56 ♒ | ♓ | ♈ ab 11.09 ♉ | ♉ ab 06.23 ♊ | ♋ | ♌ |
| 29 | ♒ | ♓ ab 16.45 ♈ | ♉ | ♊ | ♋ ab 13.02 ♌ | ♌ ab 04.42 ♍ |
| 30 | ♒ | ♈ | ♉ ab 23.27 ♊ | ♊ ab 19.04 ♋ | ♌ | ♍ |
| 31 | ♒ ab 00.19 ♓ | ♈ | | ♋ | | ♍ ab 12.20 ♎ |

| Tag | Januar Mond im | Februar Mond im | März Mond im | April Mond im | Mai Mond im | Juni Mond im |
|---|---|---|---|---|---|---|
| 1 | ♎ | ♏ ab 02.17 ♐ | ♐ | ♒ | ♓ | ♈ ab 03.34 ♉ |
| 2 | ♎ ab 16.58 ♏ | ♐ | ♐ ab 10.30 ♑ | ♒ ab 23.45 ♓ | ♓ ab 12.27 ♈ | ♉ |
| 3 | ♏ | ♐ ab 03.53 ♑ | ♑ | ♓ | ♈ | ♉ ab 15.03 ♊ |
| 4 | ♏ ab 18.39 ♐ | ♑ | ♑ ab 13.11 ♒ | ♓ | ♈ ab 21.47 ♉ | ♊ |
| 5 | ♐ | ♑ ab 05.04 ♒ | ♒ | ♓ ab 06.16 ♈ | ♉ | ♊ |
| 6 | ♐ ab 18.32 ♑ | ♒ | ♒ ab 16.46 ♓ | ♈ | ♉ | ♊ ab 03.32 ♋ |
| 7 | ♑ | ♒ ab 07.29 ♓ | ♓ | ♈ ab 14.53 ♉ | ♉ ab 08.51 ♊ | ♋ |
| 8 | ♑ ab 18.36 ♒ | ♓ | ♓ ab 22.16 ♈ | ♉ | ♊ | ♋ ab 16.12 ♌ |
| 9 | ♒ | ♓ ab 12.43 ♈ | ♈ | ♉ | ♊ ab 21.13 ♋ | ♌ |
| 10 | ♒ ab 20.56 ♓ | ♈ | ♈ | ♉ ab 01.41 ♊ | ♋ | ♌ |
| 11 | ♓ | ♈ ab 21.34 ♉ | ♈ ab 06.33 ♉ | ♊ | ♋ | ♌ ab 03.47 ♍ |
| 12 | ♓ | ♉ | ♉ | ♊ ab 14.05 ♋ | ♋ ab 09.50 ♌ | ♍ |
| 13 | ♓ ab 03.06 ♈ | ♉ | ♉ ab 17.36 ♊ | ♋ | ♌ | ♍ ab 12.31 ♎ |
| 14 | ♈ | ♉ ab 07.29 ♊ | ♊ | ♋ | ♌ ab 20.44 ♍ | ♎ |
| 15 | ♈ ab 13.11 ♉ | ♊ | ♊ | ♋ ab 02.18 ♌ | ♍ | ♎ ab 17.17 ♏ |
| 16 | ♉ | ♊ ab 21.52 ♋ | ♊ ab 06.06 ♋ | ♌ | ♍ | ♏ |
| 17 | ♉ | ♋ | ♋ | ♌ ab 12.07 ♍ | ♍ ab 04.06 ♎ | ♏ ab 18.27 ♐ |
| 18 | ♉ ab 01.36 ♊ | ♋ ab 09.01 ♌ | ♋ ab 17.45 ♌ | ♍ | ♎ | ♐ |
| 19 | ♊ | ♌ | ♌ | ♍ ab 18.14 ♎ | ♎ ab 07.24 ♏ | ♐ ab 17.38 ♑ |
| 20 | ♊ ab 14.06 ♋ | ♌ | ♌ | ♎ | ♏ | ♑ |
| 21 | ♋ | ♌ ab 17.43 ♍ | ♌ ab 02.39 ♍ | ♎ ab 20.55 ♏ | ♏ ab 07.44 ♐ | ♑ ab 17.04 ♒ |
| 22 | ♋ | ♍ | ♍ | ♏ | ♐ | ♒ |
| 23 | ♋ ab 01.12 ♌ | ♍ | ♍ ab 08.21 ♎ | ♏ ab 21.40 ♐ | ♐ ab 07.08 ♑ | ♒ ab 18.50 ♓ |
| 24 | ♌ | ♍ ab 00.01 ♎ | ♎ | ♐ | ♑ | ♓ |
| 25 | ♌ ab 10.26 ♍ | ♎ ab 04.21 ♏ | ♎ ab 11.36 ♏ | ♐ ab 22.20 ♑ | ♑ ab 07.42 ♒ | ♓ |
| 26 | ♍ | ♏ | ♏ | ♑ | ♒ | ♓ ab 00.14 ♈ |
| 27 | ♍ ab 17.46 ♎ | ♏ ab 07.50 ♐ | ♏ ab 13.41 ♐ | ♑ | ♒ ab 11.06 ♓ | ♈ |
| 28 | ♎ | ♐ | ♐ | ♑ ab 00.23 ♒ | ♓ | ♈ ab 09.18 ♉ |
| 29 | ♎ ab 23.04 ♏ | | ♐ ab 15.51 ♑ | ♒ | ♓ ab 17.54 ♈ | ♉ |
| 30 | ♏ | | ♑ | ♒ ab 05.14 ♓ | ♈ | ♉ ab 20.52 ♊ |
| 31 | ♏ | | ♑ ab 19.03 ♒ | | ♈ | |

| Tag | Juli Mond im | August Mond im | September Mond im | Oktober Mond im | November Mond im | Dezember Mond im |
|---|---|---|---|---|---|---|
| 1 | ♊ | ♋ | ♍ | ♎ | ♏ ab 06.20 ♐ | ♑ |
| 2 | ♊ | ♋ ab 04.06 ♌ | ♍ | ♎ ab 19.24 ♏ | ♐ | ♑ ab 16.45 ♒ |
| 3 | ♊ ab 09.28 ♋ | ♌ | ♍ ab 06.32 ♎ | ♏ | ♐ ab 07.40 ♑ | ♒ |
| 4 | ♋ | ♌ ab 15.19 ♍ | ♎ | ♏ ab 22.49 ♐ | ♑ | ♒ ab 19.06 ♓ |
| 5 | ♋ ab 22.01 ♌ | ♍ | ♎ ab 12.49 ♏ | ♐ | ♑ ab 09.43 ♒ | ♓ |
| 6 | ♌ | ♍ | ♏ | ♐ | ♒ | ♓ |
| 7 | ♌ | ♍ ab 00.35 ♎ | ♏ ab 17.12 ♐ | ♐ ab 01.30 ♑ | ♒ ab 13.23 ♓ | ♓ ab 00.18 ♈ |
| 8 | ♌ ab 09.36 ♍ | ♎ | ♐ | ♑ | ♓ | ♈ |
| 9 | ♍ | ♎ ab 07.24 ♏ | ♐ ab 20.07 ♑ | ♑ ab 04.19 ♒ | ♓ ab 18.53 ♈ | ♈ ab 08.05 ♉ |
| 10 | ♍ ab 19.05 ♎ | ♏ | ♑ | ♒ | ♈ | ♉ |
| 11 | ♎ | ♏ ab 11.31 ♐ | ♑ ab 22.12 ♒ | ♒ ab 07.47 ♓ | ♈ | ♉ ab 17.54 ♊ |
| 12 | ♎ | ♐ | ♒ | ♓ | ♈ ab 02.08 ♉ | ♊ |
| 13 | ♎ ab 01.19 ♏ | ♐ ab 13.19 ♑ | ♒ | ♓ ab 12.20 ♈ | ♉ | ♊ |
| 14 | ♏ | ♑ | ♒ ab 00.22 ♓ | ♈ | ♉ ab 11.16 ♊ | ♊ ab 05.23 ♋ |
| 15 | ♏ ab 04.03 ♐ | ♑ ab 13.53 ♒ | ♓ | ♈ ab 18.37 ♉ | ♊ | ♋ |
| 16 | ♐ | ♒ | ♓ ab 03.48 ♈ | ♉ | ♊ ab 22.28 ♋ | ♋ ab 18.05 ♌ |
| 17 | ♐ ab 04.15 ♑ | ♒ ab 14.53 ♓ | ♈ | ♉ | ♋ | ♌ |
| 18 | ♑ | ♓ | ♈ ab 09.42 ♉ | ♉ ab 03.22 ♊ | ♋ | ♌ ab 06.53 ♍ |
| 19 | ♑ ab 03.42 ♒ | ♓ ab 17.59 ♈ | ♉ | ♊ | ♋ ab 11.12 ♌ | ♍ |
| 20 | ♒ | ♈ | ♉ ab 18.47 ♊ | ♊ ab 14.43 ♋ | ♌ | ♍ |
| 21 | ♒ ab 04.29 ♓ | ♈ | ♊ | ♋ | ♌ ab 23.36 ♍ | ♍ ab 17.41 ♎ |
| 22 | ♓ | ♈ ab 00.27 ♉ | ♊ | ♋ | ♍ | ♎ |
| 23 | ♓ ab 08.22 ♈ | ♉ | ♊ ab 06.35 ♋ | ♋ ab 03.25 ♌ | ♍ | ♎ ab 00.39 ♏ |
| 24 | ♈ | ♉ ab 10.28 ♊ | ♋ | ♌ | ♍ ab 09.09 ♎ | ♏ |
| 25 | ♈ ab 16.07 ♉ | ♊ | ♋ ab 19.08 ♌ | ♌ ab 15.02 ♍ | ♎ | ♏ ab 03.27 ♐ |
| 26 | ♉ | ♊ ab 22.45 ♋ | ♌ | ♍ | ♎ ab 14.32 ♏ | ♐ |
| 27 | ♉ | ♋ | ♌ | ♍ ab 23.26 ♎ | ♏ | ♐ ab 03.24 ♑ |
| 28 | ♉ ab 03.06 ♊ | ♋ | ♌ ab 06.06 ♍ | ♎ | ♏ ab 16.20 ♐ | ♑ |
| 29 | ♊ | ♋ ab 11.10 ♌ | ♍ | ♎ | ♐ | ♑ |
| 30 | ♊ ab 15.43 ♋ | ♌ | ♍ ab 14.09 ♎ | ♎ ab 04.10 ♏ | ♐ ab 16.23 ♑ | ♑ ab 02.36 ♒ |
| 31 | ♋ | ♌ ab 22.00 ♍ | | ♏ | | ♒ |

# 1952

| Tag | Januar — Mond im | Februar — Mond im | März — Mond im | April — Mond im | Mai — Mond im | Juni — Mond im |
|---|---|---|---|---|---|---|
| 1 | ♒ ab 03.11 ♓ | ♈ ab 20.51 ♉ | ♉ | ♊ ab 08.39 ♋ | ♋ ab 05.13 ♌ | ♍ |
| 2 | ♓ | ♉ | ♉ ab 13.37 ♊ | ♋ | ♌ | ♍ ab 13.26 ♎ |
| 3 | ♓ ab 06.42 ♈ | ♉ | ♊ | ♋ ab 21.10 ♌ | ♌ ab 17.58 ♍ | ♎ |
| 4 | ♈ | ♉ ab 05.55 ♊ | ♊ | ♌ | ♍ | ♎ ab 21.20 ♏ |
| 5 | ♈ ab 13.44 ♉ | ♊ | ♊ ab 00.41 ♋ | ♌ | ♍ | ♏ |
| 6 | ♉ | ♊ ab 17.44 ♋ | ♋ | ♌ ab 09.41 ♍ | ♍ ab 04.39 ♎ | ♏ |
| 7 | ♉ ab 23.43 ♊ | ♋ | ♋ ab 13.31 ♌ | ♍ | ♎ | ♏ ab 01.21 ♐ |
| 8 | ♊ | ♋ ab 06.36 ♌ | ♌ | ♍ ab 19.56 ♎ | ♎ ab 11.49 ♏ | ♐ |
| 9 | ♊ | ♌ | ♌ | ♎ | ♏ | ♐ ab 02.47 ♑ |
| 10 | ♊ ab 11.35 ♋ | ♌ | ♌ ab 01.52 ♍ | ♎ | ♏ ab 15.51 ♐ | ♑ |
| 11 | ♋ | ♌ ab 19.02 ♍ | ♍ | ♎ ab 03.14 ♏ | ♐ | ♑ ab 03.27 ♒ |
| 12 | ♋ | ♍ | ♍ ab 12.17 ♎ | ♏ | ♐ ab 18.09 ♑ | ♒ |
| 13 | ♋ ab 00.20 ♌ | ♍ | ♎ | ♏ ab 08.08 ♐ | ♑ | ♒ ab 05.01 ♓ |
| 14 | ♌ | ♍ ab 06.01 ♎ | ♎ ab 20.21 ♏ | ♐ | ♑ ab 20.15 ♒ | ♓ |
| 15 | ♌ 13.01 ♍ | ♎ | ♏ | ♐ ab 11.42 ♑ | ♒ | ♓ ab 08.29 ♈ |
| 16 | ♍ | ♎ ab 14.45 ♏ | ♏ | ♑ | ♒ ab 23.06 ♓ | ♈ |
| 17 | ♍ | ♏ | ♏ ab 02.16 ♐ | ♑ ab 14.44 ♒ | ♓ | ♈ ab 14.11 ♉ |
| 18 | ♍ 00.20 ♎ | ♏ ab 20.43 ♐ | ♐ | ♒ | ♓ | ♉ |
| 19 | ♎ | ♐ | ♐ ab 06.20 ♑ | ♒ ab 17.41 ♓ | ♓ ab 03.07 ♈ | ♉ ab 22.04 ♊ |
| 20 | ♎ ab 08.44 ♏ | ♐ ab 23.50 ♑ | ♑ | ♓ | ♈ | ♊ |
| 21 | ♏ | ♑ | ♑ ab 08.55 ♒ | ♓ ab 20.57 ♈ | ♈ ab 08.30 ♉ | ♊ |
| 22 | ♏ ab 13.22 ♐ | ♑ ab 00.49 ♒ | ♒ | ♈ | ♉ | ♊ ab 08.04 ♋ |
| 23 | ♐ | ♒ | ♒ ab 10.39 ♓ | ♈ | ♉ ab 15.38 ♊ | ♋ |
| 24 | ♐ ab 14.39 ♑ | ♒ ab 01.01 ♓ | ♓ | ♈ ab 01.15 ♉ | ♊ | ♋ ab 20.03 ♌ |
| 25 | ♑ | ♓ | ♓ ab 12.34 ♈ | ♉ | ♊ | ♌ |
| 26 | ♑ 14.07 ♒ | ♓ ab 02.12 ♈ | ♈ | ♉ ab 07.41 ♊ | ab c01.06 ♋ | ♌ |
| 27 | ♒ | ♈ | ♈ ab 16.06 ♉ | ♊ | ♋ | ♌ ab 09.07 ♍ |
| 28 | ♒ ab 13.46 ♓ | ♈ ab 06.02 ♉ | ♉ | ♊ ab 17.06 ♋ | ♋ ab 13.00 ♌ | ♍ |
| 29 | ♓ | ♉ | ♉ ab 22.36 ♊ | ♋ | ♌ | ♍ ab 21.19 ♎ |
| 30 | ♓ ab 15.38 ♈ | | ♊ | ♋ | ♌ | ♎ |
| 31 | ♈ | | ♊ | | ♌ ab 01.57 ♍ | |

| Tag | Juli — Mond im | August — Mond im | September — Mond im | Oktober — Mond im | November — Mond im | Dezember — Mond im |
|---|---|---|---|---|---|---|
| 1 | ♎ | ♐ | ♑ ab 10.03 ♒ | ♓ | ♈ ab 07.59 ♉ | ♊ |
| 2 | ♎ ab 06.26 ♏ | ♐ ab 23.28 ♑ | ♒ | ♓ ab 20.34 ♈ | ♉ | ♊ |
| 3 | ♏ | ♑ | ♒ ab 10.00 ♓ | ♈ | ♉ ab 12.02 ♊ | ♊ ab 04.09 ♋ |
| 4 | ♏ ab 11.27 ♐ | ♑ ab 23.41 ♒ | ♓ | ♈ ab 22.06 ♉ | ♊ | ♋ |
| 5 | ♐ | ♒ | ♓ ab 09.58 ♈ | ♉ | ♊ ab 19.13 ♋ | ♋ ab 14.23 ♌ |
| 6 | ♐ ab 13.03 ♑ | ♒ ab 23.05 ♓ | ♈ | ♉ | ♋ | ♌ |
| 7 | ♑ | ♓ | ♈ ab 11.48 ♉ | ♉ ab 02.15 ♊ | ♋ | ♌ |
| 8 | ♑ ab 12.55 ♒ | ♓ ab 23.34 ♈ | ♉ | ♊ | ♋ ab 05.57 ♌ | ♌ ab 02.58 ♍ |
| 9 | ♒ | ♈ | ♉ ab 17.06 ♊ | ♊ ab 10.16 ♋ | ♌ | ♍ |
| 10 | ♒ ab 13.00 ♓ | ♈ | ♊ | ♋ | ♌ ab 18.47 ♍ | ♍ ab 15.36 ♎ |
| 11 | ♓ | ♈ ab 02.46 ♉ | ♊ | ♋ ab 21.51 ♌ | ♍ | ♎ |
| 12 | ♓ ab 14.56 ♈ | ♉ | ♊ ab 02.24 ♋ | ♌ | ♍ | ♎ |
| 13 | ♈ | ♉ ab 09.37 ♊ | ♋ | ♌ | ♍ ab 06.58 ♎ | ♎ ab 01.39 ♏ |
| 14 | ♈ ab 19.46 ♉ | ♊ | ♋ ab 14.39 ♌ | ♌ ab 10.51 ♍ | ♎ | ♏ |
| 15 | ♉ | ♊ ab 19.53 ♋ | ♌ | ♍ | ♎ ab 16.19 ♏ | ♏ ab 08.00 ♐ |
| 16 | ♉ | ♋ | ♌ | ♍ ab 22.45 ♎ | ♏ | ♐ |
| 17 | ♉ ab 03.38 ♊ | ♋ | ♌ ab 03.42 ♍ | ♎ | ♏ ab 22.34 ♐ | ♐ ab 11.18 ♑ |
| 18 | ♊ | ♋ ab 08.19 ♌ | ♍ | ♎ | ♐ | ♑ |
| 19 | ♊ ab 14.05 ♋ | ♌ | ♍ ab 15.42 ♎ | ♎ ab 08.10 ♏ | ♐ ab 02.41 ♑ | ♑ ab 13.03 ♒ |
| 20 | ♋ | ♌ ab 21.23 ♍ | ♎ | ♏ | ♑ | ♒ |
| 21 | ♋ | ♍ | ♎ | ♏ ab 15.12 ♐ | ♑ ab 05.52 ♒ | ♒ ab 14.46 ♓ |
| 22 | ♋ ab 02.21 ♌ | ♍ | ♎ ab 01.44 ♏ | ♐ | ♒ | ♓ |
| 23 | ♌ | ♍ ab 09.42 ♎ | ♏ | ♐ ab 20.29 ♑ | ♒ ab 08.55 ♓ | ♓ ab 17.30 ♈ |
| 24 | ♌ ab 15.25 ♍ | ♎ | ♏ ab 09.33 ♐ | ♑ | ♓ | ♈ |
| 25 | ♍ | ♎ ab 20.11 ♏ | ♐ | ♑ ab 00.28 ♒ | ♓ | ♈ ab 21.46 ♉ |
| 26 | ♍ | ♏ | ♐ ab 15.06 ♑ | ♒ | ♓ ab 12.10 ♈ | ♉ |
| 27 | ♍ ab 03.54 ♎ | ♏ | ♑ | ♒ ab 03.23 ♓ | ♈ | ♉ |
| 28 | ♎ | ♏ ab 03.54 ♐ | ♑ ab 18.25 ♒ | ♓ | ♈ ab 15.55 ♉ | ♉ ab 03.48 ♊ |
| 29 | ♎ ab 14.05 ♏ | ♐ | ♒ | ♓ | ♉ | ♊ |
| 30 | ♏ | ♐ ab 08.24 ♑ | ♒ ab 19.53 ♓ | ♓ ab 05.35 ♈ | ♉ ab 20.53 ♊ | ♊ ab 11.54 ♋ |
| 31 | ♏ ab 20.38 ♐ | ♑ | | ♈ | | ♋ |

79

## 1953

| Tag | Januar Mond im | Februar Mond im | März Mond im | April Mond im | Mai Mond im | Juni Mond im |
|---|---|---|---|---|---|---|
| 1 | ♋ ab 22.18 ♌ | ♍ | ♍ | ♎ ab 06.20 ♏ | ♐ | ♑ ab 15.46 ♒ |
| 2 | ♌ | ♍ ab 12.41 ♎ | ♍ ab 12.41 ♎ | ♏ | ♐ | ♒ |
| 3 | ♌ | ♍ ab 06.32 ♎ | ♎ | ♏ ab 15.59 ♐ | ♐ ab 04.55 ♑ | ♒ ab 19.12 ♓ |
| 4 | ♌ ab 10.41 ♍ | ♎ | ♎ | ♐ | ♑ | ♓ |
| 5 | ♍ | ♎ ab 18.21 ♏ | ♎ ab 00.31 ♏ | ♐ ab 23.29 ♑ | ♑ ab 10.13 ♒ | ♓ ab 22.02 ♈ |
| 6 | ♍ ab 23.37 ♎ | ♏ | ♏ | ♑ | ♒ | ♈ |
| 7 | ♎ | ♏ | ♏ ab 10.20 ♐ | ♑ | ♒ ab 13.47 ♓ | ♈ |
| 8 | ♎ | ♏ ab 03.21 ♐ | ♐ | ♑ ab 04.28 ♒ | ♓ | ♈ ab 00.42 ♉ |
| 9 | ♎ ab 10.44 ♏ | ♐ | ♐ ab 17.10 ♑ | ♒ | ♓ ab 15.49 ♈ | ♉ |
| 10 | ♏ | ♐ ab 08.32 ♑ | ♑ | ♒ ab 06.50 ♓ | ♈ | ♉ ab 04.03 ♊ |
| 11 | ♏ ab 18.15 ♐ | ♑ | ♑ ab 20.38 ♒ | ♓ | ♈ ab 17.12 ♉ | ♊ |
| 12 | ♐ | ♑ ab 10.17 ♒ | ♒ | ♓ ab 07.19 ♈ | ♉ | ♊ ab 09.18 ♋ |
| 13 | ♐ ab 21.55 ♑ | ♒ | ♒ ab 21.17 ♓ | ♈ | ♉ ab 19.27 ♊ | ♋ |
| 14 | ♑ | ♒ ab 09.58 ♓ | ♓ | ♈ ab 07.32 ♉ | ♊ | ♋ ab 17.28 ♌ |
| 15 | ♑ ab 22.58 ♒ | ♓ | ♓ ab 20.39 ♈ | ♉ | ♊ | ♌ |
| 16 | ♒ | ♓ ab 09.31 ♈ | ♈ | ♉ ab 09.27 ♊ | ♊ ab 00.17 ♋ | ♌ |
| 17 | ♒ ab 23.07 ♓ | ♈ | ♈ ab 20.45 ♉ | ♊ | ♋ | ♌ ab 04.37 ♍ |
| 18 | ♓ | ♈ ab 10.51 ♉ | ♉ | ♊ ab 14.53 ♋ | ♋ ab 08.47 ♌ | ♍ |
| 19 | ♓ | ♉ | ♉ ab 23.35 ♊ | ♋ | ♌ | ♍ ab 17.17 ♎ |
| 20 | ♓ ab 00.09 ♈ | ♉ ab 15.27 ♊ | ♊ | ♋ | ♌ ab 20.31 ♍ | ♎ |
| 21 | ♈ | ♊ | ♊ | ♋ ab 00.27 ♌ | ♍ | ♎ |
| 22 | ♈ ab 03.21 ♉ | ♊ ab 23.48 ♋ | ♊ ab 06.30 ♋ | ♌ | ♍ | ♎ ab 04.58 ♏ |
| 23 | ♉ | ♋ | ♋ | ♌ ab 12.53 ♍ | ♍ ab 09.16 ♎ | ♏ |
| 24 | ♉ ab 09.21 ♊ | ♋ | ♋ ab 17.15 ♌ | ♍ | ♎ | ♏ ab 13.48 ♐ |
| 25 | ♊ | ♋ ab 11.06 ♌ | ♌ | ♍ | ♎ ab 20.33 ♏ | ♐ |
| 26 | ♊ ab 18.07 ♋ | ♌ | ♌ | ♍ ab 01.41 ♎ | ♏ | ♐ ab 19.29 ♑ |
| 27 | ♋ | ♌ ab 23.51 ♍ | ♌ ab 06.04 ♍ | ♎ | ♏ | ♑ |
| 28 | ♋ | ♍ | ♍ | ♎ ab 12.52 ♏ | ♏ ab 05.09 ♐ | ♑ ab 22.52 ♒ |
| 29 | ♋ ab 05.06 ♌ | | ♍ ab 18.52 ♎ | ♏ | ♐ | ♒ |
| 30 | ♌ | | ♎ | ♏ ab 21.53 ♐ | ♐ ab 11.17 ♑ | ♒ |
| 31 | ♌ ab 17.36 ♍ | | ♎ | | ♑ | |

| Tag | Juli Mond im | August Mond im | September Mond im | Oktober Mond im | November Mond im | Dezember Mond im |
|---|---|---|---|---|---|---|
| 1 | ♒ ab 01.09 ♓ | ♈ ab 11.57 ♉ | ♊ | ♋ ab 19.54 ♌ | ♍ | ♎ |
| 2 | ♓ | ♉ | ♊ ab 04.30 ♋ | ♌ | ♍ | ♎ ab 22.31 ♏ |
| 3 | ♓ ab 03.24 ♈ | ♉ ab 16.11 ♊ | ♋ | ♌ | ♍ ab 02.51 ♎ | ♏ |
| 4 | ♈ | ♊ | ♋ ab 14.05 ♌ | ♌ ab 07.41 ♍ | ♎ | ♏ |
| 5 | ♈ ab 06.24 ♉ | ♊ ab 23.00 ♋ | ♌ | ♍ | ♎ ab 15.12 ♏ | ♏ ab 09.09 ♐ |
| 6 | ♉ | ♋ | ♋ | ♍ ab 20.28 ♎ | ♏ | ♐ |
| 7 | ♉ ab 10.43 ♊ | ♋ ab 08.16 ♌ | ♌ ab 01.48 ♍ | ♎ | ♏ | ♐ ab 17.33 ♑ |
| 8 | ♊ | ♌ | ♍ | ♎ | ♏ ab 02.07 ♐ | ♑ |
| 9 | ♊ ab 16.55 ♋ | ♌ ab 19.34 ♍ | ♍ ab 14.28 ♎ | ♎ ab 08.57 ♏ | ♐ | ♑ |
| 10 | ♋ | ♍ | ♎ | ♏ | ♐ ab 11.19 ♑ | ♒ |
| 11 | ♋ ab 01.28 ♌ | ♍ | ♎ | ♏ ab 20.20 ♐ | ♑ | ♒ ab 04.47 ♓ |
| 12 | ♋ ab 01.28 ♌ | ♍ | ♎ ab 03.06 ♏ | ♐ | ♑ ab 18.31 ♒ | ♒ |
| 13 | ♌ | ♍ ab 08.09 ♎ | ♏ | ♐ | ♒ | ♓ |
| 14 | ♌ ab 12.29 ♍ | ♎ | ♏ ab 14.32 ♐ | ♐ ab 05.52 ♑ | ♒ ab 23.18 ♓ | ♓ ab 08.07 ♈ |
| 15 | ♍ | ♎ ab 20.44 ♏ | ♐ | ♑ | ♓ | ♈ |
| 16 | ♍ | ♏ | ♐ ab 23.21 ♑ | ♑ ab 12.35 ♒ | ♓ | ♈ ab 10.23 ♉ |
| 17 | ♍ ab 01.04 ♎ | ♏ | ♑ | ♒ | ♓ ab 01.36 ♈ | ♉ |
| 18 | ♎ | ♏ ab 07.30 ♐ | ♑ | ♒ ab 15.56 ♓ | ♈ | ♉ ab 12.28 ♊ |
| 19 | ♎ ab 13.17 ♏ | ♐ | ♑ ab 04.30 ♒ | ♓ | ♈ ab 02.15 ♉ | ♊ |
| 20 | ♏ | ♐ ab 14.53 ♑ | ♒ | ♓ ab 16.27 ♈ | ♉ | ♊ ab 15.40 ♋ |
| 21 | ♏ ab 22.59 ♐ | ♑ | ♒ ab 06.07 ♓ | ♈ | ♉ ab 02.55 ♊ | ♋ |
| 22 | ♐ | ♑ ab 18.29 ♒ | ♓ | ♈ ab 15.47 ♉ | ♊ | ♋ ab 21.23 ♌ |
| 23 | ♐ ab 05.07 ♑ | ♒ | ♓ ab 05.31 ♈ | ♉ | ♊ ab 05.32 ♋ | ♌ |
| 24 | ♑ | ♒ ab 19.12 ♓ | ♈ | ♉ ab 16.05 ♊ | ♋ | ♌ ab 06.24 ♍ |
| 25 | ♑ ab 08.03 ♒ | ♓ | ♈ ab 04.45 ♉ | ♊ | ♋ ab 11.41 ♌ | ♍ |
| 26 | ♒ | ♓ ab 18.46 ♈ | ♉ | ♊ ab 19.24 ♋ | ♌ | ♍ ab 18.11 ♎ |
| 27 | ♒ ab 09.07 ♓ | ♈ | ♉ ab 06.01 ♊ | ♋ | ♌ ab 21.41 ♍ | ♎ |
| 28 | ♓ | ♈ ab 19.11 ♉ | ♊ | ♋ | ♍ | ♎ |
| 29 | ♓ | ♉ | ♊ ab 10.57 ♋ | ♋ ab 02.55 ♌ | ♍ | ♎ ab 06.43 ♏ |
| 30 | ♓ ab 09.56 ♈ | ♉ ab 22.07 ♊ | ♋ | ♌ | ♍ ab 10.06 ♎ | ♏ |
| 31 | ♈ | ♊ | | ♌ ab 14.05 ♍ | | ♏ |

80

# 1954

| Tag | Januar – Mond im | Februar – Mond im | März – Mond im | April – Mond im | Mai – Mond im | Juni – Mond im |
|---|---|---|---|---|---|---|
| 1 | ♏ ab 17.40 ♐ | ♑ | ♑ | ♓ | ♈ | ♊ |
| 2 | ♐ | ♑ ab 16.38 ♒ | ♑ ab 03.07 ♒ | ♓ ab 16.40 ♈ | ♈ ab 02.43 ♉ | ♊ ab 13.46 ♋ |
| 3 | ♐ | ♒ | ♒ | ♈ | ♉ | ♋ |
| 4 | ♐ ab 01.46 ♑ | ♒ ab 19.04 ♓ | ♒ ab 05.33 ♓ | ♈ ab 15.43 ♉ | ♉ ab 02.07 ♊ | ♋ ab 17.35 ♌ |
| 5 | ♑ | ♓ | ♓ | ♉ | ♊ | ♌ |
| 6 | ♑ ab 07.10 ♒ | ♓ ab 20.15 ♈ | ♓ ab 05.41 ♈ | ♉ ab 15.40 ♊ | ♊ ab 03.30 ♋ | ♌ |
| 7 | ♒ | ♈ | ♈ | ♊ | ♋ | ♌ ab 01.07 ♍ |
| 8 | ♒ ab 10.43 ♓ | ♈ ab 21.47 ♉ | ♈ ab 05.33 ♉ | ♊ ab 18.29 ♋ | ♋ ab 08.29 ♌ | ♍ |
| 9 | ♓ | ♉ | ♉ | ♋ | ♌ | ♍ ab 11.59 ♎ |
| 10 | ♓ ab 13.27 ♈ | ♉ ab 00.55 ♊ | ♉ ab 07.07 ♊ | ♋ | ♌ ab 17.23 ♍ | ♎ |
| 11 | ♈ | ♊ | ♊ | ♋ ab 01.06 ♌ | ♍ | ♎ |
| 12 | ♈ ab 16.10 ♉ | ♊ ab 06.10 ♋ | ♊ ab 11.38 ♋ | ♌ | ♍ | ♎ ab 00.30 ♏ |
| 13 | ♉ | ♋ | ♋ | ♌ ab 11.03 ♍ | ♍ ab 05.04 ♎ | ♏ |
| 14 | ♉ ab 19.30 ♊ | ♋ ab 13.36 ♌ | ♋ ab 19.17 ♌ | ♍ | ♎ ab 17.42 ♏ | ♏ ab 12.38 ♐ |
| 15 | ♊ | ♌ | ♌ | ♍ ab 22.58 ♎ | ♏ | ♐ |
| 16 | ♊ | ♌ | ♌ | ♎ | ♏ | ♐ ab 23.06 ♑ |
| 17 | ♊ ab 00.01 ♋ | ♌ ab 23.01 ♍ | ♌ ab 05.22 ♍ | ♎ | ♏ ab 05.54 ♐ | ♑ |
| 18 | ♋ | ♍ | ♍ | ♎ ab 11.33 ♏ | ♐ | ♑ |
| 19 | ♋ ab 06.25 ♌ | ♍ ab 10.15 ♎ | ♍ ab 16.58 ♎ | ♏ | ♐ ab 16.49 ♑ | ♑ ab 07.26 ♒ |
| 20 | ♌ | ♎ | ♎ | ♏ ab 23.55 ♐ | ♑ | ♒ |
| 21 | ♌ ab 15.14 ♍ | ♎ | ♎ ab 05.27 ♏ | ♐ | ♑ | ♒ ab 13.37 ♓ |
| 22 | ♍ | ♎ ab 22.44 ♏ | ♏ | ♐ | ♑ ab 01.49 ♒ | ♓ |
| 23 | ♍ | ♏ | ♏ ab 17.57 ♐ | ♐ ab 11.12 ♑ | ♒ | ♓ ab 17.44 ♈ |
| 24 | ♍ ab 02.30 ♎ | ♏ ab 11.01 ♐ | ♐ | ♑ | ♒ ab 08.09 ♓ | ♈ |
| 25 | ♎ | ♐ | ♐ | ♑ ab 20.03 ♒ | ♓ | ♈ ab 20.09 ♉ |
| 26 | ♎ ab 15.04 ♏ | ♐ ab 20.58 ♑ | ♐ ab 04.56 ♑ | ♒ | ♓ ab 11.32 ♈ | ♉ |
| 27 | ♏ | ♑ | ♑ | ♒ ab 01.22 ♓ | ♈ | ♉ ab 21.42 ♊ |
| 28 | ♏ | ♑ ab 12.38 ♒ | ♑ ab 12.38 ♒ | ♓ | ♈ ab 12.34 ♉ | ♊ |
| 29 | ♏ ab 02.43 ♐ | | ♒ | ♓ ab 12.34 ♈ | ♉ | ♊ ab 23.36 ♋ |
| 30 | | | | ♈ | ♉ | ♋ |
| 31 | ♐ ab 11.27 ♑ | | ♒ ab 16.17 ♓ | | ♉ ab 12.41 ♊ | |

| Tag | Juli – Mond im | August – Mond im | September – Mond im | Oktober – Mond im | November – Mond im | Dezember – Mond im |
|---|---|---|---|---|---|---|
| 1 | ♋ | ♍ | ♎ ab 23.49 ♏ | ♏ ab 19.42 ♐ | ♑ | ♒ |
| 2 | ♋ ab 03.17 ♌ | ♍ | ♏ | ♐ | ♑ ab 01.23 ♒ | ♒ ab 15.39 ♓ |
| 3 | ♌ | ♍ ab 04.14 ♎ | ♏ | ♐ | ♒ | ♓ |
| 4 | ♌ ab 09.56 ♍ | ♎ | ♏ ab 12.33 ♐ | ♐ ab 08.05 ♑ | ♒ ab 08.35 ♓ | ♓ ab 20.35 ♈ |
| 5 | ♍ | ♎ ab 16.03 ♏ | ♐ | ♑ | ♓ | ♈ |
| 6 | ♍ ab 19.54 ♎ | ♏ | ♐ | ♑ ab 17.46 ♒ | ♓ ab 11.43 ♈ | ♈ ab 22.23 ♉ |
| 7 | ♎ | ♏ | ♐ ab 00.10 ♑ | ♒ | ♈ | ♉ |
| 8 | ♎ | ♏ ab 04.33 ♐ | ♑ | ♒ ab 23.17 ♓ | ♈ ab 11.49 ♉ | ♉ ab 22.17 ♊ |
| 9 | ♎ ab 08.04 ♏ | ♐ | ♑ ab 08.31 ♒ | ♓ | ♉ | ♊ |
| 10 | ♏ | ♐ ab 15.21 ♑ | ♒ | ♓ ab 00.59 ♈ | ♉ ab 10.51 ♊ | ♊ ab 22.07 ♋ |
| 11 | ♏ ab 20.19 ♐ | ♑ | ♒ ab 12.55 ♓ | ♈ | ♊ | ♋ |
| 12 | ♐ | ♑ ab 22.55 ♒ | ♓ | ♈ ab 00.32 ♉ | ♊ ab 11.00 ♋ | ♋ ab 23.49 ♌ |
| 13 | ♐ | ♒ | ♓ ab 14.23 ♈ | ♉ | ♋ | ♌ |
| 14 | ♐ ab 06.40 ♑ | ♒ | ♈ | ♉ ab 00.10 ♊ | ♋ ab 14.03 ♌ | ♌ ab 04.54 ♍ |
| 15 | ♑ ab 14.20 ♒ | ♒ ab 03.17 ♓ | ♈ ab 14.45 ♉ | ♊ | ♌ | ♍ |
| 16 | ♒ | ♓ | ♉ | ♊ ab 01.50 ♋ | ♌ ab 20.53 ♍ | ♍ ab 13.52 ♎ |
| 17 | ♒ | ♓ ab 05.38 ♈ | ♉ ab 15.55 ♊ | ♋ | ♍ | ♎ |
| 18 | ♒ ab 19.33 ♓ | ♈ | ♊ | ♋ ab 06.41 ♌ | ♍ | ♎ ab 01.44 ♏ |
| 19 | ♓ | ♈ ab 07.26 ♉ | ♊ ab 19.13 ♋ | ♌ | ♍ ab 07.03 ♎ | ♏ |
| 20 | ♓ ab 23.06 ♈ | ♉ | ♋ | ♌ ab 14.45 ♍ | ♎ | ♏ ab 14.35 ♐ |
| 21 | ♈ | ♉ ab 09.57 ♊ | ♋ | ♍ | ♎ ab 19.13 ♏ | ♐ |
| 22 | ♈ ab 01.53 ♉ | ♊ | ♋ ab 01.04 ♌ | ♍ ab 01.12 ♎ | ♏ | ♐ |
| 23 | ♉ | ♊ ab 13.50 ♋ | ♌ | ♎ | ♏ | ♐ ab 02.41 ♑ |
| 24 | ♉ ab 04.31 ♊ | ♋ | ♌ ab 09.11 ♍ | ♎ ab 13.11 ♏ | ♏ ab 08.02 ♐ | ♑ |
| 25 | ♊ | ♋ ab 19.23 ♌ | ♍ | ♏ | ♐ | ♑ ab 13.01 ♒ |
| 26 | ♊ ab 07.42 ♋ | ♌ | ♍ ab 19.11 ♎ | ♏ | ♐ ab 20.24 ♑ | ♒ |
| 27 | ♋ | ♌ ab 02.44 ♍ | ♎ | ♏ ab 01.59 ♐ | ♑ | ♒ ab 21.10 ♓ |
| 28 | ♋ ab 12.11 ♌ | ♍ | ♎ | ♐ | ♑ | ♓ |
| 29 | ♌ | ♍ | ♎ ab 06.52 ♏ | ♐ ab 14.37 ♑ | ♑ | ♓ |
| 30 | ♌ | ♍ ab 12.12 ♎ | ♏ | ♑ ab 07.20 ♒ | ♑ ab 07.20 ♒ | ♓ |
| 31 | ♌ ab 18.50 ♍ | ♎ | | ♑ | | ♓ |

# 1955

| Tag | Januar Mond im | Februar Mond im | März Mond im | April Mond im | Mai Mond im | Juni Mond im |
|---|---|---|---|---|---|---|
| 1 | ♓ ab 02.57 ♈ | ♉ ab 15.03 ♊ | ♊ | ♋ ab 09.21 ♌ | ♍ | ♎ ab 21.54 ♏ |
| 2 | ♈ | ♊ | ♊ ab 23.40 ♋ | ♌ | ♍ | ♏ |
| 3 | ♈ ab 06.25 ♉ | ♊ ab 17.37 ♋ | ♋ | ♌ ab 15.31 ♍ | ♍ ab 05.26 ♎ | ♏ |
| 4 | ♉ | ♋ | ♋ | ♍ | ♎ | ♏ ab 10.24 ♐ |
| 5 | ♉ ab 08.05 ♊ | ♋ ab 20.29 ♌ | ♋ ab 03.49 ♌ | ♍ ab 23.34 ♎ | ♎ ab 16.04 ♏ | ♐ |
| 6 | ♊ | ♌ | ♌ | ♎ | ♏ | ♐ ab 23.21 ♑ |
| 7 | ♊ ab 09.01 ♋ | ♌ | ♌ ab 09.09 ♍ | ♎ | ♏ | ♑ |
| 8 | ♋ | ♌ ab 00.43 ♍ | ♍ | ♎ ab 09.38 ♏ | ♏ ab 04.19 ♐ | ♑ |
| 9 | ♋ ab 10.42 ♌ | ♍ | ♍ ab 16.20 ♎ | ♏ | ♐ | ♑ ab 11.30 ♒ |
| 10 | ♌ | ♍ ab 07.34 ♎ | ♎ | ♏ ab 21.42 ♐ | ♐ ab 17.19 ♑ | ♒ |
| 11 | ♌ ab 14.43 ♍ | ♎ | ♎ | ♐ | ♑ | ♒ ab 21.32 ♓ |
| 12 | ♍ | ♎ ab 17.39 ♏ | ♎ ab 02.05 ♏ | ♐ | ♑ | ♓ |
| 13 | ♍ ab 22.15 ♎ | ♏ | ♏ | ♐ ab 10.41 ♑ | ♑ ab 05.30 ♒ | ♓ |
| 14 | ♎ | ♏ | ♏ ab 14.14 ♐ | ♑ | ♒ | ♓ ab 04.24 ♈ |
| 15 | ♎ | ♏ ab 06.08 ♐ | ♐ | ♑ ab 22.20 ♒ | ♒ ab 14.54 ♓ | ♈ |
| 16 | ♎ ab 09.15 ♏ | ♐ | ♐ ab 03.02 ♑ | ♒ | ♓ | ♈ ab 07.50 ♉ |
| 17 | ♏ | ♐ ab 18.35 ♑ | ♑ | ♒ | ♓ ab 20.21 ♈ | ♉ |
| 18 | ♏ ab 22.02 ♐ | ♑ | ♑ ab 13.47 ♒ | ♒ ab 06.29 ♓ | ♈ | ♉ ab 08.37 ♊ |
| 19 | ♐ | ♑ | ♒ | ♓ | ♈ ab 22.12 ♉ | ♊ |
| 20 | ♐ | ♑ ab 04.33 ♒ | ♒ ab 20.45 ♓ | ♓ ab 10.30 ♈ | ♉ | ♊ ab 08.16 ♋ |
| 21 | ♐ ab 10.10 ♑ | ♒ | ♓ | ♈ | ♉ ab 21.57 ♊ | ♋ |
| 22 | ♑ | ♒ ab 11.10 ♓ | ♓ | ♈ ab 11.30 ♉ | ♊ | ♋ ab 08.37 ♌ |
| 23 | ♑ ab 19.59 ♒ | ♓ | ♓ ab 00.10 ♈ | ♉ | ♊ ab 21.33 ♋ | ♌ |
| 24 | ♒ | ♓ ab 15.06 ♈ | ♈ | ♉ ab 11.24 ♊ | ♋ | ♌ ab 11.27 ♍ |
| 25 | ♒ | ♈ | ♈ | ♊ | ♋ ab 22.53 ♌ | ♍ |
| 26 | ♒ ab 03.11 ♓ | ♈ ab 17.47 ♉ | ♈ ab 01.32 ♉ | ♊ ab 12.09 ♋ | ♌ | ♍ ab 17.56 ♎ |
| 27 | ♓ | ♉ | ♉ | ♋ | ♌ | ♎ |
| 28 | ♓ ab 08.20 ♈ | ♉ ab 20.24 ♊ | ♉ ab 02.42 ♊ | ♋ ab 15.09 ♌ | ♌ ab 03.16 ♍ | ♎ |
| 29 | ♈ | | ♊ | ♌ | ♍ | ♎ ab 04.05 ♏ |
| 30 | ♈ ab 12.06 ♉ | | ♊ ab 05.06 ♋ | ♌ ab 20.58 ♍ | ♍ ab 11.08 ♎ | ♏ |
| 31 | ♉ | | ♋ | | ♎ | |

| Tag | Juli Mond im | August Mond im | September Mond im | Oktober Mond im | November Mond im | Dezember Mond im |
|---|---|---|---|---|---|---|
| 1 | ♏ ab 16.34 ♐ | ♑ | ♒ ab 16.23 ♓ | ♓ ab 06.47 ♈ | ♉ ab 20.23 ♊ | ♊ ab 06.47 ♋ |
| 2 | ♐ | ♑ ab 23.52 ♒ | ♓ | ♈ | ♊ | ♋ |
| 3 | ♐ | ♒ | ♓ ab 22.24 ♈ | ♈ ab 09.52 ♉ | ♊ ab 21.12 ♋ | ♋ ab 07.08 ♌ |
| 4 | ♐ ab 05.30 ♑ | ♒ | ♈ | ♉ | ♋ | ♌ |
| 5 | ♑ | ♒ ab 09.04 ♓ | ♈ | ♉ ab 12.00 ♊ | ♋ ab 23.20 ♌ | ♌ ab 09.50 ♍ |
| 6 | ♑ ab 17.19 ♒ | ♓ | ♈ ab 02.37 ♉ | ♊ | ♌ | ♍ |
| 7 | ♒ | ♓ ab 16.00 ♈ | ♉ | ♊ ab 14.23 ♋ | ♌ | ♍ ab 15.49 ♎ |
| 8 | ♒ | ♈ | ♉ ab 05.59 ♊ | ♋ | ♌ ab 03.37 ♍ | ♎ |
| 9 | ♒ ab 03.09 ♓ | ♈ ab 21.03 ♉ | ♊ | ♋ ab 17.42 ♌ | ♍ | ♎ |
| 10 | ♓ | ♉ | ♊ ab 09.01 ♋ | ♌ | ♍ ab 10.16 ♎ | ♎ ab 01.00 ♏ |
| 11 | ♓ ab 10.33 ♈ | ♉ | ♋ | ♌ ab 22.12 ♍ | ♎ | ♏ |
| 12 | ♈ | ♉ ab 00.34 ♊ | ♋ ab 12.02 ♌ | ♍ | ♎ ab 19.13 ♏ | ♏ ab 12.34 ♐ |
| 13 | ♈ ab 15.21 ♉ | ♊ | ♌ | ♍ | ♏ | ♐ |
| 14 | ♉ | ♊ ab 02.51 ♋ | ♌ ab 15.34 ♍ | ♍ ab 04.14 ♎ | ♏ | ♐ |
| 15 | ♉ ab 17.43 ♊ | ♋ | ♍ | ♎ | ♏ ab 06.17 ♐ | ♐ ab 01.24 ♑ |
| 16 | ♊ | ♋ ab 04.34 ♌ | ♍ ab 20.36 ♎ | ♎ ab 12.24 ♏ | ♐ | ♑ |
| 17 | ♊ ab 18.30 ♋ | ♌ | ♎ | ♏ | ♐ ab 18.59 ♑ | ♑ ab 14.20 ♒ |
| 18 | ♋ | ♌ ab 06.58 ♍ | ♎ | ♏ ab 23.08 ♐ | ♑ | ♒ |
| 19 | ♋ ab 19.04 ♌ | ♍ | ♎ ab 04.19 ♏ | ♐ | ♑ | ♒ |
| 20 | ♌ | ♍ ab 11.34 ♎ | ♏ | ♐ | ♑ ab 07.59 ♒ | ♒ ab 02.02 ♓ |
| 21 | ♌ ab 21.07 ♍ | ♎ | ♏ ab 15.12 ♐ | ♐ ab 11.52 ♑ | ♒ | ♓ |
| 22 | ♍ | ♎ ab 19.38 ♏ | ♐ | ♑ | ♒ ab 19.11 ♓ | ♓ ab 11.06 ♈ |
| 23 | ♍ | ♏ | ♐ | ♑ ab 00.33 ♒ | ♓ | ♈ |
| 24 | ♍ ab 02.16 ♎ | ♏ | ♐ ab 04.01 ♑ | ♒ | ♓ | ♈ ab 16.33 ♉ |
| 25 | ♎ | ♏ ab 07.04 ♐ | ♑ | ♒ ab 10.38 ♓ | ♓ ab 02.48 ♈ | ♉ |
| 26 | ♎ ab 11.19 ♏ | ♐ | ♑ ab 16.08 ♒ | ♓ | ♈ | ♉ ab 18.33 ♊ |
| 27 | ♏ | ♐ ab 19.57 ♑ | ♒ | ♓ ab 16.46 ♈ | ♈ ab 06.27 ♉ | ♊ |
| 28 | ♏ ab 23.24 ♐ | ♑ | ♒ | ♈ | ♉ | ♊ ab 18.18 ♋ |
| 29 | ♐ | ♑ | ♒ ab 01.13 ♓ | ♈ | ♉ ab 07.11 ♊ | ♋ |
| 30 | ♐ | ♑ ab 07.36 ♒ | ♓ | ♈ ab 19.30 ♉ | ♊ | ♋ ab 17.37 ♌ |
| 31 | ♐ ab 12.19 ♑ | ♒ | | ♉ | | ♌ |

# 1956

| Tag | Januar Mond im | Februar Mond im | März Mond im | April Mond im | Mai Mond im | Juni Mond im |
|---|---|---|---|---|---|---|
| 1 | ♌ ab 18.31 ♍ | ♎ | ♏ | ♐ ab 05.38 ♑ | ♑ | ♓ |
| 2 | ♍ | ♎ ab 14.34 ♏ | ♏ | ♑ | ♑ ab 02.28 ♒ | ♓ |
| 3 | ♍ ab 22.44 ♎ | ♏ | ♏ ab 0910 ♐ | ♑ | ♒ | ♓ ab 08.05 ♈ |
| 4 | ♎ | ♏ | ♐ | ♑ ab 18.25 ♒ | ♒ ab 14.16 ♓ | ♈ |
| 5 | ♎ | ♏ ab 01.13 ♐ | ♐ ab 21.33 ♑ | ♒ | ♓ | ♈ ab 14.22 ♉ |
| 6 | ♎ ab 07.00 ♏ | ♐ | ♑ | ♒ | ♓ ab 23.06 ♈ | ♉ |
| 7 | ♏ | ♐ ab 14.09 ♑ | ♑ | ♒ ab 05.38 ♓ | ♈ | ♉ ab 17.10 ♊ |
| 8 | ♏ ab 18.33 ♐ | ♑ | ♑ ab 10.20 ♒ | ♓ | ♈ ab 04.24 ♉ | ♊ |
| 9 | ♐ | ♑ | ♒ | ♓ ab 13.47 ♈ | ♉ | ♊ ab 17.42 ♋ |
| 10 | ♐ | ♑ ab 02.52 ♒ | ♒ ab 21.12 ♓ | ♈ | ♉ | ♋ |
| 11 | ♐ ab 07.34 ♑ | ♒ | ♓ | ♈ ab 19.04 ♉ | ♉ ab 07.01 ♊ | ♋ ab 17.45 ♌ |
| 12 | ♑ | ♒ ab 13.52 ♓ | ♓ | ♉ | ♊ | ♌ |
| 13 | ♑ ab 20.20 ♒ | ♓ | ♓ ab 05.27 ♈ | ♉ ab 22.31 ♊ | ♊ ab 08.21 ♋ | ♌ ab 19.04 ♍ |
| 14 | ♒ | ♓ ab 22.49 ♈ | ♈ | ♊ | ♋ | ♍ |
| 15 | ♒ | ♈ | ♈ ab 11.32 ♉ | ♊ | ♋ ab 09.52 ♌ | ♍ ab 22.59 ♎ |
| 16 | ♒ ab 07.48 ♓ | ♈ | ♉ ab 16.12 ♊ | ♊ ab 01.15 ♋ | ♌ | ♎ |
| 17 | ♓ | ♈ ab 05.49 ♉ | ♊ | ♋ | ♌ ab 12.40 ♍ | ♎ ab 06.03 ♏ |
| 18 | ♓ ab 17.18 ♈ | ♉ | ♊ ab 19.48 ♋ | ♋ ab 04.01 ♌ | ♍ | ♏ |
| 19 | ♈ | ♉ ab 10.51 ♊ | ♋ | ♌ | ♍ ab 17.26 ♎ | ♏ ab 15.56 ♐ |
| 20 | ♈ | ♊ | ♋ ab 22.31 ♌ | ♌ ab 07.17 ♍ | ♎ | ♐ |
| 21 | ♈ ab 00.12 ♉ | ♊ ab 13.50 ♋ | ♌ | ♍ | ♎ ab 00.27 ♏ | ♐ |
| 22 | ♉ | ♋ | ♌ | ♍ ab 11.37 ♎ | ♏ | ♐ ab 03.43 ♑ |
| 23 | ♉ ab 04.06 ♊ | ♋ ab 15.11 ♌ | ♌ ab 00.53 ♍ | ♎ | ♏ ab 09.47 ♐ | ♑ |
| 24 | ♊ | ♌ | ♍ | ♎ ab 17.45 ♏ | ♐ | ♑ ab 16.26 ♒ |
| 25 | ♊ ab 05.20 ♋ | ♌ ab 16.05 ♍ | ♍ ab 04.00 ♎ | ♏ | ♐ ab 21.12 ♑ | ♒ |
| 26 | ♋ | ♍ | ♎ | ♏ ab 02.26 ♐ | ♑ | ♒ |
| 27 | ♋ ab 05.07 ♌ | ♍ ab 18.21 ♎ | ♎ | ♐ | ♑ | ♒ ab 04.55 ♓ |
| 28 | ♌ | ♎ | ♎ ab 09.19 ♏ | ♐ ab 13.45 ♑ | ♑ ab 09.52 ♒ | ♓ |
| 29 | ♌ ab 05.18 ♍ | ♎ ab 23.45 ♏ | ♏ | ♑ | ♒ | ♓ |
| 30 | ♍ | | ♏ ab 17.56 ♐ | ♑ | ♒ ab 22.10 ♓ | ♓ ab 15.43 ♈ |
| 31 | ♍ ab 07.56 ♎ | | ♐ | | ♓ | |

| Tag | Juli Mond im | August Mond im | September Mond im | Oktober Mond im | November Mond im | Dezember Mond im |
|---|---|---|---|---|---|---|
| 1 | ♈ | ♉ ab 12.16 ♊ | ♋ | ♌ ab 09.25 ♍ | ♎ ab 23.25 ♏ | ♏ ab 13.59 ♐ |
| 2 | ♈ ab 23.26 ♉ | ♊ | ♋ ab 00.14 ♌ | ♍ | ♏ | ♐ ab 23.36 ♑ |
| 3 | ♉ | ♊ ab 14.33 ♋ | ♌ | ♍ ab 11.02 ♎ | ♏ | ♑ |
| 4 | ♉ | ♋ | ♌ ab 00.21 ♍ | ♎ | ♏ ab 05.57 ♐ | ♑ |
| 5 | ♉ ab 03.26 ♊ | ♋ ab 14.27 ♌ | ♍ | ♎ ab 14.19 ♏ | ♐ | ♑ ab 11.17 ♒ |
| 6 | ♊ | ♌ | ♍ ab 01.05 ♎ | ♏ | ♐ ab 15.24 ♑ | ♒ |
| 7 | ♊ ab 04.20 ♋ | ♌ ab 13.50 ♍ | ♎ | ♏ ab 20.46 ♐ | ♑ | ♒ ab 23.57 ♓ |
| 8 | ♋ | ♍ | ♎ ab 04.27 ♏ | ♐ | ♑ | ♓ |
| 9 | ♋ ab 03.42 ♌ | ♍ ab 14.51 ♎ | ♏ | ♐ ab 06.48 ♑ | ♑ ab 03.20 ♒ | ♓ ab 11.37 ♈ |
| 10 | ♌ | ♎ | ♏ ab 11.46 ♐ | ♑ | ♒ | ♈ |
| 11 | ♌ ab 03.35 ♍ | ♎ ab 19.21 ♏ | ♐ | ♑ ab 19.10 ♒ | ♒ ab 15.51 ♓ | ♈ ab 20.16 ♉ |
| 12 | ♍ | ♏ | ♐ ab 22.46 ♑ | ♒ | ♓ | ♉ |
| 13 | ♍ ab 05.55 ♎ | ♏ | ♑ | ♒ | ♓ | ♉ |
| 14 | ♎ | ♏ ab 04.00 ♐ | ♑ | ♒ ab 07.25 ♓ | ♓ ab 02.37 ♈ | ♉ |
| 15 | ♎ ab 11.57 ♏ | ♐ ab 15.48 ♑ | ♑ ab 11.28 ♒ | ♓ | ♈ | ♉ ab 01.07 ♊ |
| 16 | ♏ | ♑ | ♒ | ♓ | ♈ ab 10.13 ♉ | ♊ |
| 17 | ♏ ab 21.38 ♐ | ♑ | ♒ ab 23.34 ♓ | ♓ ab 17.36 ♈ | ♉ | ♊ ab 02.52 ♋ |
| 18 | ♐ | ♑ ab 04.38 ♒ | ♓ | ♈ | ♉ ab 14.45 ♊ | ♋ |
| 19 | ♐ | ♒ | ♓ | ♈ | ♊ | ♋ ab 03.12 ♌ |
| 20 | ♐ ab 09.41 ♑ | ♒ | ♓ ab 09.48 ♈ | ♈ ab 01.08 ♉ | ♊ ab 17.18 ♋ | ♌ |
| 21 | ♑ | ♒ ab 16.48 ♓ | ♈ | ♉ | ♋ | ♌ |
| 22 | ♑ ab 22.29 ♒ | ♓ | ♈ ab 18.01 ♉ | ♉ ab 06.29 ♊ | ♋ ab 19.10 ♌ | ♌ ab 03.56 ♍ |
| 23 | ♒ | ♓ | ♉ | ♊ | ♌ | ♍ |
| 24 | ♒ | ♓ ab 03.30 ♈ | ♉ | ♊ ab 10.24 ♋ | ♌ ab 21.32 ♍ | ♍ ab 06.39 ♎ |
| 25 | ♒ ab 10.51 ♓ | ♈ | ♉ ab 00.25 ♊ | ♋ | ♍ | ♎ |
| 26 | ♓ | ♈ ab 12.24 ♉ | ♊ | ♋ ab 13.27 ♌ | ♍ | ♎ ab 12.09 ♏ |
| 27 | ♓ ab 21.54 ♈ | ♉ | ♊ ab 05.00 ♋ | ♌ | ♍ ab 01.11 ♎ | ♏ |
| 28 | ♈ | ♉ ab 19.00 ♊ | ♋ | ♌ ab 16.10 ♍ | ♎ | ♏ ab 20.20 ♐ |
| 29 | ♈ | ♊ | ♋ ab 07.49 ♌ | ♍ | ♎ ab 06.35 ♏ | ♐ |
| 30 | ♈ ab 06.41 ♉ | ♊ ab 22.52 ♋ | ♌ | ♍ ab 19.10 ♎ | ♏ | ♐ |
| 31 | ♉ | ♋ | ♎ | | | ♐ ab 06.37 ♑ |

## 1957

| Tag | Januar Mond im | Februar Mond im | März Mond im | April Mond im | Mai Mond im | Juni Mond im |
|---|---|---|---|---|---|---|
| 1 | ♑ | ♒ ab 13.21 ♓ | ♓ | ♈ | ♉ ab 14.47 ♊ | ♋ |
| 2 | ♑ ab 18.25 ♒ | ♓ | ♓ | ♈ ab 00.11 ♉ | ♊ | ♋ ab 05.46 ♌ |
| 3 | ♒ | ♓ | ♓ ab 07.31 ♈ | ♉ | ♊ ab 20.09 ♋ | ♌ |
| 4 | ♒ | ♓ ab 01.42 ♈ | ♈ | ♉ ab 08.31 ♊ | ♋ ab 23.54 ♌ | ♌ ab 08.00 ♍ |
| 5 | ♒ ab 07.05 ♓ | ♈ | ♈ ab 18.21 ♉ | ♊ | ♌ | ♍ |
| 6 | ♓ | ♈ ab 12.38 ♉ | ♉ | ♊ ab 14.38 ♋ | ♌ | ♍ ab 10.46 ♎ |
| 7 | ♓ ab 19.23 ♈ | ♉ | ♉ | ♋ | ♌ | ♎ |
| 8 | ♈ | ♉ ab 20.35 ♊ | ♉ ab 03.04 ♊ | ♋ ab 18.25 ♌ | ♌ ab 02.37 ♍ | ♎ ab 14.41 ♏ |
| 9 | ♈ | ♊ | ♊ | ♌ | ♍ | ♏ |
| 10 | ♈ ab 05.27 ♉ | ♊ | ♊ ab 08.45 ♋ | ♌ ab 20.13 ♍ | ♍ ab 04.58 ♎ | ♏ ab 20.10 ♐ |
| 11 | ♉ | ♊ ab 00.39 ♋ | ♋ | ♍ | ♎ | ♐ |
| 12 | ♉ ab 11.44 ♊ | ♋ ab 01.19 ♌ | ♋ ab 11.12 ♌ | ♍ ab 21.09 ♎ | ♎ ab 07.49 ♏ | ♐ ab 03.37 ♑ |
| 13 | ♊ | ♌ | ♌ | ♎ | ♏ | ♑ |
| 14 | ♊ ab 14.06 ♋ | ♌ ab 00.17 ♍ | ♌ ab 11.20 ♍ | ♎ ab 22.46 ♏ | ♏ ab 12.14 ♐ | ♑ |
| 15 | ♋ | ♍ ab 23.50 ♎ | ♍ | ♏ | ♐ | ♑ ab 13.24 ♒ |
| 16 | ♋ ab 13.51 ♌ | ♎ | ♍ ab 10.59 ♎ | ♏ ab 02.43 ♐ | ♐ ab 19.14 ♑ | ♒ |
| 17 | ♌ | ♎ | ♎ | ♐ | ♑ | ♒ |
| 18 | ♌ ab 13.04 ♍ | ♎ ab 02.06 ♏ | ♎ ab 12.15 ♏ | ♐ ab 10.09 ♑ | ♑ | ♒ ab 01.15 ♓ |
| 19 | ♍ | ♏ | ♏ | ♑ | ♑ ab 05.13 ♒ | ♓ |
| 20 | ♍ ab 13.55 ♎ | ♏ ab 08.23 ♐ | ♏ ab 16.54 ♐ | ♑ ab 20.54 ♒ | ♒ | ♓ ab 13.46 ♈ |
| 21 | ♎ | ♐ | ♐ | ♒ | ♒ ab 17.21 ♓ | ♈ |
| 22 | ♎ ab 18.03 ♏ | ♐ ab 18.27 ♑ | ♐ ab 01.35 ♑ | ♒ | ♓ | ♈ ab 00.39 ♉ |
| 23 | ♏ | ♑ | ♑ | ♒ ab 09.23 ♓ | ♓ ab 05.34 ♈ | ♉ |
| 24 | ♏ | ♑ | ♑ ab 13.18 ♒ | ♓ | ♈ | ♉ ab 08.07 ♊ |
| 25 | ♏ ab 01.52 ♐ | ♑ ab 06.43 ♒ | ♒ | ♓ ab 21.22 ♈ | ♈ ab 15.43 ♉ | ♊ |
| 26 | ♐ | ♒ | ♒ | ♈ | ♉ | ♊ ab 12.01 ♋ |
| 27 | ♐ ab 12.33 ♑ | ♒ ab 19.25 ♓ | ♒ ab 02.00 ♓ | ♈ ab 07.18 ♉ | ♉ ab 22.47 ♊ | ♋ |
| 28 | ♑ | ♓ | ♓ | ♉ | ♊ | ♋ ab 13.31 ♌ |
| 29 | ♑ | | ♓ ab 13.55 ♈ | ♉ | ♊ | ♌ |
| 30 | ♑ ab 00.42 ♒ | | ♈ | ♉ ab 03.06 ♊ | ♊ | ♌ |
| 31 | ♒ | | ♈ | | ♊ ab 03.06 ♋ | |

| Tag | Juli Mond im | August Mond im | September Mond im | Oktober Mond im | November Mond im | Dezember Mond im |
|---|---|---|---|---|---|---|
| 1 | ♌ ab 14.24 ♍ | ♎ | ♐ ab 22.06 ♑ | ♑ ab 15.04 ♒ | ♒ ab 10.19 ♓ | ♓ ab 06.57 ♈ |
| 2 | ♍ | ♎ ab 02.01 ♏ | ♑ | ♒ | ♓ | ♈ ab 18.48 ♉ |
| 3 | ♍ ab 16.17 ♎ | ♏ | ♑ | ♒ | ♓ ab 23.00 ♈ | ♉ |
| 4 | ♎ | ♏ ab 07.48 ♐ | ♑ ab 08.50 ♒ | ♒ ab 03.18 ♓ | ♈ | ♉ |
| 5 | ♎ ab 20.10 ♏ | ♐ | ♒ | ♓ | ♈ ab 10.38 ♉ | ♉ ab 04.01 ♊ |
| 6 | ♏ | ♐ ab 16.24 ♑ | ♒ ab 21.04 ♓ | ♓ ab 15.57 ♈ | ♉ | ♊ |
| 7 | ♏ | ♑ | ♓ | ♈ | ♉ | ♊ ab 10.16 ♋ |
| 8 | ♏ ab 02.21 ♐ | ♑ ab 03.02 ♒ | ♓ | ♈ | ♉ ab 20.09 ♊ | ♋ |
| 9 | ♐ | ♒ | ♓ ab 09.45 ♈ | ♈ | ♊ | ♋ ab 14.24 ♌ |
| 10 | ♐ ab 10.35 ♑ | ♒ ab 15.02 ♓ | ♈ | ♈ ab 03.48 ♉ | ♊ | ♌ |
| 11 | ♑ | ♓ | ♈ ab 21.56 ♉ | ♉ | ♊ ab 03.24 ♋ | ♌ ab 17.29 ♍ |
| 12 | ♑ ab 20.43 ♒ | ♓ | ♉ | ♉ ab 14.01 ♊ | ♋ | ♍ |
| 13 | ♒ | ♓ ab 03.48 ♈ | ♉ | ♊ | ♋ ab 08.37 ♌ | ♍ ab 20.23 ♎ |
| 14 | ♒ | ♈ | ♉ ab 08.27 ♊ | ♊ ab 21.55 ♋ | ♌ | ♎ |
| 15 | ♒ ab 08.33 ♓ | ♈ ab 16.01 ♉ | ♊ | ♋ | ♌ ab 12.07 ♍ | ♎ ab 23.36 ♏ |
| 16 | ♓ | ♉ | ♊ ab 15.50 ♋ | ♋ | ♍ | ♏ |
| 17 | ♓ ab 21.15 ♈ | ♉ | ♋ | ♋ ab 03.00 ♌ | ♍ ab 14.26 ♎ | ♏ |
| 18 | ♈ | ♉ ab 01.52 ♊ | ♋ | ♌ | ♎ | ♏ ab 03.31 ♐ |
| 19 | ♈ | ♊ | ♋ ab 19.31 ♌ | ♌ ab 05.24 ♍ | ♎ ab 16.18 ♏ | ♐ |
| 20 | ♈ ab 08.58 ♉ | ♊ ab 07.49 ♋ | ♌ | ♍ | ♏ | ♐ ab 08.47 ♑ |
| 21 | ♉ | ♋ | ♌ ab 20.12 ♍ | ♍ ab 06.04 ♎ | ♏ ab 18.52 ♐ | ♑ |
| 22 | ♉ ab 17.34 ♊ | ♋ ab 09.51 ♌ | ♍ | ♎ | ♐ | ♑ ab 16.19 ♒ |
| 23 | ♊ | ♌ | ♍ ab 19.33 ♎ | ♎ ab 06.31 ♏ | ♐ ab 23.30 ♑ | ♑ |
| 24 | ♊ ab 22.05 ♋ | ♌ ab 09.26 ♍ | ♎ | ♏ | ♑ | ♑ |
| 25 | ♋ | ♍ | ♎ ab 19.41 ♏ | ♏ ab 08.34 ♐ | ♑ | ♑ ab 02.41 ♒ |
| 26 | ♋ ab 23.17 ♌ | ♍ ab 08.42 ♎ | ♏ | ♐ | ♑ ab 07.17 ♒ | ♒ |
| 27 | ♌ | ♎ | ♏ ab 22.28 ♐ | ♐ ab 13.41 ♑ | ♒ | ♒ |
| 28 | ♌ ab 23.00 ♍ | ♎ ab 09.48 ♏ | ♐ | ♑ | ♒ ab 18.16 ♓ | ♓ ab 15.13 ♈ |
| 29 | ♍ | ♏ | ♐ ab 05.00 ♑ | ♑ ab 22.33 ♒ | ♓ | ♈ |
| 30 | ♍ ab 23.20 ♎ | ♏ | ♑ | ♒ | ♓ | ♈ |
| 31 | ♎ | ♏ ab 14.08 ♐ | | ♒ | | ♈ ab 03.38 ♉ |

## 1958

| Tag | Januar Mond im | Februar Mond im | März Mond im | April Mond im | Mai Mond im | Juni Mond im |
|---|---|---|---|---|---|---|
| 1 | ♉ | ♊ ab 05.41 ♋ | ♋ | ♌ ab 07.01 ♍ | ♎ | ♏ ab 03.54 ♐ |
| 2 | ♉ ab 13.22 ♊ | ♋ | ♋ ab 19.27 ♌ | ♍ | ♎ ab 17.15 ♏ | ♐ |
| 3 | ♊ | ♋ ab 08.38 ♌ | ♌ | ♍ ab 06.54 ♎ | ♏ | ♐ ab 06.23 ♑ |
| 4 | ♊ ab 19.22 ♋ | ♌ | ♌ ab 20.15 ♍ | ♎ | ♏ ab 17.44 ♐ | ♑ |
| 5 | ♋ | ♌ ab 09.11 ♍ | ♍ | ♎ ab 06.17 ♏ | ♐ | ♑ ab 11.34 ♒ |
| 6 | ♋ ab 22.22 ♌ | ♍ | ♍ ab 19.36 ♎ | ♏ | ♐ ab 20.21 ♑ | ♒ |
| 7 | ♌ | ♍ ab 09.24 ♎ | ♎ | ♏ ab 07.07 ♐ | ♑ | ♒ ab 20.24 ♓ |
| 8 | ♌ ab 23.59 ♍ | ♎ | ♎ ab 19.35 ♏ | ♐ | ♑ | ♓ |
| 9 | ♍ | ♎ ab 11.04 ♏ | ♏ | ♐ ab 11.01 ♑ | ♑ ab 02.30 ♒ | ♓ |
| 10 | ♍ | ♏ | ♏ ab 21.57 ♐ | ♑ | ♒ | ♓ ab 08.21 ♈ |
| 11 | ♍ ab 01.52 ♎ | ♏ ab 15.12 ♐ | ♐ | ♑ ab 18.42 ♒ | ♒ ab 12.27 ♓ | ♈ |
| 12 | ♎ | ♐ | ♐ | ♒ | ♓ | ♈ ab 21.13 ♉ |
| 13 | ♎ ab 05.03 ♏ | ♐ ab 21.56 ♑ | ♐ ab 03.37 ♑ | ♒ | ♓ | ♉ |
| 14 | ♏ | ♑ | ♑ | ♒ ab 05.39 ♓ | ♓ ab 00.58 ♈ | ♉ |
| 15 | ♏ ab 09.50 ♐ | ♑ | ♑ ab 12.28 ♒ | ♓ | ♈ | ♉ ab 08.31 ♊ |
| 16 | ♐ | ♑ ab 06.52 ♒ | ♒ | ♓ ab 18.23 ♈ | ♈ ab 13.50 ♉ | ♊ |
| 17 | ♐ ab 16.13 ♑ | ♒ | ♒ ab 23.42 ♓ | ♈ | ♉ | ♊ ab 17.04 ♋ |
| 18 | ♑ | ♒ ab 17.40 ♓ | ♓ | ♈ | ♉ | ♋ |
| 19 | ♑ | ♓ | ♓ | ♈ ab 07.17 ♉ | ♉ ab 01.14 ♊ | ♋ ab 23.04 ♌ |
| 20 | ♑ ab 00.23 ♒ | ♓ | ♓ ab 12.17 ♈ | ♉ | ♊ | ♌ |
| 21 | ♒ | ♓ ab 06.02 ♈ | ♈ | ♉ ab 19.03 ♊ | ♊ ab 10.23 ♋ | ♌ |
| 22 | ♒ ab 10.42 ♓ | ♈ | ♈ ab 01.16 ♉ | ♊ | ♋ | ♌ ab 03.23 ♍ |
| 23 | ♓ | ♈ ab 19.05 ♉ | ♉ | ♊ | ♋ ab 17.15 ♌ | ♍ |
| 24 | ♓ ab 23.03 ♈ | ♉ | ♉ ab 13.20 ♊ | ♊ ab 04.47 ♋ | ♌ | ♍ ab 06.43 ♎ |
| 25 | ♈ | ♉ | ♊ | ♋ | ♌ ab 22.00 ♍ | ♎ |
| 26 | ♈ | ♉ ab 06.53 ♊ | ♊ | ♋ ab 11.44 ♌ | ♍ | ♎ ab 09.31 ♏ |
| 27 | ♈ ab 11.57 ♉ | ♊ | ♊ ab 22.53 ♋ | ♌ | ♍ | ♏ |
| 28 | ♉ | ♊ ab 15.17 ♋ | ♋ | ♌ ab 15.41 ♍ | ♍ ab 00.56 ♎ | ♏ ab 12.12 ♐ |
| 29 | ♉ ab 22.48 ♊ |  | ♋ | ♍ | ♎ | ♐ |
| 30 | ♊ |  | ♋ ab 04.46 ♌ | ♍ ab 17.07 ♎ | ♎ ab 02.34 ♏ | ♐ ab 15.33 ♑ |
| 31 | ♊ |  | ♌ |  | ♏ |  |

| Tag | Juli Mond im | August Mond im | September Mond im | Oktober Mond im | November Mond im | Dezember Mond im |
|---|---|---|---|---|---|---|
| 1 | ♑ | ♒ ab 13.12 ♓ | ♈ | ♉ | ♊ ab 09.09 ♋ | ♌ |
| 2 | ♑ ab 20.45 ♒ | ♓ | ♈ ab 20.24 ♉ | ♉ ab 15.51 ♊ | ♋ | ♌ |
| 3 | ♒ | ♓ | ♉ | ♊ | ♋ ab 18.08 ♌ | ♌ ab 06.18 ♍ |
| 4 | ♒ | ♓ ab 00.15 ♈ | ♉ | ♊ | ♌ | ♍ |
| 5 | ♒ ab 04.57 ♓ | ♈ | ♉ ab 09.07 ♊ | ♊ ab 03.01 ♋ | ♌ ab 23.46 ♍ | ♍ ab 10.31 ♎ |
| 6 | ♓ | ♈ ab 13.05 ♉ | ♊ | ♋ | ♍ | ♎ |
| 7 | ♓ ab 16.18 ♈ | ♉ | ♊ ab 19.23 ♋ | ♋ ab 10.51 ♌ | ♍ | ♎ ab 12.29 ♏ |
| 8 | ♈ | ♉ ab 01.17 ♊ | ♋ | ♌ | ♍ ab 02.17 ♎ | ♏ |
| 9 | ♈ | ♊ | ♋ | ♌ ab 14.50 ♍ | ♎ | ♏ ab 13.02 ♐ |
| 10 | ♈ ab 05.10 ♉ | ♊ ab 10.26 ♋ | ♋ ab 01.42 ♌ | ♍ | ♎ ab 02.30 ♏ | ♐ |
| 11 | ♉ | ♋ | ♌ | ♍ ab 15.44 ♎ | ♏ | ♐ ab 13.47 ♑ |
| 12 | ♉ ab 16.47 ♊ | ♋ | ♌ ab 04.20 ♍ | ♎ | ♏ ab 02.03 ♐ | ♑ |
| 13 | ♊ | ♋ ab 15.44 ♌ | ♍ | ♎ ab 15.12 ♏ | ♐ | ♑ ab 16.38 ♒ |
| 14 | ♊ | ♌ | ♍ ab 04.45 ♎ | ♏ | ♐ ab 02.55 ♑ | ♒ |
| 15 | ♊ ab 01.16 ♋ | ♌ ab 18.07 ♍ | ♎ | ♏ ab 15.09 ♐ | ♑ | ♒ ab 23.12 ♓ |
| 16 | ♋ | ♍ | ♎ ab 04.50 ♏ | ♐ | ♑ ab 06.53 ♒ | ♓ |
| 17 | ♋ ab 06.31 ♌ | ♍ ab 19.17 ♎ | ♏ | ♐ ab 17.23 ♑ | ♒ | ♓ |
| 18 | ♌ | ♎ | ♏ ab 06.17 ♐ | ♑ | ♒ ab 14.57 ♓ | ♓ ab 09.46 ♈ |
| 19 | ♌ ab 09.42 ♍ | ♎ ab 20.50 ♏ | ♐ | ♑ ab 23.04 ♒ | ♓ | ♈ |
| 20 | ♍ | ♏ | ♐ ab 10.13 ♑ | ♒ | ♓ | ♈ ab 22.38 ♉ |
| 21 | ♍ ab 12.12 ♎ | ♏ ab 23.48 ♐ | ♑ | ♒ | ♓ ab 02.29 ♈ | ♉ |
| 22 | ♎ | ♐ | ♑ ab 17.04 ♒ | ♒ ab 08.20 ♓ | ♈ | ♉ |
| 23 | ♎ ab 14.58 ♏ | ♐ | ♒ | ♓ | ♈ ab 15.31 ♉ | ♉ ab 11.09 ♊ |
| 24 | ♏ | ♐ ab 04.39 ♑ | ♒ | ♓ ab 20.11 ♈ | ♉ | ♊ |
| 25 | ♏ ab 18.26 ♐ | ♑ | ♒ ab 02.34 ♓ | ♈ | ♉ | ♊ ab 21.33 ♋ |
| 26 | ♐ | ♑ ab 11.28 ♒ | ♓ | ♈ | ♉ ab 04.01 ♊ | ♋ |
| 27 | ♐ ab 22.53 ♑ | ♒ | ♓ ab 14.08 ♈ | ♈ ab 09.08 ♉ | ♊ | ♋ |
| 28 | ♑ | ♒ ab 20.25 ♓ | ♈ | ♉ | ♊ ab 14.52 ♋ | ♋ ab 05.34 ♌ |
| 29 | ♑ | ♓ | ♈ | ♉ ab 21.50 ♊ | ♋ | ♌ |
| 30 | ♑ ab 04.53 ♒ | ♓ | ♈ ab 02.58 ♉ | ♊ | ♋ ab 23.41 ♌ | ♌ ab 11.41 ♍ |
| 31 | ♒ | ♓ ab 07.36 ♈ |  | ♊ |  | ♍ |

| Tag | Januar Mond im | Februar Mond im | März Mond im | April Mond im | Mai Mond im | Juni Mond im |
|---|---|---|---|---|---|---|
| 1 | ♍ ab 16.22 ♎ | ♏ | ♏ ab 09.33 ♐ | ♑ ab 23.42 ♒ | ♒ ab 12.59 ♓ | ♈ |
| 2 | ♎ | ♏ ab 04.11 ♐ | ♐ | ♒ | ♓ | ♈ ab 17.37 ♉ |
| 3 | ♎ ab 19.42 ♏ | ♐ | ♐ ab 13.06 ♑ | ♒ | ♓ ab 23.19 ♈ | ♉ |
| 4 | ♏ | ♐ ab 07.29 ♑ | ♑ | ♒ ab 07.23 ♓ | ♈ | ♉ |
| 5 | ♏ ab 21.56 ♐ | ♑ | ♑ ab 18.17 ♒ | ♓ | ♈ | ♉ ab 06.36 ♊ |
| 6 | ♐ | ♑ ab 11.41 ♒ | ♒ | ♓ ab 17.33 ♈ | ♈ ab 11.39 ♉ | ♊ |
| 7 | ♐ ab 23.50 ♑ | ♒ | ♒ | ♈ | ♉ | ♊ ab 18.44 ♋ |
| 8 | ♑ | ♒ ab 17.51 ♓ | ♒ ab 01.26 ♓ | ♈ | ♉ | ♋ |
| 9 | ♑ | ♓ | ♓ | ♈ ab 05.32 ♉ | ♉ ab 00.35 ♊ | ♋ ab 05.19 ♌ |
| 10 | ♑ ab 02.52 ♒ | ♓ | ♓ ab 10.54 ♈ | ♉ | ♊ | ♌ |
| 11 | ♒ | ♓ ab 02.55 ♈ | ♈ | ♉ ab 18.25 ♊ | ♊ ab 12.57 ♋ | ♌ |
| 12 | ♒ ab 08.40 ♓ | ♈ | ♈ ab 22.37 ♉ | ♊ | ♋ | ♌ ab 13.51 ♍ |
| 13 | ♓ | ♈ ab 14.48 ♉ | ♉ | ♊ | ♋ ab 23.41 ♌ | ♍ |
| 14 | ♓ ab 18.10 ♈ | ♉ | ♉ | ♊ ab 06.48 ♋ | ♌ | ♍ ab 19.42 ♎ |
| 15 | ♈ | ♉ | ♉ ab 11.31 ♊ | ♋ | ♌ | ♎ |
| 16 | ♈ | ♉ ab 03.40 ♊ | ♊ | ♋ ab 16.55 ♌ | ♌ ab 07.38 ♍ | ♎ ab 22.39 ♏ |
| 17 | ♈ ab 06.33 ♉ | ♊ | ♊ ab 23.28 ♋ | ♌ | ♍ | ♏ |
| 18 | ♉ | ♊ ab 14.51 ♋ | ♋ | ♌ ab 23.28 ♍ | ♍ ab 12.07 ♎ | ♏ ab 23.15 ♐ |
| 19 | ♉ ab 19.16 ♊ | ♋ | ♋ | ♍ | ♎ | ♐ |
| 20 | ♊ | ♋ ab 22.38 ♌ | ♋ ab 08.23 ♌ | ♍ | ♎ ab 13.25 ♏ | ♐ ab 23.02 ♑ |
| 21 | ♊ | ♌ | ♌ | ♍ ab 02.19 ♎ | ♏ | ♑ |
| 22 | ♊ ab 05.47 ♋ | ♌ | ♌ ab 13.28 ♍ | ♎ | ♏ ab 12.51 ♐ | ♑ |
| 23 | ♋ | ♌ ab 03.06 ♍ | ♍ | ♎ ab 02.34 ♏ | ♐ | ♑ ab 00.01 ♒ |
| 24 | ♋ ab 13.14 ♌ | ♍ | ♍ ab 15.27 ♎ | ♏ | ♐ ab 12.24 ♑ | ♒ |
| 25 | ♌ | ♍ ab 05.29 ♎ | ♎ | ♏ ab 01.59 ♐ | ♑ | ♒ ab 04.10 ♓ |
| 26 | ♌ ab 18.14 ♍ | ♎ | ♎ ab 15.54 ♏ | ♐ | ♑ ab 14.10 ♒ | ♓ |
| 27 | ♍ | ♎ ab 07.15 ♏ | ♏ | ♐ ab 02.33 ♑ | ♒ | ♓ ab 12.28 ♈ |
| 28 | ♍ ab 21.55 ♎ | ♏ | ♏ ab 16.32 ♐ | ♑ | ♒ ab 19.43 ♓ | ♈ |
| 29 | ♎ | | ♐ | ♑ ab 05.56 ♒ | ♓ | ♈ |
| 30 | ♎ | | ♐ ab 18.49 ♑ | ♒ | ♓ | ♈ ab 00.11 ♉ |
| 31 | ♎ ab 01.06 ♏ | | ♑ | | ♓ ab 05.19 ♈ | |

| Tag | Juli Mond im | August Mond im | September Mond im | Oktober Mond im | November Mond im | Dezember Mond im |
|---|---|---|---|---|---|---|
| 1 | ♉ | ♊ ab 08.24 ♋ | ♌ | ♍ ab 23.09 ♎ | ♏ | ♐ ab 21.11 ♑ |
| 2 | ♉ ab 13.06 ♊ | ♋ | ♌ ab 09.31 ♍ | ♎ | ♏ ab 11.02 ♐ | ♑ ab 21.35 ♒ |
| 3 | ♊ | ♋ ab 18.10 ♌ | ♍ | ♎ | ♐ | ♒ |
| 4 | ♊ | ♌ | ♍ ab 13.57 ♎ | ♎ ab 00.54 ♏ | ♐ ab 11.05 ♑ | ♒ |
| 5 | ♊ ab 01.04 ♋ | ♌ | ♎ | ♏ | ♑ | ♒ ab 01.17 ♓ |
| 6 | ♋ | ♌ ab 01.30 ♍ | ♎ ab 16.53 ♏ | ♏ ab 01.55 ♐ | ♑ ab 13.14 ♒ | ♓ |
| 7 | ♋ ab 11.08 ♌ | ♍ | ♏ | ♐ | ♒ | ♓ ab 09.00 ♈ |
| 8 | ♌ | ♍ ab 06.57 ♎ | ♏ ab 19.21 ♐ | ♐ ab 03.39 ♑ | ♒ ab 18.36 ♓ | ♈ |
| 9 | ♌ ab 19.16 ♍ | ♎ | ♐ | ♑ | ♓ | ♈ ab 19.58 ♉ |
| 10 | ♍ | ♎ ab 11.00 ♏ | ♐ ab 22.05 ♑ | ♑ ab 07.13 ♒ | ♓ | ♉ |
| 11 | ♍ | ♏ | ♑ | ♒ | ♓ ab 03.10 ♈ | ♉ |
| 12 | ♍ ab 01.27 ♎ | ♏ ab 13.59 ♐ | ♑ | ♒ ab 13.06 ♓ | ♈ | ♉ ab 08.25 ♊ |
| 13 | ♎ | ♐ | ♑ ab 01.44 ♒ | ♓ | ♈ ab 14.05 ♉ | ♊ |
| 14 | ♎ ab 05.34 ♏ | ♐ ab 16.19 ♑ | ♒ | ♓ ab 21.20 ♈ | ♉ | ♊ ab 21.01 ♋ |
| 15 | ♏ | ♑ | ♒ ab 06.54 ♓ | ♈ | ♉ | ♋ |
| 16 | ♏ ab 07.42 ♐ | ♑ ab 18.54 ♒ | ♓ | ♈ ab 07.40 ♉ | ♉ ab 02.17 ♊ | ♋ |
| 17 | ♐ | ♒ | ♓ ab 14.17 ♈ | ♉ | ♊ | ♋ ab 08.58 ♌ |
| 18 | ♐ ab 08.42 ♑ | ♒ ab 23.00 ♓ | ♈ | ♉ ab 19.40 ♊ | ♊ ab 14.57 ♋ | ♌ |
| 19 | ♑ | ♓ | ♈ | ♊ | ♋ | ♌ ab 19.30 ♍ |
| 20 | ♑ ab 10.05 ♒ | ♓ | ♈ ab 00.13 ♉ | ♊ | ♋ | ♍ |
| 21 | ♒ | ♓ ab 05.52 ♈ | ♉ | ♊ ab 08.23 ♋ | ♋ ab 03.04 ♌ | ♍ |
| 22 | ♒ ab 13.41 ♓ | ♈ | ♉ ab 12.16 ♊ | ♋ | ♌ | ♍ ab 03.29 ♎ |
| 23 | ♓ | ♈ ab 15.59 ♉ | ♊ | ♋ ab 20.04 ♌ | ♌ ab 13.08 ♍ | ♎ |
| 24 | ♓ ab 20.54 ♈ | ♉ | ♊ | ♌ | ♍ | ♎ ab 08.01 ♏ |
| 25 | ♈ | ♉ | ♊ ab 00.50 ♋ | ♌ | ♍ ab 19.42 ♎ | ♏ |
| 26 | ♈ | ♉ ab 04.19 ♊ | ♋ | ♌ ab 04.49 ♍ | ♎ | ♏ ab 09.16 ♐ |
| 27 | ♈ ab 07.44 ♉ | ♊ | ♋ ab 11.37 ♌ | ♍ | ♎ ab 22.22 ♏ | ♐ |
| 28 | ♉ | ♊ ab 16.34 ♋ | ♌ | ♍ | ♏ | ♐ ab 08.38 ♑ |
| 29 | ♉ ab 20.24 ♊ | ♋ | ♌ ab 19.04 ♍ | ♍ ab 09.42 ♎ | ♏ ab 22.12 ♐ | ♑ |
| 30 | ♊ | ♋ | ♍ | ♎ | ♐ | ♑ |
| 31 | ♊ | ♋ ab 02.34 ♌ | | ♎ ab 11.14 ♏ | | ♑ ab 08.15 ♒ |

## 1960

| Tag | Januar Mond im | Februar Mond im | März Mond im | April Mond im | Mai Mond im | Juni Mond im |
|---|---|---|---|---|---|---|
| 1 | ♒ | ♓ ab 01.40 ♈ | ♈ ab 19.19 ♉ | ♊ | ♋ | ♌ ab 17.38 ♍ |
| 2 | ♒ ab 10.19 ♓ | ♈ | ♉ | ♊ | ♋ ab 22.59 ♌ | ♍ |
| 3 | ♓ | ♈ ab 10.17 ♉ | ♉ | ♊ ab 02.46 ♋ | ♌ | ♍ |
| 4 | ♓ ab 16.22 ♈ | ♉ | ♉ ab 06.08 ♊ | ♋ | ♌ | ♍ ab 02.32 ♎ |
| 5 | ♈ | ♉ ab 21.59 ♊ | ♊ | ♋ ab 15.01 ♌ | ♌ ab 09.59 ♍ | ♎ ab 07.20 ♏ |
| 6 | ♈ | ♊ | ♊ ab 18.37 ♋ | ♌ | ♍ | ♏ |
| 7 | ♈ ab 02.23 ♉ | ♊ | ♋ | ♌ | ♍ ab 17.31 ♎ | ♏ ab 08.31 ♐ |
| 8 | ♉ | ♊ ab 10.38 ♋ | ♋ | ♌ ab 01.02 ♍ | ♎ | ♐ |
| 9 | ♉ ab 14.46 ♊ | ♋ | ♋ ab 06.25 ♌ | ♍ | ♎ ab 21.07 ♏ | ♐ ab 07.48 ♑ |
| 10 | ♊ | ♋ ab 22.09 ♌ | ♌ | ♍ ab 07.36 ♎ | ♏ | ♑ |
| 11 | ♊ | ♌ | ♌ ab 15.48 ♍ | ♎ | ♏ ab 21.56 ♐ | ♑ ab 07.23 ♒ |
| 12 | ♊ ab 03.24 ♋ | ♌ | ♍ | ♎ ab 11.02 ♏ | ♐ | ♒ |
| 13 | ♋ | ♌ ab 07.35 ♍ | ♍ ab 22.20 ♎ | ♏ | ♐ ab 21.51 ♑ | ♒ ab 09.18 ♓ |
| 14 | ♋ ab 15.00 ♌ | ♍ | ♎ | ♏ ab 12.38 ♐ | ♑ | ♓ |
| 15 | ♌ | ♍ ab 14.56 ♎ | ♎ ab 02.38 ♏ | ♐ | ♑ ab 22.52 ♒ | ♓ ab 14.43 ♈ |
| 16 | ♌ | ♎ | ♏ | ♐ ab 14.01 ♑ | ♒ | ♈ |
| 17 | ♌ ab 01.04 ♍ | ♎ ab 20.24 ♏ | ♏ ab 05.38 ♐ | ♑ | ♒ | ♈ ab 23.34 ♉ |
| 18 | ♍ | ♏ | ♐ | ♑ ab 16.32 ♒ | ♒ ab 02.24 ♓ | ♉ |
| 19 | ♍ ab 09.15 ♎ | ♏ | ♐ | ♒ | ♓ | ♉ |
| 20 | ♎ | ♏ ab 00.12 ♐ | ♐ ab 08.15 ♑ | ♒ ab 20.56 ♓ | ♓ ab 08.56 ♈ | ♉ ab 10.46 ♊ |
| 21 | ♎ ab 15.00 ♏ | ♐ | ♑ | ♓ | ♈ | ♊ |
| 22 | ♏ | ♐ ab 02.40 ♑ | ♑ ab 11.10 ♒ | ♓ ab 03.23 ♈ | ♈ ab 18.00 ♉ | ♊ ab 23.10 ♋ |
| 23 | ♏ ab 18.03 ♐ | ♑ | ♒ | ♈ | ♉ | ♋ |
| 24 | ♐ | ♑ ab 04.33 ♒ | ♒ ab 15.02 ♓ | ♈ | ♉ | ♋ |
| 25 | ♐ ab 19.00 ♑ | ♒ | ♓ | ♈ ab 11.51 ♉ | ♉ ab 04.55 ♊ | ♋ ab 11.52 ♌ |
| 26 | ♑ | ♒ ab 07.04 ♓ | ♓ ab 20.30 ♈ | ♉ | ♊ | ♌ |
| 27 | ♑ ab 19.19 ♒ | ♓ | ♈ | ♉ ab 22.17 ♊ | ♊ ab 17.07 ♋ | ♌ ab 23.53 ♍ |
| 28 | ♒ | ♓ ab 11.38 ♈ | ♈ | ♊ | ♋ | ♍ |
| 29 | ♒ ab 20.57 ♓ | ♈ | ♈ ab 04.14 ♉ | ♊ | ♋ | ♍ |
| 30 | ♓ | | ♉ | ♊ ab 10.23 ♋ | ♋ ab 05.51 ♌ | ♍ |
| 31 | ♓ | | ♉ ab 14.32 ♊ | | ♌ | |

| Tag | Juli Mond im | August Mond im | September Mond im | Oktober Mond im | November Mond im | Dezember Mond im |
|---|---|---|---|---|---|---|
| 1 | ♍ ab 09.47 ♎ | ♏ | ♑ | ♒ ab 23.15 ♓ | ♈ | ♉ |
| 2 | ♎ | ♏ ab 03.05 ♐ | ♑ ab 13.36 ♒ | ♓ | ♈ ab 16.28 ♉ | ♉ ab 08.01 ♊ |
| 3 | ♎ ab 16.09 ♏ | ♐ | ♒ | ♓ | ♉ | ♊ |
| 4 | ♏ | ♐ ab 04.26 ♑ | ♒ ab 14.51 ♓ | ♓ ab 02.47 ♈ | ♉ | ♊ ab 18.53 ♋ |
| 5 | ♏ ab 18.43 ♐ | ♑ | ♓ | ♈ | ♉ ab 00.45 ♊ | ♋ |
| 6 | ♐ | ♑ ab 04.21 ♒ | ♓ ab 17.26 ♈ | ♈ ab 08.09 ♉ | ♊ | ♋ |
| 7 | ♐ ab 18.35 ♑ | ♒ | ♈ | ♉ | ♊ ab 11.26 ♋ | ♋ ab 07.22 ♌ |
| 8 | ♑ | ♒ ab 04.43 ♓ | ♈ ab 22.45 ♉ | ♉ ab 16.17 ♊ | ♋ | ♌ |
| 9 | ♑ ab 17.43 ♒ | ♓ | ♉ | ♊ | ♋ | ♌ ab 20.14 ♍ |
| 10 | ♒ | ♓ ab 07.22 ♈ | ♉ | ♊ | ♋ | ♍ |
| 11 | ♒ ab 18.19 ♓ | ♈ | ♉ ab 07.32 ♊ | ♊ ab 03.19 ♋ | ♌ | ♍ |
| 12 | ♓ | ♈ ab 13.36 ♉ | ♊ | ♋ | ♌ ab 12.24 ♍ | ♍ ab 07.11 ♎ |
| 13 | ♓ ab 22.07 ♈ | ♉ | ♊ ab 19.11 ♋ | ♋ ab 15.55 ♌ | ♍ | ♎ |
| 14 | ♈ | ♉ ab 23.30 ♊ | ♋ | ♌ | ♍ ab 22.08 ♎ | ♎ ab 14.14 ♏ |
| 15 | ♈ | ♊ | ♋ | ♌ | ♎ | ♏ |
| 16 | ♈ ab 05.49 ♉ | ♊ | ♋ ab 07.47 ♌ | ♌ ab 03.41 ♍ | ♎ ab 03.54 ♏ | ♏ ab 17.07 ♐ |
| 17 | ♉ | ♊ ab 11.43 ♋ | ♌ | ♍ | ♏ | ♐ |
| 18 | ♉ ab 16.41 ♊ | ♋ | ♌ ab 19.07 ♍ | ♍ ab 12.33 ♎ | ♏ ab 06.17 ♐ | ♐ ab 17.17 ♑ |
| 19 | ♊ | ♋ | ♍ | ♎ | ♐ | ♑ |
| 20 | ♊ | ♋ ab 00.18 ♌ | ♍ | ♎ ab 18.06 ♏ | ♐ ab 07.03 ♑ | ♑ ab 16.49 ♒ |
| 21 | ♊ ab 05.09 ♋ | ♌ | ♍ ab 03.59 ♎ | ♏ | ♑ | ♒ |
| 22 | ♋ | ♌ ab 11.42 ♍ | ♎ | ♏ ab 21.16 ♐ | ♑ ab 08.05 ♒ | ♒ ab 17.48 ♓ |
| 23 | ♋ ab 17.46 ♌ | ♍ | ♎ ab 10.18 ♏ | ♐ | ♒ | ♓ |
| 24 | ♌ | ♍ ab 21.20 ♎ | ♏ | ♐ ab 23.29 ♑ | ♒ | ♓ ab 21.35 ♈ |
| 25 | ♌ | ♎ | ♏ ab 14.42 ♐ | ♑ | ♒ ab 10.50 ♓ | ♈ |
| 26 | ♌ ab 05.32 ♍ | ♎ ab 04.24 ♏ | ♐ | ♑ ab 01.58 ♒ | ♓ | ♈ ab 04.31 ♉ |
| 27 | ♍ | ♏ | ♐ ab 17.54 ♑ | ♒ | ♓ ab 15.51 ♈ | ♉ |
| 28 | ♍ ab 15.34 ♎ | ♏ | ♑ | ♒ | ♈ | ♉ |
| 29 | ♎ | ♏ ab 09.20 ♐ | ♑ ab 20.33 ♒ | ♒ ab 05.27 ♓ | ♈ ab 23.00 ♉ | ♉ ab 14.02 ♊ |
| 30 | ♎ ab 22.55 ♏ | ♐ | ♒ | ♓ | ♉ | ♊ |
| 31 | ♏ | ♐ ab 12.09 ♑ | | ♓ ab 10.12 ♈ | | ♊ |

## 1961

| Tag | Januar Mond im | Februar Mond im | März Mond im | April Mond im | Mai Mond im | Juni Mond im |
|---|---|---|---|---|---|---|
| 1 | ♊ ab 01.22 ♋ | ♌ | ♌ ab 15.12 ♍ | ♎ ab 17.37 ♏ | ♏ | ♑ |
| 2 | ♋ | ♌ ab 08.49 ♍ | ♍ | ♏ | ♏ ab 06.25 ♐ | ♑ ab 18.45 ♒ |
| 3 | ♋ ab 13.54 ♌ | ♍ | ♍ | ♏ ab 23.34 ♐ | ♐ | ♒ |
| 4 | ♌ | ♍ ab 20.28 ♎ | ♍ ab 02.22 ♎ | ♐ | ♐ ab 09.40 ♑ | ♒ ab 20.51 ♓ |
| 5 | ♌ | ♎ | ♎ | ♐ | ♑ | ♓ |
| 6 | ♌ ab 02.49 ♍ | ♎ | ♎ ab 11.24 ♏ | ♐ ab 03.52 ♑ | ♑ ab 12.24 ♒ | ♓ ab 00.24 ♈ |
| 7 | ♍ | ♎ ab 05.51 ♏ | ♏ | ♑ | ♒ | ♈ |
| 8 | ♍ ab 14.32 ♎ | ♏ | ♏ ab 18.04 ♐ | ♑ ab 07.03 ♒ | ♒ ab 15.23 ♓ | ♈ ab 05.38 ♉ |
| 9 | ♎ ab 23.09 ♏ | ♏ ab 12.02 ♐ | ♐ | ♒ | ♓ | ♉ |
| 10 | ♏ | ♐ | ♐ ab 22.19 ♑ | ♒ | ♓ ab 18.56 ♈ | ♉ ab 12.41 ♊ |
| 11 | ♏ | ♐ ab 14.51 ♑ | ♑ | ♒ ab 09.32 ♓ | ♈ | ♊ |
| 12 | ♏ | ♑ | ♑ | ♓ | ♈ ab 23.26 ♉ | ♊ ab 21.50 ♋ |
| 13 | ♏ ab 03.41 ♐ | ♑ ab 15.15 ♒ | ♑ ab 00.29 ♒ | ♓ ab 11.56 ♈ | ♉ | ♋ |
| 14 | ♐ | ♒ | ♒ | ♈ | ♉ | ♋ |
| 15 | ♐ ab 04.42 ♑ | ♒ ab 14.53 ♓ | ♒ ab 01.27 ♓ | ♈ ab 15.17 ♉ | ♉ ab 05.35 ♊ | ♋ |
| 16 | ♑ | ♓ | ♓ | ♉ | ♊ | ♋ ab 09.16 ♌ |
| 17 | ♑ ab 03.56 ♒ | ♓ ab 15.41 ♈ | ♓ ab 02.33 ♈ | ♉ ab 20.55 ♊ | ♊ ab 14.17 ♋ | ♌ ab 22.12 ♍ |
| 18 | ♒ | ♈ | ♈ | ♊ | ♋ | ♍ |
| 19 | ♒ ab 03.32 ♓ | ♈ ab 19.22 ♉ | ♈ ab 05.26 ♉ | ♊ | ♋ | ♍ |
| 20 | ♓ | ♉ | ♉ | ♊ ab 05.50 ♋ | ♋ ab 01.45 ♌ | ♍ ab 10.32 ♎ |
| 21 | ♓ ab 05.27 ♈ | ♉ | ♉ ab 11.33 ♊ | ♋ | ♌ | ♎ |
| 22 | ♈ | ♉ ab 02.52 ♊ | ♊ | ♋ ab 17.43 ♌ | ♌ ab 14.39 ♍ | ♎ ab 19.51 ♏ |
| 23 | ♈ ab 10.52 ♉ | ♊ | ♊ ab 21.23 ♋ | ♌ | ♍ | ♏ |
| 24 | ♉ | ♊ ab 13.49 ♋ | ♋ | ♌ | ♍ ab 02.18 ♎ | ♏ |
| 25 | ♉ ab 19.50 ♊ | ♋ | ♋ | ♌ ab 06.31 ♍ | ♎ | ♏ ab 01.06 ♐ |
| 26 | ♊ | ♋ | ♋ ab 09.49 ♌ | ♍ | ♎ ab 10.35 ♏ | ♐ |
| 27 | ♊ | ♋ ab 02.35 ♌ | ♌ | ♍ ab 17.35 ♎ | ♏ | ♐ ab 03.00 ♑ |
| 28 | ♊ ab 07.22 ♋ | ♌ | ♌ ab 22.30 ♍ | ♎ | ♏ ab 15.11 ♐ | ♑ |
| 29 | ♋ | | ♍ | ♎ | ♐ | ♑ |
| 30 | ♋ ab 20.06 ♌ | | ♍ | ♎ ab 01.27 ♏ | ♐ ab 17.21 ♑ | ♑ ab 03.18 ♒ |
| 31 | ♌ | | ♍ ab 09.22 ♎ | | ♑ | |

| Tag | Juli Mond im | August Mond im | September Mond im | Oktober Mond im | November Mond im | Dezember Mond im |
|---|---|---|---|---|---|---|
| 1 | ♒ | ♈ | ♉ ab 06.53 ♊ | ♋ | ♌ | ♍ |
| 2 | ♒ ab 03.53 ♓ | ♈ ab 17.19 ♉ | ♊ | ♋ | ♌ ab 07.18 ♍ | ♍ ab 04.08 ♎ |
| 3 | ♓ | ♉ | ♊ ab 16.01 ♋ | ♋ ab 10.44 ♌ | ♍ | ♎ |
| 4 | ♓ ab 06.12 ♈ | ♉ | ♋ | ♌ | ♍ ab 19.43 ♎ | ♎ ab 14.30 ♏ |
| 5 | ♈ | ♉ ab 00.04 ♊ | ♋ | ♌ ab 23.46 ♍ | ♎ | ♏ |
| 6 | ♈ ab 11.02 ♉ | ♊ | ♋ ab 04.01 ♌ | ♍ | ♎ | ♏ ab 21.25 ♐ |
| 7 | ♉ | ♊ ab 09.57 ♋ | ♌ | ♍ | ♎ ab 05.41 ♏ | ♐ |
| 8 | ♉ ab 18.28 ♊ | ♋ | ♌ ab 17.05 ♍ | ♍ ab 12.04 ♎ | ♏ | ♐ |
| 9 | ♊ | ♋ ab 22.00 ♌ | ♍ | ♎ | ♏ ab 12.51 ♐ | ♐ ab 01.31 ♑ |
| 10 | ♊ | ♌ | ♍ | ♎ ab 22.20 ♏ | ♐ | ♑ |
| 11 | ♊ ab 04.13 ♋ | ♌ | ♍ ab 05.34 ♎ | ♏ | ♐ ab 18.00 ♑ | ♑ ab 04.12 ♒ |
| 12 | ♋ | ♌ ab 11.01 ♍ | ♎ | ♏ | ♑ | ♒ |
| 13 | ♋ ab 15.57 ♌ | ♍ | ♎ ab 16.23 ♏ | ♏ ab 06.21 ♐ | ♑ ab 22.00 ♒ | ♒ ab 06.42 ♓ |
| 14 | ♌ | ♍ ab 23.44 ♎ | ♏ | ♐ | ♒ | ♓ |
| 15 | ♌ | ♎ | ♏ | ♐ ab 12.24 ♑ | ♒ | ♓ ab 09.45 ♈ |
| 16 | ♌ ab 04.55 ♍ | ♎ | ♏ ab 00.55 ♐ | ♑ | ♒ ab 01.19 ♓ | ♈ |
| 17 | ♍ ab 17.39 ♎ | ♎ ab 10.45 ♏ | ♐ ab 06.42 ♑ | ♑ ab 16.37 ♒ | ♓ | ♈ ab 13.39 ♉ |
| 18 | ♎ | ♏ ab 18.44 ♐ | ♑ | ♒ | ♓ ab 04.11 ♈ | ♉ |
| 19 | ♎ | ♐ | ♑ ab 09.44 ♒ | ♒ ab 19.10 ♓ | ♈ | ♉ ab 18.48 ♊ |
| 20 | ♎ | ♐ | ♒ | ♓ | ♈ ab 07.03 ♉ | ♊ |
| 21 | ♎ ab 04.05 ♏ | ♐ ab 23.08 ♑ | ♒ ab 10.36 ♓ | ♓ ab 20.36 ♈ | ♉ | ♊ |
| 22 | ♏ | ♑ | ♓ | ♈ | ♉ ab 10.59 ♊ | ♊ ab 01.50 ♋ |
| 23 | ♏ ab 10.42 ♐ | ♑ | ♓ ab 10.40 ♈ | ♈ ab 22.07 ♉ | ♊ | ♋ |
| 24 | ♐ | ♑ ab 00.26 ♒ | ♈ | ♉ | ♊ ab 17.21 ♋ | ♋ ab 11.26 ♌ |
| 25 | ♐ ab 13.29 ♑ | ♒ | ♈ ab 11.42 ♉ | ♉ | ♋ | ♌ |
| 26 | ♑ | ♒ ab 00.03 ♓ | ♉ | ♉ ab 01.25 ♊ | ♋ ab 03.02 ♌ | ♌ ab 23.30 ♍ |
| 27 | ♑ ab 13.42 ♒ | ♓ ab 23.49 ♈ | ♉ ab 15.32 ♊ | ♊ | ♌ | ♍ |
| 28 | ♒ | ♈ | ♊ | ♊ ab 08.03 ♋ | ♌ | ♍ |
| 29 | ♒ ab 13.13 ♓ | ♈ | ♊ | ♋ | ♌ ab 15.26 ♍ | ♍ ab 12.27 ♎ |
| 30 | ♓ | ♈ ab 01.37 ♉ | ♊ ab 23.20 ♋ | ♋ ab 18.30 ♌ | ♍ | ♎ |
| 31 | ♓ ab 13.56 ♈ | ♉ | | ♌ | | ♎ ab 23.42 ♏ |

88

## 1962

### Januar – Juni

| Tag | Januar Mond im | Februar Mond im | März Mond im | April Mond im | Mai Mond im | Juni Mond im |
|---|---|---|---|---|---|---|
| 1 | ♏ | ♐ ab 22.10 ♑ | ♐ ab 07.39 ♑ | ♒ ab 21.43 ♓ | ♓ ab 07.12 ♈ | ♉ ab 18.41 ♊ |
| 2 | ♏ | ♑ | ♑ | ♓ | ♈ | ♊ |
| 3 | ♏ ab 07.24 ♐ | ♑ ab 23.57 ♒ | ♑ ab 10.52 ♒ | ♓ ab 21.42 ♈ | ♈ ab 07.50 ♉ | ♊ ab 22.57 ♋ |
| 4 | ♐ | ♒ | ♒ | ♈ | ♉ | ♋ |
| 5 | ♐ ab 11.24 ♑ | ♒ ab 23.53 ♓ | ♒ ab 11.17 ♓ | ♈ ab 21.26 ♉ | ♉ ab 09.17 ♊ | ♋ |
| 6 | ♑ | ♓ | ♓ | ♉ | ♊ | ♋ ab 06.24 ♌ |
| 7 | ♑ ab 13.00 ♒ | ♓ ab 23.51 ♈ | ♓ ab 10.32 ♈ | ♉ | ♊ ab 13.28 ♋ | ♌ |
| 8 | ♒ | ♈ | ♈ | ♉ ab 23.00 ♊ | ♋ | ♌ ab 17.13 ♍ |
| 9 | ♒ ab 13.54 ♓ | ♈ | ♈ ab 10.40 ♉ | ♊ | ♋ ab 21.36 ♌ | ♍ |
| 10 | ♓ | ♈ ab 01.35 ♉ | ♉ | ♊ ab 04.12 ♋ | ♌ | ♍ |
| 11 | ♓ 15.34 ♈ | ♉ | ♉ ab 13.36 ♊ | ♋ | ♌ | ♍ ab 05.51 ♎ |
| 12 | ♈ | ♉ ab 06.19 ♊ | ♊ | ♋ ab 13.37 ♌ | ♌ ab 09.12 ♍ | ♎ |
| 13 | ♈ ab 19.02 ♉ | ♊ | ♊ ab 20.26 ♋ | ♌ | ♍ | ♎ ab 17.45 ♏ |
| 14 | ♉ | ♊ ab 14.20 ♋ | ♋ | ♌ | ♍ ab 22.03 ♎ | ♏ |
| 15 | ♉ | ♋ | ♋ | ♌ ab 01.57 ♍ | ♎ | ♏ |
| 16 | ♉ ab 00.42 ♊ | ♋ | ♋ ab 06.56 ♌ | ♍ | ♎ ab 09.43 ♏ | ♏ ab 03.04 ♐ |
| 17 | ♊ | ♋ ab 01.04 ♌ | ♌ | ♍ ab 14.54 ♎ | ♏ | ♐ |
| 18 | ♊ ab 08.40 ♋ | ♌ | ♌ ab 19.33 ♍ | ♎ | ♏ ab 19.03 ♐ | ♐ ab 09.30 ♑ |
| 19 | ♋ | ♌ ab 13.27 ♍ | ♍ | ♎ ab 02.37 ♏ | ♐ | ♑ |
| 20 | ♋ ab 18.50 ♌ | ♍ | ♍ | ♏ | ♐ | ♑ ab 13.49 ♒ |
| 21 | ♌ | ♍ | ♍ ab 08.29 ♎ | ♏ | ♐ ab 02.09 ♑ | ♒ |
| 22 | ♌ | ♍ ab 02.22 ♎ | ♎ | ♏ ab 12.27 ♐ | ♑ | ♒ ab 16.59 ♓ |
| 23 | ♌ ab 06.54 ♍ | ♎ | ♎ ab 20.29 ♏ | ♐ | ♑ ab 07.31 ♒ | ♓ |
| 24 | ♍ | ♎ ab 14.37 ♏ | ♏ | ♐ ab 20.20 ♑ | ♒ | ♓ ab 19.43 ♈ |
| 25 | ♍ ab 19.52 ♎ | ♏ | ♏ | ♑ | ♒ ab 11.30 ♓ | ♈ |
| 26 | ♎ | ♏ | ♏ ab 06.49 ♐ | ♑ | ♓ | ♈ ab 22.35 ♉ |
| 27 | ♎ | ♏ ab 00.47 ♐ | ♐ | ♑ ab 02.08 ♒ | ♓ ab 14.15 ♈ | ♉ |
| 28 | ♎ ab 07.55 ♏ | ♐ | ♐ ab 14.46 ♑ | ♒ | ♈ | ♉ |
| 29 | ♏ | | ♑ | ♒ ab 05.40 ♓ | ♈ | ♉ ab 02.10 ♊ |
| 30 | ♏ ab 17.00 ♐ | | ♑ ab 19.44 ♒ | ♓ | ♈ ab 16.17 ♉ | ♊ |
| 31 | ♐ | | ♒ | | ♉ | |

### Juli – Dezember

| Tag | Juli Mond im | August Mond im | September Mond im | Oktober Mond im | November Mond im | Dezember Mond im |
|---|---|---|---|---|---|---|
| 1 | ♊ ab 07.19 ♋ | ♌ | ♍ ab 04.01 ♎ | ♏ | ♐ | ♑ ab 15.26 ♒ |
| 2 | ♋ | ♌ ab 08.58 ♍ | ♎ | ♏ | ♐ ab 02.18 ♑ | ♒ |
| 3 | ♋ ab 14.56 ♌ | ♍ | ♎ ab 16.47 ♏ | ♏ ab 10.40 ♐ | ♑ | ♒ ab 20.54 ♓ |
| 4 | ♌ | ♍ ab 21.18 ♎ | ♏ | ♐ | ♑ ab 10.03 ♒ | ♓ |
| 5 | ♌ | ♎ | ♏ | ♐ ab 20.35 ♑ | ♒ | ♓ |
| 6 | ♌ ab 01.23 ♍ | ♎ ab 09.56 ♏ | ♏ ab 04.27 ♐ | ♑ | ♒ ab 14.53 ♓ | ♓ ab 00.18 ♈ |
| 7 | ♍ | ♏ | ♐ | ♑ | ♓ | ♈ |
| 8 | ♍ ab 13.48 ♎ | ♏ | ♐ ab 13.20 ♑ | ♑ ab 03.22 ♒ | ♓ ab 16.46 ♈ | ♈ ab 02.00 ♉ |
| 9 | ♎ | ♏ ab 20.49 ♐ | ♑ | ♒ | ♈ | ♉ |
| 10 | ♎ | ♐ | ♑ ab 18.27 ♒ | ♒ ab 06.29 ♓ | ♈ ab 16.45 ♉ | ♉ ab 03.08 ♊ |
| 11 | ♎ ab 02.06 ♏ | ♐ | ♒ | ♓ | ♉ | ♊ |
| 12 | ♏ | ♐ ab 04.18 ♑ | ♒ ab 20.02 ♓ | ♓ ab 06.41 ♈ | ♉ ab 16.44 ♊ | ♊ ab 05.22 ♋ |
| 13 | ♏ ab 12.01 ♐ | ♑ | ♓ | ♈ | ♊ | ♋ |
| 14 | ♐ | ♑ ab 08.08 ♒ | ♓ ab 19.33 ♈ | ♈ ab 05.44 ♉ | ♊ ab 18.49 ♋ | ♋ ab 10.21 ♌ |
| 15 | ♐ ab 18.32 ♑ | ♒ | ♈ | ♉ | ♋ | ♌ |
| 16 | ♑ | ♒ ab 09.17 ♓ | ♈ ab 19.01 ♉ | ♉ ab 05.51 ♊ | ♋ | ♌ ab 19.00 ♍ |
| 17 | ♑ ab 22.08 ♒ | ♓ | ♉ | ♊ | ♋ ab 00.40 ♌ | ♍ |
| 18 | ♒ | ♓ ab 09.26 ♈ | ♉ ab 20.29 ♊ | ♊ ab 09.05 ♋ | ♌ | ♍ |
| 19 | ♒ | ♈ | ♊ | ♋ | ♌ ab 10.34 ♍ | ♍ ab 06.42 ♎ |
| 20 | ♒ ab 00.01 ♓ | ♈ ab 10.20 ♉ | ♊ | ♋ ab 16.31 ♌ | ♍ | ♎ |
| 21 | ♓ | ♉ | ♊ ab 01.26 ♋ | ♌ | ♍ ab 22.58 ♎ | ♎ ab 19.18 ♏ |
| 22 | ♓ ab 01.34 ♈ | ♉ ab 13.28 ♊ | ♋ | ♌ ab 03.32 ♍ | ♎ | ♏ |
| 23 | ♈ | ♊ | ♋ ab 10.07 ♌ | ♍ | ♎ ab 11.34 ♏ | ♏ |
| 24 | ♈ ab 03.57 ♉ | ♊ ab 19.34 ♋ | ♌ | ♍ ab 16.14 ♎ | ♏ | ♏ ab 06.33 ♐ |
| 25 | ♉ | ♋ | ♌ ab 21.31 ♍ | ♎ | ♏ ab 22.44 ♐ | ♐ |
| 26 | ♉ ab 07.57 ♊ | ♋ | ♍ | ♎ | ♐ | ♐ ab 15.19 ♑ |
| 27 | ♊ | ♋ ab 04.30 ♌ | ♍ | ♎ ab 04.49 ♏ | ♐ | ♑ |
| 28 | ♊ ab 14.01 ♋ | ♌ | ♍ ab 10.08 ♎ | ♏ | ♐ ab 08.01 ♑ | ♑ ab 21.43 ♒ |
| 29 | ♋ | ♌ ab 15.36 ♍ | ♎ | ♏ ab 16.20 ♐ | ♑ | ♒ |
| 30 | ♋ ab 22.21 ♌ | ♍ | ♎ ab 22.49 ♏ | ♐ | ♑ | ♒ |
| 31 | ♌ | ♍ | | ♐ | | ♒ ab 02.21 ♓ |

## 1963

| Tag | Januar Mond im | Februar Mond im | März Mond im | April Mond im | Mai Mond im | Juni Mond im |
|---|---|---|---|---|---|---|
| 1 | ♓ | ♉ | ♉ ab 22.39 ♊ | ♋ | ♌ | ♍ ab 01.10 ♎ |
| 2 | ♓ ab 05.48 ♈ | ♉ ab 17.03 ♊ | ♊ | ♋ ab 15.46 ♌ | ♌ ab 07.13 ♍ | ♎ |
| 3 | ♈ | ♊ | ♊ | ♌ | ♍ | ♎ ab 13.39 ♏ |
| 4 | ♈ ab 08.34 ♉ | ♊ ab 21.41 ♋ | ♊ ab 03.08 ♋ | ♌ ab 18.43 ♍ | ♍ ab 18.43 ♎ | ♏ |
| 5 | ♉ | ♋ | ♋ | ♍ | ♎ | ♏ |
| 6 | ♉ ab 11.14 ♊ | ♋ | ♋ ab 10.15 ♌ | ♍ | ♎ | ♏ ab 02.01 ♐ |
| 7 | ♊ | ♋ ab 04.06 ♌ | ♌ | ♍ ab 12.50 ♎ | ♎ ab 07.16 ♏ | ♐ |
| 8 | ♊ ab 14.42 ♋ | ♌ | ♌ ab 19.34 ♍ | ♎ | ♏ | ♐ ab 13.07 ♑ |
| 9 | ♋ | ♌ ab 12.36 ♍ | ♍ | ♎ | ♏ ab 19.43 ♐ | ♑ |
| 10 | ♋ ab 20.01 ♌ | ♍ | ♍ | ♎ ab 01.14 ♏ | ♐ | ♑ ab 22.22 ♒ |
| 11 | ♌ | ♍ ab 23.19 ♎ | ♍ ab 06.35 ♎ | ♏ | ♐ | ♒ |
| 12 | ♌ | ♎ | ♎ | ♏ ab 13.49 ♐ | ♐ ab 07.14 ♑ | ♒ |
| 13 | ♌ ab 04.08 ♍ | ♎ | ♎ ab 18.52 ♏ | ♐ | ♑ | ♒ ab 05.21 ♓ |
| 14 | ♍ | ♎ ab 11.39 ♏ | ♏ | ♐ | ♑ ab 16.52 ♒ | ♓ |
| 15 | ♍ ab 15.05 ♎ | ♏ | ♏ | ♐ ab 01.27 ♑ | ♒ | ♓ ab 09.47 ♈ |
| 16 | ♎ | ♏ ab 23.58 ♐ | ♏ ab 07.27 ♐ | ♑ | ♒ ab 23.32 ♓ | ♈ |
| 17 | ♎ | ♐ | ♐ | ♑ ab 10.35 ♒ | ♓ | ♈ ab 11.55 ♉ |
| 18 | ♎ ab 03.36 ♏ | ♐ | ♐ ab 18.35 ♑ | ♒ | ♓ | ♉ |
| 19 | ♏ | ♐ ab 10.01 ♑ | ♑ | ♒ ab 15.54 ♓ | ♓ ab 02.48 ♈ | ♉ ab 12.44 ♊ |
| 20 | ♏ ab 15.21 ♐ | ♑ | ♑ ab 02.22 ♒ | ♓ | ♈ | ♊ |
| 21 | ♐ | ♑ ab 16.24 ♒ | ♒ | ♓ ab 17.30 ♈ | ♈ ab 03.22 ♉ | ♊ ab 13.47 ♋ |
| 22 | ♐ | ♒ | ♒ | ♈ | ♉ | ♋ |
| 23 | ♐ ab 00.24 ♑ | ♒ ab 19.18 ♓ | ♒ ab 06.05 ♓ | ♈ ab 16.51 ♉ | ♉ ab 02.54 ♊ | ♋ ab 16.45 ♌ |
| 24 | ♑ | ♓ | ♓ | ♉ | ♊ | ♌ |
| 25 | ♑ ab 06.14 ♒ | ♓ ab 20.06 ♈ | ♓ ab 06.38 ♈ | ♉ ab 16.07 ♊ | ♊ ab 03.29 ♋ | ♌ ab 22.57 ♍ |
| 26 | ♒ | ♈ | ♈ | ♊ | ♋ | ♍ |
| 27 | ♒ ab 09.35 ♓ | ♈ ab 20.39 ♉ | ♈ ab 05.57 ♉ | ♊ ab 17.28 ♋ | ♋ ab 06.59 ♌ | ♍ |
| 28 | ♓ | ♉ | ♉ | ♋ | ♌ | ♍ ab 08.41 ♎ |
| 29 | ♓ ab 11.44 ♈ |  | ♉ ab 06.13 ♊ | ♋ ab 22.25 ♌ | ♌ ab 14.22 ♍ | ♎ |
| 30 | ♈ |  | ♊ | ♌ | ♍ | ♎ ab 20.48 ♏ |
| 31 | ♈ ab 13.55 ♉ |  | ♊ ab 09.14 ♋ |  | ♍ |  |

| Tag | Juli Mond im | August Mond im | September Mond im | Oktober Mond im | November Mond im | Dezember Mond im |
|---|---|---|---|---|---|---|
| 1 | ♏ | ♐ | ♒ | ♓ | ♈ ab 01.43 ♉ | ♊ |
| 2 | ♏ | ♐ ab 04.13 ♑ | ♒ ab 02.38 ♓ | ♓ ab 14.48 ♈ | ♉ | ♊ ab 11.45 ♋ |
| 3 | ♏ ab 09.12 ♐ | ♑ | ♓ | ♈ | ♉ ab 00.49 ♊ | ♋ |
| 4 | ♐ | ♑ ab 12.26 ♒ | ♓ ab 04.53 ♈ | ♈ ab 14.50 ♉ | ♊ | ♋ ab 13.20 ♌ |
| 5 | ♐ ab 20.03 ♑ | ♒ | ♈ | ♉ | ♊ ab 01.09 ♋ | ♌ |
| 6 | ♑ | ♒ ab 17.46 ♓ | ♈ ab 06.03 ♉ | ♉ ab 14.59 ♊ | ♋ | ♌ ab 18.27 ♍ |
| 7 | ♑ | ♓ | ♉ | ♊ | ♋ ab 04.24 ♌ | ♍ |
| 8 | ♑ ab 04.37 ♒ | ♓ ab 21.07 ♈ | ♉ ab 07.46 ♊ | ♊ ab 17.01 ♋ | ♌ | ♍ |
| 9 | ♒ | ♈ | ♊ | ♋ | ♌ ab 11.14 ♍ | ♍ ab 03.22 ♎ |
| 10 | ♒ ab 10.53 ♓ | ♈ ab 23.38 ♉ | ♊ ab 11.08 ♋ | ♋ ab 21.55 ♌ | ♍ | ♎ ab 15.05 ♏ |
| 11 | ♓ | ♉ | ♋ | ♌ | ♍ ab 21.08 ♎ | ♏ |
| 12 | ♓ ab 15.17 ♈ | ♉ ab 02.16 ♊ | ♋ | ♌ | ♎ | ♏ |
| 13 | ♈ | ♊ | ♋ ab 16.30 ♌ | ♌ ab 05.35 ♍ | ♎ ab 08.57 ♏ | ♏ ab 03.54 ♐ |
| 14 | ♈ ab 18.15 ♉ | ♊ ab 05.40 ♋ | ♌ | ♍ | ♏ | ♐ |
| 15 | ♉ | ♋ | ♌ ab 23.48 ♍ | ♍ ab 15.25 ♎ | ♏ ab 21.40 ♐ | ♐ ab 16.22 ♑ |
| 16 | ♉ ab 20.28 ♊ | ♋ ab 10.17 ♌ | ♍ | ♎ | ♐ | ♑ |
| 17 | ♊ | ♌ | ♍ ab 09.00 ♎ | ♎ ab 02.53 ♏ | ♐ | ♑ |
| 18 | ♊ ab 22.45 ♋ | ♌ ab 16.41 ♍ | ♎ | ♏ | ♐ ab 10.23 ♑ | ♑ ab 03.29 ♒ |
| 19 | ♋ | ♍ | ♎ ab 20.11 ♏ | ♏ | ♑ | ♒ |
| 20 | ♋ | ♍ | ♏ | ♏ ab 15.33 ♐ | ♑ | ♒ ab 12.29 ♓ |
| 21 | ♋ ab 02.16 ♌ | ♍ ab 01.26 ♎ | ♏ | ♐ | ♑ ab 21.52 ♒ | ♓ |
| 22 | ♌ | ♎ | ♏ ab 08.50 ♐ | ♐ | ♒ | ♓ ab 18.41 ♈ |
| 23 | ♌ ab 08.07 ♍ | ♎ ab 12.39 ♏ | ♐ | ♐ ab 04.21 ♑ | ♒ ab 06.33 ♓ | ♈ |
| 24 | ♍ | ♏ | ♐ ab 21.16 ♑ | ♑ | ♓ | ♈ ab 21.58 ♉ |
| 25 | ♍ ab 17.03 ♎ | ♏ ab 01.16 ♐ | ♑ | ♑ ab 15.21 ♒ | ♓ ab 11.25 ♈ | ♉ |
| 26 | ♎ | ♐ | ♑ | ♒ | ♈ | ♉ ab 22.59 ♊ |
| 27 | ♎ | ♐ ab 12.58 ♑ | ♑ ab 07.04 ♒ | ♒ ab 22.37 ♓ | ♈ ab 12.50 ♉ | ♊ |
| 28 | ♎ ab 04.39 ♏ | ♑ | ♒ | ♓ | ♉ | ♊ ab 23.07 ♋ |
| 29 | ♏ | ♑ ab 21.38 ♒ | ♒ ab 12.47 ♓ | ♓ | ♉ | ♋ |
| 30 | ♏ ab 17.08 ♐ | ♒ | ♓ | ♓ ab 01.41 ♈ | ♉ ab 12.15 ♊ | ♋ |
| 31 | ♐ | ♒ |  | ♈ |  | ♋ |

90

## 1964

| Tag | Januar Mond im | Februar Mond im | März Mond im | April Mond im | Mai Mond im | Juni Mond im |
|---|---|---|---|---|---|---|
| 1 | ♋ ab 00.09 ♌ | ♍ ab 20.26 ♎ | ♎ | ♏ ab 10.41 ♐ | ♐ ab 06.43 ♑ | ≈ |
| 2 | ♌ | ♎ | ♎ ab 14.54 ♏ | ♐ | ♑ | ≈ ab 12.02 ♓ |
| 3 | ♌ ab 03.48 ♍ | ♎ | ♏ | ♐ ab 23.37 ♑ | ♑ ab 19.07 ≈ | ♓ |
| 4 | ♍ | ♎ ab 06.13 ♏ | ♏ | ♑ | ≈ | ♓ ab 19.03 ♈ |
| 5 | ♍ ab 11.10 ♎ | ♏ | ♏ ab 02.47 ♐ | ♑ | ≈ | ♈ |
| 6 | ♎ | ♏ ab 18.36 ♐ | ♐ | ♑ ab 11.25 ≈ | ≈ ab 04.44 ♓ | ♈ ab 22.20 ♉ |
| 7 | ♎ ab 22.04 ♏ | ♐ | ♐ ab 15.36 ♑ | ≈ | ♓ | ♉ |
| 8 | ♏ | ♐ | ♑ | ≈ ab 19.47 ♓ | ♓ ab 10.16 ♈ | ♉ ab 22.50 ♊ |
| 9 | ♏ | ♐ ab 07.11 ♑ | ♑ ab 02.36 ≈ | ♓ | ♈ | ♊ |
| 10 | ♏ ab 10.50 ♐ | ♑ | ≈ | ♓ | ♈ ab 12.09 ♉ | ♊ ab 22.17 ♋ |
| 11 | ♐ | ♑ ab 17.40 ≈ | ≈ | ♓ ab 00.09 ♈ | ♉ | ♋ |
| 12 | ♐ ab 23.14 ♑ | ≈ | ≈ ab 10.06 ♓ | ♈ | ♉ ab 12.02 ♊ | ♋ ab 23.35 ♌ |
| 13 | ♑ | ≈ | ♓ | ♈ ab 01.37 ♉ | ♊ | ♌ |
| 14 | ♑ | ≈ ab 01.09 ♓ | ♓ ab 14.16 ♈ | ♉ | ♊ ab 11.54 ♋ | ♌ |
| 15 | ♑ ab 09.48 ≈ | ♓ | ♈ | ♉ ab 02.06 ♊ | ♋ | ♌ ab 01.28 ♍ |
| 16 | ≈ | ♓ ab 06.10 ♈ | ♈ ab 16.31 ♉ | ♊ | ♋ ab 13.32 ♌ | ♍ |
| 17 | ≈ ab 18.04 ♓ | ♈ | ♉ | ♊ ab 03.24 ♋ | ♌ | ♍ ab 07.54 ♎ |
| 18 | ♓ | ♈ ab 09.45 ♉ | ♉ ab 18.26 ♊ | ♋ | ♌ ab 18.03 ♍ | ♎ |
| 19 | ♓ | ♉ | ♊ | ♋ ab 06.40 ♌ | ♍ | ♎ ab 17.50 ♏ |
| 20 | ♓ ab 00.11 ♈ | ♉ ab 12.48 ♊ | ♊ ab 21.12 ♋ | ♌ | ♍ | ♏ |
| 21 | ♈ | ♊ | ♋ | ♌ ab 12.18 ♍ | ♍ ab 01.42 ♎ | ♏ |
| 22 | ♈ ab 04.24 ♉ | ♊ ab 15.50 ♋ | ♋ ab 01.15 ♌ | ♍ | ♎ | ♏ ab 06.04 ♐ |
| 23 | ♉ | ♋ | ♌ | ♍ ab 20.09 ♎ | ♎ ab 11.58 ♏ | ♐ |
| 24 | ♉ ab 07.05 ♊ | ♋ ab 19.11 ♌ | ♌ ab 06.42 ♍ | ♎ | ♏ | ♐ ab 19.02 ♑ |
| 25 | ♊ | ♌ | ♍ | ♎ | ♏ | ♑ |
| 26 | ♊ ab 08.52 ♋ | ♌ ab 23.30 ♍ | ♍ ab 13.48 ♎ | ♎ ab 06.01 ♏ | ♏ ab 00.04 ♐ | ♑ |
| 27 | ♋ | ♍ | ♎ | ♏ | ♐ | ♑ ab 07.22 ≈ |
| 28 | ♋ ab 10.46 ♌ | ♍ | ♎ ab 23.04 ♏ | ♏ ab 17.46 ♐ | ♐ ab 13.01 ♑ | ≈ |
| 29 | ♌ | ♍ ab 05.47 ♎ | ♏ | ♐ | ♑ | ≈ ab 17.57 ♓ |
| 30 | ♌ ab 14.09 ♍ | | ♏ | ♐ | ♑ | ♓ |
| 31 | ♍ | | ♏ | | ♑ ab 01.33 ≈ | |

| Tag | Juli Mond im | August Mond im | September Mond im | Oktober Mond im | November Mond im | Dezember Mond im |
|---|---|---|---|---|---|---|
| 1 | ♓ | ♉ | ♊ ab 01.14 ♋ | ♌ | ♍ ab 01.25 ♎ | ♏ |
| 2 | ♓ ab 01.53 ♈ | ♉ ab 16.29 ♊ | ♋ | ♌ ab 13.43 ♍ | ♎ | ♏ ab 02.24 ♐ |
| 3 | ♈ | ♊ | ♋ ab 03.37 ♌ | ♍ | ♎ ab 09.25 ♏ | ♐ |
| 4 | ♈ ab 06.43 ♉ | ♊ ab 18.13 ♋ | ♌ | ♍ ab 18.45 ♎ | ♏ | ♐ ab 14.54 ♑ |
| 5 | ♉ | ♋ | ♌ ab 06.13 ♍ | ♎ | ♏ ab 19.44 ♐ | ♑ |
| 6 | ♉ ab 08.43 ♊ | ♋ ab 19.11 ♌ | ♍ | ♎ ab 01.57 ♏ | ♐ | ♑ ab 03.58 ≈ |
| 7 | ♊ | ♌ | ♍ ab 10.20 ♎ | ♏ | ♐ | ≈ |
| 8 | ♊ ab 08.57 ♋ | ♌ ab 20.51 ♍ | ♎ ab 17.20 ♏ | ♏ ab 12.03 ♐ | ♐ ab 08.06 ♑ | ≈ ab 16.00 ♓ |
| 9 | ♋ | ♍ | ♏ | ♐ | ♑ | ♓ |
| 10 | ♋ ab 09.01 ♌ | ♍ ab 00.52 ♎ | ♏ | ♐ | ♑ ab 21.09 ≈ | ♓ |
| 11 | ♌ | ♎ | ♏ | ♐ | ≈ | ♓ |
| 12 | ♌ ab 10.45 ♍ | ♎ ab 08.32 ♏ | ♏ ab 03.48 ♐ | ♐ ab 00.32 ♑ | ≈ | ♓ ab 01.13 ♈ |
| 13 | ♍ | ♏ | ♐ | ♑ ab 13.16 ≈ | ≈ ab 08.29 ♓ | ♈ |
| 14 | ♍ ab 15.42 ♎ | ♏ ab 19.45 ♐ | ♐ ab 16.31 ♑ | ≈ | ♓ | ♈ ab 06.33 ♉ |
| 15 | ♎ | ♐ | ♑ | ≈ ab 23.33 ♓ | ♓ ab 16.11 ♈ | ♉ |
| 16 | ♎ | ♐ | ♑ | ♓ | ♈ | ♉ ab 08.22 ♊ |
| 17 | ♎ ab 00.33 ♏ | ♐ ab 08.39 ♑ | ♑ ab 04.48 ≈ | ♓ | ♈ ab 19.57 ♉ | ♊ |
| 18 | ♏ | ♑ | ≈ | ♓ ab 06.05 ♈ | ♉ | ♊ ab 08.03 ♋ |
| 19 | ♏ ab 12.29 ♐ | ♑ ab 20.40 ≈ | ≈ ab 14.23 ♓ | ♈ | ♉ ab 20.59 ♊ | ♋ |
| 20 | ♐ | ≈ | ♓ | ♈ ab 09.25 ♉ | ♊ | ♋ |
| 21 | ♐ | ≈ | ♓ ab 20.44 ♈ | ♉ | ♊ ab 21.04 ♋ | ♋ ab 07.31 ♌ |
| 22 | ♐ ab 01.27 ♑ | ≈ ab 06.14 ♓ | ♈ | ♉ ab 11.04 ♊ | ♋ | ♌ |
| 23 | ♑ | ♓ | ♈ ab 00.47 ♉ | ♊ | ♋ ab 21.59 ♌ | ♌ ab 08.42 ♍ |
| 24 | ♑ ab 13.31 ≈ | ♓ ab 13.16 ♈ | ♉ | ♊ ab 12.38 ♋ | ♌ | ♍ |
| 25 | ≈ | ♈ | ♉ ab 03.47 ♊ | ♋ | ♌ | ♍ ab 13.05 ♎ |
| 26 | ≈ ab 23.36 ♓ | ♈ ab 18.24 ♉ | ♊ | ♋ ab 15.14 ♌ | ♌ ab 01.03 ♍ | ♎ |
| 27 | ♓ | ♉ | ♊ ab 06.40 ♋ | ♌ | ♍ | ♎ ab 21.12 ♏ |
| 28 | ♓ | ♉ ab 22.16 ♊ | ♋ | ♌ | ♍ ab 06.55 ♎ | ♏ |
| 29 | ♓ ab 07.26 ♈ | ♊ | ♋ ab 09.53 ♌ | ♌ ab 19.26 ♍ | ♎ | ♏ |
| 30 | ♈ | ♊ | ♌ | ♍ | ♎ ab 15.31 ♏ | ♏ ab 08.21 ♐ |
| 31 | ♈ ab 13.01 ♉ | ♊ | | ♍ | | ♐ |

# 1965

| Tag | Januar Mond im | Februar Mond im | März Mond im | April Mond im | Mai Mond im | Juni Mond im |
|---|---|---|---|---|---|---|
| 1 | ♐ ab 21.07 ♑ | ♒ | ♒ | ♓ ab 03.19 ♈ | ♉ | ♊ ab 08.06 ♋ |
| 2 | ♑ | ♒ | ♒ ab 10.39 ♓ | ♈ | ♉ ab 21.27 ♊ | ♋ |
| 3 | ♑ | ♒ ab 03.56 ♓ | ♓ | ♈ ab 09.29 ♉ | ♊ | ♋ ab 08.47 ♌ |
| 4 | ♑ ab 10.05 ♒ | ♓ | ♓ ab 19.45 ♈ | ♉ | ♊ ab 23.39 ♋ | ♌ |
| 5 | ♒ | ♓ ab 13.44 ♈ | ♈ | ♉ ab 13.55 ♊ | ♋ | ♌ ab 10.34 ♍ |
| 6 | ♒ ab 22.07 ♓ | ♈ | ♈ | ♊ | ♋ | ♍ |
| 7 | ♓ | ♈ ab 21.24 ♉ | ♈ ab 02.50 ♉ | ♊ ab 17-25 ♋ | ♋ ab 01.50 ♌ | ♍ ab 14.30 ♎ |
| 8 | ♓ | ♉ | ♉ | ♋ | ♌ | ♎ |
| 9 | ♓ ab 08.09 ♈ | ♉ | ♉ ab 08.15 ♊ | ♋ ab 20.24 ♌ | ♌ ab 04.48 ♍ | ♎ ab 21.04 ♏ |
| 10 | ♈ | ♉ ab 02.37 ♊ | ♊ | ♌ | ♍ | ♏ |
| 11 | ♈ ab 15.11 ♉ | ♊ | ♊ ab 12.03 ♋ | ♌ ab 23.15 ♍ | ♍ ab 09.05 ♎ | ♏ |
| 12 | ♉ | ♊ ab 05.14 ♋ | ♋ | ♍ | ♎ | ♏ ab 06.10 ♐ |
| 13 | ♉ ab 18.49 ♊ | ♋ | ♋ ab 14.23 ♌ | ♍ | ♎ ab 15.10 ♏ | ♐ |
| 14 | ♊ | ♋ ab 05.55 ♌ | ♌ | ♍ ab 02.39 ♎ | ♏ | ♐ ab 17.21 ♑ |
| 15 | ♊ ab 19.35 ♋ | ♌ | ♌ ab 15.56 ♍ | ♎ | ♏ ab 23.32 ♐ | ♑ |
| 16 | ♋ | ♌ ab 06.06 ♍ | ♍ | ♎ ab 07.42 ♏ | ♐ | ♑ |
| 17 | ♋ ab 18.58 ♌ | ♍ ab 07.46 ♎ | ♍ ab 18.04 ♎ | ♏ | ♐ | ♑ ab 05.52 ♒ |
| 18 | ♌ | ♎ | ♎ | ♏ ab 15.32 ♐ | ♐ ab 10.20 ♑ | ♒ |
| 19 | ♌ ab 18.55 ♍ | ♎ ab 12.46 ♏ | ♎ ab 22.33 ♏ | ♐ | ♑ | ♒ ab 18.29 ♓ |
| 20 | ♍ | ♏ | ♏ | ♐ | ♑ ab 22.51 ♒ | ♓ |
| 21 | ♍ ab 21.28 ♎ | ♏ ab 21.58 ♐ | ♏ | ♐ ab 02.24 ♑ | ♒ | ♓ |
| 22 | ♎ | ♐ | ♏ ab 06.37 ♐ | ♑ | ♒ | ♓ ab 05.30 ♈ |
| 23 | ♎ | ♐ | ♐ | ♑ ab 15.05 ♒ | ♒ ab 11.15 ♓ | ♈ |
| 24 | ♎ ab 04.01 ♏ | ♐ ab 10.17 ♑ | ♐ ab 18.07 ♑ | ♒ | ♓ | ♈ ab 13.17 ♉ |
| 25 | ♏ | ♑ | ♑ | ♒ | ♓ ab 21.19 ♈ | ♉ |
| 26 | ♏ ab 14.33 ♐ | ♑ ab 23.15 ♒ | ♑ ab 06.59 ♒ | ♒ ab 03.03 ♓ | ♈ | ♉ ab 17.19 ♊ |
| 27 | ♐ | ♒ | ♒ | ♓ | ♈ | ♊ |
| 28 | ♐ | ♒ | ♒ | ♓ ab 12.11 ♈ | ♈ ab 03.49 ♉ | ♊ ab 18.20 ♋ |
| 29 | ♐ ab 03.22 ♑ | | ♒ ab 18.32 ♓ | ♈ | ♉ | ♋ |
| 30 | ♑ | | ♓ | ♈ ab 18.04 ♉ | ♉ ab 06.59 ♊ | ♋ ab 17.59 ♌ |
| 31 | ♑ ab 16.18 ♒ | | ♓ | | ♊ | |

| Tag | Juli Mond im | August Mond im | September Mond im | Oktober Mond im | November Mond im | Dezember Mond im |
|---|---|---|---|---|---|---|
| 1 | ♌ | ♍ ab 04.35 ♎ | ♏ | ♐ ab 19.29 ♑ | ♒ | ♓ |
| 2 | ♌ ab 18.12 ♍ | ♎ ab 09.21 ♏ | ♏ ab 01.00 ♐ | ♑ | ♒ | ♓ ab 00.23 ♈ |
| 3 | ♍ | ♏ | ♐ | ♑ | ♒ ab 04.23 ♓ | ♈ |
| 4 | ♍ ab 20.43 ♎ | ♏ | ♐ ab 11.52 ♑ | ♑ ab 07.49 ♒ | ♓ | ♈ ab 09.12 ♉ |
| 5 | ♎ | ♏ ab 17.50 ♐ | ♑ | ♒ | ♓ ab 15.22 ♈ | ♉ |
| 6 | ♎ | ♐ | ♑ | ♒ ab 20.14 ♓ | ♈ | ♉ ab 14.28 ♊ |
| 7 | ♎ ab 02.38 ♏ | ♐ | ♑ ab 00.34 ♒ | ♓ | ♈ ab 23.30 ♉ | ♊ |
| 8 | ♏ | ♐ ab 05.23 ♑ | ♒ | ♓ ab 06.54 ♈ | ♉ | ♊ ab 16.57 ♋ |
| 9 | ♏ ab 11.54 ♐ | ♑ | ♒ ab 12.57 ♓ | ♈ | ♉ | ♋ |
| 10 | ♐ | ♑ ab 18.10 ♒ | ♓ | ♈ | ♉ ab 04.55 ♊ | ♋ ab 18.09 ♌ |
| 11 | ♐ ab 23.29 ♑ | ♒ | ♓ ab 23.50 ♈ | ♈ ab 15.17 ♉ | ♊ | ♌ |
| 12 | ♑ | ♒ | ♈ | ♉ | ♊ ab 08.30 ♋ | ♌ ab 19.36 ♍ |
| 13 | ♑ | ♒ ab 06.38 ♓ | ♈ | ♉ ab 21.40 ♊ | ♋ | ♍ |
| 14 | ♑ ab 12.08 ♒ | ♓ | ♈ ab 08.57 ♉ | ♊ | ♋ ab 11.14 ♌ | ♍ ab 22.34 ♎ |
| 15 | ♒ | ♓ ab 17.57 ♈ | ♉ | ♊ | ♌ | ♎ |
| 16 | ♒ | ♈ | ♉ ab 16.07 ♊ | ♊ ab 02.27 ♋ | ♌ ab 13.55 ♍ | ♎ |
| 17 | ♒ ab 00.45 ♓ | ♈ | ♊ | ♋ | ♍ | ♎ ab 03.41 ♏ |
| 18 | ♓ | ♈ ab 03.28 ♉ | ♊ ab 21.01 ♋ | ♋ ab 05.52 ♌ | ♍ ab 17.11 ♎ | ♏ |
| 19 | ♓ ab 12.13 ♈ | ♉ | ♋ | ♌ | ♎ | ♏ ab 11.02 ♐ |
| 20 | ♈ | ♉ ab 10.21 ♊ | ♋ ab 23.36 ♌ | ♌ ab 08.14 ♍ | ♎ ab 21.37 ♏ | ♐ |
| 21 | ♈ ab 21.15 ♉ | ♊ | ♌ | ♍ | ♏ | ♐ ab 20.27 ♑ |
| 22 | ♉ | ♊ ab 14.05 ♋ | ♌ ab 00.30 ♍ | ♍ ab 10.21 ♎ | ♏ | ♑ |
| 23 | ♉ | ♋ | ♍ | ♎ | ♏ ab 03.57 ♐ | ♑ |
| 24 | ♉ ab 02.49 ♊ | ♋ ab 15.02 ♌ | ♍ ab 01.16 ♎ | ♎ ab 13.32 ♏ | ♐ | ♑ ab 07.45 ♒ |
| 25 | ♊ | ♌ | ♎ | ♏ | ♐ ab 12.46 ♑ | ♒ |
| 26 | ♊ ab 04.54 ♋ | ♌ ab 14.37 ♍ | ♎ ab 03.47 ♏ | ♏ ab 19.10 ♐ | ♑ | ♒ ab 20.18 ♓ |
| 27 | ♋ | ♍ | ♏ | ♐ | ♑ | ♓ |
| 28 | ♋ ab 04.38 ♌ | ♍ ab 14.53 ♎ | ♏ ab 09.43 ♐ | ♐ ab 04.05 ♑ | ♑ ab 00.04 ♒ | ♓ |
| 29 | ♌ | ♎ | ♐ | ♑ | ♒ | ♓ ab 08.40 ♈ |
| 30 | ♌ ab 03.55 ♍ | ♎ ab 17.54 ♏ | ♐ | ♑ | ♒ ab 12.40 ♓ | ♈ |
| 31 | ♍ | ♏ | | ♑ ab 15.50 ♒ | | ♈ |

## 1966

| Tag | Januar Mond im | Februar Mond im | März Mond im | April Mond im | Mai Mond im | Juni Mond im |
|---|---|---|---|---|---|---|
| 1 | ♈ ab 18.47 ♉ | ♊ | ♊ ab 23.48 ♋ | ♌ | ♍ ab 20.31 ♎ | ♏ |
| 2 | ♉ | ♊ ab 14.41 ♋ | ♋ | ♌ ab 11.31 ♍ | ♎ | ♏ ab 10.39 ♐ |
| 3 | ♉ | ♋ | ♋ | ♍ | ♎ ab 22.24 ♏ | ♐ |
| 4 | ♉ ab 01.07 ♊ | ♋ ab 15.14 ♌ | ♋ ab 01.57 ♌ | ♍ ab 11.40 ♎ | ♏ | ♐ ab 17.11 ♑ |
| 5 | ♊ | ♌ | ♌ | ♎ | ♏ | ♑ |
| 6 | ♊ ab 03.41 ♋ | ♌ ab 14.12 ♍ | ♌ ab 01.37 ♍ | ♎ ab 12.31 ♏ | ♏ ab 01.53 ♐ | ♑ |
| 7 | ♋ | ♍ | ♍ | ♏ | ♐ | ♑ ab 02.21 ♒ |
| 8 | ♋ ab 03.50 ♌ | ♍ ab 13.51 ♎ | ♍ ab 00.49 ♎ | ♏ ab 15.54 ♐ | ♐ ab 08.13 ♑ | ♒ |
| 9 | ♌ | ♎ | ♎ | ♐ | ♑ | ♒ ab 13.57 ♓ |
| 10 | ♌ ab 03.35 ♍ | ♎ ab 16.15 ♏ | ♎ ab 01.47 ♏ | ♐ ab 23.02 ♑ | ♑ ab 17.52 ♒ | ♓ |
| 11 | ♍ | ♏ | ♏ | ♑ | ♒ | ♓ |
| 12 | ♍ ab 04.53 ♎ | ♏ ab 22.34 ♐ | ♏ ab 06.19 ♐ | ♑ | ♒ ab 05.55 ♓ | ♓ ab 02.27 ♈ |
| 13 | ♎ | ♐ | ♐ | ♑ ab 09.43 ♒ | ♓ | ♈ |
| 14 | ♎ ab 09.09 ♏ | ♐ | ♐ ab 14.56 ♑ | ♒ | ♓ | ♈ ab 13.30 ♉ |
| 15 | ♏ | ♐ ab 08.26 ♑ | ♑ | ♒ ab 22.14 ♓ | ♓ ab 18.16 ♈ | ♉ |
| 16 | ♏ ab 16.40 ♐ | ♑ | ♑ ab 02.35 ♒ | ♓ | ♈ | ♉ ab 21.27 ♊ |
| 17 | ♐ | ♑ ab 20.26 ♒ | ♒ | ♓ | ♈ | ♊ |
| 18 | ♐ | ♒ | ♒ | ♓ ab 10.28 ♈ | ♈ ab 04.50 ♉ | ♊ |
| 19 | ♐ ab 02.45 ♑ | ♒ ab 09.06 ♓ | ♒ ab 15.19 ♓ | ♈ | ♉ | ♊ ab 02.06 ♋ |
| 20 | ♑ | ♓ | ♓ | ♈ ab 21.01 ♉ | ♉ ab 12.40 ♊ | ♋ |
| 21 | ♑ ab 14.27 ♒ | ♓ ab 21.31 ♈ | ♓ | ♉ | ♊ | ♋ ab 04.29 ♌ |
| 22 | ♒ | ♈ | ♓ ab 03.34 ♈ | ♉ | ♊ ab 18.01 ♋ | ♌ |
| 23 | ♒ | ♈ | ♈ | ♉ ab 05.28 ♊ | ♋ | ♌ ab 06.08 ♍ |
| 24 | ♒ ab 02.59 ♓ | ♈ ab 08.54 ♉ | ♈ ab 14.32 ♉ | ♊ | ♋ ab 21.37 ♌ | ♍ |
| 25 | ♓ | ♉ | ♉ | ♊ ab 11.48 ♋ | ♌ | ♍ ab 08.23 ♎ |
| 26 | ♓ ab 15.33 ♈ | ♉ | ♉ ab 23.42 ♊ | ♋ | ♌ ab 00.23 ♍ | ♎ |
| 27 | ♈ | ♉ ab 18.03 ♊ | ♊ | ♋ ab 16.10 ♌ | ♍ | ♎ ab 12.04 ♏ |
| 28 | ♈ | ♊ | ♊ | ♌ | ♍ ab 03.00 ♎ | ♏ |
| 29 | ♈ ab 02.43 ♉ | | ♊ ab 06.24 ♋ | ♌ ab 18.50 ♍ | ♎ | ♏ ab 17.32 ♐ |
| 30 | ♉ | | ♋ | ♍ | ♎ | ♐ |
| 31 | ♉ ab 10.44 ♊ | | ♋ ab 10.12 ♌ | | ♎ ab 06.12 ♏ | |

| Tag | Juli Mond im | August Mond im | September Mond im | Oktober Mond im | November Mond im | Dezember Mond im |
|---|---|---|---|---|---|---|
| 1 | ♐ | ♒ | ♓ ab 23.28 ♈ | ♈ ab 17.48 ♉ | ♊ | ♋ |
| 2 | ♐ ab 00.52 ♑ | ♒ | ♈ | ♉ | ♊ ab 18.43 ♋ | ♋ ab 06.02 ♌ |
| 3 | ♑ | ♒ ab 04.36 ♓ | ♈ | ♉ | ♋ | ♌ |
| 4 | ♑ ab 10.15 ♒ | ♓ | ♈ ab 12.00 ♉ | ♉ ab 04.44 ♊ | ♋ ab 00.37 ♌ | ♌ ab 09.49 ♍ |
| 5 | ♒ | ♓ ab 17.15 ♈ | ♉ | ♊ | ♌ | ♍ |
| 6 | ♒ ab 21.40 ♓ | ♈ | ♉ ab 22.53 ♊ | ♊ ab 13.13 ♋ | ♌ ab 04.10 ♍ | ♍ ab 12.44 ♎ |
| 7 | ♓ | ♈ | ♊ | ♋ | ♍ | ♎ |
| 8 | ♓ | ♈ ab 05.38 ♉ | ♊ | ♋ ab 18.25 ♌ | ♍ ab 05.55 ♎ | ♎ ab 15.18 ♏ |
| 9 | ♓ ab 10.16 ♈ | ♉ | ♊ ab 06.27 ♋ | ♌ | ♎ | ♏ |
| 10 | ♈ | ♉ ab 15.39 ♊ | ♋ | ♌ ab 20.27 ♍ | ♎ ab 06.54 ♏ | ♏ ab 18.14 ♐ |
| 11 | ♈ ab 22.04 ♉ | ♊ | ♋ ab 10.01 ♌ | ♍ | ♏ | ♐ |
| 12 | ♉ | ♊ ab 21.42 ♋ | ♌ | ♍ ab 20.30 ♎ | ♏ ab 08.37 ♐ | ♐ ab 22.31 ♑ |
| 13 | ♉ | ♋ | ♌ ab 10.26 ♍ | ♎ | ♐ | ♑ |
| 14 | ♉ ab 06.52 ♊ | ♋ ab 23.51 ♌ | ♍ | ♎ ab 20.22 ♏ | ♐ ab 12.37 ♑ | ♑ |
| 15 | ♊ | ♌ | ♍ ab 09.33 ♎ | ♏ | ♑ | ♑ ab 05.20 ♒ |
| 16 | ♊ ab 11.45 ♋ | ♌ ab 23.35 ♍ | ♎ | ♏ ab 22.00 ♐ | ♑ ab 20.04 ♒ | ♒ |
| 17 | ♋ | ♍ | ♎ ab 09.35 ♏ | ♐ | ♒ | ♒ ab 15.18 ♓ |
| 18 | ♋ ab 13.28 ♌ | ♍ ab 23.06 ♎ | ♏ | ♐ ab 02.56 ♑ | ♒ | ♓ |
| 19 | ♌ | ♎ | ♏ ab 12.22 ♐ | ♑ | ♒ ab 06.53 ♓ | ♓ ab 03.40 ♈ |
| 20 | ♌ ab 13.47 ♍ | ♎ ab 00.25 ♏ | ♐ | ♑ ab 11.41 ♒ | ♓ | ♈ |
| 21 | ♍ | ♏ ab 18.53 ♐ | ♐ ab 18.53 ♑ | ♒ | ♓ ab 19.32 ♈ | ♈ |
| 22 | ♍ ab 14.39 ♎ | ♏ ab 04.51 ♐ | ♑ | ♒ ab 23.21 ♓ | ♈ | ♈ ab 16.08 ♉ |
| 23 | ♎ | ♐ | ♑ | ♓ | ♈ | ♉ |
| 24 | ♎ ab 17.32 ♏ | ♐ ab 12.37 ♑ | ♑ ab 04.48 ♒ | ♓ | ♈ ab 07.37 ♉ | ♉ |
| 25 | ♏ | ♑ | ♒ | ♓ ab 12.04 ♈ | ♉ | ♉ ab 02.14 ♊ |
| 26 | ♏ ab 23.05 ♐ | ♑ ab 22.56 ♒ | ♒ ab 16.49 ♓ | ♈ | ♉ ab 17.31 ♊ | ♊ |
| 27 | ♐ | ♒ | ♓ | ♈ | ♊ | ♊ ab 08.59 ♋ |
| 28 | ♐ | ♒ | ♓ | ♈ | ♊ | ♋ |
| 29 | ♐ ab 07.05 ♑ | ♒ ab 10.49 ♓ | ♓ ab 05.30 ♈ | ♈ ab 00.06 ♉ | ♊ | ♋ ab 12.58 ♌ |
| 30 | ♑ | ♓ | ♈ | ♉ | ♊ ab 00.50 ♋ | ♌ |
| 31 | ♑ ab 17.02 ♒ | ♓ | | ♉ ab 10.28 ♊ | | ♌ ab 15.34 ♍ |

## 1967

| Tag | Januar Mond im | Februar Mond im | März Mond im | April Mond im | Mai Mond im | Juni Mond im |
|---|---|---|---|---|---|---|
| 1 | ♍ | ≙ ab 02.44 ♏ | ♏ | ♐ ab 01.11 ♑ | ≈ | ♓ ab 21.07 ♈ |
| 2 | ♍ ab 18.04 ≙ | ♏ | ♏ ab 12.53 ♐ | ♑ | ≈ | ♈ |
| 3 | ≙ ab 21.17 ♏ | ♏ ab 06.56 ♐ | ♐ | ♑ ab 08.49 ≈ | ≈ ab 01.48 ♓ | ♈ |
| 4 | ♏ | ♐ | ♐ ab 18.36 ♑ | ≈ | ♓ | ♈ ab 10.05 ♉ |
| 5 | ♏ | ♐ ab 13.11 ♑ | ♑ | ≈ ab 19.29 ♓ | ♓ ab 14.10 ♈ | ♉ |
| 6 | ♏ | ♑ | ♑ | ♓ | ♈ | ♉ ab 21.53 ♊ |
| 7 | ♏ ab 01.28 ♐ | ♑ ab 21.17 ≈ | ♑ ab 03.04 ≈ | ♓ | ♈ | ♊ |
| 8 | ♐ | ≈ | ≈ | ♓ ab 07.57 ♈ | ♈ ab 03.10 ♉ | ♊ |
| 9 | ♐ ab 06.54 ♑ | ≈ | ≈ ab 13.42 ♓ | ♈ | ♉ | ♊ ab 07.18 ♋ |
| 10 | ♑ | ≈ ab 07.19 ♓ | ♓ | ♈ ab 20.57 ♉ | ♉ ab 15.09 ♊ | ♋ |
| 11 | ♑ ab 14.06 ≈ | ♓ | ♓ | ♉ | ♊ | ♋ ab 14.19 ♌ |
| 12 | ≈ | ♓ ab 19.17 ♈ | ♓ ab 01.53 ♈ | ♉ | ♊ | ♌ |
| 13 | ≈ ab 23.45 ♓ | ♈ | ♈ | ♉ ab 09.15 ♊ | ab c01.11 ♋ | ♌ ab 19.24 ♍ |
| 14 | ♓ | ♈ | ♈ ab 14.55 ♉ | ♊ | ♋ | ♍ |
| 15 | ♓ | ♈ ab 08.19 ♉ | ♉ | ♊ ab 19.37 ♋ | ♋ ab 08.49 ♌ | ♍ ab 22.59 ≙ |
| 16 | ♓ ab 11.48 ♈ | ♉ | ♉ ab 03.20 ♊ | ♋ | ♌ | ≙ |
| 17 | ♈ | ♉ ab 20.16 ♊ | ♊ | ♋ | ♌ ab 13.52 ♍ | ≙ |
| 18 | ♈ | ♊ | ♊ | ♋ ab 02.55 ♌ | ♍ | ≙ ab 01.26 ♏ |
| 19 | ♈ ab 00.40 ♉ | ♊ ab 04.48 ♋ | ♊ ab 13.10 ♋ | ♌ | ♍ ab 16.31 ≙ | ♏ |
| 20 | ♉ | ♋ | ♋ | ♌ ab 06.43 ♍ | ≙ | ♏ ab 03.20 ♐ |
| 21 | ♉ ab 11.39 ♊ | ♋ ab 09.05 ♌ | ♋ ab 19.04 ♌ | ♍ | ≙ ab 17.30 ♏ | ♐ |
| 22 | ♊ | ♌ | ♌ | ♍ ab 07.42 ≙ | ♏ | ♐ ab 05.47 ♑ |
| 23 | ♊ ab 18.51 ♋ | ♌ ab 10.04 ♍ | ♌ ab 21.09 ♍ | ≙ | ♏ ab 18.06 ♐ | ♑ |
| 24 | ♋ | ♍ | ♍ | ≙ ab 07.19 ♏ | ♐ | ♑ ab 10.11 ≈ |
| 25 | ♋ ab 22.21 ♌ | ♍ ab 09.45 ≙ | ♍ ab 20.51 ≙ | ♏ | ♐ ab 19.59 ♑ | ≈ |
| 26 | ♌ | ≙ | ≙ | ♏ ab 07.27 ♐ | ♑ | ≈ ab 17.50 ♓ |
| 27 | ♌ ab 23.37 ♍ | ≙ ab 10.10 ♏ | ≙ ab 20.11 ♏ | ♐ | ♑ | ♓ |
| 28 | ♍ | ♏ | ♏ | ♐ ab 09.54 ♑ | ♑ ab 00.44 ≈ | ♓ |
| 29 | ♍ | | ♏ ab 21.09 ♐ | ♑ | ≈ | ♓ ab 04.53 ♈ |
| 30 | ♍ ab 00.33 ≙ | | ♐ | ♑ ab 15.58 ≈ | ≈ ab 09.19 ♓ | ♈ |
| 31 | ≙ | | ♐ | | ♓ | |

| Tag | Juli Mond im | August Mond im | September Mond im | Oktober Mond im | November Mond im | Dezember Mond im |
|---|---|---|---|---|---|---|
| 1 | ♈ ab 17.43 ♉ | ♊ | ♋ ab 15.09 ♌ | ♌ ab 04.39 ♍ | ≙ ab 16.27 ♏ | ♏ ab 03.11 ♐ |
| 2 | ♉ | ♊ ab 23.32 ♋ | ♌ | ♍ | ♏ | ♐ |
| 3 | ♉ | ♋ | ♌ ab 18.08 ♍ | ♍ ab 05.35 ≙ | ♏ ab 15.52 ♐ | ♐ ab 03.25 ♑ |
| 4 | ♉ ab 05.39 ♊ | ♋ | ♍ | ≙ | ♐ | ♑ |
| 5 | ♊ | ♋ ab 05.27 ♌ | ♍ ab 19.04 ≙ | ≙ ab 05.15 ♏ | ♐ ab 16.45 ♑ | ♑ ab 05.57 ≈ |
| 6 | ♊ ab 14.48 ♋ | ♌ | ≙ | ♏ | ♑ | ≈ |
| 7 | ♋ | ♌ ab 08.36 ♍ | ≙ ab 19.45 ♏ | ♏ ab 05.33 ♐ | ♑ ab 20.46 ≈ | ≈ ab 12.20 ♓ |
| 8 | ♋ ab 20.59 ♌ | ♍ | ♏ | ♐ | ≈ | ♓ |
| 9 | ♌ | ♍ ab 10.35 ≙ | ♏ ab 21.40 ♐ | ♐ ab 08.04 ♑ | ≈ | ♓ ab 22.44 ♈ |
| 10 | ♌ | ≙ | ♐ | ♑ | ≈ ab 04.43 ♓ | ♈ |
| 11 | ♌ ab 01.08 ♍ | ≙ ab 12.45 ♏ | ♐ | ♑ ab 13.46 ≈ | ♓ | ♈ |
| 12 | ♍ | ♏ | ♐ ab 01.43 ♑ | ≈ | ♓ ab 15.59 ♈ | ♈ ab 11.32 ♉ |
| 13 | ♍ ab 04.20 ≙ | ♏ ab 15.53 ♐ | ♑ | ≈ ab 22.38 ♓ | ♈ | ♉ |
| 14 | ≙ | ♐ | ♑ ab 08.09 ≈ | ♓ | ♈ | ♉ ab 00.19 ♊ |
| 15 | ≙ ab 07.18 ♏ | ♐ ab 20.19 ♑ | ≈ | ♓ | ♈ ab 04.53 ♉ | ♊ |
| 16 | ♏ | ♑ | ≈ ab 16.53 ♓ | ♓ ab 09.58 ♈ | ♉ | ♊ ab 11.23 ♋ |
| 17 | ♏ ab 10.23 ♐ | ♑ ab 02.17 ≈ | ♓ | ♈ | ♉ ab 17.41 ♊ | ♋ |
| 18 | ♐ | ≈ | ♓ | ♈ ab 22.42 ♉ | ♊ | ♋ ab 20.21 ♌ |
| 19 | ♐ ab 14.00 ♑ | ≈ | ♓ ab 03.47 ♈ | ♉ | ♊ | ♌ |
| 20 | ♑ | ≈ ab 10.18 ♓ | ♈ | ♉ | ♊ ab 05.13 ♋ | ♌ |
| 21 | ♑ ab 19.00 ≈ | ♓ | ♈ ab 16.21 ♉ | ♉ ab 11.39 ♊ | ♋ | ♌ ab 03.22 ♍ |
| 22 | ≈ | ♓ ab 20.48 ♈ | ♉ | ♊ | ♋ ab 14.48 ♌ | ♍ |
| 23 | ≈ | ♈ | ♉ | ♊ ab 23.28 ♋ | ♌ | ♍ ab 08.27 ≙ |
| 24 | ≈ ab 02.29 ♓ | ♈ | ♉ ab 05.22 ♊ | ♋ | ♌ ab 21.46 ♍ | ≙ |
| 25 | ♓ | ♈ ab 09.22 ♉ | ♊ | ♋ | ♍ | ≙ ab 11.36 ♏ |
| 26 | ♓ ab 13.01 ♈ | ♉ | ♊ ab 16.46 ♋ | ♋ ab 08.41 ♌ | ♍ ab 01.49 ≙ | ♏ |
| 27 | ♈ | ♉ ab 22.09 ♊ | ♋ | ♌ | ≙ | ♏ ab 13.10 ♐ |
| 28 | ♈ | ♊ | ♋ | ♌ ab 14.20 ♍ | ≙ ab 03.14 ♏ | ♐ |
| 29 | ♈ ab 01.41 ♉ | ♊ | ♋ ab 00.42 ♌ | ♍ | ♏ | ♐ ab 14.11 ♑ |
| 30 | ♉ | ♊ ab 08.35 ♋ | ♌ | ♍ ab 16.32 ≙ | ♏ | ♑ |
| 31 | ♉ ab 14.01 ♊ | ♋ | | ≙ | | ♑ |

94

# 1968

| Tag | Januar Mond im | Februar Mond im | März Mond im | April Mond im | Mai Mond im | Juni Mond im |
|---|---|---|---|---|---|---|
| 1 | ♑ ab 16.24 ♒ | ♓ | ♓ ab 00.15 ♈ | ♉ | ♊ | ♌ |
| 2 | ♒ | ♓ ab 15.40 ♈ | ♈ | ♉ ab 07.41 ♊ | ♊ ab 02.50 ♋ | ♌ |
| 3 | ♒ ab 21.36 ♓ | ♈ | ♈ ab 11.28 ♉ | ♊ | ♋ | ♌ ab 04.53 ♍ |
| 4 | ♓ | ♈ ab 03.16 ♉ | ♉ | ♊ ab 20.13 ♋ | ♋ ab 13.54 ♌ | ♍ |
| 5 | ♓ | ♉ | ♉ ab 00.17 ♊ | ♋ | ♌ | ♍ ab 10.50 ♎ |
| 6 | ♓ ab 06.46 ♈ | ♉ | ♊ | ♋ | ♌ ab 21.59 ♍ | ♎ |
| 7 | ♈ | ♉ ab 16.09 ♊ | ♊ | ♋ ab 06.29 ♌ | ♍ | ♎ ab 13.31 ♏ |
| 8 | ♈ ab 19.03 ♉ | ♊ | ♊ ab 12.22 ♋ | ♌ | ♍ ab 02.21 ♎ | ♏ |
| 9 | ♉ | ♊ | ♋ | ♌ ab 13.04 ♍ | ♎ | ♏ ab 13.43 ♐ |
| 10 | ♉ | ♊ ab 03.35 ♋ | ♋ ab 21.28 ♌ | ♍ | ♎ ab 03.30 ♏ | ♐ |
| 11 | ♉ ab 07.55 ♊ | ♋ | ♌ | ♍ ab 16.01 ♎ | ♏ | ♐ ab 13.06 ♑ |
| 12 | ♊ | ♋ ab 11.50 ♌ | ♌ | ♎ | ♏ ab 02.54 ♐ | ♑ |
| 13 | ♊ ab 18.54 ♋ | ♌ | ♌ ab 02.52 ♍ | ♎ ab 16.32 ♏ | ♐ | ♑ ab 13.47 ♒ |
| 14 | ♋ | ♌ ab 17.03 ♍ | ♍ | ♏ | ♐ ab 02.31 ♑ | ♒ |
| 15 | ♋ | ♍ | ♍ ab 05.24 ♎ | ♏ ab 16.24 ♐ | ♑ | ♒ ab 17.43 ♓ |
| 16 | ♋ ab 03.10 ♌ | ♍ ab 20.22 ♎ | ♎ ab 06.34 ♏ | ♐ | ♑ ab 04.22 ♒ | ♓ |
| 17 | ♌ | ♎ | ♏ | ♐ ab 17.23 ♑ | ♒ | ♓ |
| 18 | ♌ ab 09.11 ♍ | ♎ ab 23.00 ♏ | ♏ ab 07.54 ♐ | ♑ | ♒ ab 09.53 ♓ | ♓ ab 01.50 ♈ |
| 19 | ♍ | ♏ | ♐ | ♑ ab 20.58 ♒ | ♓ | ♈ |
| 20 | ♍ ab 13.48 ♎ | ♏ | ♐ ab 10.35 ♑ | ♒ | ♓ ab 19.15 ♈ | ♈ ab 13.26 ♉ |
| 21 | ♎ | ♏ ab 01.48 ♐ | ♑ | ♒ | ♈ | ♉ |
| 22 | ♎ ab 17.28 ♏ | ♐ | ♑ ab 15.17 ♒ | ♒ ab 03.46 ♓ | ♈ | ♉ |
| 23 | ♏ | ♐ ab 05.12 ♑ | ♒ | ♓ | ♈ ab 07.16 ♉ | ♉ ab 02.23 ♊ |
| 24 | ♏ ab 20.24 ♐ | ♑ | ♒ ab 22.16 ♓ | ♓ ab 13.33 ♈ | ♉ | ♊ |
| 25 | ♐ | ♑ ab 09.37 ♒ | ♓ | ♈ | ♉ ab 20.13 ♊ | ♊ ab 14.43 ♋ |
| 26 | ♐ ab 22.57 ♑ | ♒ | ♓ | ♈ | ♊ | ♋ |
| 27 | ♑ | ♒ ab 15.43 ♓ | ♓ ab 07.32 ♈ | ♈ ab 01.23 ♉ | ♊ | ♋ |
| 28 | ♑ | ♓ | ♈ | ♉ | ♊ ab 08.43 ♋ | ♋ ab 01.31 ♌ |
| 29 | ♑ ab 02.06 ♒ | ♓ | ♈ ab 18.55 ♉ | ♉ ab 14.12 ♊ | ♋ | ♌ |
| 30 | ♒ | | ♉ | ♊ | ♋ | ♌ ab 10.27 ♍ |
| 31 | ♒ ab 07.16 ♓ | | ♉ | | ♋ ab 19.54 ♌ | |

| Tag | Juli Mond im | August Mond im | September Mond im | Oktober Mond im | November Mond im | Dezember Mond im |
|---|---|---|---|---|---|---|
| 1 | ♍ | ♎ ab 03.12 ♏ | ♐ ab 14.22 ♑ | ♒ | ♓ ab 17.51 ♈ | ♈ ab 09.58 ♉ |
| 2 | ♍ ab 17.10 ♎ | ♏ | ♑ | ♒ | ♈ | ♉ |
| 3 | ♎ | ♏ ab 06.11 ♐ | ♑ ab 17.20 ♒ | ♒ ab 04.21 ♓ | ♈ | ♉ ab 22.06 ♊ |
| 4 | ♎ ab 21.21 ♏ | ♐ | ♒ | ♓ | ♈ ab 04.02 ♉ | ♊ |
| 5 | ♏ | ♐ ab 07.58 ♑ | ♒ ab 21.28 ♓ | ♓ ab 11.36 ♈ | ♉ | ♊ |
| 6 | ♏ ab 23.05 ♐ | ♑ | ♓ | ♈ | ♉ ab 15.48 ♊ | ♊ ab 10.44 ♋ |
| 7 | ♐ | ♑ ab 09.38 ♒ | ♓ | ♈ ab 21.07 ♉ | ♊ | ♋ |
| 8 | ♐ ab 23.24 ♑ | ♒ | ♓ ab 03.50 ♈ | ♉ | ♊ | ♋ ab 23.03 ♌ |
| 9 | ♑ | ♒ ab 12.46 ♓ | ♈ | ♉ | ♊ ab 04.27 ♋ | ♌ |
| 10 | ♑ | ♓ | ♈ ab 13.06 ♉ | ♉ ab 08.44 ♊ | ♋ | ♌ |
| 11 | ♑ ab 00.04 ♒ | ♓ ab 18-54 ♈ | ♉ | ♊ | ♋ ab 16.45 ♌ | ♌ ab 10.00 ♍ |
| 12 | ♒ | ♈ | ♉ ab 00.55 ♊ | ♊ ab 21.24 ♋ | ♌ | ♍ |
| 13 | ♒ ab 03.03 ♓ | ♈ | ♊ | ♋ | ♌ ab 02.55 ♍ | ♍ ab 18.09 ♎ |
| 14 | ♓ | ♈ ab 04.36 ♉ | ♊ ab 13.29 ♋ | ♋ | ♍ | ♎ |
| 15 | ♓ ab 09.52 ♈ | ♉ | ♋ | ♋ ab 09.09 ♌ | ♍ ab 09.27 ♎ | ♎ ab 22.32 ♏ |
| 16 | ♈ | ♉ ab 16.52 ♊ | ♋ | ♌ | ♎ | ♏ |
| 17 | ♈ ab 20.31 ♉ | ♊ | ♋ ab 00.26 ♌ | ♌ ab 17.59 ♍ | ♎ ab 12.06 ♏ | ♏ ab 23.28 ♐ |
| 18 | ♉ | ♊ | ♌ | ♍ | ♏ | ♐ |
| 19 | ♉ | ♊ ab 05.16 ♋ | ♌ ab 08.16 ♍ | ♍ ab 23.06 ♎ | ♏ ab 12.04 ♐ | ♐ ab 22.33 ♑ |
| 20 | ♉ ab 09.13 ♊ | ♋ | ♍ | ♎ | ♐ | ♑ |
| 21 | ♊ | ♋ ab 15.40 ♌ | ♍ ab 13.00 ♎ | ♎ | ♐ ab 11.20 ♑ | ♑ ab 22.00 ♒ |
| 22 | ♊ ab 21.32 ♋ | ♌ | ♎ | ♎ ab 01.06 ♏ | ♑ | ♒ |
| 23 | ♋ | ♌ ab 23.21 ♍ | ♎ ab 15.39 ♏ | ♏ | ♑ ab 12.03 ♒ | ♒ |
| 24 | ♋ | ♍ | ♏ | ♏ ab 01.33 ♐ | ♒ | ♒ ab 00.01 ♓ |
| 25 | ♋ ab 07.55 ♌ | ♍ ab 04.45 ♎ | ♏ ab 17.31 ♐ | ♐ | ♒ ab 15.53 ♓ | ♓ |
| 26 | ♌ | ♎ | ♐ | ♐ ab 02.14 ♑ | ♓ | ♓ ab 06.03 ♈ |
| 27 | ♌ ab 16.10 ♍ | ♎ ab 08.39 ♏ | ♐ ab 19.45 ♑ | ♑ | ♓ ab 23.26 ♈ | ♈ |
| 28 | ♍ | ♏ | ♑ | ♑ ab 04.43 ♒ | ♈ | ♈ ab 15.57 ♉ |
| 29 | ♍ ab 22.33 ♎ | ♏ | ♑ | ♒ | ♈ | ♉ |
| 30 | ♎ | ♏ ab 11.41 ♐ | ♑ ab 23.11 ♒ | ♒ ab 09.55 ♓ | ♈ | ♉ |
| 31 | ♎ | ♐ | | ♓ | | ♉ ab 04.12 ♊ |

95

# 1969

| Tag | Januar Mond im | Februar Mond im | März Mond im | April Mond im | Mai Mond im | Juni Mond im |
|---|---|---|---|---|---|---|
| 1 | ♊ | ♋ ab 11.29 ♌ | ♌ | ♍ ab 21.04 ♎ | ♎ ab 10.50 ♏ | ♐ ab 22.07 ♑ |
| 2 | ♊ ab 16.53 ♋ | ♌ | ♌ | ♎ | ♏ | ♑ |
| 3 | ♋ | ♌ ab 21.41 ♍ | ♌ ab 05.07 ♍ | ♎ | ♏ ab 12.19 ♐ | ♑ ab 22.04 ♒ |
| 4 | ♋ | ♍ | ♍ | ♎ ab 01.23 ♏ | ♐ | ♒ |
| 5 | ♋ ab 04.55 ♌ | ♍ | ♍ ab 12.34 ♎ | ♏ | ♐ ab 12.57 ♑ | ♒ |
| 6 | ♌ | ♍ ab 06.01 ♎ | ♎ | ♏ ab 03.58 ♐ | ♑ | ♒ ab 00.14 ♓ |
| 7 | ♌ ab 15.43 ♍ | ♎ | ♎ ab 17.57 ♏ | ♐ | ♑ ab 14.28 ♒ | ♓ |
| 8 | ♍ | ♎ ab 12.19 ♏ | ♏ | ♐ ab 06.05 ♑ | ♒ | ♓ ab 05.37 ♈ |
| 9 | ♍ | ♏ | ♏ ab 21.48 ♐ | ♑ | ♒ ab 18.05 ♓ | ♈ |
| 10 | ♍ ab 00.33 ♎ | ♏ ab 16.24 ♐ | ♐ | ♑ ab 08.47 ♒ | ♓ | ♈ ab 14.06 ♉ |
| 11 | ♎ | ♐ | ♐ | ♒ | ♓ | ♉ |
| 12 | ♎ ab 06.32 ♏ | ♐ ab 18.29 ♑ | ♐ ab 00.41 ♑ | ♒ ab 12.42 ♓ | ♓ ab 00.09 ♈ | ♉ |
| 13 | ♏ | ♑ | ♑ | ♓ | ♈ | ♉ ab 00.49 ♊ |
| 14 | ♏ ab 09.19 ♐ | ♑ ab 19.31 ♒ | ♑ ab 03.10 ♒ | ♓ ab 18.14 ♈ | ♈ ab 08.29 ♉ | ♊ |
| 15 | ♐ | ♒ | ♒ | ♈ | ♉ | ♊ ab 12.53 ♋ |
| 16 | ♐ ab 09.40 ♑ | ♒ ab 21.04 ♓ | ♒ ab 06.04 ♓ | ♈ | ♉ ab 18.42 ♊ | ♋ |
| 17 | ♑ | ♓ | ♓ | ♈ ab 01.44 ♉ | ♊ | ♋ |
| 18 | ♑ ab 09.17 ♒ | ♓ | ♓ ab 10.27 ♈ | ♉ | ♊ | ♋ ab 01.36 ♌ |
| 19 | ♒ | ♓ ab 00.49 ♈ | ♈ | ♉ ab 11.29 ♊ | ♊ ab 06.31 ♋ | ♌ |
| 20 | ♒ ab 10.21 ♓ | ♈ | ♈ ab 17.21 ♉ | ♊ | ♋ | ♌ ab 13.54 ♍ |
| 21 | ♓ | ♈ ab 08.02 ♉ | ♉ | ♊ ab 23.18 ♋ | ♋ ab 19.13 ♌ | ♍ |
| 22 | ♓ ab 14.44 ♈ | ♉ | ♉ | ♋ | ♌ | ♍ |
| 23 | ♈ | ♉ ab 18.42 ♊ | ♉ ab 03.13 ♊ | ♋ | ♌ | ♍ ab 00.04 ♎ |
| 24 | ♈ ab 23.13 ♉ | ♊ | ♊ | ♋ ab 11.51 ♌ | ♌ ab 07.07 ♍ | ♎ |
| 25 | ♉ | ♊ | ♊ ab 15.19 ♋ | ♌ | ♍ | ♎ ab 06.31 ♏ |
| 26 | ♉ | ♊ ab 07.12 ♋ | ♋ | ♌ ab 22.57 ♍ | ♍ ab 16.08 ♎ | ♏ |
| 27 | ♉ ab 10.54 ♊ | ♋ | ♋ | ♍ | ♎ | ♏ ab 09.00 ♐ |
| 28 | ♊ | ♋ ab 19.12 ♌ | ♋ ab 03.37 ♌ | ♍ | ♎ ab 21.06 ♏ | ♐ |
| 29 | ♊ ab 23.37 ♋ | | ♌ | ♍ ab 06.44 ♎ | ♏ | ♐ ab 08.45 ♑ |
| 30 | ♋ | | ♌ ab 13.54 ♍ | ♎ | ♏ ab 22.31 ♐ | ♑ |
| 31 | ♋ | | ♍ | | ♐ | |

| Tag | Juli Mond im | August Mond im | September Mond im | Oktober Mond im | November Mond im | Dezember Mond im |
|---|---|---|---|---|---|---|
| 1 | ♑ ab 07.50 ♒ | ♓ ab 20.55 ♈ | ♉ | ♊ | ♋ ab 12.35 ♌ | ♌ ab 09.14 ♍ |
| 2 | ♒ | ♈ | ♉ ab 20.24 ♊ | ♊ ab 15.53 ♋ | ♌ | ♍ |
| 3 | ♒ ab 08.27 ♓ | ♈ | ♊ | ♋ | ♌ | ♍ ab 20.17 ♎ |
| 4 | ♓ | ♈ ab 03.02 ♉ | ♊ | ♋ | ♌ ab 01.01 ♍ | ♎ |
| 5 | ♓ ab 12.17 ♈ | ♉ | ♊ ab 07.58 ♋ | ♋ ab 04.26 ♌ | ♍ | ♎ |
| 6 | ♈ | ♉ ab 12.50 ♊ | ♋ | ♌ | ♍ ab 10.59 ♎ | ♎ ab 03.31 ♏ |
| 7 | ♈ ab 19.54 ♉ | ♊ | ♋ ab 20.37 ♌ | ♌ ab 16.22 ♍ | ♎ | ♏ |
| 8 | ♉ | ♊ | ♌ | ♍ | ♎ ab 17.18 ♏ | ♏ ab 06.43 ♐ |
| 9 | ♉ | ♊ ab 00.58 ♋ | ♌ | ♍ | ♏ | ♐ |
| 10 | ♉ ab 06.32 ♊ | ♋ | ♌ ab 08.21 ♍ | ♍ ab 01.49 ♎ | ♏ ab 20.31 ♐ | ♐ ab 07.21 ♑ |
| 11 | ♊ | ♋ ab 13.39 ♌ | ♍ | ♎ | ♐ | ♑ |
| 12 | ♊ ab 18.48 ♋ | ♌ | ♍ ab 18.02 ♎ | ♎ ab 08.19 ♏ | ♐ ab 22.09 ♑ | ♑ ab 07.28 ♒ |
| 13 | ♋ | ♌ | ♎ | ♏ | ♑ | ♒ |
| 14 | ♋ | ♌ ab 01.33 ♍ | ♎ | ♏ ab 12.34 ♐ | ♑ ab 23.53 ♒ | ♒ ab 08.57 ♓ |
| 15 | ♋ ab 07.30 ♌ | ♍ | ♎ ab 01.26 ♏ | ♐ | ♒ | ♓ |
| 16 | ♌ | ♍ ab 11.51 ♎ | ♏ | ♐ ab 15.36 ♑ | ♒ | ♓ ab 12.56 ♈ |
| 17 | ♌ ab 19.43 ♍ | ♎ | ♏ ab 06.43 ♐ | ♑ | ♒ ab 02.53 ♓ | ♈ |
| 18 | ♍ | ♎ ab 19.54 ♏ | ♐ | ♑ ab 18.22 ♒ | ♓ | ♈ ab 19.36 ♉ |
| 19 | ♍ | ♏ | ♐ ab 10.14 ♑ | ♒ | ♓ ab 07.32 ♈ | ♉ |
| 20 | ♍ ab 06.20 ♎ | ♏ | ♑ | ♒ ab 21.26 ♓ | ♈ | ♉ |
| 21 | ♎ | ♏ ab 01.13 ♐ | ♑ ab 12.32 ♒ | ♓ | ♈ ab 13.53 ♉ | ♉ ab 04.28 ♊ |
| 22 | ♎ ab 14.04 ♏ | ♐ | ♒ | ♓ | ♉ | ♊ |
| 23 | ♏ | ♐ ab 03.49 ♑ | ♒ ab 14.23 ♓ | ♓ ab 01.18 ♈ | ♉ ab 21.59 ♊ | ♊ ab 15.09 ♋ |
| 24 | ♏ ab 18.11 ♐ | ♑ | ♓ | ♈ | ♊ | ♋ |
| 25 | ♐ | ♑ ab 04.36 ♒ | ♓ ab 16.56 ♈ | ♈ ab 06.33 ♉ | ♊ | ♋ |
| 26 | ♐ ab 19.10 ♑ | ♒ | ♈ | ♉ | ♊ ab 08.11 ♋ | ♋ ab 03.22 ♌ |
| 27 | ♑ | ♒ ab 05.04 ♓ | ♈ ab 21.29 ♉ | ♉ ab 14.01 ♊ | ♋ | ♌ |
| 28 | ♑ ab 18.35 ♒ | ♓ | ♉ | ♊ | ♋ ab 20.23 ♌ | ♌ ab 16.21 ♍ |
| 29 | ♒ | ♓ ab 06.58 ♈ | ♉ | ♊ | ♌ | ♍ |
| 30 | ♒ ab 18.31 ♓ | ♈ | ♉ ab 05.06 ♊ | ♊ ab 00.13 ♋ | ♌ | ♍ |
| 31 | ♓ | ♈ ab 11.51 ♉ | | ♋ | | ♍ ab 04.19 ♎ |

# 1970

| Tag | Januar Mond im | Februar Mond im | März Mond im | April Mond im | Mai Mond im | Juni Mond im |
|---|---|---|---|---|---|---|
| 1 | ♎ | ♏ ab 02.50 ♐ | ♐ | ♒ | ♓ | ♉ |
| 2 | ♎ ab 13.04 ♏ | ♐ | ♐ ab 13.55 ♑ | ♒ | ♓ ab 10.33 ♈ | ♉ |
| 3 | ♏ | ♐ ab 05.22 ♑ | ♑ | ♒ ab 01.01 ♓ | ♈ | ♉ ab 03.10 ♊ |
| 4 | ♏ ab 17.33 ♐ | ♑ | ♑ ab 15.35 ♒ | ♓ | ♈ ab 14.05 ♉ | ♊ |
| 5 | ♐ | ♑ ab 05.20 ♒ | ♒ | ♓ ab 02.32 ♈ | ♉ | ♊ ab 11.26 ♋ |
| 6 | ♐ ab 18.30 ♑ | ♒ | ♒ ab 15.49 ♓ | ♈ | ♉ ab 19.18 ♊ | ♋ |
| 7 | ♑ | ♒ ab 04.38 ♓ | ♓ | ♈ ab 05.03 ♉ | ♊ | ♋ ab 22.17 ♌ |
| 8 | ♑ ab 17.48 ♒ | ♓ | ♓ ab 16.17 ♈ | ♉ | ♊ ab 03.17 ♋ | ♌ |
| 9 | ♒ | ♓ ab 05.18 ♈ | ♈ | ♉ ab 10.02 ♊ | ♋ | ♌ |
| 10 | ♒ ab 17.37 ♓ | ♈ | ♈ ab 18.44 ♉ | ♊ | ♋ | ♌ ab 11.02 ♍ |
| 11 | ♓ | ♈ ab 09.00 ♉ | ♉ | ♊ ab 18.34 ♋ | ♋ ab 14.22 ♌ | ♍ |
| 12 | ♓ ab 19.48 ♈ | ♉ ab 16.30 ♊ | ♉ ab 00.37 ♊ | ♋ | ♌ | ♍ ab 23.28 ♎ |
| 13 | ♈ | ♊ | ♊ | ♋ | ♌ | ♎ |
| 14 | ♈ | ♊ | ♊ | ♋ ab 06.16 ♌ | ♌ ab 03.11 ♍ | ♎ |
| 15 | ♈ ab 01.21 ♉ | ♊ | ♊ ab 10.19 ♋ | ♌ | ♍ | ♎ ab 09.02 ♏ |
| 16 | ♉ | ♊ ab 03.17 ♋ | ♋ | ♌ ab 19.08 ♍ | ♍ ab 15.03 ♎ | ♏ |
| 17 | ♉ ab 10.07 ♊ | ♋ | ♋ ab 22.40 ♌ | ♍ | ♎ | ♏ ab 14.39 ♐ |
| 18 | ♊ | ♋ ab 15.54 ♌ | ♌ | ♍ | ♎ ab 23.50 ♏ | ♐ |
| 19 | ♊ ab 21.14 ♋ | ♌ | ♌ | ♍ ab 06.35 ♎ | ♏ | ♐ ab 17.05 ♑ |
| 20 | ♋ | ♌ | ♌ ab 11.30 ♍ | ♎ | ♏ | ♑ |
| 21 | ♋ ab 09.41 ♌ | ♌ ab 04.42 ♍ | ♍ | ♎ ab 15.16 ♏ | ♏ ab 05.12 ♐ | ♑ ab 18.01 ♒ |
| 22 | ♌ | ♍ | ♍ ab 22.57 ♎ | ♏ | ♐ | ♒ |
| 23 | ♌ ab 22.33 ♍ | ♍ ab 16.30 ♎ | ♎ | ♏ ab 21.15 ♐ | ♐ ab 08.14 ♑ | ♒ ab 19.12 ♓ |
| 24 | ♍ | ♎ | ♎ | ♐ | ♑ | ♓ |
| 25 | ♍ | ♎ ab 02.24 ♏ | ♎ ab 08.11 ♏ | ♐ | ♑ ab 10.26 ♒ | ♓ ab 21.53 ♈ |
| 26 | ♍ ab 10.43 ♎ | ♏ | ♏ | ♐ ab 01.27 ♑ | ♒ | ♈ |
| 27 | ♎ | ♏ | ♏ ab 15.07 ♐ | ♑ | ♒ ab 12.59 ♓ | ♈ |
| 28 | ♎ ab 20.35 ♏ | ♏ ab 09.39 ♐ | ♐ | ♑ ab 04.44 ♒ | ♓ | ♈ ab 02.35 ♉ |
| 29 | ♏ | | ♐ ab 20.01 ♑ | ♒ | ♓ ab 16.27 ♈ | ♉ |
| 30 | ♏ | | ♑ | ♒ ab 07.38 ♓ | ♈ | ♉ ab 09.25 ♊ |
| 31 | ♏ | | ♑ ab 23.09 ♒ | | ♈ ab 21.04 ♉ | |

| Tag | Juli Mond im | August Mond im | September Mond im | Oktober Mond im | November Mond im | Dezember Mond im |
|---|---|---|---|---|---|---|
| 1 | ♊ | ♋ ab 11.45 ♌ | ♍ | ♎ | ♏ ab 03.25 ♐ | ♑ |
| 2 | ♊ ab 18.21 ♋ | ♌ | ♍ ab 19.26 ♎ | ♎ ab 12.36 ♏ | ♐ | ♑ ab 19.45 ♒ |
| 3 | ♋ | ♌ | ♎ | ♏ | ♐ ab 09.33 ♑ | ♒ |
| 4 | ♋ | ♌ ab 00.35 ♍ | ♎ | ♏ ab 21.32 ♐ | ♑ | ♒ ab 22.56 ♓ |
| 5 | ♋ ab 05.26 ♌ | ♍ | ♎ ab 06.55 ♏ | ♐ | ♑ ab 14.11 ♒ | ♓ |
| 6 | ♌ | ♍ ab 13.33 ♎ | ♏ | ♐ | ♒ | ♓ |
| 7 | ♌ ab 18.12 ♍ | ♎ | ♏ ab 15.59 ♐ | ♐ ab 04.11 ♑ | ♒ ab 17.33 ♓ | ♓ ab 02.04 ♈ |
| 8 | ♍ | ♎ | ♐ | ♑ | ♓ | ♈ |
| 9 | ♍ | ♎ ab 00.57 ♏ | ♐ ab 21.52 ♑ | ♑ ab 08.26 ♒ | ♓ ab 19.52 ♈ | ♈ ab 05.25 ♉ |
| 10 | ♍ ab 07.03 ♎ | ♏ | ♑ | ♒ | ♈ | ♉ |
| 11 | ♎ | ♏ ab 09.08 ♐ | ♑ | ♒ ab 10.31 ♓ | ♈ ab 21.51 ♉ | ♉ ab 09.34 ♊ |
| 12 | ♎ ab 17.41 ♏ | ♐ | ♑ ab 00.34 ♒ | ♓ | ♉ | ♊ |
| 13 | ♏ | ♐ ab 13.25 ♑ | ♒ | ♓ ab 11.13 ♈ | ♉ ab 00.49 ♊ | ♊ ab 15.33 ♋ |
| 14 | ♏ | ♑ | ♒ ab 00.58 ♓ | ♈ | ♊ | ♋ |
| 15 | ♏ ab 00.26 ♐ | ♑ ab 14.31 ♒ | ♓ | ♈ ab 12.00 ♉ | ♊ ab 06.24 ♋ | ♋ |
| 16 | ♐ | ♒ | ♓ ab 00.36 ♈ | ♉ | ♋ | ♋ ab 00.22 ♌ |
| 17 | ♐ ab 03.20 ♑ | ♒ ab 14.02 ♓ | ♈ | ♉ ab 14.44 ♊ | ♋ ab 15.36 ♌ | ♌ |
| 18 | ♑ | ♓ | ♈ ab 01.21 ♉ | ♊ | ♌ | ♌ ab 12.05 ♍ |
| 19 | ♑ ab 03.45 ♒ | ♓ ab 13.51 ♈ | ♉ | ♊ ab 20.59 ♋ | ♌ | ♍ |
| 20 | ♒ | ♈ | ♉ ab 05.02 ♊ | ♋ | ♌ | ♍ |
| 21 | ♒ ab 03.37 ♓ | ♈ ab 15.46 ♉ | ♊ | ♋ | ♌ ab 03.50 ♍ | ♍ ab 01.02 ♎ |
| 22 | ♓ | ♉ | ♊ ab 12.41 ♋ | ♋ ab 07.13 ♌ | ♍ | ♎ |
| 23 | ♓ ab 04.43 ♈ | ♉ ab 21.04 ♊ | ♋ | ♌ | ♍ ab 16.40 ♎ | ♎ ab 12.28 ♏ |
| 24 | ♈ | ♊ | ♋ ab 23.55 ♌ | ♌ ab 19.58 ♍ | ♎ | ♏ |
| 25 | ♈ ab 08.19 ♉ | ♊ | ♌ | ♍ | ♎ ab 03.25 ♏ | ♏ ab 20.28 ♐ |
| 26 | ♉ | ♊ ab 05.59 ♋ | ♌ | ♍ | ♏ | ♐ |
| 27 | ♉ ab 14.53 ♊ | ♋ | ♌ ab 12.54 ♍ | ♍ ab 08.37 ♎ | ♏ ab 11.03 ♐ | ♐ ab 01.02 ♑ |
| 28 | ♊ | ♋ ab 17.39 ♌ | ♍ | ♎ | ♐ | ♑ |
| 29 | ♊ | ♌ | ♍ | ♎ ab 19.15 ♏ | ♐ | ♑ |
| 30 | ♊ ab 00.14 ♋ | ♌ | ♍ ab 01.34 ♎ | ♏ | ♐ ab 16.06 ♑ | ♑ ab 03.24 ♒ |
| 31 | ♋ | ♌ ab 06.36 ♍ | | ♏ | | ♒ |

## 1971

| Tag | Januar — Mond im | Februar — Mond im | März — Mond im | April — Mond im | Mai — Mond im | Juni — Mond im |
|---|---|---|---|---|---|---|
| 1 | ♒ ab 05.08 ♓ | ♈ ab 16.49 ♉ | ♈ ab 00.55 ♉ | ♊ ab 17.51 ♋ | ♋ ab 10.35 ♌ | ♍ |
| 2 | ♓ | ♉ | ♉ | ♋ | ♌ | ♍ ab 18.27 ♎ |
| 3 | ♓ ab 07.27 ♈ | ♉ ab 21.35 ♊ | ♉ ab 04.02 ♊ | ♋ ab 03.06 ♌ | ♌ ab 22.04 ♍ | ♎ |
| 4 | ♈ | ♊ | ♊ | ♌ | ♍ | ♎ |
| 5 | ♈ ab 11.01 ♉ | ♊ | ♊ ab 10.48 ♋ | ♌ | ♍ | ♎ ab 06.37 ♏ |
| 6 | ♉ | ♊ ab 05.07 ♋ | ♋ | ♌ ab 15.17 ♍ | ♍ ab 11.00 ♎ | ♏ |
| 7 | ♉ ab 16.09 ♊ | ♋ | ♋ ab 20.56 ♌ | ♍ | ♎ | ♏ ab 16.29 ♐ |
| 8 | ♊ | ♋ ab 15.07 ♌ | ♌ | ♍ | ♎ ab 23.04 ♏ | ♐ |
| 9 | ♊ ab 23.09 ♋ | ♌ | ♌ | ♍ ab 04.17 ♎ | ♏ | ♐ ab 23.46 ♑ |
| 10 | ♋ | ♌ | ♌ ab 09.11 ♍ | ♎ | ♏ | ♑ |
| 11 | ♋ | ♌ ab 02.58 ♍ | ♍ | ♎ ab 16.28 ♏ | ♏ ab 09.08 ♐ | ♑ |
| 12 | ♋ ab 08.25 ♌ | ♍ | ♍ ab 22.06 ♎ | ♏ | ♐ | ♑ ab 05.03 ♒ |
| 13 | ♌ | ♍ ab 15.51 ♎ | ♎ | ♏ | ♐ ab 17.10 ♑ | ♒ |
| 14 | ♌ ab 19.58 ♍ | ♎ | ♎ | ♏ ab 03.04 ♐ | ♑ | ♒ ab 09.02 ♓ |
| 15 | ♍ | ♎ | ♎ ab 10.32 ♏ | ♐ | ♑ ab 23.20 ♒ | ♓ |
| 16 | ♍ | ♎ ab 04.22 ♏ | ♏ | ♐ ab 11.39 ♑ | ♒ | ♓ ab 12.06 ♈ |
| 17 | ♍ ab 08.54 ♎ | ♏ | ♏ ab 21.24 ♐ | ♑ | ♒ | ♈ |
| 18 | ♎ | ♏ ab 14.46 ♐ | ♐ | ♑ ab 17.46 ♒ | ♒ ab 03.40 ♓ | ♈ ab 14.39 ♉ |
| 19 | ♎ ab 21.04 ♏ | ♐ | ♐ | ♒ | ♓ | ♉ |
| 20 | ♏ | ♐ ab 21.37 ♑ | ♐ ab 05.38 ♑ | ♒ ab 21.08 ♓ | ♓ ab 06.12 ♈ | ♉ ab 17.24 ♊ |
| 21 | ♏ | ♑ | ♑ | ♓ | ♈ | ♊ |
| 22 | ♏ ab 06.16 ♐ | ♑ | ♑ ab 10.29 ♒ | ♓ ab 22.09 ♈ | ♈ ab 07.32 ♉ | ♊ ab 21.31 ♋ |
| 23 | ♐ | ♑ ab 00.44 ♒ | ♒ | ♈ | ♉ | ♋ |
| 24 | ♐ ab 11.33 ♑ | ♒ ab 01.01 ♓ | ♒ ab 12.08 ♓ | ♈ ab 22.07 ♉ | ♉ ab 09.02 ♊ | ♋ |
| 25 | ♑ | ♓ | ♓ | ♉ | ♊ | ♋ ab 04.13 ♌ |
| 26 | ♑ ab 13.37 ♒ | ♓ | ♓ ab 11.46 ♈ | ♉ ab 22.59 ♊ | ♊ ab 12.27 ♋ | ♌ |
| 27 | ♒ | ♓ ab 00.30 ♈ | ♈ | ♊ | ♋ | ♌ ab 14.07 ♍ |
| 28 | ♒ ab 14.02 ♓ | ♈ | ♈ ab 11.16 ♉ | ♊ | ♋ ab 19.17 ♌ | ♍ |
| 29 | ♓ | | ♉ | ♊ ab 02.44 ♋ | ♌ | ♍ |
| 30 | ♓ ab 14.37 ♈ | | ♉ ab 12.44 ♊ | ♋ | ♌ | ♍ ab 02.23 ♎ |
| 31 | ♈ | | ♊ | | ♌ ab 05.49 ♍ | |

| Tag | Juli — Mond im | August — Mond im | September — Mond im | Oktober — Mond im | November — Mond im | Dezember — Mond im |
|---|---|---|---|---|---|---|
| 1 | ♎ | ♏ ab 09.50 ♐ | ♑ | ♒ ab 20.37 ♓ | ♈ | ♉ ab 17.26 ♊ |
| 2 | ♎ ab 14.47 ♏ | ♐ | ♑ ab 08.05 ♒ | ♓ | ♈ ab 06.56 ♉ | ♊ |
| 3 | ♏ | ♐ ab 17.32 ♑ | ♒ | ♓ ab 20.41 ♈ | ♉ | ♊ ab 18.52 ♋ |
| 4 | ♏ | ♑ | ♒ ab 09.51 ♓ | ♈ | ♉ ab 06.28 ♊ | ♋ |
| 5 | ♏ ab 00.59 ♐ | ♑ ab 21.47 ♒ | ♓ | ♈ ab 19.42 ♉ | ♊ | ♋ ab 23.17 ♌ |
| 6 | ♐ | ♒ | ♓ ab 09.44 ♈ | ♉ | ♊ ab 08.15 ♋ | ♌ |
| 7 | ♐ ab 08.04 ♑ | ♒ ab 23.35 ♓ | ♈ | ♉ ab 19.54 ♊ | ♋ | ♌ |
| 8 | ♑ | ♓ | ♈ ab 09.38 ♉ | ♊ | ♋ ab 13.57 ♌ | ♌ ab 07.41 ♍ |
| 9 | ♑ ab 12.27 ♒ | ♓ | ♉ | ♊ ab 23.11 ♋ | ♌ | ♍ |
| 10 | ♒ | ♓ ab 00.27 ♈ | ♉ ab 11.26 ♊ | ♋ | ♌ ab 23.45 ♍ | ♍ ab 19.20 ♎ |
| 11 | ♒ ab 15.15 ♓ | ♈ | ♊ | ♋ | ♍ | ♎ |
| 12 | ♓ | ♈ ab 01.56 ♉ | ♊ ab 16.21 ♋ | ♋ ab 06.31 ♌ | ♍ | ♎ ab 08.02 ♏ |
| 13 | ♓ ab 17.33 ♈ | ♉ | ♋ | ♌ | ♍ ab 12.06 ♎ | ♏ |
| 14 | ♈ | ♉ ab 05.11 ♊ | ♋ | ♌ ab 17.17 ♍ | ♎ | ♏ ab 19.38 ♐ |
| 15 | ♈ ab 20.11 ♉ | ♊ | ♋ ab 00.38 ♌ | ♍ | ♎ | ♐ |
| 16 | ♉ | ♊ ab 10.50 ♋ | ♌ | ♍ | ♎ ab 00.50 ♏ | ♐ ab 05.08 ♑ |
| 17 | ♉ ab 23.47 ♊ | ♋ | ♌ ab 11.29 ♍ | ♍ ab 05.48 ♎ | ♏ | ♑ |
| 18 | ♊ | ♋ ab 18.58 ♌ | ♍ | ♎ | ♏ ab 12.30 ♐ | ♑ ab 12.33 ♒ |
| 19 | ♊ | ♌ | ♍ ab 23.48 ♎ | ♎ ab 18.31 ♏ | ♐ | ♒ |
| 20 | ♊ ab 04.57 ♋ | ♌ ab 05.19 ♍ | ♎ | ♏ | ♐ ab 22.37 ♑ | ♒ ab 18.10 ♓ |
| 21 | ♋ | ♍ | ♎ | ♏ | ♑ | ♓ |
| 22 | ♋ ab 12.17 ♌ | ♍ | ♎ ab 12.34 ♏ | ♏ ab 06.32 ♐ | ♑ ab 06.53 ♒ | ♓ ab 22.10 ♈ |
| 23 | ♌ | ♍ ab 17.23 ♎ | ♏ | ♐ | ♒ | ♈ |
| 24 | ♌ ab 22.10 ♍ | ♎ | ♏ ab 00.44 ♐ | ♐ ab 17.06 ♑ | ♒ ab 12.48 ♓ | ♈ |
| 25 | ♍ | ♎ ab 06.10 ♏ | ♐ | ♑ | ♓ | ♈ ab 00.46 ♉ |
| 26 | ♍ | ♏ | ♐ | ♑ | ♓ ab 16.04 ♈ | ♉ |
| 27 | ♍ ab 10.12 ♎ | ♏ | ♐ ab 10.53 ♑ | ♑ ab 01.12 ♒ | ♈ | ♉ ab 02.39 ♊ |
| 28 | ♎ | ♏ ab 17.57 ♐ | ♑ | ♒ | ♈ ab 17.09 ♉ | ♊ |
| 29 | ♎ ab 22.51 ♏ | ♐ | ♑ ab 17.39 ♒ | ♒ ab 05.47 ♓ | ♉ | ♊ ab 05.02 ♋ |
| 30 | ♏ | ♐ | ♒ | ♓ | ♉ | ♋ |
| 31 | ♏ | ♐ ab 02.55 ♑ | | ♓ ab 07.27 ♈ | | ♋ |

| Tag | Januar Mond im | Februar Mond im | März Mond im | April Mond im | Mai Mond im | Juni Mond im |
|---|---|---|---|---|---|---|
| 1 | ♋ | ♌ ab 01.56 ♍ | ♍ ab 20.01 ♎ | ♏ | ♐ | ♑ ab 13.16 ♒ |
| 2 | ♋ ab 09.22 ♌ | ♍ | ♎ | ♏ | ♐ ab 21.29 ♑ | ♒ |
| 3 | ♌ | ♍ ab 12.07 ♎ | ♎ | ♏ ab 03.28 ♐ | ♑ | ♒ ab 20.53 ♓ |
| 4 | ♌ ab 16.51 ♍ | ♎ | ♎ ab 08.01 ♏ | ♐ | ♑ | ♓ |
| 5 | ♍ | ♎ ab 00.18 ♏ | ♏ | ♐ ab 15.21 ♑ | ♑ ab 07.36 ♒ | ♓ |
| 6 | ♍ ab 03.34 ♎ | ♏ | ♏ ab 20.37 ♐ | ♑ | ♒ | ♓ ab 01.28 ♈ |
| 7 | ♎ | ♏ | ♐ | ♑ | ♒ ab 14.28 ♓ | ♈ |
| 8 | ♎ | ♏ ab 12.38 ♐ | ♐ | ♑ ab 00.38 ♒ | ♓ | ♈ ab 03.15 ♉ |
| 9 | ♎ ab 16.04 ♏ | ♐ | ♐ ab 07.50 ♑ | ♒ | ♓ ab 17.35 ♈ | ♉ |
| 10 | ♏ | ♐ ab 22.51 ♑ | ♑ | ♒ ab 05.58 ♓ | ♈ | ♉ ab 03.25 ♊ |
| 11 | ♏ | ♑ | ♑ ab 15.43 ♒ | ♓ | ♈ ab 17.48 ♉ | ♊ |
| 12 | ♏ ab 03.58 ♐ | ♑ | ♒ | ♓ ab 07.33 ♈ | ♉ | ♊ ab 03.45 ♋ |
| 13 | ♐ | ♑ ab 05.37 ♒ | ♒ ab 19.40 ♓ | ♈ | ♉ ab 16.48 ♊ | ♋ |
| 14 | ♐ ab 13.26 ♑ | ♒ | ♓ | ♈ ab 06.55 ♉ | ♊ | ♋ ab 06.10 ♌ |
| 15 | ♑ | ♒ ab 09.11 ♓ | ♓ ab 20.38 ♈ | ♉ | ♊ ab 17.17 ♋ | ♌ |
| 16 | ♑ ab 20.04 ♒ | ♓ | ♈ | ♉ ab 06.17 ♊ | ♋ | ♌ ab 12.04 ♍ |
| 17 | ♒ | ♓ ab 10.51 ♈ | ♈ ab 20.28 ♉ | ♊ | ♋ ab 20.38 ♌ | ♍ |
| 18 | ♒ | ♈ | ♉ | ♊ ab 07.47 ♋ | ♌ | ♍ ab 21.39 ♎ |
| 19 | ♒ ab 00.29 ♓ | ♈ ab 12.12 ♉ | ♉ ab 21.13 ♊ | ♋ | ♌ ab 03.57 ♍ | ♎ |
| 20 | ♓ | ♉ | ♊ | ♋ ab 12.47 ♌ | ♍ | ♎ ab 09.43 ♏ |
| 21 | ♓ ab 03.36 ♈ | ♉ ab 14.36 ♊ | ♊ ab 00.27 ♋ | ♌ | ♍ ab 14.37 ♎ | ♏ |
| 22 | ♈ | ♊ | ♋ | ♌ ab 21.25 ♍ | ♎ | ♏ ab 22.15 ♐ |
| 23 | ♈ ab 06.18 ♉ | ♊ ab 18.53 ♋ | ♋ ab 06.47 ♌ | ♍ | ♎ | ♐ |
| 24 | ♉ | ♋ | ♌ | ♍ | ♎ ab 03.01 ♏ | ♐ |
| 25 | ♉ ab 09.14 ♊ | ♋ | ♌ ab 15.48 ♍ | ♍ ab 08.35 ♎ | ♏ | ♐ ab 09.37 ♑ |
| 26 | ♊ | ♋ ab 01.15 ♌ | ♍ | ♎ | ♏ ab 15.34 ♐ | ♑ |
| 27 | ♊ ab 13.02 ♋ | ♌ | ♍ | ♎ ab 20.56 ♏ | ♐ | ♑ ab 19.03 ♒ |
| 28 | ♋ | ♌ ab 09.40 ♍ | ♍ ab 02.42 ♎ | ♏ | ♐ | ♒ |
| 29 | ♋ ab 18.22 ♌ | ♍ | ♎ | ♏ | ♐ ab 03.13 ♑ | ♒ |
| 30 | ♌ | | ♎ | ♏ ab 09.31 ♐ | ♑ | ♒ |
| 31 | ♌ | | ♎ ab 14.49 ♏ | | ♑ | |

| Tag | Juli Mond im | August Mond im | September Mond im | Oktober Mond im | November Mond im | Dezember Mond im |
|---|---|---|---|---|---|---|
| 1 | ♒ ab 02.19 ♓ | ♈ ab 15.58 ♉ | ♊ | ♋ ab 13.26 ♌ | ♍ | ♎ |
| 2 | ♓ | ♉ | ♊ ab 03.12 ♋ | ♌ | ♍ ab 11.28 ♎ | ♎ ab 04.43 ♏ |
| 3 | ♓ ab 07.23 ♈ | ♉ ab 18.34 ♊ | ♋ | ♌ ab 20.31 ♍ | ♎ | ♏ |
| 4 | ♈ | ♊ | ♋ ab 07.54 ♌ | ♍ | ♎ ab 22.47 ♏ | ♏ ab 17.23 ♐ |
| 5 | ♈ ab 10.25 ♉ | ♊ ab 21.18 ♋ | ♌ | ♍ ab 05.35 ♎ | ♏ | ♐ |
| 6 | ♉ | ♋ | ♌ ab 14.16 ♍ | ♎ | ♏ | ♐ |
| 7 | ♉ ab 12.05 ♊ | ♋ | ♍ | ♎ ab 16.28 ♏ | ♏ ab 11.17 ♐ | ♐ ab 06.07 ♑ |
| 8 | ♊ | ♋ ab 00.57 ♌ | ♍ ab 22.37 ♎ | ♏ | ♐ | ♑ |
| 9 | ♊ ab 13.30 ♋ | ♌ | ♎ | ♏ | ♐ | ♑ ab 17.54 ♒ |
| 10 | ♋ | ♌ ab 06.23 ♍ | ♎ ab 09.16 ♏ | ♏ ab 04.53 ♐ | ♐ ab 00.12 ♑ | ♒ |
| 11 | ♋ ab 16.06 ♌ | ♍ | ♏ | ♐ | ♑ | ♒ |
| 12 | ♌ | ♍ ab 14.28 ♎ | ♏ | ♐ ab 17.45 ♑ | ♑ ab 12.03 ♒ | ♒ ab 03.33 ♓ |
| 13 | ♌ ab 21.17 ♍ | ♎ | ♏ ab 21.43 ♐ | ♑ | ♒ | ♓ |
| 14 | ♍ | ♎ ab 01.20 ♏ | ♐ | ♑ | ♒ ab 20.57 ♓ | ♓ ab 10.00 ♈ |
| 15 | ♍ | ♏ | ♐ ab 10.08 ♑ | ♑ ab 04.52 ♒ | ♓ | ♈ |
| 16 | ♍ ab 05.59 ♎ | ♏ | ♑ | ♒ | ♓ | ♈ ab 13.00 ♉ |
| 17 | ♎ | ♏ ab 13.50 ♐ | ♑ ab 20.05 ♒ | ♒ ab 12.13 ♓ | ♓ ab 01.45 ♈ | ♉ |
| 18 | ♎ ab 17.17 ♏ | ♐ | ♒ | ♓ | ♈ | ♉ ab 13.25 ♊ |
| 19 | ♏ | ♐ | ♒ | ♓ ab 15.23 ♈ | ♈ ab 02.53 ♉ | ♊ |
| 20 | ♏ | ♐ ab 01.38 ♑ | ♒ ab 02.10 ♓ | ♈ | ♉ | ♊ ab 12.57 ♋ |
| 21 | ♏ ab 05.47 ♐ | ♑ | ♓ | ♈ ab 15.38 ♉ | ♉ ab 02.06 ♊ | ♋ |
| 22 | ♐ | ♑ ab 10.44 ♒ | ♓ ab 04.35 ♈ | ♉ | ♊ | ♋ ab 13.35 ♌ |
| 23 | ♐ ab 17.11 ♑ | ♒ | ♈ | ♉ ab 15.03 ♊ | ♊ ab 01.32 ♋ | ♌ |
| 24 | ♑ | ♒ ab 16.29 ♓ | ♈ ab 05.28 ♉ | ♊ | ♋ | ♌ ab 17.03 ♍ |
| 25 | ♑ | ♓ | ♉ | ♊ ab 15.45 ♋ | ♋ ab 03.12 ♌ | ♍ |
| 26 | ♑ ab 02.08 ♒ | ♓ ab 19.41 ♈ | ♉ ab 06.15 ♊ | ♋ | ♌ | ♍ |
| 27 | ♒ | ♈ | ♊ | ♋ ab 19.15 ♌ | ♌ ab 08.25 ♍ | ♍ ab 00.22 ♎ |
| 28 | ♒ ab 08.29 ♓ | ♈ ab 21.43 ♉ | ♊ ab 08.39 ♋ | ♌ | ♍ | ♎ |
| 29 | ♓ | ♉ | ♋ | ♌ | ♍ ab 17.16 ♎ | ♎ ab 11.11 ♏ |
| 30 | ♓ ab 12.51 ♈ | ♉ ab 23.56 ♊ | ♋ | ♌ | ♎ | ♏ |
| 31 | ♈ | ♊ | | ♌ ab 02.00 ♍ | | ♏ ab 23.52 ♐ |

99

| Tag | Januar Mond im | Februar Mond im | März Mond im | April Mond im | Mai Mond im | Juni Mond im |
|---|---|---|---|---|---|---|
| 1 | ♐ | ♑ | ♑ ab 15.23 ♒ | ♓ | ♈ | ♊ |
| 2 | ♐ | ♑ ab 06.56 ♒ | ♒ | ♓ ab 13.49 ♈ | ♈ ab 02.02 ♉ | ♊ ab 12.22 ♋ |
| 3 | ♐ ab 12.31 ♑ | ♒ | ♒ ab 23.32 ♓ | ♈ | ♉ | ♋ |
| 4 | ♑ | ♒ ab 15.23 ♓ | ♓ | ♈ ab 15.59 ♉ | ♉ ab 02.16 ♊ | ♋ ab 12.50 ♌ |
| 5 | ♑ ab 23.48 ♒ | ♓ | ♓ | ♉ | ♊ | ♌ |
| 6 | ♒ | ♓ ab 21.29 ♈ | ♓ ab 04.38 ♈ | ♉ ab 17.13 ♊ | ♊ ab 02.36 ♋ | ♌ ab 15.52 ♍ |
| 7 | ♒ | ♈ | ♈ | ♊ | ♋ | ♍ |
| 8 | ♒ ab 09.03 ♓ | ♈ ab 01.54 ♉ | ♈ ab 07.51 ♉ | ♊ ab 19.05 ♋ | ♋ ab 04.37 ♌ | ♍ ab 22.16 ♎ |
| 9 | ♓ | ♉ | ♉ | ♋ | ♌ | ♎ |
| 10 | ♓ ab 15.58 ♈ | ♉ ab 05.11 ♊ | ♉ ab 10.31 ♊ | ♋ ab 22.32 ♌ | ♌ ab 09.13 ♍ | ♎ |
| 11 | ♈ | ♊ | ♊ | ♌ | ♍ | ♎ ab 07.52 ♏ |
| 12 | ♈ ab 20.25 ♉ | ♊ | ♊ ab 13.30 ♋ | ♌ | ♍ ab 16.31 ♎ | ♏ |
| 13 | ♉ | ♊ ab 07.45 ♋ | ♋ | ♌ ab 03.47 ♍ | ♎ | ♏ ab 19.43 ♐ |
| 14 | ♉ ab 22.42 ♊ | ♋ | ♋ ab 17.08 ♌ | ♍ | ♎ ab 02.10 ♏ | ♐ |
| 15 | ♊ | ♋ ab 10.13 ♌ | ♌ | ♍ ab 10.51 ♎ | ♏ | ♐ |
| 16 | ♊ ab 23.39 ♋ | ♌ | ♌ ab 21.43 ♍ | ♎ | ♏ ab 13.42 ♐ | ♐ ab 08.37 ♑ |
| 17 | ♋ | ♌ ab 13.32 ♍ | ♍ | ♎ ab 19.52 ♏ | ♐ | ♑ |
| 18 | ♋ | ♍ | ♍ | ♏ | ♐ | ♑ ab 21.20 ♒ |
| 19 | ♋ ab 00.41 ♌ | ♍ ab 18.59 ♎ | ♍ ab 03.49 ♎ | ♏ | ♐ ab 02.31 ♑ | ♒ |
| 20 | ♌ | ♎ | ♎ | ♏ ab 07.02 ♐ | ♑ | ♒ |
| 21 | ♌ ab 03.24 ♍ | ♎ | ♎ ab 12.16 ♏ | ♐ | ♑ ab 15.18 ♒ | ♒ ab 08.29 ♓ |
| 22 | ♍ | ♎ ab 03.36 ♏ | ♏ | ♐ ab 19.50 ♑ | ♒ | ♓ |
| 23 | ♍ ab 09.17 ♎ | ♏ | ♏ ab 23.27 ♐ | ♑ | ♒ | ♓ ab 16.49 ♈ |
| 24 | ♎ | ♏ ab 15.15 ♐ | ♐ | ♑ | ♒ ab 02.06 ♓ | ♈ |
| 25 | ♎ ab 18.53 ♏ | ♐ | ♐ | ♑ ab 08.22 ♒ | ♓ | ♈ ab 21.38 ♉ |
| 26 | ♏ | ♐ | ♐ ab 12.16 ♑ | ♒ | ♓ ab 09.15 ♈ | ♉ |
| 27 | ♏ | ♐ ab 04.04 ♑ | ♑ | ♒ ab 18.10 ♓ | ♈ | ♉ ab 23.18 ♊ |
| 28 | ♏ ab 07.11 ♐ | ♑ | ♑ | ♓ | ♈ ab 12.28 ♉ | ♊ |
| 29 | ♐ | | ♑ ab 00.13 ♒ | ♓ ab 23.54 ♈ | ♉ | ♊ ab 23.09 ♋ |
| 30 | ♐ ab 19.55 ♑ | | ♒ | ♈ | ♉ | ♋ |
| 31 | ♑ | | ♒ ab 08.55 ♓ | | ♉ ab 12.53 ♊ | |

| Tag | Juli Mond im | August Mond im | September Mond im | Oktober Mond im | November Mond im | Dezember Mond im |
|---|---|---|---|---|---|---|
| 1 | ♋ ab 22.56 ♌ | ♍ | ♎ ab 06.18 ♏ | ♏ ab 00.48 ♐ | ♑ | ♒ |
| 2 | ♌ | ♍ ab 14.13 ♎ | ♏ | ♐ | ♑ ab 09.59 ♒ | ♒ ab 05.33 ♓ |
| 3 | ♌ | ♎ | ♏ ab 16.25 ♐ | ♐ ab 13.03 ♑ | ♒ | ♓ |
| 4 | ♌ ab 00.31 ♍ | ♎ ab 21.36 ♏ | ♐ | ♑ | ♒ ab 21.27 ♓ | ♓ ab 14.51 ♈ |
| 5 | ♍ | ♏ | ♐ | ♑ | ♓ | ♈ |
| 6 | ♍ ab 05.24 ♎ | ♏ | ♐ ab 05.02 ♑ | ♑ ab 01.49 ♒ | ♓ | ♈ ab 20.09 ♉ |
| 7 | ♎ | ♏ ab 08.37 ♐ | ♑ | ♒ | ♓ ab 05.20 ♈ | ♉ |
| 8 | ♎ ab 14.06 ♏ | ♐ | ♑ ab 17.31 ♒ | ♒ ab 12.24 ♓ | ♈ | ♉ ab 21.58 ♊ |
| 9 | ♏ | ♐ ab 21.30 ♑ | ♒ | ♓ | ♈ ab 09.26 ♉ | ♊ |
| 10 | ♏ | ♑ | ♒ | ♓ ab 19.29 ♈ | ♉ | ♊ ab 21.52 ♋ |
| 11 | ♏ ab 01.48 ♐ | ♑ | ♒ ab 03.41 ♓ | ♈ | ♉ ab 11.00 ♊ | ♋ |
| 12 | ♐ | ♑ ab 09.53 ♒ | ♓ | ♈ ab 23.37 ♉ | ♊ | ♋ ab 21.45 ♌ |
| 13 | ♐ ab 14.46 ♑ | ♒ | ♓ ab 10.57 ♈ | ♉ | ♊ ab 11.47 ♋ | ♌ |
| 14 | ♑ | ♒ ab 20.15 ♓ | ♈ | ♉ | ♋ | ♌ ab 23.21 ♍ |
| 15 | ♑ | ♓ | ♈ ab 16.00 ♉ | ♉ ab 02.09 ♊ | ♋ ab 13.20 ♌ | ♍ |
| 16 | ♑ ab 03.15 ♒ | ♓ | ♉ | ♊ | ♌ | ♍ |
| 17 | ♒ | ♓ ab 04.16 ♈ | ♉ ab 19.48 ♊ | ♊ ab 04.29 ♋ | ♌ ab 16.42 ♍ | ♍ ab 03.54 ♎ |
| 18 | ♒ ab 14.08 ♓ | ♈ | ♊ | ♋ | ♍ | ♎ |
| 19 | ♓ | ♈ ab 10.14 ♉ | ♊ ab 23.02 ♋ | ♋ ab 07.25 ♌ | ♍ ab 22.16 ♎ | ♎ ab 11.44 ♏ |
| 20 | ♓ ab 22.44 ♈ | ♉ | ♋ | ♌ | ♎ | ♏ |
| 21 | ♈ | ♉ ab 14.27 ♊ | ♋ ab 01.57 ♌ | ♌ ab 11.19 ♍ | ♎ ab 06.07 ♏ | ♏ ab 22.20 ♐ |
| 22 | ♈ | ♊ | ♌ | ♍ | ♏ | ♐ |
| 23 | ♈ ab 04.41 ♉ | ♊ ab 17.08 ♋ | ♌ ab 04.59 ♍ | ♍ ab 16.29 ♎ | ♏ | ♐ |
| 24 | ♉ | ♋ | ♍ | ♎ | ♏ ab 16.11 ♐ | ♐ ab 10.42 ♑ |
| 25 | ♉ ab 07.59 ♊ | ♋ ab 18.50 ♌ | ♍ ab 09.01 ♎ | ♎ ab 23.28 ♏ | ♐ | ♑ |
| 26 | ♊ | ♌ | ♎ | ♏ | ♐ | ♑ ab 23.43 ♒ |
| 27 | ♊ ab 09.11 ♋ | ♌ ab 20.34 ♍ | ♎ | ♏ | ♐ ab 04.13 ♑ | ♒ |
| 28 | ♋ | ♍ | ♎ ab 15.19 ♏ | ♏ ab 08.58 ♐ | ♑ | ♒ |
| 29 | ♋ ab 09.30 ♌ | ♍ ab 23.53 ♎ | ♏ | ♐ | ♑ ab 17.18 ♒ | ♒ ab 12.10 ♓ |
| 30 | ♌ | ♎ | ♏ | ♐ ab 20.58 ♑ | ♒ | ♓ |
| 31 | ♌ ab 10.35 ♍ | ♎ | | ♑ | | ♓ ab 22.35 ♈ |

# 1974

| Tag | Januar Mond im | Februar Mond im | März Mond im | April Mond im | Mai Mond im | Juni Mond im |
|---|---|---|---|---|---|---|
| 1 | ♈ | ♉ ab 17.54 ♊ | ♉ ab 00.11 ♊ | ♋ ab 12.41 ♌ | ♍ | ♎ ab 11.12 ♏ |
| 2 | ♈ | ♊ | ♊ | ♌ | ♍ | ♏ |
| 3 | ♈ ab 05.38 ♉ | ♊ ab 20.06 ♋ | ♊ ab 04.00 ♋ | ♌ ab 14.57 ♍ | ♍ ab 00.40 ♎ | ♏ ab 20.22 ♐ |
| 4 | ♉ | ♋ | ♋ | ♍ | ♎ | ♐ |
| 5 | ♉ ab 09.00 ♊ | ♋ ab 20.12 ♌ | ♋ ab 05.49 ♌ | ♍ ab 17.23 ♎ | ♎ ab 05.44 ♏ | ♐ |
| 6 | ♊ | ♌ | ♌ | ♎ | ♏ | ♐ ab 06.49 ♑ |
| 7 | ♊ ab 09.29 ♋ | ♌ ab 19.52 ♍ | ♌ ab 06.34 ♍ | ♎ ab 21.26 ♏ | ♏ ab 13.06 ♐ | ♑ |
| 8 | ♋ | ♍ | ♍ | ♏ | ♐ | ♑ ab 19.03 ♒ |
| 9 | ♋ ab 08.43 ♌ | ♍ ab 21.11 ♎ | ♍ ab 07.52 ♎ | ♏ | ♐ ab 23.16 ♑ | ♒ |
| 10 | ♌ | ♎ | ♎ | ♏ ab 04.28 ♐ | ♑ | ♒ |
| 11 | ♌ ab 08.42 ♍ | ♎ | ♎ ab 11.40 ♏ | ♐ | ♑ | ♒ ab 07.44 ♓ |
| 12 | ♍ | ♎ ab 01.58 ♏ | ♏ | ♐ ab 14.57 ♑ | ♑ ab 11.35 ♒ | ♓ |
| 13 | ♍ ab 11.22 ♎ | ♏ | ♏ ab 19.21 ♐ | ♑ | ♒ | ♓ ab 18.53 ♈ |
| 14 | ♎ | ♏ ab 11.02 ♐ | ♐ | ♑ | ♒ | ♈ |
| 15 | ♎ ab 17.55 ♏ | ♐ | ♐ | ♑ ab 03.35 ♒ | ♒ ab 00.04 ♓ | ♈ |
| 16 | ♏ | ♐ ab 23.16 ♑ | ♐ ab 06.42 ♑ | ♒ | ♓ | ♈ ab 02.47 ♉ |
| 17 | ♏ | ♑ | ♑ | ♒ ab 15.45 ♓ | ♓ ab 10.12 ♈ | ♉ |
| 18 | ♏ ab 04.13 ♐ | ♑ | ♑ ab 19.39 ♒ | ♓ | ♈ | ♉ ab 06.59 ♊ |
| 19 | ♐ | ♑ ab 12.21 ♒ | ♒ | ♓ | ♈ ab 17.11 ♉ | ♊ |
| 20 | ♐ ab 16.48 ♑ | ♒ | ♒ | ♓ ab 01.21 ♈ | ♉ | ♊ ab 08.22 ♋ |
| 21 | ♑ | ♒ | ♒ ab 07.34 ♓ | ♈ | ♉ ab 20.55 ♊ | ♋ |
| 22 | ♑ | ♒ ab 00.16 ♓ | ♓ | ♈ ab 07.54 ♉ | ♊ | ♋ ab 08.30 ♌ |
| 23 | ♑ ab 05.50 ♒ | ♓ | ♓ ab 17.03 ♈ | ♉ | ♊ ab 22.46 ♋ | ♌ |
| 24 | ♒ | ♓ ab 10.13 ♈ | ♈ | ♉ ab 12.11 ♊ | ♋ | ♌ ab 09.12 ♍ |
| 25 | ♒ ab 18.01 ♓ | ♈ | ♈ ab 00.10 ♉ | ♊ | ♋ ab 00.13 ♌ | ♍ |
| 26 | ♓ | ♈ ab 18.12 ♉ | ♉ | ♊ ab 15.18 ♋ | ♌ | ♍ ab 11.58 ♎ |
| 27 | ♓ | ♉ | ♉ | ♋ | ♌ | ♎ |
| 28 | ♓ ab 04.32 ♈ | ♉ | ♉ ab 05.34 ♊ | ♋ ab 18.04 ♌ | ♌ ab 02.26 ♍ | ♎ ab 17.41 ♏ |
| 29 | ♈ | | ♊ | ♌ | ♍ | ♏ |
| 30 | ♈ ab 12.42 ♉ | | ♊ ab 09.40 ♋ | ♌ ab 21.01 ♍ | ♍ ab 06.17 ♎ | ♏ |
| 31 | ♉ | | ♋ | | ♎ | |

| Tag | Juli Mond im | August Mond im | September Mond im | Oktober Mond im | November Mond im | Dezember Mond im |
|---|---|---|---|---|---|---|
| 1 | ♏ ab 02.21 ♐ | ♑ | ♒ ab 02.30 ♓ | ♈ | ♉ ab 19.24 ♊ | ♊ ab 07.22 ♋ |
| 2 | ♐ | ♑ ab 07.47 ♒ | ♓ | ♈ | ♊ | ♋ |
| 3 | ♐ ab 13.20 ♑ | ♒ | ♓ ab 13.59 ♈ | ♈ ab 05.40 ♉ | ♊ | ♋ ab 09.32 ♌ |
| 4 | ♑ | ♒ ab 20.27 ♓ | ♈ | ♉ | ♊ ab 00.02 ♋ | ♌ |
| 5 | ♑ | ♓ | ♈ ab 23.51 ♉ | ♉ ab 13.01 ♊ | ♋ | ♌ ab 11.41 ♍ |
| 6 | ♑ ab 01.42 ♒ | ♓ | ♉ | ♊ | ♋ ab 03.31 ♌ | ♍ |
| 7 | ♒ | ♓ ab 08.16 ♈ | ♉ | ♊ ab 18.31 ♋ | ♌ | ♍ ab 14.43 ♎ |
| 8 | ♒ ab 14.26 ♓ | ♈ | ♉ ab 07.37 ♊ | ♋ | ♌ ab 06.19 ♍ | ♎ |
| 9 | ♓ | ♈ ab 18.13 ♉ | ♊ | ♋ ab 22.03 ♌ | ♍ | ♎ ab 19.41 ♏ |
| 10 | ♓ | ♉ | ♊ ab 12.40 ♋ | ♌ | ♍ ab 08.59 ♎ | ♏ |
| 11 | ♓ ab 02.11 ♈ | ♉ | ♋ | ♌ ab 23.57 ♍ | ♎ | ♏ |
| 12 | ♈ | ♉ ab 01.16 ♊ | ♋ ab 14.55 ♌ | ♍ | ♎ ab 12.24 ♏ | ♏ ab 01.35 ♐ |
| 13 | ♈ ab 11.22 ♉ | ♊ | ♌ | ♍ | ♏ | ♐ |
| 14 | ♉ | ♊ ab 04.49 ♋ | ♌ ab 15.13 ♍ | ♍ ab 01.11 ♎ | ♏ ab 17.40 ♐ | ♐ ab 10.04 ♑ |
| 15 | ♉ ab 16.55 ♊ | ♋ | ♍ | ♎ | ♐ | ♑ |
| 16 | ♊ | ♋ ab 05.27 ♌ | ♍ ab 15.18 ♎ | ♎ ab 03.24 ♏ | ♐ | ♑ ab 20.49 ♒ |
| 17 | ♊ ab 18.57 ♋ | ♌ | ♎ | ♏ | ♐ ab 01.42 ♑ | ♒ |
| 18 | ♋ | ♌ ab 04.43 ♍ | ♎ ab 17.15 ♏ | ♏ ab 08.15 ♐ | ♑ | ♒ |
| 19 | ♋ ab 18.44 ♌ | ♍ | ♏ | ♐ | ♑ ab 12.39 ♒ | ♒ ab 09.13 ♓ |
| 20 | ♌ | ♍ ab 04.45 ♎ | ♏ ab 22.47 ♐ | ♐ ab 16.45 ♑ | ♒ | ♓ |
| 21 | ♌ ab 18.10 ♍ | ♎ | ♐ | ♑ | ♒ | ♓ ab 21.36 ♈ |
| 22 | ♍ | ♎ ab 07.38 ♏ | ♐ | ♑ | ♒ ab 01.12 ♓ | ♈ |
| 23 | ♍ ab 19.20 ♎ | ♏ | ♐ ab 08.22 ♑ | ♑ ab 04.21 ♒ | ♓ | ♈ |
| 24 | ♎ | ♏ ab 14.35 ♐ | ♑ | ♒ | ♓ ab 13.00 ♈ | ♈ ab 07.45 ♉ |
| 25 | ♎ ab 23.46 ♏ | ♐ | ♑ ab 20.39 ♒ | ♒ ab 16.57 ♓ | ♈ | ♉ |
| 26 | ♏ | ♐ | ♒ | ♓ | ♈ ab 22.05 ♉ | ♉ ab 14.16 ♊ |
| 27 | ♏ | ♐ ab 01.16 ♑ | ♒ | ♓ | ♉ | ♊ |
| 28 | ♏ ab 08.00 ♐ | ♑ | ♒ ab 09.15 ♓ | ♓ ab 04.14 ♈ | ♉ | ♊ ab 17.16 ♋ |
| 29 | ♐ | ♑ ab 13.53 ♒ | ♓ | ♈ | ♉ ab 03.59 ♊ | ♋ |
| 30 | ♐ ab 19.11 ♑ | ♒ | ♓ ab 20.26 ♈ | ♈ ab 13.01 ♉ | ♊ | ♋ ab 18.05 ♌ |
| 31 | ♑ | ♒ | | ♉ | | ♌ |

| Tag | Januar Mond im | Februar Mond im | März Mond im | April Mond im | Mai Mond im | Juni Mond im |
|---|---|---|---|---|---|---|
| 1 | ♌ ab 18.33 ♍ | ♎ | ♎ ab 15.34 ♏ | ♐ | ♑ | ♒ ab 02.33 ♓ |
| 2 | ♍ | ♎ ab 06.54 ♏ | ♏ | ♐ ab 12.09 ♑ | ♑ ab 06.34 ♒ | ♓ |
| 3 | ♍ ab 20.22 ♎ | ♏ | ♏ ab 20.06 ♐ | ♑ | ♒ | ♓ ab 15.02 ♈ |
| 4 | ♎ | ♏ ab 13.11 ♐ | ♐ | ♑ ab 22.46 ♒ | ♒ ab 18.35 ♓ | ♈ |
| 5 | ♎ | ♐ | ♐ | ♒ | ♓ | ♈ |
| 6 | ♎ ab 00.39 ♏ | ♐ ab 22.43 ♑ | ♐ ab 04.40 ♑ | ♒ | ♓ | ♈ ab 02.19 ♉ |
| 7 | ♏ | ♑ | ♑ | ♒ ab 11.17 ♓ | ♓ ab 07.03 ♈ | ♉ |
| 8 | ♏ ab 07.40 ♐ | ♑ | ♑ ab 16.10 ♒ | ♓ | ♈ | ♉ ab 10.50 ♊ |
| 9 | ♐ | ♑ ab 10.17 ♒ | ♒ | ♓ ab 23.45 ♈ | ♈ ab 18.04 ♉ | ♊ |
| 10 | ♐ ab 16.59 ♑ | ♒ | ♒ | ♈ | ♉ | ♊ ab 16.22 ♋ |
| 11 | ♑ | ♒ ab 22.46 ♓ | ♒ ab 04.50 ♓ | ♈ | ♉ | ♋ |
| 12 | ♑ | ♓ | ♓ | ♈ ab 10.54 ♉ | ♉ ab 02.45 ♊ | ♋ ab 19.46 ♌ |
| 13 | ♑ ab 04.04 ♒ | ♓ | ♓ ab 17.19 ♈ | ♉ | ♊ | ♌ |
| 14 | ♒ | ♓ ab 11.23 ♈ | ♈ | ♉ ab 20.15 ♊ | ♊ ab 09.08 ♋ | ♌ ab 22.11 ♍ |
| 15 | ♒ ab 16.24 ♓ | ♈ | ♈ ab 04.53 ♉ | ♊ | ♋ | ♍ |
| 16 | ♓ | ♈ ab 23.10 ♉ | ♉ | ♊ | ♋ ab 13.39 ♌ | ♍ |
| 17 | ♓ | ♉ | ♉ ab 14.44 ♊ | ♊ ab 03.28 ♋ | ♌ | ♍ ab 00.41 ♎ |
| 18 | ♓ ab 05.04 ♈ | ♉ ab 08.35 ♊ | ♊ | ♋ | ♌ ab 16.46 ♍ | ♎ |
| 19 | ♈ | ♊ | ♊ | ♋ ab 08.15 ♌ | ♍ | ♎ ab 04.00 ♏ |
| 20 | ♈ ab 16.22 ♉ | ♊ | ♊ ab 21.49 ♋ | ♌ | ♍ ab 19.06 ♎ | ♏ |
| 21 | ♉ | ♊ ab 14.19 ♋ | ♋ | ♌ ab 10.43 ♍ | ♎ | ♏ ab 08.35 ♐ |
| 22 | ♉ | ♋ | ♋ | ♍ | ♎ ab 21.26 ♏ | ♐ |
| 23 | ♉ ab 00.23 ♊ | ♋ ab 16.14 ♌ | ♋ ab 01.32 ♌ | ♍ ab 11.42 ♎ | ♏ | ♐ ab 14.57 ♑ |
| 24 | ♊ | ♌ | ♌ | ♎ | ♏ | ♑ |
| 25 | ♊ ab 04.21 ♋ | ♌ ab 15.38 ♍ | ♌ ab 02.22 ♍ | ♎ ab 12.40 ♏ | ♏ ab 00.52 ♐ | ♑ ab 23.34 ♒ |
| 26 | | | ♍ | ♏ | | ♒ |
| 27 | ♋ ab 05.01 ♌ | ♍ ab 14.39 ♎ | ♍ ab 01.52 ♎ | ♏ ab 15.20 ♐ | ♐ ab 06.31 ♑ | ♒ |
| 28 | ♌ | ♎ | ♎ | ♐ | ♑ | ♒ ab 10.34 ♓ |
| 29 | ♌ ab 04.14 ♍ | | ♎ ab 02.08 ♏ | ♐ ab 21.09 ♑ | ♑ ab 15.10 ♒ | ♓ |
| 30 | ♍ | | ♏ | ♑ | ♒ | ♓ ab 23.03 ♈ |
| 31 | ♍ ab 04.14 ♎ | | ♏ ab 05.10 ♐ | | ♒ | |

| Tag | Juli Mond im | August Mond im | September Mond im | Oktober Mond im | November Mond im | Dezember Mond im |
|---|---|---|---|---|---|---|
| 1 | ♈ | ♉ | ♋ | ♌ | ♎ | ♏ |
| 2 | ♈ | ♉ ab 05.03 ♊ | ♋ | ♌ ab 11.04 ♍ | ♎ ab 21.08 ♏ | ♏ ab 08.34 ♐ |
| 3 | ♈ ab 10.55 ♉ | ♊ | ♋ ab 00.09 ♌ | ♍ | ♏ | ♐ |
| 4 | ♉ | ♊ ab 11.18 ♋ | ♌ | ♍ ab 10.39 ♎ | ♏ ab 22.11 ♐ | ♐ ab 11.59 ♑ |
| 5 | ♉ ab 19.59 ♊ | ♋ | ♌ ab 00.30 ♍ | ♎ | ♐ | ♑ |
| 6 | ♊ | ♋ ab 13.44 ♌ | ♍ ab 23.38 ♎ | ♎ ab 10.09 ♏ | ♐ | ♑ ab 18.13 ♒ |
| 7 | ♊ | ♌ | ♎ | ♏ | ♐ ab 01.46 ♑ | ♒ |
| 8 | ♊ ab 01.24 ♋ | ♌ ab 13.54 ♍ | ♎ ab 23.46 ♏ | ♏ ab 11.36 ♐ | ♑ | ♒ |
| 9 | ♋ | ♍ | ♏ | ♐ | ♑ ab 09.00 ♒ | ♒ ab 03.52 ♓ |
| 10 | ♋ ab 03.51 ♌ | ♍ ab 13.52 ♎ | ♏ | ♐ ab 16.29 ♑ | ♒ | ♓ |
| 11 | ♌ | ♎ | ♏ ab 02.41 ♐ | ♑ | ♒ ab 19.43 ♓ | ♓ ab 16.07 ♈ |
| 12 | ♌ ab 04.56 ♍ | ♎ ab 15.31 ♏ | ♐ | ♑ | ♓ | ♈ |
| 13 | ♍ | ♏ | ♐ ab 09.12 ♑ | ♑ ab 01.10 ♒ | ♓ | ♈ |
| 14 | ♍ ab 06.22 ♎ | ♏ ab 20.00 ♐ | ♑ | ♒ | ♓ ab 08.18 ♈ | ♈ ab 04.40 ♉ |
| 15 | ♎ | ♐ | ♑ ab 18.52 ♒ | ♒ ab 12.41 ♓ | ♈ | ♉ ab 15.13 ♊ |
| 16 | ♎ ab 09.24 ♏ | ♐ | ♒ | ♓ | ♈ ab 20.38 ♉ | ♊ |
| 17 | ♏ | ♐ ab 03.26 ♑ | ♒ | ♓ | ♉ | ♊ |
| 18 | ♏ ab 14.33 ♐ | ♑ ab 13.10 ♒ | ♒ ab 06.32 ♓ | ♓ ab 01.21 ♈ | ♉ | ♊ ab 22.50 ♋ |
| 19 | ♐ | ♒ | ♓ | ♈ | ♉ ab 07.15 ♊ | ♋ |
| 20 | ♐ ab 21.46 ♑ | ♒ | ♓ ab 19.08 ♈ | ♈ ab 13.44 ♉ | ♊ | ♋ |
| 21 | ♑ | ♒ ab 00.33 ♓ | ♈ | ♉ | ♊ ab 15.37 ♋ | ♋ ab 03.54 ♌ |
| 22 | ♑ | ♓ | ♈ | ♉ | ♋ | ♌ |
| 23 | ♑ ab 06.56 ♒ | ♓ ab 13.03 ♈ | ♈ ab 07.44 ♉ | ♉ ab 00.52 ♊ | ♋ ab 21.49 ♌ | ♌ ab 07.28 ♍ |
| 24 | ♒ | ♈ | ♉ | ♊ | ♌ | ♍ |
| 25 | ♒ ab 17.59 ♓ | ♈ | ♉ ab 19.14 ♊ | ♊ ab 09.58 ♋ | ♌ | ♍ ab 10.28 ♎ |
| 26 | ♓ | ♈ ab 01.45 ♉ | ♊ | ♋ | ♌ ab 02.05 ♍ | ♎ |
| 27 | ♓ | ♉ | ♊ | ♋ ab 16.20 ♌ | ♍ | ♎ ab 13.29 ♏ |
| 28 | ♓ ab 06.28 ♈ | ♉ | ♊ ab 04.08 ♋ | ♌ | ♍ ab 04.48 ♎ | ♏ |
| 29 | ♈ | ♉ ab 12.54 ♊ | ♋ | ♌ ab 19.47 ♍ | ♎ | ♏ ab 16.53 ♐ |
| 30 | ♈ ab 18.54 ♉ | ♊ | ♋ ab 09.21 ♌ | ♍ | ♎ ab 06.37 ♏ | ♐ |
| 31 | ♉ | ♊ ab 20.36 ♋ | | ♍ ab 20.56 ♎ | | ♐ ab 21.17 ♑ |

| Tag | Januar Mond im | Februar Mond im | März Mond im | April Mond im | Mai Mond im | Juni Mond im |
|---|---|---|---|---|---|---|
| 1 | ♑ | ♒ ab 20.47 ♓ | ♓ | ♈ ab 10.35 ♉ | ♉ ab 05.06 ♊ | ♋ |
| 2 | ♑ | ♓ | ♓ ab 15.23 ♈ | ♉ | ♊ | ♋ ab 05.38 ♌ |
| 3 | ♑ ab 03.34 ♒ | ♓ | ♈ | ♉ ab 23.16 ♊ | ♊ ab 15.54 ♋ | ♌ |
| 4 | ♒ | ♓ ab 08.18 ♈ | ♈ | ♊ | ♋ | ♌ ab 11.22 ♍ |
| 5 | ♒ ab 12.36 ♓ | ♈ | ♈ ab 04.19 ♉ | ♊ | ♋ | ♍ |
| 6 | ♓ | ♈ ab 21.14 ♉ | ♉ | ♊ ab 10.07 ♋ | ♋ ab 00.10 ♌ | ♍ ab 15.00 ♎ |
| 7 | ♓ | ♉ | ♉ ab 16.56 ♊ | ♋ | ♌ | ♎ |
| 8 | ♓ ab 00.22 ♈ | ♉ | ♊ | ♋ ab 17.37 ♌ | ♌ ab 05.22 ♍ | ♎ ab 16.59 ♏ |
| 9 | ♈ | ♉ ab 09.17 ♊ | ♊ | ♌ | ♍ | ♏ |
| 10 | ♈ ab 13.10 ♉ | ♊ | ♊ ab 02.59 ♋ | ♌ ab 21.16 ♍ | ♍ ab 07.40 ♎ | ♏ ab 18.07 ♐ |
| 11 | ♉ | ♊ ab 17.59 ♋ | ♋ | ♍ | ♎ | ♐ |
| 12 | ♉ | ♋ | ♋ ab 08.56 ♌ | ♍ ab 21.55 ♎ | ♎ ab 08.03 ♏ | ♐ ab 19.46 ♑ |
| 13 | ♉ ab 00.20 ♊ | ♋ ab 22.33 ♌ | ♌ | ♎ | ♏ | ♑ |
| 14 | ♊ | ♌ | ♌ ab 10.59 ♍ | ♎ ab 21.15 ♏ | ♏ ab 08.05 ♐ | ♑ ab 23.32 ♒ |
| 15 | ♊ ab 08.01 ♋ | ♌ ab 00.00 ♍ | ♍ | ♏ | ♐ | ♒ |
| 16 | ♋ | ♍ | ♍ ab 10.45 ♎ | ♏ ab 21.16 ♐ | ♐ ab 09.32 ♑ | ♒ |
| 17 | ♋ ab 12.16 ♌ | ♍ | ♎ | ♐ | ♑ | ♒ ab 06.44 ♓ |
| 18 | ♌ | ♍ ab 00.15 ♎ | ♎ ab 10.18 ♏ | ♐ ab 23.44 ♑ | ♑ ab 14.03 ♒ | ♓ |
| 19 | ♌ ab 14.26 ♍ | ♎ | ♏ | ♑ | ♒ | ♓ ab 17.33 ♈ |
| 20 | ♍ | ♎ ab 01.14 ♏ | ♏ ab 11.34 ♐ | ♑ | ♒ ab 22.27 ♓ | ♈ |
| 21 | ♍ ab 16.11 ♎ | ♏ | ♐ | ♑ ab 05.48 ♒ | ♓ | ♈ |
| 22 | ♎ | ♏ ab 04.19 ♐ | ♐ ab 15.49 ♑ | ♒ | ♓ | ♈ ab 06.22 ♉ |
| 23 | ♎ ab 18.49 ♏ | ♐ | ♑ ab 23.20 ♒ | ♒ ab 15.28 ♓ | ♓ ab 10.08 ♈ | ♉ |
| 24 | ♏ | ♐ ab 09.55 ♑ | ♒ | ♓ | ♈ | ♉ ab 18.37 ♊ |
| 25 | ♏ ab 22.52 ♐ | ♑ | ♒ | ♓ ab 03.37 ♈ | ♈ ab 23.08 ♉ | ♊ |
| 26 | ♐ | ♑ ab 17.49 ♒ | ♒ ab 09.34 ♓ | ♈ | ♉ | ♊ |
| 27 | ♐ | ♒ | ♓ | ♈ ab 16.38 ♉ | ♉ | ♊ ab 04.30 ♋ |
| 28 | ♐ ab 04.25 ♑ | ♒ ab 03.42 ♓ | ♓ ab 21.38 ♈ | ♉ | ♉ ab 11.23 ♊ | ♋ |
| 29 | ♑ | ♓ | ♈ | ♉ | ♊ | ♋ ab 11.40 ♌ |
| 30 | ♑ ab 11.35 ♒ | | ♈ | ♉ ab 21.40 ♊ | ♊ | ♌ |
| 31 | ♒ | | ♈ | | ♊ | |

| Tag | Juli Mond im | August Mond im | September Mond im | Oktober Mond im | November Mond im | Dezember Mond im |
|---|---|---|---|---|---|---|
| 1 | ♌ ab 16.47 ♍ | ♎ | ♐ | ♑ | ♓ | ♈ |
| 2 | ♍ | ♎ ab 04.56 ♏ | ♐ ab 17.30 ♑ | ♑ ab 04.50 ♒ | ♓ | ♈ |
| 3 | ♍ ab 20.35 ♎ | ♏ | ♑ | ♒ | ♓ ab 05.46 ♈ | ♈ ab 00.42 ♉ |
| 4 | ♎ ab 23.34 ♏ | ♏ ab 08.04 ♐ | ♑ ab 23.21 ♒ | ♒ ab 13.10 ♓ | ♈ | ♉ |
| 5 | ♏ | ♐ | ♒ | ♓ ab 23.50 ♈ | ♈ ab 18.24 ♉ | ♉ ab 13.39 ♊ |
| 6 | ♏ | ♐ ab 11.55 ♑ | ♒ | ♈ | ♉ | ♊ |
| 7 | ♏ | ♑ | ♒ ab 07.12 ♓ | ♈ | ♉ | ♊ |
| 8 | ♏ ab 02.06 ♐ | ♑ ab 16.58 ♒ | ♓ | ♈ ab 12.12 ♉ | ♉ ab 07.22 ♊ | ♊ ab 01.22 ♋ |
| 9 | ♐ | ♒ | ♓ ab 17.19 ♈ | ♉ | ♊ | ♋ |
| 10 | ♐ ab 04.50 ♑ | ♒ | ♈ | ♉ ab 01.15 ♊ | ♊ ab 19.29 ♋ | ♋ ab 11.13 ♌ |
| 11 | ♑ | ♒ ab 00.01 ♓ | ♈ | ♊ | ♋ | ♌ |
| 12 | ♑ ab 08.54 ♒ | ♓ | ♈ ab 05.31 ♉ | ♊ | ♋ ab 05.37 ♌ | ♌ ab 18.56 ♍ |
| 13 | ♒ | ♓ ab 09.50 ♈ | ♉ | ♊ ab 13.25 ♋ | ♌ | ♍ |
| 14 | ♒ ab 15.37 ♓ | ♈ | ♉ ab 18.33 ♊ | ♋ | ♌ ab 12.47 ♍ | ♍ |
| 15 | ♓ | ♈ ab 22.06 ♉ | ♊ | ♋ | ♍ | ♍ ab 00.14 ♎ |
| 16 | ♓ | ♉ | ♊ | ♋ ab 22.50 ♌ | ♍ ab 16.35 ♎ | ♎ |
| 17 | ♓ ab 01.40 ♈ | ♉ | ♊ ab 06.07 ♋ | ♌ | ♎ | ♎ ab 03.03 ♏ |
| 18 | ♈ | ♉ ab 11.55 ♊ | ♋ | ♌ | ♎ ab 17.32 ♏ | ♏ |
| 19 | ♈ ab 14.12 ♉ | ♊ | ♋ ab 14.11 ♌ | ♌ ab 04.25 ♍ | ♏ | ♏ ab 03.55 ♐ |
| 20 | ♉ | ♊ | ♌ | ♍ | ♏ ab 17.04 ♐ | ♐ |
| 21 | ♉ | ♊ ab 21.34 ♋ | ♌ ab 18.17 ♍ | ♍ ab 06.27 ♎ | ♐ | ♐ ab 04.12 ♑ |
| 22 | ♉ ab 02.41 ♊ | ♋ | ♍ | ♎ | ♐ ab 17.04 ♑ | ♑ |
| 23 | ♊ | ♋ ab 04.31 ♌ | ♍ ab 19.28 ♎ | ♎ ab 06.18 ♏ | ♑ | ♑ ab 05.49 ♒ |
| 24 | ♊ ab 12.40 ♋ | ♌ | ♎ | ♏ | ♑ ab 19.31 ♒ | ♒ |
| 25 | ♋ | ♌ ab 08.04 ♍ | ♎ ab 19.34 ♏ | ♏ ab 05.49 ♐ | ♒ | ♒ ab 10.37 ♓ |
| 26 | ♋ ab 19.19 ♌ | ♍ | ♏ | ♐ | ♒ | ♓ |
| 27 | ♌ | ♍ ab 09.42 ♎ | ♏ ab 20.22 ♐ | ♐ ab 06.56 ♑ | ♒ ab 01.48 ♓ | ♓ ab 19.32 ♈ |
| 28 | ♌ ab 23.24 ♍ | ♎ | ♐ | ♑ | ♓ | ♈ |
| 29 | ♍ | ♎ ab 11.06 ♏ | ♐ ab 23.14 ♑ | ♑ ab 11.06 ♒ | ♓ ab 12.02 ♈ | ♈ |
| 30 | ♍ | ♏ | ♑ | ♒ | ♈ | ♈ ab 07.44 ♉ |
| 31 | ♍ ab 02.14 ♎ | ♏ ab 13.29 ♐ | | ♒ ab 18.54 ♓ | | ♉ |

# 1977

| Tag | Januar<br>Mond im | Februar<br>Mond im | März<br>Mond im | April<br>Mond im | Mai<br>Mond im | Juni<br>Mond im |
|---|---|---|---|---|---|---|
| 1 | ♉ ab 20.43 ♊ | ♋ | ♋ | ♌ ab 02.26 ♍ | ♎ | ♏ ab 03.55 ♐ |
| 2 | ♊ | ♋ | ♋ ab 10.26 ♌ | ♍ | ♎ ab 17.24 ♏ | ♐ |
| 3 | ♊ | ♋ ab 01.12 ♌ | ♌ | ♍ ab 05.40 ♎ | ♏ | ♐ ab 04.08 ♑ |
| 4 | ♊ ab 08.13 ♋ | ♌ | ♌ ab 16.19 ♍ | ♎ | ♏ ab 16.59 ♐ | ♑ |
| 5 | ♋ | ♌ ab 07.18 ♍ | ♍ | ♎ ab 06.40 ♏ | ♐ | ♑ ab 03.44 ♒ |
| 6 | ♋ ab 17.21 ♌ | ♍ | ♍ ab 19.35 ♎ | ♏ | ♐ ab 16.55 ♑ | ♒ |
| 7 | ♌ | ♍ ab 11.37 ♎ | ♎ | ♏ ab 07.09 ♐ | ♑ | ♒ ab 07.36 ♓ |
| 8 | ♌ | ♎ | ♎ ab 21.38 ♏ | ♐ | ♑ ab 19.00 ♒ | ♓ |
| 9 | ♌ ab 00.24 ♍ | ♎ ab 15.05 ♏ | ♏ | ♐ ab 08.41 ♑ | ♒ | ♓ ab 15.35 ♈ |
| 10 | ♍ | ♏ | ♏ ab 23.42 ♐ | ♑ | ♒ | ♈ |
| 11 | ♍ ab 05.48 ♎ | ♏ ab 18.12 ♐ | ♐ | ♑ ab 12.24 ♒ | ♒ ab 00.30 ♓ | ♈ |
| 12 | ♎ | ♐ | ♐ | ♒ | ♓ | ♈ ab 02.57 ♉ |
| 13 | ♎ ab 09.45 ♏ | ♐ ab 21.14 ♑ | ♐ ab 02.40 ♑ | ♒ ab 18.50 ♓ | ♓ ab 09.30 ♈ | ♉ |
| 14 | ♏ | ♑ | ♑ | ♓ | ♈ | ♉ ab 15.50 ♊ |
| 15 | ♏ ab 12.19 ♐ | ♑ | ♑ ab 07.01 ♒ | ♓ | ♈ ab 21.05 ♉ | ♊ |
| 16 | ♐ | ♑ ab 00.46 ♒ | ♒ | ♓ ab 03.53 ♈ | ♉ | ♊ |
| 17 | ♐ ab 14.03 ♑ | ♒ | ♒ ab 13.06 ♓ | ♈ | ♉ | ♊ ab 04.29 ♋ |
| 18 | ♑ | ♒ ab 05.45 ♓ | ♓ | ♈ ab 15.03 ♉ | ♉ ab 09.51 ♊ | ♋ |
| 19 | ♑ ab 16.13 ♒ | ♓ | ♓ ab 21.24 ♈ | ♉ | ♊ | ♋ ab 15.54 ♌ |
| 20 | ♒ | ♓ ab 13.23 ♈ | ♈ | ♉ | ♊ ab 22.36 ♋ | ♌ |
| 21 | ♒ ab 19.31 ♓ | ♈ | ♈ | ♉ ab 03.38 ♊ | ♋ | ♌ |
| 22 | ♓ | ♈ | ♈ ab 08.06 ♉ | ♊ | ♋ | ♌ ab 01.30 ♍ |
| 23 | ♓ | ♈ ab 00.07 ♉ | ♉ | ♊ ab 16.26 ♋ | ♋ ab 10.14 ♌ | ♍ |
| 24 | ♓ ab 04.20 ♈ | ♉ | ♉ ab 20.39 ♊ | ♋ | ♌ | ♍ ab 08.36 ♎ |
| 25 | ♈ | ♉ ab 12.51 ♊ | ♊ | ♋ | ♌ ab 19.32 ♍ | ♎ |
| 26 | ♈ ab 15.42 ♉ | ♊ | ♊ | ♋ ab 03.44 ♌ | ♍ | ♎ ab 12.43 ♏ |
| 27 | ♉ | ♊ | ♊ ab 09.17 ♋ | ♌ | ♍ | ♏ |
| 28 | ♉ | ♊ ab 01.03 ♋ | ♋ | ♌ ab 11.53 ♍ | ♍ ab 01.29 ♎ | ♏ ab 14.03 ♐ |
| 29 | ♉ ab 04.38 ♊ | | ♋ ab 19.41 ♌ | ♍ | ♎ | ♐ |
| 30 | ♊ | | ♌ | ♍ ab 16.13 ♎ | ♎ ab 03.57 ♏ | ♐ ab 13.49 ♑ |
| 31 | ♊ ab 16.21 ♋ | | ♌ | | ♏ | |

| Tag | Juli<br>Mond im | August<br>Mond im | September<br>Mond im | Oktober<br>Mond im | November<br>Mond im | Dezember<br>Mond im |
|---|---|---|---|---|---|---|
| 1 | ♑ | ♒ ab 02.24 ♓ | ♈ | ♉ ab 21.34 ♊ | ♋ | ♌ |
| 2 | ♑ ab 13.57 ♒ | ♓ | ♈ ab 01.52 ♉ | ♊ | ♋ | ♌ |
| 3 | ♒ | ♓ ab 07.55 ♈ | ♉ | ♊ | ♋ ab 06.04 ♌ | ♌ ab 00.06 ♍ |
| 4 | ♒ ab 16.32 ♓ | ♈ | ♉ ab 13.28 ♊ | ♊ ab 10.10 ♋ | ♌ | ♍ |
| 5 | ♓ | ♈ ab 16.19 ♉ | ♊ | ♋ | ♌ ab 16.17 ♍ | ♍ ab 08.18 ♎ |
| 6 | ♓ ab 23.04 ♈ | ♉ | ♊ | ♋ ab 21.58 ♌ | ♍ | ♎ |
| 7 | ♈ | ♉ | ♊ ab 02.04 ♋ | ♌ | ♍ ab 22.52 ♎ | ♎ ab 12.34 ♏ |
| 8 | ♈ | ♉ ab 05.30 ♊ | ♋ | ♌ | ♎ | ♏ |
| 9 | ♈ ab 09.34 ♉ | ♊ | ♋ ab 13.14 ♌ | ♌ ab 06.59 ♍ | ♎ | ♏ ab 13.22 ♐ |
| 10 | ♉ | ♊ ab 18.05 ♋ | ♌ | ♍ | ♎ ab 01.43 ♏ | ♐ |
| 11 | ♉ ab 22.16 ♊ | ♋ | ♌ ab 21.35 ♍ | ♍ ab 12.30 ♎ | ♏ | ♐ ab 12.27 ♑ |
| 12 | ♊ | ♋ | ♍ | ♎ | ♏ ab 02.04 ♐ | ♑ |
| 13 | ♊ | ♋ ab 04.57 ♌ | ♍ | ♎ ab 15.11 ♏ | ♐ | ♑ ab 12.00 ♒ |
| 14 | ♊ ab 10.50 ♋ | ♌ | ♍ ab 03.08 ♎ | ♏ | ♐ ab 01.51 ♑ | ♒ |
| 15 | ♋ | ♌ ab 13.26 ♍ | ♎ | ♏ ab 16.28 ♐ | ♑ | ♒ ab 14.10 ♓ |
| 16 | ♋ ab 21.52 ♌ | ♍ | ♎ ab 06.46 ♏ | ♐ | ♑ ab 03.01 ♒ | ♓ |
| 17 | ♌ | ♍ ab 19.50 ♎ | ♏ | ♐ ab 17.51 ♑ | ♒ | ♓ ab 20.12 ♈ |
| 18 | ♌ | ♎ | ♏ ab 09.29 ♐ | ♑ | ♒ ab 06.59 ♓ | ♈ |
| 19 | ♌ ab 06.59 ♍ | ♎ | ♐ | ♑ ab 20.37 ♒ | ♓ | ♈ |
| 20 | ♍ | ♎ ab 00.36 ♏ | ♐ ab 12.05 ♑ | ♒ | ♓ ab 14.14 ♈ | ♈ ab 05.55 ♉ |
| 21 | ♍ ab 14.10 ♎ | ♏ | ♑ | ♒ | ♈ | ♉ |
| 22 | ♎ | ♏ ab 04.03 ♐ | ♑ ab 15.13 ♒ | ♒ ab 01.27 ♓ | ♈ | ♉ ab 17.52 ♊ |
| 23 | ♎ ab 19.14 ♏ | ♐ | ♒ | ♓ | ♈ ab 00.10 ♉ | ♊ |
| 24 | ♏ | ♐ ab 06.31 ♑ | ♒ ab 19.30 ♓ | ♓ ab 08.35 ♈ | ♉ | ♊ |
| 25 | ♏ ab 22.05 ♐ | ♑ | ♓ | ♈ | ♉ ab 11.49 ♊ | ♊ ab 06.31 ♋ |
| 26 | ♐ | ♑ ab 08.41 ♒ | ♓ | ♈ ab 17.54 ♉ | ♊ | ♋ |
| 27 | ♐ ab 23.15 ♑ | ♒ | ♓ ab 01.41 ♈ | ♉ | ♊ | ♋ ab 18.52 ♌ |
| 28 | ♑ | ♒ ab 11.47 ♓ | ♈ | ♉ | ♊ ab 00.21 ♋ | ♌ |
| 29 | ♑ | ♓ | ♈ ab 10.22 ♉ | ♉ ab 05.09 ♊ | ♋ | ♌ |
| 30 | ♑ ab 00.05 ♒ | ♓ ab 17.12 ♈ | ♉ | ♊ | ♋ ab 12.54 ♌ | ♌ ab 06.14 ♍ |
| 31 | ♒ | ♈ | | ♊ ab 17.41 ♋ | | ♍ |

## 1978

| Tag | Januar Mond im | Februar Mond im | März Mond im | April Mond im | Mai Mond im | Juni Mond im |
|---|---|---|---|---|---|---|
| 1 | ♍ ab 15.32 ♎ | ♏ | ♏ ab 14.03 ♐ | ♑ | ♒ ab 10.01 ♓ | ♈ |
| 2 | ♎ | ♏ ab 08.14 ♐ | ♐ | ♑ ab 01.06 ♒ | ♓ | ♈ ab 04.51 ♉ |
| 3 | ♎ ab 21.36 ♏ | ♐ | ♐ ab 16.59 ♑ | ♒ | ♓ ab 15.28 ♈ | ♉ |
| 4 | ♏ | ♐ ab 09.51 ♑ | ♑ | ♒ ab 04.21 ♓ | ♈ | ♉ ab 14.54 ♊ |
| 5 | ♏ | ♑ | ♑ ab 18.51 ♒ | ♓ | ♈ ab 22.53 ♉ | ♊ |
| 6 | ♏ ab 00.04 ♐ | ♑ ab 10.05 ♒ | ♒ | ♓ ab 08.52 ♈ | ♉ | ♊ |
| 7 | ♐ ab 23.55 ♑ | ♒ | ♒ ab 20.46 ♓ | ♈ | ♉ | ♊ ab 02.31 ♋ |
| 8 | ♑ | ♒ ab 10.48 ♓ | ♓ | ♈ ab 15.22 ♉ | ♉ ab 08.19 ♊ | ♋ |
| 9 | ♑ ab 23.06 ♒ | ♓ | ♓ | ♉ | ♊ | ♋ ab 15.08 ♌ |
| 10 | ♒ | ♓ ab 13.57 ♈ | ♓ ab 00.09 ♈ | ♉ | ♊ ab 19.42 ♋ | ♌ |
| 11 | ♒ ab 23.51 ♓ | ♈ | ♈ | ♉ ab 00.28 ♊ | ♋ | ♌ |
| 12 | ♓ | ♈ ab 20.51 ♉ | ♈ ab 06.19 ♉ | ♊ | ♋ ab 08.18 ♌ | ♌ ab 03.35 ♍ |
| 13 | ♓ | ♉ | ♉ | ♊ ab 12.00 ♋ | ♌ | ♍ |
| 14 | ♓ ab 04.06 ♈ | ♉ | ♉ ab 15.49 ♊ | ♋ | ♌ ab 20.16 ♍ | ♍ ab 13.56 ♎ |
| 15 | ♈ | ♉ ab 07.25 ♊ | ♊ | ♋ | ♍ | ♎ |
| 16 | ♈ ab 12.31 ♉ | ♊ | ♊ ab 03.50 ♋ | ♋ ab 00.31 ♌ | ♍ | ♎ ab 20.29 ♏ |
| 17 | ♉ | ♊ ab 19.56 ♋ | ♋ | ♌ | ♍ ab 05.25 ♎ | ♏ |
| 18 | ♉ | ♋ | ♋ | ♌ ab 11.45 ♍ | ♎ | ♏ ab 23.02 ♐ |
| 19 | ♉ ab 00.07 ♊ | ♋ | ♋ ab 16.13 ♌ | ♍ | ♎ ab 10.39 ♏ | ♐ |
| 20 | ♊ | ♋ ab 08.10 ♌ | ♌ | ♍ ab 19.54 ♎ | ♏ | ♐ ab 22.53 ♑ |
| 21 | ♊ ab 12.51 ♋ | ♌ | ♌ ab 02.50 ♍ | ♎ | ♏ ab 12.32 ♐ | ♑ |
| 22 | ♋ | ♌ ab 18.40 ♍ | ♍ | ♎ ab 00.40 ♏ | ♐ | ♑ ab 22.08 ♒ |
| 23 | ♋ | ♍ | ♍ | ♏ | ♐ ab 12.42 ♑ | ♒ |
| 24 | ♋ ab 01.03 ♌ | ♍ ab 03.04 ♎ | ♍ ab 10.42 ♎ | ♏ ab 03.01 ♐ | ♑ | ♒ ab 22.58 ♓ |
| 25 | ♌ | ♎ | ♎ | ♐ | ♑ ab 13.11 ♒ | ♓ |
| 26 | ♌ ab 11.57 ♍ | ♎ ab 09.29 ♏ | ♎ ab 16.02 ♏ | ♐ ab 04.28 ♑ | ♒ | ♓ |
| 27 | ♍ | ♏ | ♏ | ♑ | ♒ ab 15.37 ♓ | ♓ ab 02.54 ♈ |
| 28 | ♍ ab 21.08 ♎ | ♏ | ♏ ab 19.38 ♐ | ♑ ab 06.29 ♒ | ♓ | ♈ |
| 29 | ♎ | | ♐ | ♒ | ♓ ab 20.53 ♈ | ♈ ab 10.22 ♉ |
| 30 | ♎ | | ♐ ab 22.24 ♑ | ♒ | ♈ | ♉ |
| 31 | ♎ ab 04.04 ♏ | | ♑ | | ♈ | |

| Tag | Juli Mond im | August Mond im | September Mond im | Oktober Mond im | November Mond im | Dezember Mond im |
|---|---|---|---|---|---|---|
| 1 | ♉ ab 20.38 ♊ | ♋ | ♌ ab 21.47 ♍ | ♍ ab 15.17 ♎ | ♏ | ♐ ab 21.45 ♑ |
| 2 | ♊ | ♋ | ♍ | ♎ | ♏ ab 11.04 ♐ | ♑ |
| 3 | ♊ | ♋ ab 03.11 ♌ | ♍ | ♎ ab 22.49 ♏ | ♐ | ♑ ab 22.36 ♒ |
| 4 | ♊ ab 08.34 ♋ | ♌ | ♍ ab 08.16 ♎ | ♏ | ♐ ab 13.41 ♑ | ♒ |
| 5 | ♋ | ♌ ab 15.30 ♍ | ♎ | ♏ | ♑ | ♒ |
| 6 | ♋ ab 21.14 ♌ | ♍ | ♎ ab 16.39 ♏ | ♏ ab 04.07 ♐ | ♑ ab 16.04 ♒ | ♒ ab 00.37 ♓ |
| 7 | ♌ | ♍ | ♏ | ♐ | ♒ | ♓ |
| 8 | ♌ | ♍ ab 02.30 ♎ | ♏ ab 22.40 ♐ | ♐ ab 07.53 ♑ | ♒ ab 19.07 ♓ | ♓ ab 04.40 ♈ |
| 9 | ♌ ab 09.45 ♍ | ♎ | ♐ | ♑ | ♓ | ♈ |
| 10 | ♍ | ♎ ab 11.12 ♏ | ♐ | ♑ ab 10.43 ♒ | ♓ ab 23.12 ♈ | ♈ ab 10.51 ♉ |
| 11 | ♍ ab 20.49 ♎ | ♏ | ♐ ab 02.20 ♑ | ♒ | ♈ | ♉ |
| 12 | ♎ | ♏ ab 16.43 ♐ | ♑ | ♒ ab 13.13 ♓ | ♈ | ♉ ab 18.55 ♊ |
| 13 | ♎ ab 04.48 ♏ | ♐ ab 19.04 ♑ | ♑ ab 04.09 ♒ | ♓ | ♈ ab 04.36 ♉ | ♊ |
| 14 | ♏ | ♑ | ♒ | ♓ ab 16.07 ♈ | ♉ | ♊ |
| 15 | ♏ | ♑ ab 19.16 ♒ | ♒ ab 05.10 ♓ | ♈ | ♉ ab 11.45 ♊ | ♊ ab 04.51 ♋ |
| 16 | ♏ ab 08.50 ♐ | ♒ | ♓ | ♈ ab 20.23 ♉ | ♊ | ♋ |
| 17 | ♐ | ♒ ab 19.05 ♓ | ♓ ab 06.51 ♈ | ♉ | ♊ ab 21.17 ♋ | ♋ ab 16.38 ♌ |
| 18 | ♐ ab 07.34 ♑ | ♓ | ♈ | ♉ | ♋ | ♌ |
| 19 | ♑ | ♓ ab 20.30 ♈ | ♈ ab 10.44 ♉ | ♉ ab 03.08 ♊ | ♋ | ♌ |
| 20 | ♑ ab 08.42 ♒ | ♈ | ♉ | ♊ | ♋ ab 09.10 ♌ | ♌ ab 05.35 ♍ |
| 21 | ♒ | ♈ | ♉ ab 17.57 ♊ | ♊ ab 12.53 ♋ | ♌ | ♍ |
| 22 | ♒ ab 08.27 ♓ | ♈ ab 01.06 ♉ | ♊ | ♋ | ♌ ab 21.58 ♍ | ♍ ab 17.41 ♎ |
| 23 | ♓ | ♉ | ♊ | ♋ | ♍ | ♎ |
| 24 | ♓ ab 10.47 ♈ | ♉ ab 09.32 ♊ | ♊ ab 04.32 ♋ | ♋ ab 01.05 ♌ | ♍ | ♎ ab 02.33 ♏ |
| 25 | ♈ | ♊ | ♋ | ♌ | ♍ ab 09.08 ♎ | ♏ |
| 26 | ♈ ab 16.51 ♉ | ♊ ab 21.00 ♋ | ♋ ab 17.02 ♌ | ♌ ab 13.33 ♍ | ♎ | ♏ ab 07.08 ♐ |
| 27 | ♉ | ♋ | ♌ | ♍ | ♎ ab 16.39 ♏ | ♐ |
| 28 | ♉ ab 02.31 ♊ | ♋ | ♌ | ♍ ab 23.52 ♎ | ♏ | ♐ ab 08.16 ♑ |
| 29 | ♊ | ♋ ab 09.40 ♌ | ♌ ab 05.12 ♍ | ♎ | ♏ ab 20.24 ♐ | ♑ |
| 30 | ♊ | ♌ | ♍ | ♎ | ♐ | ♑ |
| 31 | ♊ ab 14.29 ♋ | ♌ | | ♎ ab 06.53 ♏ | | ♑ ab 07.45 ♒ |

105

## 1979

| Tag | Januar – Mond im | Februar – Mond im | März – Mond im | April – Mond im | Mai – Mond im | Juni – Mond im |
|---|---|---|---|---|---|---|
| 1 | ♒ | ♈ | ♈ | ♊ | ♋ | ♌ ab 23.41 ♍ |
| 2 | ♒ ab 08.09 ♓ | ♈ ab 23.04 ♉ | ♈ ab 08.10 ♉ | ♊ | ♋ | ♍ |
| 3 | ♓ | ♉ | ♉ | ♊ ab 07.24 ♋ | ♋ ab 02.57 ♌ | ♍ |
| 4 | ♓ ab 10.42 ♈ | ♉ | ♉ ab 13.59 ♊ | ♋ | ♌ | ♍ ab 12.12 ♎ |
| 5 | ♈ | ♉ ab 06.34 ♊ | ♊ | ♋ ab 18.58 ♌ | ♌ ab 15.42 ♍ | ♎ |
| 6 | ♈ ab 16.18 ♉ | ♊ | ♊ ab 23.35 ♋ | ♌ | ♍ | ♎ ab 22.06 ♏ |
| 7 | ♉ | ♊ ab 17.06 ♋ | ♋ | ♌ | ♍ | ♏ |
| 8 | ♉ | ♋ | ♋ | ♌ ab 07.53 ♍ | ♍ ab 03.48 ♎ | ♏ |
| 9 | ♉ ab 00.43 ♊ | ♋ | ♋ ab 11.48 ♌ | ♍ | ♎ | ♏ ab 04.15 ♐ |
| 10 | ♊ | ♋ ab 05.26 ♌ | ♌ | ♍ ab 19.46 ♎ | ♎ ab 13.11 ♏ | ♐ |
| 11 | ♊ ab 11.15 ♋ | ♌ | ♌ | ♎ | ♏ | ♐ ab 7.24 ♑ |
| 12 | ♋ | ♌ ab 18.18 ♍ | ♌ ab 00.43 ♍ | ♎ ab 05.16 ♏ | ♏ ab 19.25 ♐ | ♑ |
| 13 | ♋ ab 23.17 ♌ | ♍ | ♍ | ♏ | ♐ | ♑ ab 09.07 ♒ |
| 14 | ♌ | ♍ | ♍ ab 12.42 ♎ | ♏ | ♐ ab 23.26 ♑ | ♒ |
| 15 | ♌ | ♍ ab 06.38 ♎ | ♎ | ♏ ab 12.19 ♐ | ♑ | ♒ ab 10.57 ♓ |
| 16 | ♌ ab 12.11 ♍ | ♎ | ♎ ab 22.50 ♏ | ♐ | ♑ ab 02.26 ♒ | ♓ |
| 17 | ♍ | ♎ ab 17.13 ♏ | ♏ | ♐ ab 17.24 ♑ | ♒ | ♓ ab 13.53 ♈ |
| 18 | ♍ | ♏ | ♏ | ♑ | ♒ | ♈ |
| 19 | ♍ ab 00.41 ♎ | ♏ | ♏ ab 06.39 ♐ | ♑ ab 21.03 ♒ | ♒ ab 05.19 ♓ | ♈ ab 18.19 ♉ |
| 20 | ♎ | ♏ ab 00.52 ♐ | ♐ | ♒ | ♓ | ♉ |
| 21 | ♎ ab 10.51 ♏ | ♐ | ♐ ab 11.57 ♑ | ♒ ab 23.42 ♓ | ♓ ab 08.31 ♈ | ♉ |
| 22 | ♏ | ♐ ab 05.01 ♑ | ♑ | ♓ | ♈ | ♉ ab 00.23 ♊ |
| 23 | ♏ ab 17.09 ♐ | ♑ | ♑ ab 14.53 ♒ | ♓ ab 01.52 ♈ | ♈ ab 12.21 ♉ | ♊ |
| 24 | ♐ | ♑ ab 06.13 ♒ | ♒ | ♈ | ♉ | ♊ ab 08.25 ♋ |
| 25 | ♐ ab 19.28 ♑ | ♒ | ♒ ab 16.05 ♓ | ♈ ab 04.28 ♉ | ♉ ab 17.29 ♊ | ♋ |
| 26 | ♑ | ♒ ab 05.53 ♓ | ♓ | ♉ | ♊ | ♋ ab 18.48 ♌ |
| 27 | ♑ ab 19.13 ♒ | ♓ | ♓ ab 16.48 ♈ | ♉ | ♊ | ♌ |
| 28 | ♒ | ♓ ab 05.55 ♈ | ♈ | ♉ ab 08.49 ♊ | ♊ ab 00.51 ♋ | ♌ |
| 29 | ♒ ab 18.26 ♓ | | ♈ ab 18.37 ♉ | ♊ | ♋ | ♌ ab 07.15 ♍ |
| 30 | ♓ | | ♉ | ♊ ab 16.12 ♋ | ♋ ab 11.09 ♌ | ♍ |
| 31 | ♓ ab 19.12 ♈ | | ♉ ab 23.09 ♊ | | ♌ | |

| Tag | Juli – Mond im | August – Mond im | September – Mond im | Oktober – Mond im | November – Mond im | Dezember – Mond im |
|---|---|---|---|---|---|---|
| 1 | ♍ ab 20.09 ♎ | ♏ | ♐ ab 12.34 ♑ | ♒ | ♓ ab 11.10 ♈ | ♉ |
| 2 | ♎ | ♏ ab 23.06 ♐ | ♑ | ♒ | ♈ | ♉ |
| 3 | ♎ | ♐ | ♑ ab 15.00 ♒ | ♒ ab 01.24 ♓ | ♈ ab 12.17 ♉ | ♉ ab 00.03 ♊ |
| 4 | ♎ ab 06.58 ♏ | ♐ | ♒ | ♓ | ♉ | ♊ |
| 5 | ♏ | ♐ ab 03.23 ♑ | ♒ ab 15.04 ♓ | ♓ ab 01.29 ♈ | ♉ ab 14.26 ♊ | ♊ ab 05.02 ♋ |
| 6 | ♏ ab 13.56 ♐ | ♑ | ♓ | ♈ | ♊ | ♋ |
| 7 | ♐ | ♑ ab 04.29 ♒ | ♓ ab 14.30 ♈ | ♈ ab 01.45 ♉ | ♊ ab 19.24 ♋ | ♋ ab 13.10 ♌ |
| 8 | ♐ ab 17.08 ♑ | ♒ | ♈ | ♉ | ♋ | ♌ |
| 9 | ♑ | ♒ ab 04.06 ♓ | ♈ ab 15.13 ♉ | ♉ ab 04.08 ♊ | ♋ | ♌ |
| 10 | ♑ ab 18.00 ♒ | ♓ | ♉ | ♊ | ♋ ab 04.15 ♌ | ♌ ab 00.33 ♍ |
| 11 | ♒ | ♓ ab 04.11 ♈ | ♉ ab 18.55 ♊ | ♊ ab 10.10 ♋ | ♌ | ♍ |
| 12 | ♒ ab 18.23 ♓ | ♈ | ♊ | ♋ | ♌ ab 16.21 ♍ | ♍ ab 13.30 ♎ |
| 13 | ♓ | ♈ ab 06.22 ♉ | ♊ | ♋ ab 20.12 ♌ | ♍ | ♎ |
| 14 | ♓ ab 19.58 ♈ | ♉ | ♊ ab 02.28 ♋ | ♌ | ♍ | ♎ ab 01.09 ♏ |
| 15 | ♈ | ♉ ab 11.42 ♊ | ♋ | ♌ | ♍ ab 05.17 ♎ | ♏ |
| 16 | ♈ ab 23.44 ♉ | ♊ | ♋ ab 13.26 ♌ | ♌ ab 08.52 ♍ | ♎ ab 16.30 ♏ | ♏ ab 09.37 ♐ |
| 17 | ♉ | ♊ ab 20.18 ♋ | ♌ | ♍ | ♏ | ♐ |
| 18 | ♉ | ♋ | ♌ | ♍ ab 21.45 ♎ | ♏ | ♐ ab 14.55 ♑ |
| 19 | ♉ ab 06.00 ♊ | ♋ ab 07.29 ♌ | ♌ ab 02.16 ♍ | ♎ | ♏ | ♑ |
| 20 | ♊ | ♌ | ♍ | ♎ ab 09.03 ♏ | ♏ ab 00.57 ♐ | ♑ ab 18.13 ♒ |
| 21 | ♊ ab 14.41 ♋ | ♌ ab 20.12 ♍ | ♍ ab 15.11 ♎ | ♏ | ♐ ab 07.02 ♑ | ♒ |
| 22 | ♋ | ♍ | ♎ | ♏ | ♑ | ♒ ab 20.51 ♓ |
| 23 | ♋ | ♍ | ♎ | ♏ ab 18.10 ♐ | ♑ ab 11.37 ♒ | ♓ |
| 24 | ♋ ab 01.31 ♌ | ♍ ab 09.14 ♎ | ♎ ab 02.55 ♏ | ♐ | ♒ | ♓ ab 23.41 ♈ |
| 25 | ♌ | ♎ | ♏ | ♐ ab 01.12 ♑ | ♒ ab 15.18 ♓ | ♈ |
| 26 | ♌ ab 14.02 ♍ | ♎ ab 21.13 ♏ | ♏ ab 12.36 ♐ | ♑ | ♓ | ♈ |
| 27 | ♍ | ♏ | ♐ | ♑ | ♓ ab 18.17 ♈ | ♈ ab 03.08 ♉ |
| 28 | ♍ | ♏ | ♐ ab 19.41 ♑ | ♑ ab 06.17 ♒ | ♈ | ♉ |
| 29 | ♍ ab 03.07 ♎ | ♏ | ♑ | ♒ | ♈ ab 20.55 ♉ | ♉ ab 07.33 ♊ |
| 30 | ♎ | ♏ ab 06.40 ♐ | ♑ ab 23.50 ♒ | ♒ ab 09.30 ♓ | ♉ | ♊ |
| 31 | ♎ ab 14.47 ♏ | ♐ | | ♓ | | ♊ |

## 1980

| Tag | Januar Mond im | Februar Mond im | März Mond im | April Mond im | Mai Mond im | Juni Mond im |
|---|---|---|---|---|---|---|
| 1 | ♊ ab 13.30 ♋ | ♌ | ♍ | ♎ | ♏ ab 23.22 ♐ | ♑ |
| 2 | ♋ | ♌ ab 16.22 ♍ | ♍ | ♎ ab 06.22 ♏ | ♐ | ♑ ab 20.30 ♒ |
| 3 | ♋ ab 21.48 ♌ | ♍ | ♍ ab 11.41 ♎ | ♏ | ♐ | ♒ |
| 4 | ♌ | ♍ | ♎ | ♏ ab 17.35 ♐ | ♐ ab 08.15 ♑ | ♒ |
| 5 | ♌ | ♍ ab 05.05 ♎ | ♎ | ♐ | ♑ | ♒ ab 01.11 ♓ |
| 6 | ♌ ab 08.49 ♍ | ♎ | ♎ ab 00.23 ♏ | ♐ | ♑ ab 15.04 ♒ | ♓ |
| 7 | ♍ | ♎ ab 17.47 ♏ | ♏ | ♐ ab 02.43 ♑ | ♒ | ♓ ab 04.24 ♈ |
| 8 | ♍ ab 21.39 ♎ | ♏ | ♏ ab 11.39 ♐ | ♑ | ♒ ab 19.34 ♓ | ♈ |
| 9 | ♎ | ♏ | ♐ | ♑ ab 07.00 ♒ | ♓ | ♈ ab 06.30 ♉ |
| 10 | ♎ ab 09.56 ♏ | ♏ ab 04.20 ♐ | ♐ ab 20.03 ♑ | ♒ | ♓ ab 21.45 ♈ | ♉ |
| 11 | ♏ | ♐ | ♑ | ♒ ab 12.07 ♓ | ♈ | ♉ ab 08.23 ♊ |
| 12 | ♏ | ♐ ab 11.13 ♑ | ♑ | ♓ | ♈ ab 22.25 ♉ | ♊ |
| 13 | ♏ ab 19.18 ♐ | ♑ | ♑ ab 00.46 ♒ | ♓ ab 12.41 ♈ | ♉ | ♊ ab 11.30 ♋ |
| 14 | ♐ | ♑ ab 14.20 ♒ | ♒ | ♈ | ♉ ab 23.08 ♊ | ♋ |
| 15 | ♐ | ♒ | ♒ ab 02.11 ♓ | ♈ ab 12.11 ♉ | ♊ | ♋ ab 17.23 ♌ |
| 16 | ♐ ab 00.52 ♑ | ♒ ab 14.55 ♓ | ♓ | ♉ | ♊ | ♌ |
| 17 | ♑ | ♓ | ♓ ab 01.42 ♈ | ♉ ab 12.42 ♊ | ♊ ab 01.53 ♋ | ♌ |
| 18 | ♑ ab 03.26 ♒ | ♓ ab 14.43 ♈ | ♈ | ♊ | ♋ | ♌ ab 02.48 ♍ |
| 19 | ♒ | ♈ | ♈ ab 01.14 ♉ | ♊ ab 16.12 ♋ | ♋ ab 08.15 ♌ | ♍ |
| 20 | ♒ ab 04.34 ♓ | ♈ ab 15.36 ♉ | ♉ | ♋ | ♌ | ♍ ab 14.56 ♎ |
| 21 | ♓ | ♉ | ♉ ab 02.48 ♊ | ♋ ab 23.53 ♌ | ♌ ab 18.33 ♍ | ♎ |
| 22 | ♓ ab 05.52 ♈ | ♉ ab 18.59 ♊ | ♊ | ♌ | ♍ | ♎ ab 03.27 ♏ |
| 23 | ♈ | ♊ | ♊ ab 07.56 ♋ | ♌ | ♍ | ♏ |
| 24 | ♈ ab 08.32 ♉ | ♊ | ♋ | ♌ ab 11.13 ♍ | ♍ ab 07.12 ♎ | ♏ |
| 25 | ♉ | ♊ ab 01.35 ♋ | ♋ ab 16.59 ♌ | ♍ | ♎ | ♏ ab 14.02 ♐ |
| 26 | ♉ ab 13.12 ♊ | ♋ | ♌ | ♍ | ♎ ab 19.37 ♏ | ♐ |
| 27 | ♊ | ♋ ab 11.11 ♌ | ♌ | ♍ ab 00.10 ♎ | ♏ | ♐ ab 21.47 ♑ |
| 28 | ♊ ab 20.03 ♋ | ♌ | ♌ ab 04.53 ♍ | ♎ | ♏ | ♑ |
| 29 | ♋ | ♌ ab 22.54 ♍ | ♍ | ♎ ab 12.36 ♏ | ♏ ab 06.05 ♐ | ♑ |
| 30 | ♋ | | ♍ ab 17.50 ♎ | ♏ | ♐ | ♑ ab 03.04 ♒ |
| 31 | ♋ ab 05.09 ♌ | | ♎ | | ♐ ab 14.15 ♑ | |

| Tag | Juli Mond im | August Mond im | September Mond im | Oktober Mond im | November Mond im | Dezember Mond im |
|---|---|---|---|---|---|---|
| 1 | ♒ | ♈ | ♉ ab 02.51 ♊ | ♋ | ♌ ab 13.19 ♍ | ♍ ab 08.14 ♎ |
| 2 | ♒ ab 06.49 ♓ | ♈ ab 17.56 ♉ | ♊ | ♋ ab 20.58 ♌ | ♍ | ♎ |
| 3 | ♓ | ♉ | ♊ ab 07.40 ♋ | ♌ | ♍ | ♎ ab 21.01 ♏ |
| 4 | ♓ ab 09.47 ♈ | ♉ ab 21.10 ♊ | ♋ | ♌ | ♍ ab 01.32 ♎ | ♏ |
| 5 | ♈ | ♊ | ♋ ab 15.23 ♌ | ♌ ab 07.20 ♍ | ♎ | ♏ |
| 6 | ♈ ab 12.31 ♉ | ♊ ab 02.13 ♋ | ♌ | ♍ | ♎ ab 14.20 ♏ | ♏ ab 08.58 ♐ |
| 7 | ♉ | ♋ | ♌ | ♍ ab 19.31 ♎ | ♏ | ♐ |
| 8 | ♉ ab 15.34 ♊ | ♋ ab 09.24 ♌ | ♌ ab 01.32 ♍ | ♎ | ♏ | ♐ ab 19.13 ♑ |
| 9 | ♊ | ♌ | ♍ | ♎ | ♏ ab 02.26 ♐ | ♑ |
| 10 | ♊ ab 19.45 ♋ | ♌ ab 18.55 ♍ | ♍ ab 13.23 ♎ | ♎ ab 08.16 ♏ | ♐ | ♑ ab 03.37 ♒ |
| 11 | ♋ | ♍ | ♎ | ♏ | ♐ ab 13.16 ♑ | ♒ |
| 12 | ♋ | ♍ | ♎ | ♏ ab 20.38 ♐ | ♑ | ♒ ab 10.04 ♓ |
| 13 | ♋ ab 02.03 ♌ | ♍ ab 06.33 ♎ | ♎ ab 02.07 ♏ | ♐ | ♑ ab 22.11 ♒ | ♓ |
| 14 | ♌ | ♎ | ♏ | ♐ | ♒ | ♓ ab 14.22 ♈ |
| 15 | ♌ ab 11.12 ♍ | ♎ ab 19.16 ♏ | ♏ ab 14.29 ♐ | ♐ ab 07.37 ♑ | ♒ ab 04.22 ♓ | ♈ |
| 16 | ♍ | ♏ | ♐ | ♑ | ♓ | ♈ ab 16.37 ♉ |
| 17 | ♍ ab 22.56 ♎ | ♏ | ♐ | ♑ ab 15.54 ♒ | ♓ ab 07.22 ♈ | ♉ |
| 18 | ♎ | ♏ ab 07.08 ♐ | ♐ ab 00.46 ♑ | ♒ | ♈ | ♉ ab 17.40 ♊ |
| 19 | ♎ ab 11.34 ♏ | ♐ | ♑ | ♒ ab 20.32 ♓ | ♈ ab 07.52 ♉ | ♊ |
| 20 | ♏ | ♐ ab 16.12 ♑ | ♑ ab 07.31 ♒ | ♓ | ♉ | ♊ ab 19.04 ♋ |
| 21 | ♏ ab 22.43 ♐ | ♑ | ♒ | ♓ ab 21.44 ♈ | ♉ ab 07.28 ♊ | ♋ |
| 22 | ♐ | ♑ ab 21.33 ♒ | ♒ ab 10.28 ♓ | ♈ | ♊ | ♋ ab 22.34 ♌ |
| 23 | ♐ | ♒ | ♓ | ♈ ab 20.56 ♉ | ♊ ab 08.19 ♋ | ♌ |
| 24 | ♐ | ♒ ab 23.44 ♓ | ♓ ab 10.38 ♈ | ♉ | ♋ | ♌ |
| 25 | ♐ ab 06.45 ♑ | ♓ | ♈ | ♉ ab 20.18 ♊ | ♋ ab 12.24 ♌ | ♌ ab 05.33 ♍ |
| 26 | ♑ | ♓ | ♈ ab 09.54 ♉ | ♊ | ♌ | ♍ |
| 27 | ♑ ab 11.35 ♒ | ♓ ab 00.12 ♈ | ♉ | ♊ ab 22.01 ♋ | ♌ ab 20.38 ♍ | ♍ ab 16.06 ♎ |
| 28 | ♒ | ♈ | ♉ ab 10.22 ♊ | ♋ | ♍ | ♎ |
| 29 | ♒ ab 14.11 ♓ | ♈ ab 00.42 ♉ | ♊ | ♋ | ♍ | ♎ ab 04.37 ♏ |
| 30 | ♓ | ♉ | ♊ ab 13.47 ♋ | ♋ ab 03.39 ♌ | ♍ | ♏ |
| 31 | ♓ ab 15.54 ♈ | ♉ | | ♌ | | ♏ |

107

# 1981

| Tag | Januar Mond im | Februar Mond im | März Mond im | April Mond im | Mai Mond im | Juni Mond im |
|---|---|---|---|---|---|---|
| 1 | ♏ | ♐ ab 11.38 ♑ | ♑ | ♒ ab 19.42 ♓ | ♓ ab 07.58 ♈ | ♉ ab 17.49 ♊ |
| 2 | ♏ ab 16.43 ♐ | ♑ | ♑ | ♓ | ♈ | ♊ |
| 3 | ♐ | ♑ ab 18.58 ♒ | ♑ ab 04.51 ♒ | ♓ ab 21.26 ♈ | ♈ ab 08.00 ♉ | ♊ ab 17.39 ♋ |
| 4 | | ♒ | ♒ | ♈ | ♉ | ♋ |
| 5 | ♐ ab 02.42 ♑ | ♒ ab 23.22 ♓ | ♒ ab 09.13 ♓ | ♈ ab 21.05 ♉ | ♉ ab 09.02 ♊ | ♋ ab 19.44 ♌ |
| 6 | ♑ | ♓ | ♓ | ♉ | ♊ | ♌ |
| 7 | ♑ ab 10.13 ♒ | ♓ | ♓ ab 10.49 ♈ | ♉ ab 20.48 ♊ | ♊ ab 07.18 ♋ | ♌ |
| 8 | ♒ | ♓ ab 02.02 ♈ | ♈ | ♊ | ♋ | ♌ ab 01.26 ♍ |
| 9 | ♒ ab 15.43 ♓ | ♈ | ♈ ab 11.23 ♉ | ♊ ab 22.34 ♋ | ♋ ab 10.41 ♌ | ♍ |
| 10 | ♓ | ♈ ab 04.11 ♉ | ♉ | ♋ | ♌ | ♍ ab 10.56 ♎ |
| 11 | ♓ ab 19.44 ♈ | ♉ | ♉ ab 12.43 ♊ | ♋ | ♌ ab 17.56 ♍ | ♎ |
| 12 | ♈ | ♉ ab 06.52 ♊ | ♊ | ♋ ab 03.37 ♌ | ♍ | ♎ ab 22.55 ♏ |
| 13 | ♈ ab 22.46 ♉ | ♊ | ♊ ab 16.06 ♋ | ♌ | ♍ | ♏ |
| 14 | ♉ | ♊ ab 10.43 ♋ | ♋ | ♌ ab 11.57 ♍ | ♍ ab 04.25 ♎ | ♏ |
| 15 | ♉ | ♋ | ♋ ab 22.03 ♌ | ♍ | ♎ | ♏ ab 11.32 ♐ |
| 16 | ♉ ab 01.18 ♊ | ♋ ab 16.11 ♌ | ♌ | ♍ ab 22.39 ♎ | ♎ ab 16.38 ♏ | ♐ |
| 17 | ♊ | ♌ | ♌ | ♎ | ♏ | ♐ ab 23.22 ♑ |
| 18 | ♊ ab 04.08 ♋ | ♌ ab 23.35 ♍ | ♌ ab 06.20 ♍ | ♎ | ♏ | ♑ |
| 19 | ♋ | ♍ | ♍ | ♎ ab 10.40 ♏ | ♏ ab 05.15 ♐ | ♑ |
| 20 | ♋ ab 08.22 ♌ | ♍ | ♍ ab 16.31 ♎ | ♏ | ♐ | ♑ ab 09.37 ♒ |
| 21 | ♌ | ♍ ab 09.13 ♎ | ♎ | ♏ ab 23.16 ♐ | ♐ ab 17.21 ♑ | ♒ |
| 22 | ♌ ab 15.03 ♍ | ♎ | ♎ ab 04.15 ♏ | ♐ | ♑ | ♒ ab 17.45 ♓ |
| 23 | ♍ | ♎ ab 20.55 ♏ | ♏ | ♐ | ♑ | ♓ |
| 24 | ♍ | ♏ | ♏ ab 16.52 ♐ | ♐ ab 11.32 ♑ | ♑ ab 04.01 ♒ | ♓ ab 23.19 ♈ |
| 25 | ♍ ab 00.46 ♎ | ♏ | ♐ | ♑ | ♒ | ♈ |
| 26 | ♎ | ♏ ab 09.30 ♐ | ♐ | ♑ ab 21.58 ♒ | ♒ ab 12.06 ♓ | ♈ |
| 27 | ♎ ab 12.49 ♏ | ♐ | ♐ ab 04.53 ♑ | ♒ | ♓ | ♈ ab 02.17 ♉ |
| 28 | ♏ | ♐ ab 20.47 ♑ | ♑ | ♒ | ♓ ab 16.44 ♈ | ♉ |
| 29 | ♏ | | ♑ ab 14.16 ♒ | ♒ ab 04.57 ♓ | ♈ | ♉ ab 03.22 ♊ |
| 30 | ♏ ab 01.12 ♐ | | ♒ | ♓ | ♈ ab 18.11 ♉ | ♊ |
| 31 | ♐ | | ♒ | | ♉ | |

| Tag | Juli Mond im | August Mond im | September Mond im | Oktober Mond im | November Mond im | Dezember Mond im |
|---|---|---|---|---|---|---|
| 1 | ♊ ab 03.58 ♋ | ♌ ab 19.55 ♍ | ♎ | ♏ | ♐ ab 13.47 ♑ | ♑ ab 08.10 ♒ |
| 2 | ♋ | ♍ | ♎ ab 22.11 ♏ | ♏ ab 18.00 ♐ | ♑ | ♒ |
| 3 | ♋ ab 05.48 ♌ | ♍ | ♏ | ♐ | ♑ | ♒ ab 18.17 ♓ |
| 4 | ♌ | ♍ ab 03.25 ♎ | ♏ | ♐ | ♑ ab 01.52 ♒ | ♓ |
| 5 | ♌ ab 10.27 ♍ | ♎ | ♏ ab 10.24 ♐ | ♐ ab 06.50 ♑ | ♒ | ♓ |
| 6 | ♍ | ♎ ab 13.59 ♏ | ♐ | ♑ | ♒ ab 10.53 ♓ | ♓ ab 00.50 ♈ |
| 7 | ♍ ab 18.43 ♎ | ♏ | ♐ ab 22.49 ♑ | ♑ ab 18.02 ♒ | ♓ | ♈ ab 03.32 ♉ |
| 8 | ♎ | ♏ | ♑ | ♒ | ♓ ab 15.38 ♈ | ♉ |
| 9 | ♎ | ♏ ab 02.23 ♐ | ♑ | ♒ | ♈ | ♉ ab 03.31 ♊ |
| 10 | ♎ ab 06.03 ♏ | ♐ | ♑ ab 08.59 ♒ | ♒ ab 01.33 ♓ | ♈ ab 16.45 ♉ | ♊ |
| 11 | ♏ | ♐ ab 14.21 ♑ | ♒ | ♓ | ♉ | ♊ |
| 12 | ♏ ab 18.36 ♐ | ♑ | ♒ ab 15.35 ♓ | ♓ ab 05.02 ♈ | ♉ ab 16.00 ♊ | ♊ ab 02.41 ♋ |
| 13 | ♐ | ♑ ab 23.57 ♒ | ♓ | ♈ | ♊ | ♋ |
| 14 | ♐ | ♒ | ♓ ab 18.56 ♈ | ♈ ab 05.44 ♉ | ♊ ab 15.38 ♋ | ♋ ab 03.09 ♌ |
| 15 | ♐ ab 06.20 ♑ | ♒ | ♈ | ♉ | ♋ | ♌ |
| 16 | ♑ | ♒ ab 06.35 ♓ | ♈ ab 20.31 ♉ | ♉ ab 05.42 ♊ | ♋ ab 17.33 ♌ | ♌ ab 06.39 ♍ |
| 17 | ♑ ab 16.03 ♒ | ♓ | ♉ | ♊ | ♌ | ♍ |
| 18 | ♒ | ♓ ab 10.50 ♈ | ♉ ab 22.00 ♊ | ♊ ab 06.53 ♋ | ♌ ab 22.54 ♍ | ♍ ab 13.59 ♎ |
| 19 | ♒ ab 23.26 ♓ | ♈ | ♊ | ♋ | ♍ | ♎ |
| 20 | ♓ | ♈ ab 13.44 ♉ | ♊ | ♋ ab 10.35 ♌ | ♍ | ♎ |
| 21 | ♓ | ♉ | ♊ ab 00.40 ♋ | ♌ | ♍ ab 07.34 ♎ | ♎ ab 00.40 ♏ |
| 22 | ♓ ab 04.44 ♈ | ♉ ab 16.19 ♊ | ♋ | ♌ ab 17.06 ♍ | ♎ | ♏ |
| 23 | ♈ | ♊ | ♋ ab 05.09 ♌ | ♍ | ♎ ab 18.37 ♏ | ♏ ab 13.12 ♐ |
| 24 | ♈ ab 08.19 ♉ | ♊ ab 19.17 ♋ | ♌ | ♍ | ♏ | ♐ |
| 25 | ♉ | ♋ | ♌ ab 11.29 ♍ | ♍ ab 01.57 ♎ | ♏ | ♐ |
| 26 | ♉ ab 10.42 ♊ | ♋ ab 23.11 ♌ | ♍ | ♎ | ♏ ab 07.01 ♐ | ♐ ab 02.00 ♑ |
| 27 | ♊ | ♌ | ♍ ab 19.41 ♎ | ♎ ab 12.39 ♏ | ♐ | ♑ |
| 28 | ♊ ab 12.42 ♋ | ♌ | ♎ | ♏ | ♐ ab 19.54 ♑ | ♑ ab 13.54 ♒ |
| 29 | ♋ | ♌ ab 04.32 ♍ | ♎ | ♏ | ♑ | ♒ |
| 30 | ♋ ab 15.21 ♌ | ♍ | ♎ ab 05.54 ♏ | ♏ ab 00.49 ♐ | ♑ | ♒ |
| 31 | ♌ | ♍ ab 12.03 ♎ | | ♐ | | ♒ ab 00.02 ♓ |

108

# 1982

| Tag | Januar Mond im | Februar Mond im | März Mond im | April Mond im | Mai Mond im | Juni Mond im |
|---|---|---|---|---|---|---|
| 1 | ♓ | ♉ | ♉ | ♋ | ♌ | ♎ |
| 2 | ♓ ab 07.34 ♈ | ♉ ab 21.21 ♊ | ♉ ab 02.51 ♊ | ♋ ab 14.37 ♌ | ♌ ab 00.46 ♍ | ♎ ab 22.13 ♏ |
| 3 | ♈ | ♊ | ♊ | ♌ | ♍ | ♏ |
| 4 | ♈ ab 12.03 ♉ | ♊ ab 23.19 ♋ | ♊ ab 05.49 ♋ | ♌ ab 19.19 ♍ | ♍ ab 07.33 ♎ | ♏ |
| 5 | ♉ | ♋ | ♋ | ♍ | ♎ | ♏ ab 09.32 ♐ |
| 6 | ♉ ab 13.49 ♊ | ♋ | ♋ ab 08.51 ♌ | ♍ | ♎ ab 16.25 ♏ | ♐ |
| 7 | ♊ | ♋ ab 00.51 ♌ | ♌ | ♍ ab 01.27 ♎ | ♏ | ♐ ab 22.13 ♑ |
| 8 | ♊ ab 14.02 ♋ | ♌ | ♌ ab 12.28 ♍ | ♎ | ♏ | ♑ |
| 9 | ♋ | ♌ ab 03.16 ♍ | ♍ | ♎ ab 09.34 ♏ | ♏ ab 03.17 ♐ | ♑ ab 11.09 ♒ |
| 10 | ♋ ab 14.22 ♌ | ♍ ab 08.03 ♎ | ♍ ab 17.35 ♎ | ♏ | ♐ | ♒ |
| 11 | ♌ | ♎ | ♎ | ♏ ab 20.08 ♐ | ♐ ab 15.50 ♑ | ♒ ab 22.45 ♓ |
| 12 | ♌ ab 16.38 ♍ | ♎ ab 16.17 ♏ | ♎ ab 01.17 ♏ | ♐ | ♑ | ♓ |
| 13 | ♍ | ♏ | ♏ | ♐ | ♑ ab 04.45 ♒ | ♓ |
| 14 | ♍ ab 22.18 ♎ | ♏ | ♏ ab 12.04 ♐ | ♐ ab 08.42 ♑ | ♒ | ♓ ab 07.21 ♈ |
| 15 | ♎ | ♏ ab 03.46 ♐ | ♐ | ♑ | ♒ ab 15.47 ♓ | ♈ |
| 16 | ♎ | ♐ | ♐ ab 00.48 ♑ | ♑ ab 21.19 ♒ | ♓ | ♈ ab 12.07 ♉ |
| 17 | ♎ ab 07.47 ♏ | ♐ ab 16.37 ♑ | ♑ | ♒ | ♓ ab 23.05 ♈ | ♉ |
| 18 | ♏ | ♑ | ♑ | ♒ ab 07.20 ♓ | ♈ | ♉ ab 13.35 ♊ |
| 19 | ♏ ab 20.01 ♐ | ♑ | ♑ ab 12.54 ♒ | ♓ | ♈ | ♊ |
| 20 | ♐ | ♑ ab 04.16 ♒ | ♒ | ♓ ab 13.24 ♈ | ♈ ab 02.23 ♉ | ♊ ab 13.13 ♋ |
| 21 | ♐ ab 08.51 ♑ | ♒ | ♒ ab 22.02 ♓ | ♈ | ♉ | ♋ |
| 22 | ♑ | ♒ ab 13.10 ♓ | ♓ | ♈ ab 15.59 ♉ | ♉ ab 02.55 ♊ | ♋ ab 12.58 ♌ |
| 23 | ♑ ab 20.26 ♒ | ♓ | ♓ | ♉ | ♊ | ♌ |
| 24 | ♒ | ♓ ab 19.18 ♈ | ♓ ab 03.38 ♈ | ♉ ab 16.49 ♊ | ♊ ab 02.39 ♋ | ♌ ab 14.37 ♍ |
| 25 | ♒ | ♈ | ♈ | ♊ | ♋ | ♍ |
| 26 | ♒ ab 05.50 ♓ | ♈ ab 23.33 ♉ | ♈ ab 06.40 ♉ | ♊ ab 17.44 ♋ | ♋ ab 03.28 ♌ | ♍ ab 19.31 ♎ |
| 27 | ♓ | ♉ | ♉ | ♋ | ♌ | ♎ |
| 28 | ♓ ab 12.59 ♈ | ♉ | ♉ ab 08.45 ♊ | ♋ ab 20.10 ♌ | ♌ | ♎ |
| 29 | ♈ | | ♊ | ♌ | ♌ ab 06.44 ♍ | ♎ ab 04.02 ♏ |
| 30 | ♈ ab 18.04 ♉ | | ♊ ab 11.10 ♋ | ♌ | ♍ | ♏ |
| 31 | ♉ | | ♋ | | ♍ ab 13.03 ♎ | |

| Tag | Juli Mond im | August Mond im | September Mond im | Oktober Mond im | November Mond im | Dezember Mond im |
|---|---|---|---|---|---|---|
| 1 | ♏ | ♐ ab 10.37 ♑ | ♒ | ♓ | ♉ | ♊ |
| 2 | ♏ ab 15.26 ♐ | ♑ | ♒ ab 17.11 ♓ | ♓ ab 09.07 ♈ | ♉ | ♊ ab 11.58 ♋ |
| 3 | ♐ | ♑ ab 23.18 ♒ | ♓ | ♈ | ♉ ab 01.23 ♊ | ♋ |
| 4 | ♐ | ♒ | ♓ | ♈ ab 14.10 ♉ | ♊ | ♋ ab 12.27 ♌ |
| 5 | ♐ ab 04.16 ♑ | ♒ | ♓ ab 01.25 ♈ | ♉ | ♊ ab 03.00 ♋ | ♌ |
| 6 | ♑ | ♒ ab 10.24 ♓ | ♈ | ♉ ab 17.40 ♊ | ♋ | ♌ ab 14.33 ♍ |
| 7 | ♑ ab 17.04 ♒ | ♓ | ♈ ab 07.28 ♉ | ♊ | ♋ ab 05.11 ♌ | ♍ |
| 8 | ♒ | ♓ ab 19.21 ♈ | ♉ | ♊ ab 20.40 ♋ | ♌ | ♍ ab 19.11 ♎ |
| 9 | ♒ | ♈ | ♉ ab 11.58 ♊ | ♋ | ♌ ab 08.41 ♍ | ♎ |
| 10 | ♒ ab 04.36 ♓ | ♈ ab 02.01 ♉ | ♊ | ♋ ab 23.45 ♌ | ♍ | ♎ ab 02.35 ♏ |
| 11 | ♓ | ♉ | ♊ ab 15.19 ♋ | ♌ | ♍ ab 13.46 ♎ | ♏ |
| 12 | ♓ ab 13.50 ♈ | ♉ ab 06.23 ♊ | ♋ | ♌ | ♎ | ♏ ab 12.28 ♐ |
| 13 | ♈ | ♊ | ♋ ab 17.47 ♌ | ♌ ab 03.10 ♍ | ♎ ab 20.43 ♏ | ♐ |
| 14 | ♈ ab 20.01 ♉ | ♊ ab 08.41 ♋ | ♌ | ♍ | ♏ | ♐ |
| 15 | ♉ | ♋ | ♌ ab 19.58 ♍ | ♍ ab 07.23 ♎ | ♏ | ♐ ab 00.16 ♑ |
| 16 | ♉ ab 23.04 ♊ | ♋ | ♍ | ♎ | ♏ ab 05.52 ♐ | ♑ |
| 17 | ♊ | ♋ ab 09.41 ♌ | ♍ ab 23.04 ♎ | ♎ ab 13.21 ♏ | ♐ | ♑ ab 13.13 ♒ |
| 18 | ♊ ab 23.47 ♋ | ♌ | ♎ | ♏ | ♐ ab 17.22 ♑ | ♒ |
| 19 | ♋ | ♌ ab 10.41 ♍ | ♎ | ♏ ab 22.03 ♐ | ♑ | ♒ |
| 20 | ♋ ab 23.36 ♌ | ♍ | ♎ ab 04.33 ♏ | ♐ | ♑ | ♒ ab 01.57 ♓ |
| 21 | ♌ | ♍ ab 13.23 ♎ | ♏ | ♐ | ♑ ab 06.21 ♒ | ♓ |
| 22 | ♌ | ♎ | ♏ ab 13.31 ♐ | ♐ ab 09.39 ♑ | ♒ | ♓ ab 12.35 ♈ |
| 23 | ♌ ab 00.21 ♍ | ♎ ab 19.22 ♏ | ♐ | ♑ | ♒ ab 18.43 ♓ | ♈ |
| 24 | ♍ | ♏ | ♐ | ♑ ab 22.37 ♒ | ♓ | ♈ ab 19.37 ♉ |
| 25 | ♍ ab 03.46 ♎ | ♏ ab 05.12 ♐ | ♐ ab 01.32 ♑ | ♒ | ♓ | ♉ |
| 26 | ♎ | ♐ | ♑ | ♒ | ♓ ab 04.08 ♈ | ♉ ab 22.49 ♊ |
| 27 | ♎ ab 10.59 ♏ | ♐ ab 17.42 ♑ | ♑ ab 14.22 ♒ | ♒ ab 10.13 ♓ | ♈ | ♊ |
| 28 | ♏ | ♑ | ♒ | ♓ | ♈ ab 09.32 ♉ | ♊ |
| 29 | ♏ ab 21.48 ♐ | ♑ | ♒ | ♓ ab 18.26 ♈ | ♉ | ♊ ab 23.13 ♋ |
| 30 | ♐ | ♑ | ♒ ab 01.19 ♓ | ♈ | ♉ ab 11.36 ♊ | ♋ |
| 31 | ♐ | ♑ ab 06.24 ♒ | | ♈ ab 23.04 ♉ | | ♋ ab 22.34 ♌ |

109

## 1983

| Tag | Januar — Mond im | Februar — Mond im | März — Mond im | April — Mond im | Mai — Mond im | Juni — Mond im |
|---|---|---|---|---|---|---|
| 1 | ♌ | ♍ ab 10.48 ♎ | ♎ | ♏ ab 17.21 ♐ | ♐ ab 13.02 ♑ | ♒ |
| 2 | ♌ ab 22.50 ♍ | ♎ ab 15.33 ♏ | ♎ ab 00.51 ♏ | ♐ | ♑ | ♒ ab 21.43 ♓ |
| 3 | ♍ | ♏ | ♏ | ♐ | ♑ | ♓ |
| 4 | ♍ | ♏ | ♏ ab 08.16 ♐ | ♐ ab 04.30 ♑ | ♑ ab 01.10 ♒ | ♓ ab 09.00 ♈ |
| 5 | ♍ ab 01.45 ♎ | ♏ | ♐ | ♑ | ♒ | ♈ |
| 6 | ♎ | ♏ ab 00.29 ♐ | ♐ | ♑ ab 17.07 ♒ | ♒ ab 13.44 ♓ | ♈ ab 17.06 ♉ |
| 7 | ♎ ab 08.17 ♏ | ♐ ab 12.34 ♑ | ♐ ab 19.30 ♑ | ♒ | ♓ | ♉ |
| 8 | ♏ | ♑ | ♑ | ♒ ab 05.31 ♓ | ♓ | ♉ ab 21.38 ♊ |
| 9 | ♏ ab 18.14 ♐ | ♑ | ♑ | ♓ | ♓ ab 00.17 ♈ | ♊ |
| 10 | ♐ | ♑ | ♑ ab 08.31 ♒ | ♓ ab 15.38 ♈ | ♈ | ♊ |
| 11 | ♐ | ♑ ab 01.41 ♒ | ♒ | ♈ | ♈ ab 07.37 ♉ | ♊ ab 23.33 ♋ |
| 12 | ♐ ab 06.27 ♑ | ♒ | ♒ ab 20.48 ♓ | ♈ ab 23.00 ♉ | ♉ | ♋ |
| 13 | ♑ | ♒ ab 14.02 ♓ | ♓ | ♉ | ♉ ab 12.04 ♊ | ♋ |
| 14 | ♑ ab 19.27 ♒ | ♓ | ♓ | ♉ | ♊ | ♋ ab 00.22 ♌ |
| 15 | ♒ | ♓ | ♓ ab 07.01 ♈ | ♉ ab 04.16 ♊ | ♊ ab 14.49 ♋ | ♌ |
| 16 | ♒ | ♓ ab 00.47 ♈ | ♈ | ♊ | ♋ | ♌ ab 01.39 ♍ |
| 17 | ♒ ab 08.03 ♓ | ♈ | ♈ ab 15.05 ♉ | ♊ ab 08.15 ♋ | ♋ ab 17.02 ♌ | ♍ |
| 18 | ♓ | ♈ ab 09.31 ♉ | ♉ | ♋ | ♌ | ♍ ab 04.37 ♎ |
| 19 | ♓ ab 19.09 ♈ | ♉ | ♉ ab 21.21 ♊ | ♋ ab 11.27 ♌ | ♌ ab 19.37 ♍ | ♎ |
| 20 | ♈ | ♉ ab 15.53 ♊ | ♊ | ♌ | ♍ | ♎ ab 10.00 ♏ |
| 21 | ♈ | ♊ | ♊ | ♌ ab 14.12 ♍ | ♍ | ♏ |
| 22 | ♈ ab 03.37 ♉ | ♊ ab 19.32 ♋ | ♊ | ♍ | ♍ ab 23.12 ♎ | ♏ ab 17.56 ♐ |
| 23 | ♉ | ♋ | ♊ ab 00.53 ♋ | ♍ | ♎ | ♐ |
| 24 | ♉ ab 08.41 ♊ | ♋ ab 20.47 ♌ | ♋ ab 04.44 ♌ | ♍ ab 17.05 ♎ | ♎ ab 04.18 ♏ | ♐ ab 04.09 ♑ |
| 25 | ♊ | ♌ | ♌ | ♎ | ♏ | ♑ |
| 26 | ♊ ab 10.29 ♋ | ♌ ab 20.50 ♍ | ♌ ab 06.19 ♍ | ♎ ab 21.05 ♏ | ♏ ab 11.28 ♐ | ♑ ab 16.07 ♒ |
| 27 | ♋ | ♍ | ♍ | ♏ | ♐ | ♒ |
| 28 | ♋ ab 10.11 ♌ | ♍ ab 21.31 ♎ | ♍ ab 08.49 ♎ | ♏ | ♐ ab 21.08 ♑ | ♒ |
| 29 | ♌ | | ♎ | ♏ ab 03.29 ♐ | ♑ | ♒ ab 04.52 ♓ |
| 30 | ♌ ab 09.35 ♍ | | ♎ ab 11.58 ♏ | ♐ | ♑ | ♓ |
| 31 | ♍ | | ♏ | | ♑ ab 09.00 ♒ | |

| Tag | Juli — Mond im | August — Mond im | September — Mond im | Oktober — Mond im | November — Mond im | Dezember — Mond im |
|---|---|---|---|---|---|---|
| 1 | ♓ | ♈ ab 09.38 ♉ | ♊ | ♋ ab 13.55 ♌ | ♍ | ♎ ab 10.41 ♏ |
| 2 | ♓ ab 16.48 ♈ | ♉ | ♊ ab 04.54 ♋ | ♌ | ♍ ab 00.31 ♎ | ♏ |
| 3 | ♈ | ♉ ab 16.44 ♊ | ♋ | ♌ ab 15.16 ♍ | ♎ | ♏ ab 15.57 ♐ |
| 4 | ♈ | ♊ | ♋ ab 06.48 ♌ | ♍ | ♎ ab 02.54 ♏ | ♐ |
| 5 | ♈ ab 02.06 ♉ | ♊ ab 20.10 ♋ | ♌ | ♍ ab 15.43 ♎ | ♏ | ♐ ab 23.59 ♑ |
| 6 | ♉ | ♋ | ♌ ab 06.37 ♍ | ♎ | ♏ ab 07.10 ♐ | ♑ |
| 7 | ♉ ab 07.42 ♊ | ♋ ab 20.38 ♌ | ♍ | ♎ ab 17.07 ♏ | ♐ | ♑ |
| 8 | ♊ | ♌ | ♍ ab 06.14 ♎ | ♏ | ♐ ab 14.32 ♑ | ♑ ab 09.40 ♒ |
| 9 | ♊ ab 09.51 ♋ | ♌ ab 19.50 ♍ | ♎ | ♏ ab 21.21 ♐ | ♑ | ♒ |
| 10 | ♋ | ♍ | ♎ ab 07.50 ♏ | ♐ | ♑ | ♒ ab 21.54 ♓ |
| 11 | ♋ ab 09.54 ♌ | ♍ ab 19.52 ♎ | ♏ | ♐ | ♑ ab 01.11 ♒ | ♓ |
| 12 | ♌ | ♎ | ♏ ab 13.09 ♐ | ♐ ab 05.31 ♑ | ♒ | ♓ ab 10.17 ♈ |
| 13 | ♌ ab 09.44 ♍ | ♎ ab 22.45 ♏ | ♐ | ♑ ab 17.01 ♒ | ♒ ab 13.42 ♓ | ♈ |
| 14 | ♍ | ♏ | ♐ ab 22.34 ♑ | ♒ | ♓ | ♈ ab 20.34 ♉ |
| 15 | ♍ ab 11.11 ♎ | ♏ ab 05.34 ♐ | ♑ | ♒ | ♓ | ♉ |
| 16 | ♎ | ♐ | ♑ ab 10.46 ♒ | ♒ ab 05.42 ♓ | ♓ ab 01.37 ♈ | ♉ |
| 17 | ♎ ab 15.39 ♏ | ♐ ab 16.00 ♑ | ♒ | ♓ | ♈ | ♉ |
| 18 | ♏ | ♑ | ♒ ab 23.31 ♓ | ♓ ab 17.19 ♈ | ♈ ab 11.07 ♉ | ♉ ab 03.24 ♊ |
| 19 | ♏ ab 23.32 ♐ | ♑ | ♓ | ♈ | ♉ | ♊ |
| 20 | ♐ | ♑ ab 04.26 ♒ | ♓ | ♈ | ♉ ab 17.46 ♊ | ♊ ab 07.03 ♋ |
| 21 | ♐ | ♒ | ♓ ab 11.11 ♈ | ♈ | ♊ | ♋ |
| 22 | ♐ ab 10.12 ♑ | ♒ ab 17.11 ♓ | ♈ | ♈ ab 02.48 ♉ | ♊ ab 22.11 ♋ | ♋ ab 08.45 ♌ |
| 23 | ♑ | ♓ | ♈ ab 21.13 ♉ | ♉ | ♋ | ♌ |
| 24 | ♑ ab 22.27 ♒ | ♓ | ♉ | ♉ ab 10.11 ♊ | ♋ ab 01.20 ♌ | ♌ ab 10.02 ♍ |
| 25 | ♒ | ♓ | ♉ | ♊ | ♌ | ♍ |
| 26 | ♒ | ♓ ab 05.09 ♈ | ♉ ab 04.25 ♊ | ♊ | ♌ | ♍ ab 12.19 ♎ |
| 27 | ♒ ab 11.12 ♓ | ♈ | ♊ | ♊ ab 15.48 ♋ | ♌ ab 04.03 ♍ | ♎ |
| 28 | ♓ | ♈ | ♊ | ♋ | ♍ | ♎ ab 16.27 ♏ |
| 29 | ♓ ab 23.22 ♈ | ♈ ab 15.38 ♉ | ♊ ab 10.25 ♋ | ♋ | ♍ ab 06.58 ♎ | ♏ |
| 30 | ♈ | ♉ ab 23.50 ♊ | ♋ | ♋ ab 22.34 ♍ | ♎ | ♏ ab 22.45 ♐ |
| 31 | ♈ | ♊ | | ♍ | | ♐ |

## 1984

| Tag | Januar Mond im | Februar Mond im | März Mond im | April Mond im | Mai Mond im | Juni Mond im |
|---|---|---|---|---|---|---|
| 1 | ♐ | ♑ ab 00.12 ♒ | ♒ ab 18.30 ♓ | ♈ | ♉ | ♊ ab 07.54 ♋ |
| 2 | ♐ ab 07.08 ♑ | ♒ | ♓ | ♈ | ♉ ab 18.03 ♊ | ♋ |
| 3 | ♑ | ♒ ab 12.23 ♓ | ♓ | ♈ ab 01.56 ♉ | ♊ | ♋ ab 12.20 ♌ |
| 4 | ♑ ab 17.31 ♒ | ♓ | ♓ ab 07.08 ♈ | ♉ | ♊ | ♌ |
| 5 | ♒ | ♓ | ♈ | ♉ ab 12.05 ♊ | ♊ ab 01.27 ♋ | ♌ ab 15.28 ♍ |
| 6 | ♒ | ♓ ab 01.05 ♈ | ♈ ab 19.10 ♉ | ♊ | ♋ | ♍ |
| 7 | ♒ ab 05.35 ♓ | ♈ | ♉ | ♊ ab 20.00 ♋ | ♋ ab 06.44 ♌ | ♍ ab 18.04 ♎ |
| 8 | ♓ | ♈ ab 13.06 ♉ | ♉ | ♋ | ♌ | ♎ |
| 9 | ♓ ab 18.16 ♈ | ♉ | ♉ ab 05.30 ♊ | ♋ | ♌ ab 10.03 ♍ | ♎ ab 20.49 ♏ |
| 10 | ♈ | ♉ ab 22.40 ♊ | ♊ | ♋ ab 01.02 ♌ | ♍ | ♏ |
| 11 | ♈ | ♊ | ♊ ab 12.49 ♋ | ♌ | ♍ ab 11.55 ♎ | ♏ |
| 12 | ♈ ab 05.37 ♉ | ♊ | ♋ | ♌ ab 03.12 ♍ | ♎ | ♏ ab 00.27 ♐ |
| 13 | ♉ | ♊ ab 04.21 ♋ | ♋ ab 16.22 ♌ | ♍ | ♎ ab 13.23 ♏ | ♐ |
| 14 | ♉ ab 13.41 ♊ | ♋ | ♌ | ♍ ab 03.30 ♎ | ♏ | ♐ ab 05.49 ♑ |
| 15 | ♊ | ♋ ab 06.10 ♌ | ♌ ab 16.48 ♍ | ♎ | ♏ ab 15.51 ♐ | ♑ |
| 16 | ♊ ab 17.48 ♋ | ♌ | ♍ | ♎ ab 03.42 ♏ | ♐ | ♑ ab 13.42 ♒ |
| 17 | ♋ | ♌ ab 05.33 ♍ | ♍ ab 15.52 ♎ | ♏ | ♐ ab 20.44 ♑ | ♒ |
| 18 | ♋ ab 18.50 ♌ | ♍ | ♎ | ♏ ab 05.45 ♐ | ♑ | ♒ |
| 19 | ♌ | ♍ ab 04.40 ♎ | ♎ ab 15.50 ♏ | ♐ | ♑ | ♒ ab 00.19 ♓ |
| 20 | ♌ ab 18.36 ♍ | ♎ | ♏ | ♐ ab 11.11 ♑ | ♑ ab 04.56 ♒ | ♓ |
| 21 | ♍ | ♎ ab 05.45 ♏ | ♏ ab 18.42 ♐ | ♑ | ♒ | ♓ ab 12.41 ♈ |
| 22 | ♍ ab 19.08 ♎ | ♏ | ♐ | ♑ ab 20.28 ♒ | ♒ ab 16.09 ♓ | ♈ |
| 23 | ♎ | ♏ ab 10.23 ♐ | ♐ | ♒ | ♓ | ♈ |
| 24 | ♎ ab 22.05 ♏ | ♐ | ♐ ab 01.37 ♑ | ♒ | ♓ | ♈ ab 00.39 ♉ |
| 25 | ♏ | ♐ ab 18.50 ♑ | ♑ | ♒ ab 08.27 ♓ | ♓ ab 04.40 ♈ | ♉ |
| 26 | ♏ | ♑ | ♑ ab 13.10 ♒ | ♓ | ♈ | ♉ ab 10.05 ♊ |
| 27 | ♏ ab 04.13 ♐ | ♑ | ♒ | ♓ ab 21.03 ♈ | ♈ ab 16.14 ♉ | ♊ |
| 28 | ♐ | ♑ ab 06.03 ♒ | ♒ | ♈ | ♉ | ♊ ab 16.10 ♋ |
| 29 | ♐ ab 13.13 ♑ | ♒ | ♒ ab 01.38 ♓ | ♈ | ♉ | ♋ |
| 30 | ♑ | | ♓ | ♈ ab 08.31 ♉ | ♉ ab 01.24 ♊ | ♋ ab 19.31 ♌ |
| 31 | ♑ | | ♓ ab 14.15 ♈ | | ♊ | |

| Tag | Juli Mond im | August Mond im | September Mond im | Oktober Mond im | November Mond im | Dezember Mond im |
|---|---|---|---|---|---|---|
| 1 | ♌ | ♍ ab 06.04 ♎ | ♏ ab 18.30 ♐ | ♐ ab 06.29 ♑ | ♒ | ♓ |
| 2 | ♌ ab 21.28 ♍ | ♎ | ♐ | ♑ | ♒ ab 08.50 ♓ | ♓ ab 04.43 ♈ |
| 3 | ♍ | ♎ ab 08.05 ♏ | ♐ | ♑ ab 15.04 ♒ | ♓ | ♈ |
| 4 | ♍ ab 23.28 ♎ | ♏ | ♐ ab 00.56 ♑ | ♒ | ♓ ab 21.21 ♈ | ♈ ab 17.21 ♉ |
| 5 | ♎ | ♏ ab 12.30 ♐ | ♑ | ♒ | ♈ | ♉ |
| 6 | ♎ | ♐ | ♑ ab 10.12 ♒ | ♒ ab 02.20 ♓ | ♈ | ♉ |
| 7 | ♎ ab 02.29 ♏ | ♐ ab 19.25 ♑ | ♒ | ♓ | ♈ ab 09.54 ♉ | ♉ ab 04.25 ♊ |
| 8 | ♏ | ♑ | ♒ ab 21.25 ♓ | ♓ ab 14.52 ♈ | ♉ | ♊ |
| 9 | ♏ ab 02.04 ♐ | ♑ | ♓ | ♈ | ♉ ab 21.11 ♊ | ♊ ab 12.57 ♋ |
| 10 | ♐ | ♑ ab 04.26 ♒ | ♓ | ♈ | ♊ | ♋ |
| 11 | ♐ ab 13.24 ♑ | ♒ | ♓ ab 09.47 ♈ | ♈ ab 03.29 ♉ | ♊ | ♋ ab 19.09 ♌ |
| 12 | ♑ | ♒ ab 15.14 ♓ | ♈ | ♉ | ♊ ab 06.32 ♋ | ♌ |
| 13 | ♑ ab 21.42 ♒ | ♓ | ♈ ab 22.34 ♉ | ♉ ab 15.15 ♊ | ♋ | ♌ ab 23.36 ♍ |
| 14 | ♒ | ♓ | ♉ | ♊ | ♋ ab 13.34 ♌ | ♍ |
| 15 | ♒ | ♓ ab 03.29 ♈ | ♉ | ♊ | ♌ | ♍ |
| 16 | ♒ ab 08.11 ♓ | ♈ | ♉ ab 10.26 ♊ | ♊ ab 01.01 ♋ | ♌ ab 18.09 ♍ | ♍ ab 02.53 ♎ |
| 17 | ♓ | ♈ ab 16.14 ♉ | ♊ | ♋ | ♍ | ♎ |
| 18 | ♓ ab 20.27 ♈ | ♉ | ♊ ab 19.37 ♋ | ♋ ab 07.42 ♌ | ♍ ab 20.30 ♎ | ♎ ab 05.28 ♏ |
| 19 | ♈ | ♉ | ♋ | ♌ | ♎ | ♏ |
| 20 | ♈ | ♉ ab 03.32 ♊ | ♋ | ♌ ab 10.57 ♍ | ♎ ab 21.31 ♏ | ♏ ab 07.59 ♐ |
| 21 | ♈ ab 08.53 ♉ | ♊ | ♋ ab 00.50 ♌ | ♍ | ♏ | ♐ |
| 22 | ♉ | ♊ ab 11.21 ♋ | ♌ | ♍ ab 11.32 ♎ | ♏ ab 22.35 ♐ | ♐ ab 11.22 ♑ |
| 23 | ♉ ab 19.11 ♊ | ♋ | ♌ ab 02.20 ♍ | ♎ | ♐ | ♑ |
| 24 | ♊ | ♋ ab 15.01 ♌ | ♍ | ♎ ab 11.09 ♏ | ♐ | ♑ ab 16.48 ♒ |
| 25 | ♊ | ♌ | ♍ ab 00.42 ♎ | ♏ | ♐ ab 01.18 ♑ | ♒ |
| 26 | ♊ ab 01.45 ♋ | ♌ ab 15.33 ♍ | ♎ | ♏ ab 11.44 ♐ | ♑ | ♒ |
| 27 | ♋ | ♍ | ♎ ab 01.05 ♏ | ♐ | ♑ ab 07.07 ♒ | ♒ ab 01.19 ♓ |
| 28 | ♋ ab 04.42 ♌ | ♍ ab 14.58 ♎ | ♏ | ♐ ab 15.06 ♑ | ♒ | ♓ |
| 29 | ♌ | ♎ | ♏ ab 01.33 ♐ | ♑ | ♒ ab 16.34 ♓ | ♓ |
| 30 | ♌ ab 05.30 ♍ | ♎ ab 15.24 ♏ | ♐ | ♑ ab 22.14 ♒ | ♓ | ♓ ab 12.50 ♈ |
| 31 | ♍ | ♏ | | ♒ | | ♈ |

111

# 1985

| Tag | Januar Mond im | Februar Mond im | März Mond im | April Mond im | Mai Mond im | Juni Mond im |
|---|---|---|---|---|---|---|
| 1 | ♈ ab 01.37 ♉ | ♊ | ♊ ab 16.24 ♋ | ♌ | ♍ ab 23.23 ♎ | ♏ |
| 2 | ♉ | ♊ ab 07.00 ♋ | ♋ | ♌ ab 12.26 ♍ | ♎ | ♏ ab 09.34 ♐ |
| 3 | ♉ ab 13.01 ♊ | ♋ | ♋ ab 22.29 ♌ | ♍ | ♎ ab 23.18 ♏ | ♐ |
| 4 | ♊ | ♋ ab 12.03 ♌ | ♌ | ♍ ab 12.54 ♎ | ♏ | ♐ ab 10.35 ♑ |
| 5 | ♊ ab 21.18 ♋ | ♌ | ♌ | ♎ | ♏ ab 23.57 ♐ | ♑ |
| 6 | ♋ | ♌ ab 14.10 ♍ | ♌ ab 00.43 ♍ | ♎ ab 12.11 ♏ | ♐ | ♑ ab 13.53 ♒ |
| 7 | ♋ | ♍ | ♍ | ♏ | ♐ | ♒ |
| 8 | ♋ ab 02.29 ♌ | ♍ ab 15.11 ♎ | ♍ ab 00.48 ♎ | ♏ ab 12.18 ♐ | ♐ ab 00.12 ♑ | ♒ ab 20.47 ♓ |
| 9 | | ♎ | ♎ | ♐ | ♑ | ♓ |
| 10 | ♌ ab 05.40 ♍ | ♎ ab 16.50 ♏ | ♎ ab 00.48 ♏ | ♐ ab 14.58 ♑ | ♑ ab 04.39 ♒ | ♓ |
| 11 | ♍ | ♏ | ♏ | ♑ | ♒ | ♓ ab 07.25 ♈ |
| 12 | ♍ ab 08.14 ♎ | ♏ ab 20.10 ♐ | ♏ ab 02.30 ♐ | ♑ ab 21.05 ♒ | ♒ ab 12.57 ♓ | ♈ |
| 13 | ♎ | ♐ | ♐ | ♒ | ♓ | ♈ ab 20.12 ♉ |
| 14 | ♎ ab 11.08 ♏ | ♐ | ♐ ab 06.55 ♑ | ♒ | ♓ | ♉ |
| 15 | ♏ | ♐ ab 01.28 ♑ | ♑ | ♒ ab 06.31 ♓ | ♓ ab 00.26 ♈ | ♉ ab 08.46 ♊ |
| 16 | ♏ ab 14.49 ♐ | ♑ | ♑ ab 14.12 ♒ | ♓ | ♈ | ♊ |
| 17 | ♐ | ♑ ab 08.37 ♒ | ♒ | ♓ ab 18.19 ♈ | ♈ ab 13.24 ♉ | ♊ |
| 18 | ♐ ab 19.30 ♑ | ♒ | ♒ ab 23.51 ♓ | ♈ | ♉ | ♊ ab 19.23 ♋ |
| 19 | ♑ | ♒ ab 17.39 ♓ | ♓ | ♈ | ♉ ab 02.02 ♊ | ♋ |
| 20 | | ♓ | ♓ | ♈ ab 07.13 ♉ | ♊ | ♋ |
| 21 | ♑ ab 01.39 ♒ | ♓ | ♓ ab 11.21 ♈ | ♉ | ♊ ab 13.06 ♋ | ♋ ab 03.33 ♌ |
| 22 | ♒ | ♓ ab 04.43 ♈ | ♈ | ♉ ab 20.01 ♊ | ♋ | ♌ |
| 23 | ♒ ab 10.03 ♓ | ♈ | ♈ | ♊ | ♋ ab 21.55 ♌ | ♌ ab 09.33 ♍ |
| 24 | ♓ | ♈ ab 17.28 ♉ | ♈ ab 00.07 ♉ | ♊ ab 07.27 ♋ | ♌ | ♍ |
| 25 | ♓ ab 21.06 ♈ | ♉ | ♉ | ♋ | ♌ | ♍ ab 13.48 ♎ |
| 26 | ♈ | ♉ ab 06.12 ♊ | ♉ ab 13.03 ♊ | ♋ ab 16.11 ♌ | ♌ ab 04.07 ♍ | ♎ |
| 27 | | ♊ | ♊ | ♌ | ♍ | ♎ ab 16.38 ♏ |
| 28 | ♈ ab 09.54 ♉ | ♊ | ♊ | ♌ ab 21.25 ♍ | ♍ ab 07.41 ♎ | ♏ |
| 29 | | | ♊ ab 00.14 ♋ | ♍ | ♎ | ♏ ab 18.31 ♐ |
| 30 | ♉ ab 22.01 ♊ | | ♋ | ♍ | ♎ | ♐ |
| 31 | ♊ | | ♋ ab 08.52 ♌ | | ♎ ab 09.08 ♏ | |

| Tag | Juli Mond im | August Mond im | September Mond im | Oktober Mond im | November Mond im | Dezember Mond im |
|---|---|---|---|---|---|---|
| 1 | ♐ ab 20.23 ♑ | ♒ | ♓ ab 07.43 ♈ | ♈ ab 01.36 ♉ | ♊ | ♋ ab 02.00 ♌ |
| 2 | ♑ | ♒ ab 14.34 ♓ | ♈ | ♉ | ♊ ab 09.32 ♋ | ♌ |
| 3 | ♑ ab 23.37 ♒ | ♓ | ♈ ab 19.29 ♉ | ♉ ab 14.37 ♊ | ♋ | ♌ |
| 4 | ♒ | ♓ ab 23.44 ♈ | ♉ | ♊ | ♋ ab 20.04 ♌ | ♌ ab 10.15 ♍ |
| 5 | ♒ | ♈ | ♉ | ♊ | ♌ | ♍ |
| 6 | ♒ ab 05.41 ♓ | ♈ | ♉ ab 08.28 ♊ | ♊ ab 03.00 ♋ | ♌ | ♍ ab 15.34 ♎ |
| 7 | ♓ | ♈ ab 11.42 ♉ | ♊ | ♋ | ♌ ab 03.19 ♍ | ♎ |
| 8 | ♓ ab 15.21 ♈ | ♉ | ♊ ab 20.11 ♋ | ♋ ab 12.34 ♌ | ♍ | ♎ ab 17.57 ♏ |
| 9 | ♈ | ♉ | ♋ | ♌ | ♍ ab 06.53 ♎ | ♏ |
| 10 | ♈ | ♉ ab 00.32 ♊ | ♋ | ♌ ab 18.10 ♍ | ♎ | ♏ ab 18.14 ♐ |
| 11 | ♈ ab 03.45 ♉ | ♊ | ♋ ab 04.28 ♌ | ♍ | ♎ ab 07.32 ♏ | ♐ |
| 12 | ♉ | ♊ ab 11.29 ♋ | ♌ | ♍ ab 20.13 ♎ | ♏ | ♐ ab 18.00 ♑ |
| 13 | ♉ ab 16.24 ♊ | ♋ | ♌ ab 08.53 ♍ | ♎ | ♏ ab 06.53 ♐ | ♑ |
| 14 | ♊ | ♋ ab 18.58 ♌ | ♍ | ♎ ab 20.14 ♏ | ♐ | ♑ ab 19.16 ♒ |
| 15 | ♊ | ♌ | ♍ ab 10.35 ♎ | ♏ | ♐ ab 06.54 ♑ | ♒ |
| 16 | ♊ ab 02.55 ♋ | ♌ ab 23.16 ♍ | ♎ | ♏ ab 20.06 ♐ | ♑ | ♒ ab 23.51 ♓ |
| 17 | ♋ | ♍ | ♎ ab 11.18 ♏ | ♐ | ♑ ab 09.26 ♒ | ♓ |
| 18 | ♋ ab 10.26 ♌ | ♍ | ♏ | ♐ ab 21.36 ♑ | ♒ | ♓ ab 08.37 ♈ |
| 19 | ♌ | ♍ ab 01.45 ♎ | ♏ ab 12.41 ♐ | ♑ | ♒ ab 15.43 ♓ | ♈ |
| 20 | ♌ ab 15.30 ♍ | ♎ | ♐ | ♑ | ♓ | ♈ ab 20.41 ♉ |
| 21 | ♍ | ♎ ab 03.52 ♏ | ♐ ab 15.50 ♑ | ♑ ab 01.55 ♒ | ♓ | ♉ |
| 22 | ♍ ab 19.11 ♎ | ♏ | ♑ | ♒ | ♓ ab 01.43 ♈ | ♉ |
| 23 | ♎ | ♏ ab 06.37 ♐ | ♑ ab 21.12 ♒ | ♒ ab 09.28 ♓ | ♈ | ♉ ab 09.46 ♊ |
| 24 | ♎ ab 22.17 ♏ | ♐ | ♒ | ♓ | ♈ ab 14.08 ♉ | ♊ |
| 25 | ♏ | ♐ ab 10.25 ♑ | ♒ ab 04.51 ♓ | ♓ ab 19.48 ♈ | ♉ | ♊ ab 21.45 ♋ |
| 26 | ♏ | ♑ | ♓ | ♈ | ♉ | ♋ |
| 27 | ♏ ab 01.13 ♐ | ♑ ab 15.32 ♒ | ♓ ab 14.43 ♈ | ♈ | ♉ ab 03.09 ♊ | ♋ |
| 28 | ♐ | ♒ | ♈ | ♈ ab 08.00 ♉ | ♊ | ♋ |
| 29 | ♐ ab 04.22 ♑ | ♒ ab 22.26 ♓ | ♈ | ♉ | ♊ ab 15.24 ♋ | ♋ ab 07.45 ♌ |
| 30 | ♑ | ♓ | ♈ | ♉ ab 21.00 ♊ | ♋ | ♌ |
| 31 | ♑ ab 08.26 ♒ | ♓ | | ♊ | | ♌ ab 15.44 ♍ |

# 1986

| Tag | Januar — Mond im | Februar — Mond im | März — Mond im | April — Mond im | Mai — Mond im | Juni — Mond im |
|---|---|---|---|---|---|---|
| 1 | ♍ | ♎ ab 07.20 ♏ | ♏ | ♐ ab 01.26 ♑ | ♒ | ♓ ab 06.44 ♈ |
| 2 | ♍ ab 21.46 ♎ | ♏ | ♏ ab 15.52 ♐ | ♑ | ♒ ab 16.31 ♓ | ♈ |
| 3 | ♎ | ♏ ab 10.32 ♐ | ♐ | ♑ ab 05.12 ♒ | ♓ | ♈ ab 17.46 ♉ |
| 4 | | ♐ | ♐ ab 18.57 ♑ | ♒ | ♓ | ♉ |
| 5 | ♎ ab 01.45 ♏ | ♐ ab 13.02 ♑ | ♑ | ♒ ab 11.04 ♓ | ♓ ab 01.02 ♈ | ♉ |
| 6 | ♏ | ♑ | ♑ ab 22.43 ♒ | ♓ | ♈ | ♉ ab 06.27 ♊ |
| 7 | ♏ ab 03.48 ♐ | ♑ ab 15.36 ♒ | ♒ | ♓ ab 19.13 ♈ | ♈ ab 12.00 ♉ | ♊ |
| 8 | ♐ | ♒ | ♒ | ♈ | ♉ | ♊ ab 19.18 ♋ |
| 9 | ♐ ab 04.43 ♑ | ♒ ab 19.33 ♓ | ♒ ab 03.49 ♓ | ♈ | ♉ | ♋ |
| 10 | ♑ | ♓ | ♓ | ♈ ab 05.37 ♉ | ♉ ab 00.27 ♊ | ♋ |
| 11 | ♑ ab 06.02 ♒ | ♓ | ♓ ab 11.04 ♈ | ♉ | ♊ | ♋ ab 07.12 ♌ |
| 12 | ♒ | ♓ ab 02.22 ♈ | ♈ | ♉ ab 17.52 ♊ | ♊ ab 13.19 ♋ | ♌ |
| 13 | ♒ ab 09.40 ♓ | ♈ | ♈ ab 21.05 ♉ | ♊ | ♋ | ♌ ab 17.19 ♍ |
| 14 | ♓ | ♈ ab 12.39 ♉ | ♉ | ♊ | ♋ | ♍ |
| 15 | ♓ ab 17.04 ♈ | ♉ | ♉ | ♊ ab 06.43 ♋ | ♋ ab 01.16 ♌ | ♍ |
| 16 | ♈ | ♉ | ♉ ab 09.24 ♊ | ♋ | ♌ | ♍ ab 00.39 ♎ |
| 17 | ♈ | ♉ ab 01.18 ♊ | ♊ | ♋ ab 18.11 ♌ | ♌ ab 10.46 ♍ | ♎ |
| 18 | ♈ ab 04.14 ♉ | ♊ | ♊ ab 22.05 ♋ | ♌ | ♍ | ♎ ab 04.37 ♏ |
| 19 | ♉ | ♊ ab 13.40 ♋ | ♋ | ♌ | ♍ ab 16.42 ♎ | ♏ |
| 20 | ♉ ab 17.13 ♊ | ♋ | ♋ | ♌ ab 02.25 ♍ | ♎ | ♏ ab 05.37 ♐ |
| 21 | ♊ | ♋ ab 23.26 ♌ | ♋ ab 08.39 ♌ | ♍ | ♎ ab 19.03 ♏ | ♐ |
| 22 | ♊ | ♌ | ♌ | ♍ ab 06.51 ♎ | ♏ | ♐ ab 05.01 ♑ |
| 23 | ♊ ab 05.15 ♋ | ♌ | ♌ ab 15.40 ♍ | ♎ | ♏ ab 18.58 ♐ | ♑ |
| 24 | ♋ | ♌ ab 05.59 ♍ | ♍ | ♎ ab 08.16 ♏ | ♐ | ♑ ab 04.51 ♒ |
| 25 | ♋ ab 14.48 ♌ | ♍ | ♍ ab 19.23 ♎ | ♏ | ♐ ab 18.16 ♑ | ♒ |
| 26 | ♌ | ♍ ab 10.08 ♎ | ♎ | ♏ ab 08.17 ♐ | ♑ | ♒ ab 07.13 ♓ |
| 27 | ♌ ab 21.52 ♍ | ♎ | ♎ ab 21.06 ♏ | ♐ | ♑ ab 19.01 ♒ | ♓ |
| 28 | ♍ | ♎ ab 13.07 ♏ | ♏ | ♐ ab 08.42 ♑ | ♒ | ♓ ab 13.35 ♈ |
| 29 | ♍ | | ♏ ab 22.21 ♐ | ♑ | ♒ ab 22.55 ♓ | ♈ |
| 30 | ♍ ab 03.11 ♎ | | ♐ | ♑ ab 11.07 ♒ | ♓ | ♈ ab 23.55 ♉ |
| 31 | ♎ | | ♐ | | ♓ | |

| Tag | Juli — Mond im | August — Mond im | September — Mond im | Oktober — Mond im | November — Mond im | Dezember — Mond im |
|---|---|---|---|---|---|---|
| 1 | ♉ | ♊ | ♋ ab 03.09 ♌ | ♍ | ♎ ab 15.20 ♏ | ♏ ab 03.09 ♐ |
| 2 | ♉ | ♊ ab 08.05 ♋ | ♌ | ♍ | ♏ | ♐ |
| 3 | ♉ ab 12.33 ♊ | ♋ | ♌ ab 12.07 ♍ | ♍ ab 02.04 ♎ | ♏ ab 16.20 ♐ | ♐ ab 02.29 ♑ |
| 4 | ♊ | ♋ ab 19.27 ♌ | ♍ | ♎ | ♐ | ♑ |
| 5 | ♊ | ♌ | ♍ ab 18.34 ♎ | ♎ ab 05.36 ♏ | ♐ ab 16.49 ♑ | ♑ ab 02.24 ♒ |
| 6 | ♊ ab 01.20 ♋ | ♌ | ♎ | ♏ | ♑ | ♒ |
| 7 | ♋ | ♌ ab 04.45 ♍ | ♎ ab 23.13 ♏ | ♏ ab 07.49 ♐ | ♑ ab 18.29 ♒ | ♒ ab 04.49 ♓ |
| 8 | ♋ ab 12.57 ♌ | ♍ | ♏ | ♐ | ♒ | ♓ |
| 9 | ♌ | ♍ ab 12.05 ♎ | ♏ | ♐ ab 09.53 ♑ | ♒ ab 22.30 ♓ | ♓ ab 10.50 ♈ |
| 10 | ♌ ab 22.51 ♍ | ♎ | ♏ ab 02.41 ♐ | ♑ | ♓ | ♈ |
| 11 | ♍ | ♎ ab 17.37 ♏ | ♐ | ♑ ab 12.46 ♒ | ♓ | ♈ ab 20.11 ♉ |
| 12 | ♍ | ♏ | ♐ ab 05.29 ♑ | ♒ | ♓ ab 05.15 ♈ | ♉ |
| 13 | ♍ ab 06.41 ♎ | ♏ ab 21.18 ♐ | ♑ | ♒ ab 17.04 ♓ | ♈ | ♉ |
| 14 | ♎ | ♐ | ♑ ab 08.08 ♒ | ♓ | ♈ ab 14.25 ♉ | ♉ ab 07.42 ♊ |
| 15 | ♎ ab 11.59 ♏ | ♐ ab 23.28 ♑ | ♒ | ♓ ab 23.14 ♈ | ♉ | ♊ |
| 16 | ♏ | ♑ | ♒ ab 11.28 ♓ | ♈ | ♉ | ♊ ab 20.10 ♋ |
| 17 | ♏ ab 14.35 ♐ | ♑ | ♓ | ♈ | ♉ ab 01.27 ♊ | ♋ |
| 18 | ♐ | ♑ ab 00.45 ♒ | ♓ ab 16.34 ♈ | ♈ ab 07.36 ♉ | ♊ | ♋ |
| 19 | ♐ ab 15.11 ♑ | ♒ | ♈ | ♉ | ♊ ab 13.47 ♋ | ♋ ab 08.45 ♌ |
| 20 | ♑ | ♒ ab 02.53 ♓ | ♈ | ♉ ab 18.16 ♊ | ♋ | ♌ |
| 21 | ♑ ab 15.18 ♒ | ♓ | ♈ ab 00.26 ♉ | ♊ | ♋ | ♌ ab 20.31 ♍ |
| 22 | ♒ | ♓ ab 07.28 ♈ | ♉ | ♊ | ♋ ab 02.26 ♌ | ♍ |
| 23 | ♒ ab 17.00 ♓ | ♈ | ♉ ab 11.14 ♊ | ♊ ab 06.38 ♋ | ♌ | ♍ |
| 24 | ♓ | ♈ ab 15.37 ♉ | ♊ | ♋ | ♌ ab 13.47 ♍ | ♍ ab 06.06 ♎ |
| 25 | ♓ ab 22.03 ♈ | ♉ | ♊ ab 23.45 ♋ | ♋ ab 19.03 ♌ | ♍ | ♎ |
| 26 | ♈ | ♉ | ♋ | ♌ | ♍ ab 22.00 ♎ | ♎ ab 12.07 ♏ |
| 27 | ♈ | ♉ ab 03.01 ♊ | ♋ | ♌ | ♎ | ♏ |
| 28 | ♈ ab 07.12 ♉ | ♊ | ♋ ab 10.40 ♌ | ♌ ab 05.21 ♍ | ♎ | ♏ ab 14.20 ♐ |
| 29 | ♉ | ♊ ab 15.41 ♋ | ♌ | ♍ | ♎ ab 02.14 ♏ | ♐ |
| 30 | ♉ ab 19.20 ♊ | ♋ | ♌ ab 19.58 ♍ | ♍ ab 12.05 ♎ | ♏ | ♐ ab 13.55 ♑ |
| 31 | ♊ | ♋ | | ♎ | | ♑ |

# 1987

| Tag | Januar Mond im | Februar Mond im | März Mond im | April Mond im | Mai Mond im | Juni Mond im |
|---|---|---|---|---|---|---|
| 1 | ♑ ab 12.54 ♒ | ♓ | ♓ ab 13.38 ♈ | ♉ | ♊ | ♋ ab 05.26 ♌ |
| 2 | ♒ | ♓ ab 03.10 ♈ | ♈ | ♉ ab 14.17 ♊ | ♊ ab 09.40 ♋ | ♌ |
| 3 | ♒ ab 13.37 ♓ | ♈ | ♈ ab 19.12 ♉ | ♊ | ♋ | ♌ ab 17.57 ♍ |
| 4 | ♓ | ♈ ab 09.54 ♉ | ♉ | ♊ | ♋ ab 22.07 ♌ | ♍ |
| 5 | ♓ ab 17.52 ♈ | ♉ | ♉ | ♊ ab 01.34 ♋ | ♌ | ♍ |
| 6 | ♈ | ♉ ab 20.24 ♊ | ♉ ab 04.27 ♊ | ♋ | ♌ | ♍ ab 04.25 ♎ |
| 7 | ♈ | ♊ | ♊ | ♋ ab 14.05 ♌ | ♌ ab 10.08 ♍ | ♎ ab 11.07 ♏ |
| 8 | ♈ ab 02.14 ♉ | ♊ | ♊ ab 16.25 ♋ | ♌ | ♍ | ♏ |
| 9 | ♉ | ♊ ab 08.56 ♋ | ♋ | ♌ | ♍ ab 19.30 ♎ | ♏ ab 13.54 ♐ |
| 10 | ♉ ab 13.40 ♊ | ♋ | ♋ | ♌ ab 01.29 ♍ | ♎ | ♐ |
| 11 | ♊ | ♋ ab 21.22 ♌ | ♋ ab 04.55 ♌ | ♍ | ♎ | ♐ |
| 12 | ♊ | ♌ | ♌ | ♍ ab 10.06 ♎ | ♎ ab 00.10 ♏ | ♐ ab 14.06 ♑ |
| 13 | ♊ ab 02.19 ♋ | ♌ | ♌ ab 15.56 ♍ | ♎ | ♏ | ♑ |
| 14 | ♋ | ♌ ab 08.27 ♍ | ♍ | ♎ ab 15.41 ♏ | ♏ ab 03.42 ♐ | ♑ ab 13.46 ♒ |
| 15 | ♋ ab 14.46 ♌ | ♍ | ♍ | ♏ | ♐ | ♒ ab 14.55 ♓ |
| 16 | ♌ | ♍ ab 17.45 ♎ | ♍ ab 00.35 ♎ | ♏ ab 19.02 ♐ | ♐ ab 04.37 ♑ | ♓ |
| 17 | ♌ | ♎ | ♎ | ♐ | ♑ | ♓ |
| 18 | ♌ ab 02.16 ♍ | ♎ ab 01.05 ♏ | ♎ ab 06.58 ♏ | ♐ ab 21.22 ♑ | ♑ ab 05.43 ♒ | ♓ ab 18.57 ♈ |
| 19 | ♍ | ♏ | ♏ | ♑ | ♒ | ♈ |
| 20 | ♍ ab 12.10 ♎ | ♏ ab 06.10 ♐ | ♏ ab 11.33 ♐ | ♑ ab 23.46 ♒ | ♒ ab 08.25 ♓ | ♈ |
| 21 | ♎ | ♐ | ♐ | ♒ | ♓ | ♈ ab 02.10 ♉ |
| 22 | ♎ ab 19.31 ♏ | ♐ ab 08.58 ♑ | ♐ ab 14.49 ♑ | ♒ ab 03.03 ♓ | ♓ ab 13.24 ♈ | ♉ |
| 23 | ♏ | ♑ | ♑ | ♓ | ♈ | ♉ ab 11.55 ♊ |
| 24 | ♏ ab 23.36 ♐ | ♑ ab 10.09 ♒ | ♑ ab 17.19 ♒ | ♓ ab 07.41 ♈ | ♈ ab 20.40 ♉ | ♊ |
| 25 | ♐ | ♒ | ♒ | ♈ | ♉ | ♊ ab 23.23 ♋ |
| 26 | ♐ | ♒ ab 11.08 ♓ | ♒ ab 19.46 ♓ | ♈ | ♉ | ♋ |
| 27 | ♐ ab 00.43 ♑ | ♓ | ♓ | ♈ ab 14.07 ♉ | ♉ ab 05.56 ♊ | ♋ |
| 28 | ♑ | ♓ | ♓ ab 23.13 ♈ | ♉ | ♊ | ♋ ab 11.53 ♌ |
| 29 | ♑ ab 00.18 ♒ | | ♈ | ♉ ab 22.44 ♊ | ♊ ab 17.00 ♋ | ♌ |
| 30 | ♒ | | ♈ | ♊ | ♋ | ♌ |
| 31 | ♒ ab 00.25 ♓ | | ♈ ab 05.47 ♉ | | ♋ | |

| Tag | Juli Mond im | August Mond im | September Mond im | Oktober Mond im | November Mond im | Dezember Mond im |
|---|---|---|---|---|---|---|
| 1 | ♌ ab 00.35 ♍ | ♎ | ♐ | ♑ | ♓ | ♈ |
| 2 | ♍ | ♎ ab 03.10 ♏ | ♐ ab 19.05 ♑ | ♑ ab 02.52 ♒ | ♓ ab 14.41 ♈ | ♈ ab 02.06 ♉ |
| 3 | ♍ ab 11.56 ♎ | ♏ | ♑ | ♒ | ♈ | ♉ |
| 4 | ♎ ab 20.04 ♏ | ♏ ab 08.48 ♐ | ♑ ab 20.22 ♒ | ♒ ab 04.40 ♓ | ♈ ab 19.03 ♉ | ♉ ab 09.14 ♊ |
| 5 | ♏ | ♐ | ♒ | ♓ | ♉ | ♊ |
| 6 | ♏ | ♐ ab 10.52 ♑ | ♒ ab 20.38 ♓ | ♓ ab 06.36 ♈ | ♉ | ♊ ab 18.21 ♋ |
| 7 | ♏ ab 00.06 ♐ | ♑ | ♓ | ♈ | ♉ ab 01.17 ♊ | ♋ |
| 8 | ♐ | ♑ ab 10.38 ♒ | ♓ ab 21.35 ♈ | ♈ ab 09.58 ♉ | ♊ | ♋ ab 05.41 ♌ |
| 9 | ♐ ab 00.44 ♑ | ♒ | ♈ | ♉ | ♊ ab 10.11 ♋ | ♌ |
| 10 | ♑ ab 23.50 ♒ | ♒ ab 10.02 ♓ | ♈ | ♉ ab 16.04 ♊ | ♋ | ♌ |
| 11 | ♒ | ♓ | ♈ ab 00.58 ♉ | ♊ | ♋ ab 21.46 ♌ | ♌ ab 18.31 ♍ |
| 12 | ♒ ab 23.37 ♓ | ♓ ab 11.10 ♈ | ♉ | ♊ | ♌ | ♍ |
| 13 | ♓ | ♈ | ♉ ab 07.55 ♊ | ♊ ab 01.32 ♋ | ♌ | ♍ ab 06.41 ♎ |
| 14 | ♓ | ♈ ab 15.39 ♉ | ♊ | ♋ | ♌ ab 10.30 ♍ | ♎ |
| 15 | ♓ ab 02.01 ♈ | ♉ | ♊ ab 18.23 ♋ | ♋ ab 13.35 ♌ | ♍ | ♎ ab 15.42 ♏ |
| 16 | ♈ | ♉ ab 00.00 ♊ | ♋ | ♌ | ♍ ab 21.49 ♎ | ♏ |
| 17 | ♈ ab 08.05 ♉ | ♊ | ♋ | ♌ | ♎ | ♏ ab 20.34 ♐ |
| 18 | ♉ | ♊ ab 11.20 ♋ | ♋ ab 06.51 ♌ | ♌ ab 02.07 ♍ | ♎ | ♐ |
| 19 | ♉ ab 17.33 ♊ | ♋ | ♌ | ♍ | ♎ ab 05.58 ♏ | ♐ |
| 20 | ♊ | ♋ ab 23.59 ♌ | ♌ ab 19.14 ♍ | ♍ ab 12.51 ♎ | ♏ | ♐ ab 22.08 ♑ |
| 21 | ♊ | ♌ | ♍ | ♎ | ♏ ab 10.17 ♐ | ♑ |
| 22 | ♊ ab 05.14 ♋ | ♌ | ♍ ab 05.59 ♎ | ♎ ab 20.42 ♏ | ♐ | ♑ ab 22.22 ♒ |
| 23 | ♋ | ♌ ab 12.24 ♍ | ♎ | ♏ | ♐ ab 12.33 ♑ | ♒ |
| 24 | ♋ ab 17.51 ♌ | ♍ | ♎ ab 14.31 ♏ | ♏ ab 01.58 ♐ | ♑ | ♒ ab 23.11 ♓ |
| 25 | ♌ | ♍ ab 23.36 ♎ | ♏ | ♐ | ♑ ab 14.14 ♒ | ♓ |
| 26 | ♌ | ♎ | ♏ ab 20.50 ♐ | ♐ | ♒ | ♓ |
| 27 | ♌ ab 06.27 ♍ | ♎ | ♐ | ♐ ab 05.34 ♑ | ♒ ab 16.41 ♓ | ♓ ab 02.06 ♈ |
| 28 | ♍ | ♎ ab 08.50 ♏ | ♐ | ♑ | ♓ | ♈ |
| 29 | ♍ ab 18.00 ♎ | ♏ | ♐ ab 00.09 ♑ | ♑ ab 08.28 ♒ | ♓ ab 20.37 ♈ | ♈ ab 07.37 ♉ |
| 30 | ♎ | ♏ | ♑ | ♒ | ♈ | ♉ |
| 31 | ♎ | ♏ ab 15.25 ♐ | | ♒ ab 11.20 ♓ | | ♉ ab 15.30 ♊ |

114

# 1988

| Tag | Januar — Mond im | Februar — Mond im | März — Mond im | April — Mond im | Mai — Mond im | Juni — Mond im |
|---|---|---|---|---|---|---|
| 1 | ♊ | ♋ ab 19.07 ♌ | ♌ | ♍ ab 09.06 ♎ | ♎ ab 02.40 ♏ | ♐ ab 22.59 ♑ |
| 2 | ♊ | ♌ | ♌ ab 14.07 ♍ | ♎ | ♏ | ♑ |
| 3 | ♊ ab 01.17 ♋ | ♌ | ♍ | ♎ ab 20.27 ♏ | ♏ ab 10.53 ♐ | ♑ |
| 4 | ♋ | ♌ ab 07.55 ♍ | ♍ | ♏ | ♐ | ♑ ab 01.35 ♒ |
| 5 | ♋ ab 12.48 ♌ | ♍ | ♍ ab 02.33 ♎ | ♏ | ♐ ab 15.55 ♑ | ♒ |
| 6 | ♌ | ♍ ab 20.37 ♎ | ♎ | ♏ ab 04.30 ♐ | ♑ | ♒ ab 04.01 ♓ |
| 7 | ♌ | ♎ | ♎ ab 13.28 ♏ | ♐ | ♑ ab 19.38 ♒ | ♓ |
| 8 | ♌ ab 01.36 ♍ | ♎ | ♏ | ♐ ab 10.20 ♑ | ♒ | ♓ ab 07.05 ♈ |
| 9 | ♍ | ♎ ab 07.43 ♏ | ♏ ab 22.00 ♐ | ♑ | ♒ ab 22.40 ♓ | ♈ |
| 10 | ♍ ab 14.18 ♎ | ♏ | ♐ | ♑ ab 14.11 ♒ | ♓ | ♈ ab 11.03 ♉ |
| 11 | ♎ | ♏ ab 15.37 ♐ | ♐ | ♒ | ♓ | ♉ |
| 12 | ♎ | ♐ | ♐ ab 03.32 ♑ | ♒ ab 16.25 ♓ | ♓ ab 01.24 ♈ | ♉ ab 16.15 ♊ |
| 13 | ♎ ab 00.40 ♏ | ♐ ab 19.37 ♑ | ♑ | ♓ | ♈ | ♊ |
| 14 | ♏ | ♑ | ♑ ab 06.09 ♒ | ♓ ab 17.48 ♈ | ♈ ab 04.23 ♉ | ♊ ab 23.20 ♋ |
| 15 | ♏ ab 06.59 ♐ | ♑ ab 20.26 ♒ | ♒ | ♈ | ♉ | ♋ |
| 16 | ♐ | ♒ | ♒ ab 06.43 ♓ | ♈ ab 19.32 ♉ | ♉ ab 08.32 ♊ | ♋ |
| 17 | ♐ ab 09.16 ♑ | ♒ ab 19.45 ♓ | ♓ | ♉ | ♊ | ♋ ab 08.58 ♌ |
| 18 | ♑ | ♓ | ♓ ab 06.46 ♈ | ♉ ab 23.11 ♊ | ♊ ab 20.06 ♋ | ♌ |
| 19 | ♑ ab 09.03 ♒ | ♓ ab 19.36 ♈ | ♈ | ♊ | ♋ | ♌ ab 21.04 ♍ |
| 20 | ♒ | ♈ | ♈ ab 08.06 ♉ | ♊ | ♋ | ♍ |
| 21 | ♒ ab 08.28 ♓ | ♈ ab 21.51 ♉ | ♉ | ♊ ab 06.05 ♋ | ♋ ab 00.52 ♌ | ♍ |
| 22 | ♓ | ♉ | ♉ ab 12.22 ♊ | ♋ | ♌ | ♍ ab 09.58 ♎ |
| 23 | ♓ ab 09.32 ♈ | ♉ | ♊ | ♋ ab 16.35 ♌ | ♌ ab 13.13 ♍ | ♎ |
| 24 | ♈ | ♉ ab 03.43 ♊ | ♊ ab 20.28 ♋ | ♌ | ♍ | ♎ ab 20.59 ♏ |
| 25 | ♈ ab 13.37 ♉ | ♊ | ♋ | ♌ | ♍ | ♏ |
| 26 | ♉ | ♊ ab 13.13 ♋ | ♋ | ♌ ab 05.17 ♍ | ♍ ab 01.50 ♎ | ♏ |
| 27 | ♉ ab 21.03 ♊ | ♋ | ♋ ab 08.55 ♌ | ♍ | ♎ | ♏ ab 04.19 ♐ |
| 28 | ♊ | ♋ | ♌ | ♍ ab 17.38 ♎ | ♎ ab 12.07 ♏ | ♐ |
| 29 | ♊ | ♋ ab 01.13 ♌ | ♌ ab 21.50 ♍ | ♎ | ♏ | ♐ ab 08.01 ♑ |
| 30 | ♊ ab 07.12 ♋ |  | ♍ | ♎ | ♏ ab 18.58 ♐ | ♑ |
| 31 | ♋ |  | ♍ |  | ♐ |  |

| Tag | Juli — Mond im | August — Mond im | September — Mond im | Oktober — Mond im | November — Mond im | Dezember — Mond im |
|---|---|---|---|---|---|---|
| 1 | ♑ ab 09.30 ♒ | ♓ ab 19.54 ♈ | ♉ | ♊ ab 23.39 ♋ | ♌ | ♍ |
| 2 | ♒ | ♈ | ♉ ab 10.12 ♊ | ♋ | ♌ | ♍ |
| 3 | ♒ ab 10.34 ♓ | ♈ ab 22.25 ♉ | ♊ | ♋ | ♌ ab 05.03 ♍ | ♍ ab 01.57 ♎ |
| 4 | ♓ | ♉ | ♊ ab 17.38 ♋ | ♋ ab 09.32 ♌ | ♍ | ♎ |
| 5 | ♓ ab 12.38 ♈ | ♉ | ♋ | ♌ | ♍ ab 18.05 ♎ | ♎ ab 13.52 ♏ |
| 6 | ♈ | ♉ ab 03.44 ♊ | ♋ | ♌ ab 22.02 ♍ | ♎ | ♏ |
| 7 | ♈ ab 16.28 ♉ | ♊ | ♋ ab 04.15 ♌ | ♍ | ♎ | ♏ ab 22.56 ♐ |
| 8 | ♉ | ♊ ab 11.53 ♋ | ♌ | ♍ | ♎ ab 05.47 ♏ | ♐ |
| 9 | ♉ ab 22.17 ♊ | ♋ | ♌ ab 16.49 ♍ | ♍ ab 11.04 ♎ | ♏ | ♐ |
| 10 | ♊ | ♋ ab 22.27 ♌ | ♍ | ♎ | ♏ ab 15.07 ♐ | ♐ ab 05.08 ♑ |
| 11 | ♊ | ♌ | ♍ | ♎ ab 22.59 ♏ | ♐ | ♑ |
| 12 | ♊ ab 06.09 ♋ | ♌ | ♍ ab 05.52 ♎ | ♏ | ♐ ab 22.13 ♑ | ♑ ab 09.26 ♒ |
| 13 | ♋ | ♌ ab 10.47 ♍ | ♎ | ♏ | ♑ | ♒ |
| 14 | ♋ ab 16.12 ♌ | ♍ | ♎ ab 18.08 ♏ | ♏ ab 08.59 ♐ | ♑ | ♒ ab 12.54 ♓ |
| 15 | ♌ | ♍ ab 23.53 ♎ | ♏ | ♐ | ♑ ab 03.37 ♒ | ♓ |
| 16 | ♌ | ♎ | ♏ | ♐ ab 16.45 ♑ | ♒ | ♓ ab 16.04 ♈ |
| 17 | ♌ ab 04.18 ♍ | ♎ | ♏ ab 04.26 ♐ | ♑ | ♒ ab 07.35 ♓ | ♈ |
| 18 | ♍ | ♎ ab 04.26 ♏ | ♐ | ♑ ab 22.06 ♒ | ♓ | ♈ ab 19.12 ♉ |
| 19 | ♍ ab 17.29 ♎ | ♏ | ♐ ab 11.46 ♑ | ♒ | ♓ ab 10.13 ♈ | ♉ |
| 20 | ♎ | ♏ ab 21.56 ♐ | ♑ | ♒ | ♈ | ♉ ab 22.44 ♊ |
| 21 | ♎ | ♐ | ♑ ab 12.03 ♒ | ♒ ab 00.59 ♓ | ♈ ab 12.03 ♉ | ♊ |
| 22 | ♎ ab 05.14 ♏ | ♐ ab 03.50 ♑ | ♒ | ♓ | ♉ | ♊ |
| 23 | ♏ | ♑ | ♒ ab 16.52 ♓ | ♓ ab 02.00 ♈ | ♉ ab 14.13 ♊ | ♊ ab 03.36 ♋ |
| 24 | ♏ ab 13.43 ♐ | ♑ ab 06.06 ♒ | ♓ | ♈ | ♊ | ♋ |
| 25 | ♐ | ♒ | ♓ ab 16.30 ♈ | ♈ ab 02.23 ♉ | ♊ ab 18.20 ♋ | ♋ ab 10.58 ♌ |
| 26 | ♐ ab 18.08 ♑ | ♒ ab 06.02 ♓ | ♈ | ♉ | ♋ | ♌ |
| 27 | ♑ | ♓ | ♈ ab 15.30 ♉ | ♉ ab 03.56 ♊ | ♋ | ♌ ab 21.28 ♍ |
| 28 | ♑ ab 19.26 ♒ | ♓ ab 05.30 ♈ | ♉ | ♊ | ♋ ab 01.53 ♌ | ♍ |
| 29 | ♒ | ♈ | ♉ ab 17.44 ♊ | ♊ ab 08.29 ♋ | ♌ | ♍ |
| 30 | ♒ ab 19.24 ♓ | ♈ | ♊ | ♋ | ♌ ab 13.00 ♍ | ♍ ab 10.10 ♎ |
| 31 | ♓ | ♈ ab 06.23 ♉ |  | ♋ ab 17.04 ♌ |  | ♎ |

115

## 1989

| Tag | Januar Mond im | Februar Mond im | März Mond im | April Mond im | Mai Mond im | Juni Mond im |
|---|---|---|---|---|---|---|
| 1 | ♎ ab 22.35 ♏ | ♐ | ♐ | ♑ ab 00.46 ♒ | ♓ | ♉ |
| 2 | ♏ | ♐ | ♐ ab 09.59 ♑ | ♒ | ♓ ab 13.51 ♈ | ♉ |
| 3 | ♏ | ♐ ab 00.31 ♑ | ♑ | ♒ ab 03.38 ♓ | ♈ | ♉ ab 00.03 ♊ |
| 4 | ♏ ab 08.12 ♐ | ♑ | ♑ ab 14.37 ♒ | ♓ | ♈ ab 13.56 ♉ | ♊ |
| 5 | ♐ | ♑ ab 03.52 ♒ | ♒ | ♓ ab 03.52 ♈ | ♉ | ♊ ab 02.18 ♋ |
| 6 | ♐ ab 14.15 ♑ | ♒ | ♒ ab 16.00 ♓ | ♈ | ♉ ab 14.04 ♊ | ♋ |
| 7 | ♑ | ♒ ab 04.53 ♓ | ♓ | ♈ ab 03.08 ♉ | ♊ | ♋ ab 07.29 ♌ |
| 8 | ♑ ab 17.31 ♒ | ♓ | ♓ ab 15.37 ♈ | ♉ | ♊ ab 16.20 ♋ | ♌ |
| 9 | ♒ | ♓ ab 05.19 ♈ | ♈ | ♉ ab 03.32 ♊ | ♋ | ♌ ab 16.30 ♍ |
| 10 | ♒ ab 19.32 ♓ | ♈ | ♈ ab 15.26 ♉ | ♊ | ♋ ab 22.24 ♌ | ♍ |
| 11 | ♓ | ♈ ab 06.46 ♉ | ♉ | ♊ ab 06.59 ♋ | ♌ | ♍ |
| 12 | ♓ ab 21.37 ♈ | ♉ | ♉ ab 17.17 ♊ | ♋ | ♌ | ♍ ab 04.32 ♎ |
| 13 | ♈ | ♉ ab 10.23 ♊ | ♊ | ♋ ab 14.32 ♌ | ♌ ab 08.31 ♍ | ♎ |
| 14 | ♈ | ♊ | ♊ ab 22.28 ♋ | ♌ | ♍ | ♎ ab 17.12 ♏ |
| 15 | ♈ ab 00.37 ♉ | ♊ ab 16.41 ♋ | ♋ | ♌ | ♍ ab 21.08 ♎ | ♏ |
| 16 | ♉ | ♋ | ♋ | ♌ ab 01.40 ♍ | ♎ | ♏ |
| 17 | ♉ ab 04.58 ♊ | ♋ | ♋ ab 07.14 ♌ | ♍ | ♎ | ♏ ab 04.13 ♐ |
| 18 | ♊ | ♋ ab 01.34 ♌ | ♌ | ♍ ab 14.32 ♎ | ♎ ab 09.48 ♏ | ♐ |
| 19 | ♊ ab 10.58 ♋ | ♌ | ♌ ab 18.40 ♍ | ♎ | ♏ | ♐ ab 12.42 ♑ |
| 20 | ♋ | ♌ ab 12.35 ♍ | ♍ | ♎ ab 03.14 ♏ | ♏ ab 20.53 ♐ | ♑ |
| 21 | ♋ ab 19.03 ♌ | ♍ | ♍ | ♏ | ♐ | ♑ ab 18.58 ♒ |
| 22 | ♌ | ♍ | ♍ ab 07.25 ♎ | ♏ ab 14.39 ♐ | ♐ | ♒ |
| 23 | ♌ | ♍ ab 01.06 ♎ | ♎ | ♐ | ♐ ab 05.55 ♑ | ♒ ab 23.37 ♓ |
| 24 | ♌ ab 05.33 ♍ | ♎ | ♎ ab 20.11 ♏ | ♐ | ♑ | ♓ |
| 25 | ♍ | ♎ ab 13.58 ♏ | ♏ | ♐ ab 00.16 ♑ | ♑ ab 13.02 ♒ | ♓ |
| 26 | ♍ ab 18.02 ♎ | ♏ | ♏ | ♑ | ♒ | ♓ ab 03.07 ♈ |
| 27 | ♎ | ♏ | ♏ ab 08.55 ♐ | ♑ ab 07.34 ♒ | ♒ ab 18.14 ♓ | ♈ |
| 28 | ♎ | ♏ ab 01.30 ♐ | ♐ | ♒ | ♓ | ♈ ab 05.46 ♉ |
| 29 | ♎ ab 06.50 ♏ | | ♐ ab 18.26 ♑ | ♒ ab 12.04 ♓ | ♓ ab 21.26 ♈ | ♉ |
| 30 | ♏ | | ♑ | ♓ | ♈ | ♉ ab 08.09 ♊ |
| 31 | ♏ ab 17.31 ♐ | | ♑ | | ♈ ab 23.00 ♉ | |

| Tag | Juli Mond im | August Mond im | September Mond im | Oktober Mond im | November Mond im | Dezember Mond im |
|---|---|---|---|---|---|---|
| 1 | ♊ | ♋ ab 00.42 ♌ | ♍ | ♎ ab 21.54 ♏ | ♐ | ♑ |
| 2 | ♊ ab 11.20 ♋ | ♌ | ♍ ab 03.48 ♎ | ♏ | ♐ | ♑ ab 18.43 ♒ |
| 3 | ♋ | ♌ ab 09.20 ♍ | ♎ | ♏ | ♐ ab 03.47 ♑ | ♒ |
| 4 | ♋ ab 16.38 ♌ | ♍ | ♎ ab 16.24 ♏ | ♏ ab 10.30 ♐ | ♑ | ♒ |
| 5 | ♌ | ♍ ab 20.29 ♎ | ♏ | ♐ | ♑ ab 13.10 ♒ | ♒ ab 01.49 ♓ |
| 6 | ♌ | ♎ | ♏ | ♐ ab 21.46 ♑ | ♒ | ♓ |
| 7 | ♌ ab 01.05 ♍ | ♎ | ♏ ab 04.52 ♐ | ♑ | ♒ ab 19.25 ♓ | ♓ ab 06.12 ♈ |
| 8 | ♍ | ♎ ab 09.06 ♏ | ♐ | ♑ | ♓ | ♈ |
| 9 | ♍ ab 12.31 ♎ | ♏ | ♐ ab 15.14 ♑ | ♑ ab 06.07 ♒ | ♓ ab 22.09 ♈ | ♈ ab 08.00 ♉ |
| 10 | ♎ | ♏ ab 21.03 ♐ | ♑ | ♒ | ♈ | ♉ |
| 11 | ♎ | ♐ | ♑ ab 22.03 ♒ | ♒ ab 10.38 ♓ | ♈ ab 22.10 ♉ | ♉ ab 08.16 ♊ |
| 12 | ♎ ab 01.10 ♏ | ♐ | ♒ | ♓ | ♉ | ♊ |
| 13 | ♏ | ♐ ab 06.17 ♑ | ♒ | ♓ ab 11.42 ♈ | ♉ ab 21.20 ♊ | ♊ ab 08.50 ♋ |
| 14 | ♏ ab 12.32 ♐ | ♑ | ♒ ab 01.08 ♓ | ♈ | ♊ | ♋ |
| 15 | ♐ | ♑ ab 12.00 ♒ | ♓ | ♈ ab 10.53 ♉ | ♊ ab 21.52 ♋ | ♋ ab 11.42 ♌ |
| 16 | ♐ ab 21.02 ♑ | ♒ | ♓ ab 01.39 ♈ | ♉ | ♋ | ♌ |
| 17 | ♑ | ♒ ab 14.46 ♓ | ♈ | ♉ ab 10.20 ♊ | ♋ | ♌ ab 18.20 ♍ |
| 18 | ♑ | ♓ | ♈ ab 01.23 ♉ | ♊ | ♋ ab 01.46 ♌ | ♍ |
| 19 | ♑ ab 02.36 ♒ | ♓ ab 16.00 ♈ | ♉ | ♊ ab 12.10 ♋ | ♌ | ♍ |
| 20 | ♒ | ♈ | ♉ ab 02.17 ♊ | ♋ | ♌ ab 09.55 ♍ | ♍ ab 04.46 ♎ |
| 21 | ♒ ab 06.08 ♓ | ♈ ab 17.11 ♉ | ♊ | ♋ ab 17.48 ♌ | ♍ | ♎ |
| 22 | ♓ | ♉ | ♊ ab 05.51 ♋ | ♌ | ♍ ab 21.26 ♎ | ♎ ab 17.19 ♏ |
| 23 | ♓ ab 08.41 ♈ | ♉ ab 19.40 ♊ | ♋ | ♌ | ♎ | ♏ |
| 24 | ♈ | ♊ | ♋ ab 12.45 ♌ | ♌ ab 03.16 ♍ | ♎ | ♏ |
| 25 | ♈ ab 11.11 ♉ | ♊ | ♌ | ♍ | ♎ ab 10.14 ♏ | ♏ ab 05.38 ♐ |
| 26 | ♉ | ♊ ab 00.14 ♋ | ♌ ab 22.33 ♍ | ♍ ab 15.12 ♎ | ♏ | ♐ |
| 27 | ♉ ab 14.16 ♊ | ♋ | ♍ | ♎ | ♏ ab 22.31 ♐ | ♐ ab 16.11 ♑ |
| 28 | ♊ | ♋ ab 07.12 ♌ | ♍ | ♎ | ♐ | ♑ |
| 29 | ♊ ab 18.33 ♋ | ♌ | ♍ ab 09.16 ♎ | ♎ ab 03.57 ♏ | ♐ | ♑ |
| 30 | ♋ | ♌ ab 16.30 ♍ | ♎ | ♏ | ♐ ab 09.27 ♑ | ♑ ab 00.39 ♒ |
| 31 | ♋ | ♍ | | ♏ ab 16.24 ♐ | | ♒ |

116

## 1990

| Tag | Januar Mond im | Februar Mond im | März Mond im | April Mond im | Mai Mond im | Juni Mond im |
|---|---|---|---|---|---|---|
| 1 | ≈ ab 07.11 ♓ | ♈ ab 20.28 ♉ | ♈ ab 02.44 ♉ | ♊ ab 13.51 ♋ | ♋ ab 01.09 ♌ | ♍ |
| 2 | ♓ | ♉ | ♉ | ♋ | ♌ | ♍ ab 00.32 ♎ |
| 3 | ♓ ab 11.57 ♈ | ♉ ab 23.13 ♊ | ♉ ab 04.38 ♊ | ♋ ab 18.51 ♌ | ♌ ab 08.19 ♍ | ♎ |
| 4 | ♈ | ♊ | ♊ | ♌ | ♍ | ♎ ab 12.22 ♏ |
| 5 | ♈ ab 15.05 ♉ | ♊ ab 02.28 ♋ | ♊ ab 08.03 ♋ | ♌ | ♍ ab 18.29 ♎ | ♏ |
| 6 | ♉ | ♋ | ♋ | ♌ ab 02.43 ♍ | ♎ | ♏ |
| 7 | ♉ ab 17.02 ♊ | ♋ ab 06.52 ♌ | ♋ ab 13.25 ♌ | ♍ | ♎ | ♏ |
| 8 | ♊ | ♌ | ♌ | ♍ ab 12.45 ♎ | ♎ ab 06.23 ♏ | ♏ ab 01.00 ♐ |
| 9 | ♊ ab 18.53 ♋ | ♌ ab 13.14 ♍ | ♌ ab 20.48 ♍ | ♎ | ♏ | ♐ ab 13.13 ♑ |
| 10 | ♋ | ♍ | ♍ | ♎ | ♏ ab 18.57 ♐ | ♑ |
| 11 | ♋ ab 22.03 ♌ | ♍ | ♍ | ♎ ab 00.19 ♏ | ♐ | ♑ |
| 12 | ♌ | ♍ ab 22.10 ♎ | ♍ ab 06.10 ♎ | ♏ | ♐ | ♑ ab 00.10 ≈ |
| 13 | ♌ | ♎ | ♎ | ♏ ab 12.49 ♐ | ♐ ab 07.22 ♑ | ≈ |
| 14 | ♌ ab 03.58 ♍ | ♎ ab 09.35 ♏ | ♎ ab 17.26 ♏ | ♐ | ♑ | ≈ ab 09.01 ♓ |
| 15 | ♍ | ♏ | ♏ | ♐ | ♑ ab 18.31 ≈ | ♓ |
| 16 | ♍ ab 13.18 ♎ | ♏ ab 22.08 ♐ | ♏ ab 05.57 ♐ | ♐ ab 01.16 ♑ | ≈ | ♓ ab 14.56 ♈ |
| 17 | ♎ | ♐ | ♐ | ♑ | ≈ ab 02.55 ♓ | ♈ ab 17.44 ♉ |
| 18 | ♎ | ♐ | ♐ ab 18.02 ♑ | ♑ ab 11.53 ≈ | ♓ | ♉ |
| 19 | ♎ | ♐ ab 09.31 ♑ | ♑ | ≈ | ♓ ab 07.32 ♈ | ♉ ab 18.15 ♊ |
| 20 | ♎ ab 01.17 ♏ | ♑ | ♑ | ≈ ab 18.58 ♓ | ♈ | ♊ |
| 21 | ♏ ab 13.45 ♐ | ♑ ab 17.53 ≈ | ♑ ab 03.32 ≈ | ♓ | ♈ ab 08.43 ♉ | ♊ ab 18.10 ♋ |
| 22 | ♐ | ≈ | ≈ | ♓ ab 21.59 ♈ | ♉ | ♋ |
| 23 | ♐ | ≈ | ≈ | ♈ | ♉ | ♋ |
| 24 | ♐ ab 00.28 ♑ | ≈ ab 22.50 ♓ | ≈ ab 09.09 ♓ | ♈ ab 22.04 ♉ | ♉ ab 08.01 ♊ | ♋ ab 19.26 ♌ |
| 25 | ♑ | ♓ | ♓ | ♉ | ♊ | ♌ |
| 26 | ♑ ab 08.26 ≈ | ♓ | ♓ ab 11.16 ♈ | ♉ ab 21.13 ♊ | ♊ ab 07.35 ♋ | ♌ ab 23.43 ♍ |
| 27 | ≈ | ♓ | ♈ | ♊ | ♋ | ♍ |
| 28 | ≈ ab 13.52 ♓ | ♓ ab 01.17 ♈ | ♈ ab 11.27 ♉ | ♊ ab 21.40 ♋ | ♋ ab 09.30 ♌ | ♍ |
| 29 | ♓ | | ♉ | ♋ | ♌ | ♍ ab 07.48 ♎ |
| 30 | ♓ ab 17.35 ♈ | | ♉ ab 11.43 ♊ | ♋ | ♌ ab 15.09 ♍ | ♎ |
| 31 | ♈ | | ♊ | | ♍ | |

| Tag | Juli Mond im | August Mond im | September Mond im | Oktober Mond im | November Mond im | Dezember Mond im |
|---|---|---|---|---|---|---|
| 1 | ♎ ab 19.02 ♏ | ♐ | ♑ ab 21.52 ≈ | ≈ ab 14.43 ♓ | ♈ ab 06.32 ♉ | ♉ ab 17.23 ♊ |
| 2 | ♏ | ♐ | ≈ | ♓ | ♉ | ♊ |
| 3 | ♏ | ♐ ab 03.09 ♑ | ≈ | ♓ ab 18.43 ♈ | ♉ | ♊ ab 16.28 ♋ |
| 4 | ♏ ab 07.36 ♐ | ♑ | ≈ ab 05.06 ♓ | ♈ | ♉ ab 06.07 ♊ | ♋ |
| 5 | ♐ | ♑ ab 13.20 ≈ | ♓ | ♈ ab 20.07 ♉ | ♊ | ♋ ab 17.01 ♌ |
| 6 | ♐ ab 19.40 ♑ | ≈ | ♓ ab 09.24 ♈ | ♉ | ♊ ab 06.08 ♋ | ♌ |
| 7 | ♑ | ≈ ab 20.55 ♓ | ♈ | ♉ ab 20.48 ♊ | ♋ | ♌ ab 20.40 ♍ |
| 8 | ♑ | ♓ | ♈ ab 11.56 ♉ | ♊ | ♋ ab 08.25 ♌ | ♍ |
| 9 | ♑ ab 06.07 ≈ | ♓ | ♉ | ♊ ab 22.30 ♋ | ♌ | ♍ |
| 10 | ≈ | ♓ ab 02.14 ♈ | ♉ ab 14.06 ♊ | ♋ | ♌ ab 13.49 ♍ | ♍ ab 04.01 ♎ |
| 11 | ≈ ab 14.30 ♓ | ♈ | ♊ | ♋ | ♍ | ♎ ab 14.29 ♏ |
| 12 | ♓ | ♈ ab 05.56 ♉ | ♊ ab 16.54 ♋ | ♋ ab 02.17 ♌ | ♍ ab 22.09 ♎ | ♏ |
| 13 | ♓ ab 20.37 ♈ | ♉ | ♋ | ♌ | ♎ | ♏ |
| 14 | ♈ | ♉ ab 08.42 ♊ | ♋ ab 20.53 ♌ | ♌ ab 08.21 ♍ | ♎ ab 08.40 ♏ | ♏ ab 02.45 ♐ |
| 15 | ♈ | ♊ | ♌ | ♍ | ♏ | ♐ |
| 16 | ♈ ab 00.30 ♉ | ♊ ab 11.13 ♋ | ♌ ab 02.19 ♍ | ♍ ab 16.47 ♎ | ♏ ab 20.40 ♐ | ♐ ab 15.36 ♑ |
| 17 | ♉ | ♋ | ♍ | ♎ | ♐ | ♑ |
| 18 | ♉ ab 02.33 ♊ | ♋ ab 14.12 ♌ | ♍ ab 09.35 ♎ | ♎ ab 02.25 ♏ | ♐ | ♑ |
| 19 | ♊ | ♌ | ♎ | ♏ | ♐ ab 09.32 ♑ | ♑ ab 04.00 ≈ |
| 20 | ♊ ab 03.45 ♋ | ♌ ab 18.34 ♍ | ♎ ab 19.07 ♏ | ♏ | ♑ | ≈ |
| 21 | ♋ | ♍ | ♏ | ♏ ab 14.10 ♐ | ♑ ab 22.08 ≈ | ≈ |
| 22 | ♋ ab 05.30 ♌ | ♍ | ♏ | ♐ | ≈ | ≈ ab 14.49 ♓ |
| 23 | ♌ | ♍ | ♏ | ♐ | ≈ | ♓ |
| 24 | ♌ ab 09.18 ♍ | ♍ ab 01.18 ♎ | ♏ ab 06.53 ♐ | ♐ ab 03.04 ♑ | ≈ | ♓ ab 22.46 ♈ |
| 25 | ♍ | ♎ ab 10.57 ♏ | ♐ ab 19.37 ♑ | ♑ | ≈ ab 08.33 ♓ | ♈ |
| 26 | ♍ ab 16.19 ♎ | ♏ | ♑ | ♑ ab 15.15 ≈ | ♓ | ♈ ab 03.10 ♉ |
| 27 | ♎ | ♏ ab 22.58 ♐ | ♑ | ≈ | ♓ ab 15.07 ♈ | ♉ |
| 28 | ♎ | ♐ | ♑ ab 06.55 ≈ | ≈ | ♈ | ♉ |
| 29 | ♎ ab 02.40 ♏ | ♐ | ≈ | ≈ ab 00.23 ♓ | ♈ ab 17.38 ♉ | ♉ ab 04.27 ♊ |
| 30 | ♏ | ♐ ab 11.24 ♑ | ≈ | ♓ | ♉ | ♊ |
| 31 | ♏ ab 15.01 ♐ | ♑ | | ♓ ab 05.15 ♈ | | ♊ ab 04.04 ♋ |

| Tag | Januar Mond im | Februar Mond im | März Mond im | April Mond im | Mai Mond im | Juni Mond im |
|---|---|---|---|---|---|---|
| 1 | ♋ | ♍ | ♍ | ♏ | ♐ | ♑ |
| 2 | ♋ ab 03.55 ♌ | ♍ ab 21.03 ♎ | ♍ ab 07.04 ♎ | ♏ | ♐ | ♑ ab 00.42 ♒ |
| 3 | ♌ | ♎ | ♎ | ♏ ab 09.00 ♐ | ♐ ab 04.55 ♑ | ♒ |
| 4 | ♌ ab 05.58 ♍ | ♎ | ♎ ab 14.09 ♏ | ♐ | ♑ | ♒ ab 12.37 ♓ |
| 5 | | ♎ ab 05.02 ♏ | ♏ | ♐ ab 21.20 ♑ | ♑ ab 17.52 ♒ | ♓ |
| 6 | ♍ ab 11.34 ♎ | ♏ | ♏ | ♑ | ♒ | ♓ ab 21.26 ♈ |
| 7 | ♎ | ♏ ab 16.24 ♐ | ♏ ab 00.36 ♐ | ♑ | ♒ | ♈ |
| 8 | ♎ ab 21.00 ♏ | ♐ | ♐ | ♑ ab 10.00 ♒ | ♒ ab 05.05 ♓ | ♈ |
| 9 | ♏ | ♐ | ♐ ab 13.15 ♑ | ♒ | ♓ | ♈ ab 02.14 ♉ |
| 10 | ♏ | ♐ ab 05.17 ♑ | ♑ | ♒ ab 20.18 ♓ | ♓ ab 12.35 ♈ | ♉ |
| 11 | ♏ ab 09.07 ♐ | ♑ | ♑ | ♓ | ♈ | ♉ ab 03.37 ♊ |
| 12 | ♐ | ♑ ab 17.17 ♒ | ♑ ab 01.32 ♒ | ♓ ab 02.50 ♈ | ♈ ab 16.08 ♉ | ♊ |
| 13 | ♐ ab 22.01 ♑ | ♒ | ♒ | ♈ | ♉ | ♊ ab 03.17 ♋ |
| 14 | ♑ | ♒ | ♒ ab 11.12 ♓ | ♈ ab 06.06 ♉ | ♉ ab 17.03 ♊ | ♋ |
| 15 | ♑ | ♒ ab 03.00 ♓ | ♓ | ♉ | ♊ | ♋ ab 03.11 ♌ |
| 16 | ♑ ab 10.05 ♒ | ♓ | ♓ ab 17.38 ♈ | ♉ | ♊ ab 17.15 ♋ | ♌ |
| 17 | ♒ | ♓ ab 10.12 ♈ | ♈ | ♉ ab 07.42 ♊ | ♋ | ♌ ab 05.04 ♍ |
| 18 | ♒ ab 20.24 ♓ | ♈ | ♈ ab 21.41 ♉ | ♊ | ♋ ab 18.31 ♌ | ♍ |
| 19 | ♓ | ♈ ab 15.25 ♉ | ♉ | ♊ ab 09.18 ♋ | ♌ | ♍ ab 10.02 ♎ |
| 20 | ♓ | ♉ | ♉ | ♋ | ♌ ab 22.01 ♍ | ♎ |
| 21 | ♓ ab 04.28 ♈ | ♉ ab 19.11 ♊ | ♉ ab 00.38 ♊ | ♋ ab 12.05 ♌ | ♍ | ♎ ab 18.19 ♏ |
| 22 | ♈ | ♊ | ♊ | ♌ | ♍ | ♏ |
| 23 | ♈ ab 10.02 ♉ | ♊ ab 21.57 ♋ | ♊ ab 03.28 ♋ | ♌ ab 16.30 ♍ | ♍ ab 04.09 ♎ | ♏ |
| 24 | ♉ | ♋ | ♋ | ♍ | ♎ | ♏ ab 05.17 ♐ |
| 25 | ♉ ab 13.07 ♊ | ♋ | ♋ ab 06.44 ♌ | ♍ ab 22.37 ♎ | ♎ ab 12.42 ♏ | ♐ |
| 26 | ♊ | ♋ ab 00.14 ♌ | ♌ | ♎ | ♏ | ♐ ab 17.50 ♑ |
| 27 | ♊ ab 14.24 ♋ | ♌ | ♌ ab 10.42 ♍ | ♎ | ♏ ab 23.22 ♐ | ♑ |
| 28 | ♋ | ♌ ab 02.51 ♍ | ♍ | ♎ ab 06.35 ♏ | ♐ | ♑ |
| 29 | ♋ ab 15.04 ♌ | | ♍ ab 15.50 ♎ | ♏ | ♐ | ♑ ab 06.48 ♒ |
| 30 | ♌ | | ♎ | ♏ ab 16.43 ♐ | ♐ ab 11.41 ♑ | ♒ |
| 31 | ♌ ab 16.45 ♍ | | ♎ ab 23.02 ♏ | | ♑ | |

| Tag | Juli Mond im | August Mond im | September Mond im | Oktober Mond im | November Mond im | Dezember Mond im |
|---|---|---|---|---|---|---|
| 1 | ♒ ab 18.52 ♓ | ♈ | ♉ ab 04.04 ♊ | ♋ | ♌ ab 00.48 ♍ | ♎ |
| 2 | ♓ | ♈ ab 17.33 ♉ | ♊ | ♋ ab 15.59 ♌ | ♍ | ♎ ab 17.34 ♏ |
| 3 | ♓ | ♉ | ♊ ab 17.20 ♋ | ♌ | ♍ ab 05.13 ♎ | ♏ |
| 4 | ♓ ab 04.34 ♈ | ♉ ab 21.55 ♊ | ♋ | ♌ ab 18.46 ♍ | ♎ | ♏ |
| 5 | ♈ | ♊ | ♋ ab 09.14 ♌ | ♍ | ♎ ab 11.10 ♏ | ♏ ab 02.33 ♐ |
| 6 | ♈ ab 10.53 ♉ | ♊ | ♌ | ♍ ab 22.01 ♎ | ♏ | ♐ |
| 7 | ♉ | ♊ ab 23.48 ♋ | ♌ ab 10.36 ♍ | ♎ | ♏ ab 19.22 ♐ | ♐ ab 13.42 ♑ |
| 8 | ♉ ab 13.43 ♊ | ♋ | ♍ | ♎ | ♐ | ♑ |
| 9 | ♊ | ♋ ab 00.10 ♌ | ♍ ab 12.52 ♎ | ♎ ab 03.01 ♏ | ♐ | ♑ |
| 10 | ♊ ab 14.04 ♋ | ♌ | ♎ | ♏ | ♐ ab 06.17 ♑ | ♑ ab 02.28 ♒ |
| 11 | ♋ | ♌ ab 00.36 ♍ | ♎ ab 17.43 ♏ | ♏ ab 10.59 ♐ | ♑ | ♒ |
| 12 | ♋ ab 13.36 ♌ | ♍ | ♏ | ♐ | ♑ ab 19.07 ♒ | ♒ ab 15.20 ♓ |
| 13 | ♌ | ♍ ab 02.53 ♎ | ♏ | ♐ ab 22.11 ♑ | ♒ | ♓ |
| 14 | ♌ ab 14.13 ♍ | ♎ | ♏ ab 02.15 ♐ | ♑ | ♒ ab 07.34 ♓ | ♓ |
| 15 | ♍ | ♎ ab 08.35 ♏ | ♐ | ♑ ab 11.05 ♒ | ♓ | ♓ ab 02.07 ♈ |
| 16 | ♍ ab 17.35 ♎ | ♏ | ♐ ab 14.05 ♑ | ♒ | ♓ ab 17.08 ♈ | ♈ |
| 17 | ♎ | ♏ ab 18.12 ♐ | ♑ | ♒ | ♈ | ♈ ab 09.11 ♉ |
| 18 | ♎ | ♐ | ♑ ab 02.59 ♒ | ♒ ab 22.54 ♓ | ♈ | ♉ |
| 19 | ♎ ab 00.42 ♏ | ♐ | ♒ | ♓ | ♈ ab 20.50 ♉ | ♉ ab 12.22 ♊ |
| 20 | ♏ | ♐ ab 06.35 ♑ | ♒ ab 14.21 ♓ | ♓ ab 07.34 ♈ | ♉ | ♊ |
| 21 | ♏ ab 11.17 ♐ | ♑ | ♓ | ♈ | ♉ ab 01.23 ♊ | ♊ ab 12.55 ♋ |
| 22 | ♐ | ♑ ab 19.28 ♒ | ♓ ab 22.57 ♈ | ♈ | ♊ | ♋ |
| 23 | ♐ ab 23.56 ♑ | ♒ | ♈ | ♈ ab 12.56 ♉ | ♊ ab 02.26 ♋ | ♋ ab 12.39 ♌ |
| 24 | ♑ | ♒ | ♈ | ♉ | ♋ | ♌ |
| 25 | ♑ | ♒ ab 06.52 ♓ | ♈ ab 05.00 ♉ | ♉ ab 16.10 ♊ | ♋ | ♌ ab 13.25 ♍ |
| 26 | ♑ ab 12.50 ♒ | ♓ | ♉ | ♊ | ♋ ab 03.38 ♌ | ♍ |
| 27 | ♒ | ♓ ab 16.02 ♈ | ♉ ab 09.26 ♊ | ♊ ab 18.38 ♋ | ♌ | ♍ ab 16.38 ♎ |
| 28 | ♒ | ♈ | ♊ | ♋ | ♌ ab 06.13 ♍ | ♎ |
| 29 | ♒ ab 00.36 ♓ | ♈ ab 23.01 ♉ | ♊ | ♋ ab 21.21 ♌ | ♍ | ♎ ab 23.04 ♏ |
| 30 | ♓ | ♉ | ♊ ab 12.59 ♋ | ♌ | ♍ ab 10.48 ♎ | ♏ |
| 31 | ♓ ab 10.21 ♈ | ♉ | | ♌ | | ♏ |

118

| Tag | Januar Mond im | Februar Mond im | März Mond im | April Mond im | Mai Mond im | Juni Mond im |
|---|---|---|---|---|---|---|
| 1 | ♏ ab 08.31 ♐ | ♑ | ♒ | ♓ | ♈ ab 21.10 ♉ | ♊ |
| 2 | ♐ | ♑ ab 15.10 ♒ | ♒ | ♓ ab 05.05 ♈ | ♉ | ♊ ab 13.58 ♋ |
| 3 | ♐ ab 20.10 ♑ | ♒ | ♒ ab 10.12 ♓ | ♈ | ♉ ab 02.29 ♊ | ♋ |
| 4 | ♑ | ♒ | ♓ | ♈ ab 13.19 ♉ | ♊ | ♋ ab 15.36 ♌ |
| 5 | ♑ | ♒ ab 03.52 ♓ | ♓ ab 21.08 ♈ | ♉ | ♊ ab 06.10 ♋ | ♌ |
| 6 | ♑ ab 09.00 ♒ | ♓ | ♈ | ♉ ab 19.34 ♊ | ♋ | ♌ ab 17.29 ♍ |
| 7 | ♒ ab 21.53 ♓ | ♓ ab 15.16 ♈ | ♈ | ♊ | ♋ | ♍ |
| 8 | ♓ | ♈ | ♈ ab 06.06 ♉ | ♊ ab 00.19 ♋ | ♋ ab 09.08 ♌ | ♍ ab 20.34 ♎ |
| 9 | ♓ | ♈ | ♉ | ♋ | ♌ | ♎ |
| 10 | ♓ | ♈ ab 00.37 ♉ | ♉ ab 13.04 ♊ | ♋ ab 03.47 ♌ | ♌ ab 11.57 ♍ | ♎ |
| 11 | ♓ ab 09.23 ♈ | ♉ | ♊ | ♌ | ♍ | ♎ ab 01.28 ♏ |
| 12 | ♈ | ♉ ab 07.09 ♊ | ♊ ab 17.51 ♋ | ♌ ab 06.10 ♍ | ♍ ab 15.06 ♎ | ♏ |
| 13 | ♈ ab 18.01 ♉ | ♊ | ♋ | ♍ | ♎ | ♏ ab 08.30 ♐ |
| 14 | ♉ | ♊ ab 10.32 ♋ | ♋ | ♍ | ♎ ab 19.16 ♏ | ♐ |
| 15 | ♉ ab 22.56 ♊ | ♋ | ♋ ab 20.21 ♌ | ♍ ab 08.11 ♎ | ♏ | ♐ ab 17.51 ♑ |
| 16 | ♊ | ♋ ab 11.16 ♌ | ♌ ab 21.14 ♍ | ♎ | ♏ ab 01.23 ♐ | ♑ |
| 17 | ♊ | ♌ | ♍ | ♎ ab 11.11 ♏ | ♐ | ♑ |
| 18 | ♊ ab 00.27 ♋ | ♌ ab 10.48 ♍ | ♍ ab 21.56 ♎ | ♏ | ♐ ab 10.14 ♑ | ♑ ab 05.20 ♒ |
| 19 | ♋ ab 23.58 ♌ | ♍ | ♎ | ♏ ab 16.41 ♐ | ♑ | ♒ |
| 20 | ♌ | ♍ ab 11.06 ♎ | ♎ ab 00.21 ♏ | ♐ | ♑ ab 21.44 ♒ | ♒ ab 18.01 ♓ |
| 21 | ♌ ab 23.23 ♍ | ♎ | ♏ | ♐ | ♒ | ♓ |
| 22 | ♍ | ♎ ab 14.12 ♏ | ♏ ab 06.14 ♐ | ♐ ab 01.41 ♑ | ♒ ab 10.26 ♓ | ♓ |
| 23 | ♍ | ♏ | ♐ | ♑ | ♓ | ♓ ab 06.04 ♈ |
| 24 | ♍ ab 00.43 ♎ | ♏ ab 21.27 ♐ | ♐ ab 16.09 ♑ | ♑ ab 13.39 ♒ | ♓ ab 21.53 ♈ | ♈ |
| 25 | ♎ ab 05.33 ♏ | ♐ | ♑ | ♒ | ♈ | ♈ ab 15.29 ♉ |
| 26 | ♏ | ♐ | ♑ | ♒ | ♈ | ♉ |
| 27 | ♏ ab 14.21 ♐ | ♐ ab 08.34 ♑ | ♑ ab 05.45 ♒ | ♒ ab 02.21 ♓ | ♈ ab 06.17 ♉ | ♉ ab 21.15 ♊ |
| 28 | ♐ | ♑ | ♒ | ♓ | ♉ | ♊ |
| 29 | ♐ | ♑ ab 21.35 ♒ | ♒ | ♓ ab 13.14 ♈ | ♉ | ♊ ab 23.43 ♋ |
| 30 | ♐ | | ♒ ab 18.24 ♓ | ♈ | ♉ | ♋ |
| 31 | ♐ ab 02.08 ♑ | | ♓ | | ♉ ab 11.20 ♊ | |

| Tag | Juli Mond im | August Mond im | September Mond im | Oktober Mond im | November Mond im | Dezember Mond im |
|---|---|---|---|---|---|---|
| 1 | ♋ | ♍ | ♏ | ♐ | ♑ ab 13.44 ♒ | ♒ ab 10.24 ♓ |
| 2 | ♋ ab 00.16 ♌ | ♍ ab 10.18 ♎ | ♏ | ♐ ab 18.30 ♑ | ♒ | ♓ |
| 3 | ♌ | ♎ | ♏ ab 02.51 ♐ | ♑ | ♒ | ♓ ab 22.50 ♈ |
| 4 | ♌ ab 00.38 ♍ | ♎ ab 13.17 ♏ | ♐ | ♑ | ♒ ab 02.14 ♓ | ♈ |
| 5 | ♍ ab 02.28 ♎ | ♏ | ♐ ab 12.07 ♑ | ♑ ab 05.54 ♒ | ♓ | ♈ ab 09.17 ♉ |
| 6 | ♎ | ♏ ab 19.58 ♐ | ♑ | ♒ | ♓ ab 14.20 ♈ | ♉ |
| 7 | ♎ | ♐ | ♑ | ♒ ab 18.39 ♓ | ♈ | ♉ ab 16.38 ♊ |
| 8 | ♎ ab 06.54 ♏ | ♐ ab 06.01 ♑ | ♑ ab 00.09 ♒ | ♓ | ♈ ab 00.20 ♉ | ♊ |
| 9 | ♏ | ♑ | ♒ | ♓ ab 06.37 ♈ | ♉ | ♊ ab 21.06 ♋ |
| 10 | ♏ ab 14.18 ♐ | ♑ ab 18.17 ♒ | ♒ ab 12.57 ♓ | ♈ | ♉ ab 07.50 ♊ | ♋ |
| 11 | ♐ | ♒ | ♓ | ♈ ab 16.49 ♉ | ♊ | ♋ ab 23.48 ♌ |
| 12 | ♐ | ♒ | ♓ | ♉ | ♊ ab 13.20 ♋ | ♌ |
| 13 | ♐ ab 00.16 ♑ | ♒ ab 06.52 ♓ | ♓ ab 01.03 ♈ | ♉ | ♋ | ♌ |
| 14 | ♑ | ♓ | ♈ | ♉ ab 01.09 ♊ | ♋ ab 17.24 ♌ | ♌ ab 01.57 ♍ |
| 15 | ♑ ab 12.04 ♒ | ♓ ab 19.12 ♈ | ♈ ab 11.48 ♉ | ♊ | ♌ | ♍ |
| 16 | ♒ | ♈ | ♉ | ♊ ab 07.37 ♋ | ♌ ab 20.29 ♍ | ♍ ab 04.34 ♎ |
| 17 | ♒ | ♈ | ♉ ab 20.41 ♊ | ♋ | ♍ | ♎ |
| 18 | ♒ ab 00.45 ♓ | ♈ ab 06.11 ♉ | ♊ | ♋ ab 12.02 ♌ | ♍ ab 23.04 ♎ | ♎ ab 08.21 ♏ |
| 19 | ♓ | ♉ | ♊ ab 03.00 ♋ | ♌ | ♎ | ♏ |
| 20 | ♓ ab 13.08 ♈ | ♉ ab 14.37 ♊ | ♋ | ♌ ab 14.28 ♍ | ♎ | ♏ ab 13.43 ♐ |
| 21 | ♈ | ♊ | ♋ ab 06.20 ♌ | ♍ | ♎ ab 01.53 ♏ | ♐ |
| 22 | ♈ ab 23.37 ♉ | ♊ ab 19.37 ♋ | ♌ | ♍ ab 15.40 ♎ | ♏ | ♐ ab 21.05 ♑ |
| 23 | ♉ | ♋ | ♌ ab 07.09 ♍ | ♎ | ♏ ab 06.02 ♐ | ♑ |
| 24 | ♉ ab 06.45 ♊ | ♋ ab 21.16 ♌ | ♍ | ♎ ab 17.05 ♏ | ♐ | ♑ ab 06.44 ♒ |
| 25 | ♊ | ♌ | ♍ ab 06.56 ♎ | ♏ | ♐ ab 12.39 ♑ | ♒ |
| 26 | ♊ ab 10.09 ♋ | ♌ ab 20.47 ♍ | ♎ | ♏ ab 20.30 ♐ | ♑ | ♒ |
| 27 | ♋ | ♍ | ♎ ab 06.45 ♏ | ♐ | ♑ ab 22.20 ♒ | ♒ ab 18.29 ♓ |
| 28 | ♋ | ♍ ab 20.12 ♎ | ♏ | ♐ | ♒ | ♓ |
| 29 | ♋ ab 10.40 ♌ | ♎ | ♏ ab 10.34 ♐ | ♐ ab 03.19 ♑ | ♒ | ♓ |
| 30 | ♌ | ♎ | ♐ | ♑ | ♒ | ♓ |
| 31 | ♌ ab 10.02 ♍ | ♎ ab 21.39 ♏ | | ♑ | | ♓ ab 07.08 ♈ |

119

## 1993

| Tag | Januar Mond im | Februar Mond im | März Mond im | April Mond im | Mai Mond im | Juni Mond im |
|---|---|---|---|---|---|---|
| 1 | ♈ | ♉ ab 12.15 ♊ | ♊ | ♋ ab 16.22 ♌ | ♌ ab 02.01 ♍ | ♎ ab 12.23 ♏ |
| 2 | ♈ ab 18.31 ♉ | ♊ | ♊ | ♌ | ♍ | ♏ |
| 3 | ♉ | ♊ ab 17.57 ♋ | ♊ ab 03.17 ♋ | ♌ ab 18.11 ♍ | ♍ ab 03.21 ♎ | ♏ ab 15.02 ♐ |
| 4 | ♉ | ♋ | ♋ | ♍ | ♎ | ♐ |
| 5 | ♉ ab 02.43 ♊ | ♋ ab 19.52 ♌ | ♋ ab 06.41 ♌ | ♍ ab 17.55 ♎ | ♎ ab 03.58 ♏ | ♐ ab 19.27 ♑ |
| 6 | ♊ | ♌ | ♌ | ♎ | ♏ | ♑ |
| 7 | ♊ ab 07.11 ♋ | ♌ ab 19.30 ♍ | ♌ ab 06.53 ♍ | ♎ ab 17.33 ♏ | ♏ ab 05.35 ♐ | ♑ |
| 8 | ♋ | ♍ | ♍ | ♏ | ♐ | ♑ ab 02.40 ♒ |
| 9 | ♋ ab 08.50 ♌ | ♍ ab 18.59 ♎ | ♍ ab 05.47 ♎ | ♏ ab 19.11 ♐ | ♐ ab 09.52 ♑ | ♒ |
| 10 | ♌ | ♎ | ♎ | ♐ | ♑ | ♒ ab 12.58 ♓ |
| 11 | ♌ ab 09.21 ♍ | ♎ ab 20.24 ♏ | ♎ ab 05.41 ♏ | ♐ | ♑ ab 17.45 ♒ | ♓ |
| 12 | ♍ | ♏ | ♏ | ♐ ab 00.25 ♑ | ♒ | ♓ |
| 13 | ♍ ab 10.31 ♎ | ♏ | ♏ ab 08.34 ♐ | ♑ | ♒ | ♓ ab 01.15 ♈ |
| 14 | ♎ | ♏ ab 01.09 ♐ | ♐ | ♑ ab 09.37 ♒ | ♒ ab 04.51 ♓ | ♈ |
| 15 | ♎ ab 13.43 ♏ | ♐ | ♐ ab 15.29 ♑ | ♒ | ♓ | ♈ ab 13.20 ♉ |
| 16 | ♏ | ♐ ab 09.21 ♑ | ♑ | ♒ ab 21.33 ♓ | ♓ ab 17.25 ♈ | ♉ |
| 17 | ♏ ab 19.31 ♐ | ♑ | ♑ ab 01.53 ♒ | ♓ | ♈ | ♉ ab 23.13 ♊ |
| 18 | ♐ | ♑ ab 20.06 ♒ | ♒ | ♓ | ♈ | ♊ |
| 19 | ♐ | ♒ | ♒ | ♓ ab 10.16 ♈ | ♈ ab 05.17 ♉ | ♊ |
| 20 | ♐ ab 03.47 ♑ | ♒ ab 08.13 ♓ | ♒ ab 14.12 ♓ | ♈ | ♉ | ♊ ab 06.06 ♋ |
| 21 | ♑ | ♓ | ♓ | ♈ ab 22.09 ♉ | ♉ ab 15.08 ♊ | ♋ |
| 22 | ♑ ab 14.01 ♒ | ♓ ab 20.51 ♈ | ♓ ab 02.52 ♈ | ♉ | ♊ | ♋ ab 10.27 ♌ |
| 23 | ♒ | ♈ | ♈ | ♉ | ♊ ab 22.39 ♋ | ♌ |
| 24 | ♒ | ♈ | ♈ | ♉ ab 08.28 ♊ | ♋ | ♌ ab 13.19 ♍ |
| 25 | ♒ ab 01.48 ♓ | ♈ ab 09.12 ♉ | ♈ ab 15.00 ♉ | ♊ | ♋ | ♍ |
| 26 | ♓ | ♉ | ♉ | ♊ ab 16.46 ♋ | ♋ ab 04.04 ♌ | ♍ ab 15.46 ♎ |
| 27 | ♓ ab 14.29 ♈ | ♉ ab 19.53 ♊ | ♉ | ♋ | ♌ | ♎ |
| 28 | ♈ | ♊ | ♉ ab 01.49 ♊ | ♋ ab 22.40 ♌ | ♌ ab 07.47 ♍ | ♎ ab 18.38 ♏ |
| 29 | ♈ | | ♊ | ♌ | ♍ | ♏ |
| 30 | ♈ ab 02.38 ♉ | | ♊ ab 11.15 ♋ | ♌ | ♍ ab 10.19 ♎ | ♏ ab 22.29 ♐ |
| 31 | ♉ | | ♋ | | ♎ | |

| Tag | Juli Mond im | August Mond im | September Mond im | Oktober Mond im | November Mond im | Dezember Mond im |
|---|---|---|---|---|---|---|
| 1 | ♐ | ♑ ab 18.37 ♒ | ♓ | ♈ | ♉ ab 11.14 ♊ | ♊ ab 03.18 ♋ |
| 2 | ♐ | ♒ | ♓ ab 23.22 ♈ | ♈ ab 17.14 ♉ | ♊ | ♋ |
| 3 | ♐ ab 03.49 ♑ | ♒ | ♈ | ♉ | ♊ ab 21.26 ♋ | ♋ ab 10.34 ♌ |
| 4 | ♑ | ♒ ab 04.45 ♓ | ♈ | ♉ | ♋ | ♌ |
| 5 | ♑ ab 11.15 ♒ | ♓ | ♈ ab 12.10 ♉ | ♉ ab 05.28 ♊ | ♋ ab 05.07 ♌ | ♌ ab 15.44 ♍ |
| 6 | ♒ | ♓ ab 16.40 ♈ | ♉ | ♊ | ♌ | ♍ |
| 7 | ♒ ab 21.11 ♓ | ♈ | ♉ | ♊ ab 15.43 ♋ | ♌ ab 09.48 ♍ | ♍ ab 19.04 ♎ |
| 8 | ♓ | ♈ | ♉ ab 00.17 ♊ | ♋ | ♍ | ♎ |
| 9 | ♓ | ♈ ab 05.23 ♉ | ♊ | ♋ ab 22.35 ♌ | ♍ ab 11.43 ♎ | ♎ ab 21.05 ♏ |
| 10 | ♓ ab 09.12 ♈ | ♉ | ♊ ab 09.38 ♋ | ♌ | ♎ | ♏ |
| 11 | ♈ | ♉ ab 16.48 ♊ | ♋ | ♌ | ♎ ab 12.01 ♏ | ♏ ab 22.40 ♐ |
| 12 | ♈ ab 21.38 ♉ | ♊ | ♋ ab 14.52 ♌ | ♌ ab 01.37 ♍ | ♏ | ♐ |
| 13 | ♉ | ♊ | ♌ | ♍ | ♏ ab 12.21 ♐ | ♐ |
| 14 | ♉ | ♊ ab 00.47 ♋ | ♌ ab 16.21 ♍ | ♍ ab 01.48 ♎ | ♐ | ♐ ab 01.07 ♑ |
| 15 | ♉ ab 08.08 ♊ | ♋ | ♍ | ♎ | ♐ ab 14.35 ♑ | ♑ |
| 16 | ♊ | ♋ ab 04.44 ♌ | ♍ ab 15.45 ♎ | ♎ ab 01.02 ♏ | ♑ | ♑ ab 05.52 ♒ |
| 17 | ♊ ab 15.09 ♋ | ♌ | ♎ | ♏ | ♑ ab 20.09 ♒ | ♒ |
| 18 | ♋ | ♌ ab 05.42 ♍ | ♎ ab 15.16 ♏ | ♏ ab 01.24 ♐ | ♒ | ♒ ab 14.00 ♓ |
| 19 | ♋ ab 18.48 ♌ | ♍ | ♏ | ♐ | ♒ | ♓ |
| 20 | ♌ | ♍ ab 05.36 ♎ | ♏ ab 16.54 ♐ | ♐ ab 04.43 ♑ | ♒ ab 05.28 ♓ | ♓ |
| 21 | ♌ ab 20.25 ♍ | ♎ | ♐ | ♑ | ♓ | ♓ ab 01.20 ♈ |
| 22 | ♍ | ♎ ab 06.28 ♏ | ♐ ab 21.55 ♑ | ♑ ab 11.50 ♒ | ♓ ab 17.31 ♈ | ♈ |
| 23 | ♍ ab 21.40 ♎ | ♏ | ♑ | ♒ | ♈ | ♈ ab 14.06 ♉ |
| 24 | ♎ | ♏ ab 09.46 ♐ | ♑ | ♒ ab 22.18 ♓ | ♈ | ♉ |
| 25 | ♎ ab 00.01 ♏ | ♐ | ♑ ab 06.20 ♒ | ♓ | ♈ ab 06.15 ♉ | ♉ |
| 26 | ♏ | ♐ ab 15.59 ♑ | ♒ | ♓ ab 10.40 ♈ | ♉ | ♉ ab 01.47 ♊ |
| 27 | ♏ ab 04.14 ♐ | ♑ | ♒ ab 16.14 ♓ | ♈ | ♉ ab 17.49 ♊ | ♊ |
| 28 | ♐ | ♑ | ♓ | ♈ | ♊ | ♊ ab 10.47 ♋ |
| 29 | ♐ ab 10.28 ♑ | ♑ ab 00.43 ♒ | ♓ | ♈ ab 23.21 ♉ | ♊ | ♋ |
| 30 | ♑ | ♒ | ♓ ab 04.30 ♈ | ♉ | ♊ | ♋ |
| 31 | ♑ | ♒ ab 11.19 ♓ | | ♉ | | ♋ ab 17.00 ♌ |

120

## 1994

| Tag | Januar Mond im | Februar Mond im | März Mond im | April Mond im | Mai Mond im | Juni Mond im |
|---|---|---|---|---|---|---|
| 1 | ♌ ab 21.16 ♍ | ♎ ab 08.50 ♏ | ♎ ab 15.44 ♏ | ♐ | ♑ ab 18.35 ♒ | ♓ |
| 2 | ♍ | ♏ | ♏ | ♐ ab 05.39 ♑ | ♒ | ♓ ab 20.32 ♈ |
| 3 | ♍ | ♏ ab 12.15 ♐ | ♏ ab 17.55 ♐ | ♑ | ♒ | ♈ |
| 4 | ♍ ab 00.32 ♎ | ♏ | ♐ | ♑ ab 11.46 ♒ | ♒ ab 02.48 ♓ | ♈ ab 09.15 ♉ |
| 5 | ♎ | ♐ | ♐ ab 22.25 ♑ | ♒ | ♓ | ♉ |
| 6 | ♎ ab 03.30 ♏ | ♐ ab 17.03 ♑ | ♑ | ♒ ab 20.52 ♓ | ♓ ab 14.02 ♈ | ♉ ab 22.04 ♊ |
| 7 | ♏ | ♑ | ♑ | ♓ | ♈ | ♊ |
| 8 | ♏ ab 06.35 ♐ | ♑ ab 23.17 ♒ | ♑ ab 05.16 ♒ | ♓ | ♈ | ♊ |
| 9 | ♐ | ♒ | ♒ | ♓ ab 08.10 ♈ | ♈ ab 02.51 ♉ | ♊ ab 09.23 ♋ |
| 10 | ♐ ab 10.17 ♑ | ♒ | ♒ ab 14.10 ♓ | ♈ | ♉ | ♋ |
| 11 | ♑ | ♒ ab 07.24 ♓ | ♓ | ♈ ab 20.49 ♉ | ♉ ab 15.44 ♊ | ♋ ab 18.30 ♌ |
| 12 | ♑ ab 15.26 ♒ | ♓ | ♓ | ♉ | ♊ | ♌ |
| 13 | ♒ | ♓ ab 17.50 ♈ | ♓ ab 01.00 ♈ | ♉ | ♊ | ♌ |
| 14 | ♒ ab 23.05 ♓ | ♈ | ♈ | ♉ ab 09.49 ♊ | ♊ ab 03.28 ♋ | ♌ ab 01.17 ♍ |
| 15 | ♓ | ♈ | ♈ ab 13.28 ♉ | ♊ | ♋ | ♍ |
| 16 | ♓ | ♈ ab 06.21 ♉ | ♉ | ♊ ab 21.42 ♋ | ♋ ab 12.59 ♌ | ♍ ab 05.49 ♎ |
| 17 | ♓ ab 09.43 ♈ | ♉ | ♉ ab 02.30 ♊ | ♋ | ♌ | ♎ |
| 18 | ♈ | ♉ ab 19.06 ♊ | ♊ | ♋ | ♌ ab 19.32 ♍ | ♎ ab 08.21 ♏ |
| 19 | ♈ ab 22.23 ♉ | ♊ | ♊ ab 13.55 ♋ | ♋ ab 05.46 ♌ | ♍ | ♏ |
| 20 | ♉ | ♊ | ♋ | ♌ | ♍ ab 22.55 ♎ | ♏ ab 09.33 ♐ |
| 21 | ♉ ab 10.35 ♊ | ♊ ab 05.28 ♋ | ♋ ab 21.40 ♌ | ♌ ab 11.59 ♍ | ♎ | ♐ |
| 22 | ♊ | ♋ | ♌ | ♍ | ♎ ab 23.52 ♏ | ♐ ab 10.38 ♑ |
| 23 | ♊ ab 19.56 ♋ | ♋ ab 11.48 ♌ | ♌ | ♍ ab 13.41 ♎ | ♏ | ♑ |
| 24 | ♋ | ♌ | ♌ ab 01.15 ♍ | ♎ | ♏ ab 23.44 ♐ | ♑ ab 13.11 ♒ |
| 25 | ♋ | ♌ ab 14.28 ♍ | ♍ | ♎ ab 13.19 ♏ | ♐ | ♒ |
| 26 | ♋ ab 01.39 ♌ | ♍ | ♍ ab 01.47 ♎ | ♏ | ♐ | ♒ ab 18.45 ♓ |
| 27 | ♌ | ♍ ab 15.07 ♎ | ♎ | ♏ ab 12.49 ♐ | ♐ ab 00.18 ♑ | ♓ |
| 28 | ♌ ab 04.40 ♍ | ♎ | ♎ ab 02.16 ♏ | ♐ | ♑ | ♓ |
| 29 | ♍ | | ♏ | ♐ ab 14.06 ♑ | ♑ ab 03.20 ♒ | ♓ ab 04.08 ♈ |
| 30 | ♍ ab 06.35 ♎ | | ♏ | ♑ | ♒ | ♈ |
| 31 | ♎ | | ♏ ab 02.42 ♐ | | ♒ ab 10.04 ♓ | |

| Tag | Juli Mond im | August Mond im | September Mond im | Oktober Mond im | November Mond im | Dezember Mond im |
|---|---|---|---|---|---|---|
| 1 | ♈ | ♉ ab 13.06 ♊ | ♋ | ♌ | ♎ | ♏ |
| 2 | ♈ ab 16.24 ♉ | ♊ | ♋ ab 17.38 ♌ | ♌ ab 07.40 ♍ | ♎ ab 21.20 ♏ | ♏ ab 08.14 ♐ |
| 3 | ♉ | ♊ | ♌ | ♍ | ♏ | ♐ |
| 4 | ♉ | ♊ ab 00.23 ♋ | ♌ ab 22.34 ♍ | ♍ ab 09.57 ♎ | ♏ ab 20.47 ♐ | ♐ ab 07.43 ♑ |
| 5 | ♉ ab 05.13 ♊ | ♋ | ♍ | ♎ | ♐ | ♑ |
| 6 | ♊ | ♋ ab 08.32 ♌ | ♍ | ♎ ab 10.23 ♏ | ♐ ab 21.03 ♑ | ♑ ab 08.53 ♒ |
| 7 | ♊ ab 16.18 ♋ | ♌ | ♍ ab 00.58 ♎ | ♏ | ♑ | ♒ |
| 8 | ♋ | ♌ ab 13.43 ♍ | ♎ | ♏ ab 10.48 ♐ | ♑ ab 23.49 ♒ | ♒ ab 13.25 ♓ |
| 9 | ♋ | ♍ | ♎ ab 02.27 ♏ | ♐ | ♒ | ♓ |
| 10 | ♋ ab 00.44 ♌ | ♍ ab 17.08 ♎ | ♏ | ♐ ab 12.45 ♑ | ♒ ab 06.05 ♓ | ♓ ab 22.04 ♈ |
| 11 | ♌ | ♎ | ♏ ab 04.26 ♐ | ♑ | ♓ | ♈ |
| 12 | ♌ ab 06.49 ♍ | ♎ ab 19.57 ♏ | ♐ | ♑ ab 17.10 ♒ | ♓ ab 15.45 ♈ | ♈ |
| 13 | ♍ | ♏ | ♐ ab 07.45 ♑ | ♒ | ♈ | ♈ ab 09.57 ♉ |
| 14 | ♍ ab 11.16 ♎ | ♏ ab 22.54 ♐ | ♑ | ♒ ab 00.19 ♓ | ♈ | ♉ |
| 15 | ♎ | ♐ | ♑ ab 12.43 ♒ | ♓ | ♈ ab 03.45 ♉ | ♉ ab 23.01 ♊ |
| 16 | ♎ ab 14.36 ♏ | ♐ | ♒ | ♓ ab 09.57 ♈ | ♉ | ♊ |
| 17 | ♏ | ♐ ab 02.19 ♑ | ♒ ab 19.32 ♓ | ♈ | ♉ ab 16.42 ♊ | ♊ |
| 18 | ♏ ab 17.10 ♐ | ♑ | ♓ | ♈ ab 21.35 ♉ | ♊ | ♊ ab 11.26 ♋ |
| 19 | ♐ | ♑ ab 06.35 ♒ | ♓ | ♉ | ♊ | ♋ |
| 20 | ♐ ab 19.31 ♑ | ♒ | ♓ ab 04.31 ♈ | ♉ | ♊ ab 05.22 ♋ | ♋ ab 22.14 ♌ |
| 21 | ♑ | ♒ ab 12.28 ♓ | ♈ | ♉ ab 10.29 ♊ | ♋ | ♌ |
| 22 | ♑ ab 22.39 ♒ | ♓ | ♈ ab 15.48 ♉ | ♊ | ♋ ab 16.34 ♌ | ♌ ab 07.02 ♍ |
| 23 | ♒ | ♓ ab 20.56 ♈ | ♉ | ♊ ab 23.16 ♋ | ♌ | ♍ |
| 24 | ♒ | ♈ | ♉ | ♋ | ♌ | ♍ ab 13.28 ♎ |
| 25 | ♒ ab 03.57 ♓ | ♈ | ♉ ab 03.42 ♊ | ♋ | ♌ ab 01.10 ♍ | ♎ |
| 26 | ♓ | ♈ ab 08.14 ♉ | ♊ | ♋ ab 10.06 ♌ | ♍ | ♎ ab 17.18 ♏ |
| 27 | ♓ ab 12.32 ♈ | ♉ | ♊ ab 16.13 ♋ | ♌ | ♍ ab 06.23 ♎ | ♏ |
| 28 | ♈ | ♉ ab 21.08 ♊ | ♋ | ♌ | ♎ | ♏ ab 18.46 ♐ |
| 29 | ♈ | ♊ | ♋ | ♌ ab 17.22 ♍ | ♎ | ♐ |
| 30 | ♈ ab 00.14 ♉ | ♊ | ♋ ab 01.56 ♌ | ♍ | ♎ ab 08.22 ♏ | ♐ ab 18.58 ♑ |
| 31 | ♉ | ♊ ab 09.01 ♋ | | ♍ ab 20.47 ♎ | | ♑ |

121

# 1995

| Tag | Januar Mond im | Februar Mond im | März Mond im | April Mond im | Mai Mond im | Juni Mond im |
|---|---|---|---|---|---|---|
| 1 | ♑ | ♒ ab 09.06 ♓ | ♓ | ♈ ab 19.00 ♉ | ♉ ab 13.54 ♊ | ♋ |
| 2 | ♑ ab 19.40 ♒ | ♓ | ♓ | ♉ | ♊ | ♋ ab 21.18 ♌ |
| 3 | ♒ | ♓ ab 15.13 ♈ | ♓ ab 00.31 ♈ | ♉ | ♊ | ♌ |
| 4 | ♒ ab 22.50 ♓ | ♈ | ♈ | ♉ ab 06.50 ♊ | ♊ ab 02.46 ♋ | ♌ |
| 5 | ♓ | ♈ | ♈ ab 09.51 ♉ | ♊ | ♋ | ♌ ab 07.47 ♍ |
| 6 | ♓ | ♈ ab 01.10 ♉ | ♉ | ♊ ab 19.41 ♋ | ♋ ab 14.56 ♌ | ♍ |
| 7 | ♓ ab 05.57 ♈ | ♉ | ♉ ab 21.56 ♊ | ♋ | ♌ | ♍ ab 15.14 ♎ |
| 8 | ♈ | ♉ ab 13.45 ♊ | ♊ | ♋ | ♌ | ♎ |
| 9 | ♈ ab 16.59 ♉ | ♊ | ♊ | ♋ ab 07.16 ♌ | ♌ ab 00.34 ♍ | ♎ ab 19.04 ♏ |
| 10 | ♉ | ♊ | ♊ ab 10.41 ♋ | ♌ | ♍ | ♏ |
| 11 | ♉ | ♊ ab 02.18 ♋ | ♋ | ♌ ab 15.40 ♍ | ♍ ab 06.31 ♎ | ♏ ab 19.51 ♐ |
| 12 | ♉ ab 05.58 ♊ | ♋ | ♋ ab 21.29 ♌ | ♍ | ♎ | ♐ ab 19.06 ♑ |
| 13 | ♊ | ♋ ab 12.32 ♌ | ♌ | ♍ ab 20.21 ♎ | ♎ ab 08.54 ♏ | ♑ |
| 14 | ♊ ab 18.21 ♋ | ♌ | ♌ | ♎ | ♏ | ♑ ab 18.53 ♒ |
| 15 | ♋ | ♌ ab 19.53 ♍ | ♌ ab 04.55 ♍ | ♎ ab 21.14 ♏ | ♏ ab 08.59 ♐ | ♒ |
| 16 | ♋ | ♍ | ♍ | ♏ | ♐ | ♒ ab 21.14 ♓ |
| 17 | ♋ ab 04.37 ♌ | ♍ | ♍ ab 09.19 ♎ | ♏ ab 23.52 ♐ | ♐ ab 08.37 ♑ | ♓ |
| 18 | ♌ | ♍ ab 01.01 ♎ | ♎ | ♐ | ♑ | ♓ |
| 19 | ♌ ab 12.40 ♍ | ♎ | ♎ ab 11.53 ♏ | ♐ ab 23.55 ♑ | ♑ ab 09.40 ♒ | ♓ ab 03.30 ♈ |
| 20 | ♍ | ♎ ab 04.56 ♏ | ♏ | ♑ | ♒ | ♈ |
| 21 | ♍ ab 18.55 ♎ | ♏ | ♏ ab 13.58 ♐ | ♑ | ♒ ab 13.41 ♓ | ♈ ab 13.36 ♉ |
| 22 | ♎ | ♏ ab 08.14 ♐ | ♐ | ♑ ab 02.39 ♒ | ♓ | ♉ |
| 23 | ♎ ab 23.33 ♏ | ♐ | ♐ ab 16.32 ♑ | ♒ | ♓ ab 21.14 ♈ | ♉ |
| 24 | ♏ | ♐ ab 11.12 ♑ | ♑ | ♒ ab 07.52 ♓ | ♈ | ♉ ab 02.03 ♊ |
| 25 | ♏ | ♑ | ♑ ab 20.11 ♒ | ♓ | ♈ | ♊ |
| 26 | ♏ ab 02.38 ♐ | ♑ ab 14.15 ♒ | ♒ | ♓ ab 15.42 ♈ | ♈ ab 07.47 ♉ | ♊ ab 14.57 ♋ |
| 27 | ♐ | ♒ | ♒ | ♈ | ♉ | ♋ |
| 28 | ♐ ab 04.27 ♑ | ♒ ab 18.17 ♓ | ♒ ab 02.19 ♓ | ♈ | ♉ ab 20.08 ♊ | ♋ |
| 29 | ♑ | | ♓ | ♈ ab 01.54 ♉ | ♊ | ♋ ab 03.03 ♌ |
| 30 | ♑ ab 06.04 ♒ | | ♓ ab 09.27 ♈ | ♉ | ♊ | ♌ |
| 31 | ♒ | | ♈ | | ♊ ab 09.00 ♋ | |

| Tag | Juli Mond im | August Mond im | September Mond im | Oktober Mond im | November Mond im | Dezember Mond im |
|---|---|---|---|---|---|---|
| 1 | ♌ | ♍ ab 03.24 ♎ | ♏ ab 18.58 ♐ | ♐ ab 02.11 ♑ | ♒ ab 14.18 ♓ | ♓ ab 01.52 ♈ |
| 2 | ♌ ab 13.36 ♍ | ♎ | ♐ ab 21.46 ♑ | ♑ | ♓ | ♈ ab 10.41 ♉ |
| 3 | ♍ | ♎ ab 09.30 ♏ | ♑ | ♑ ab 05.00 ♒ | ♓ ab 20.22 ♈ | ♉ |
| 4 | ♍ ab 21.56 ♎ | ♏ | ♑ ab 23.48 ♒ | ♒ | ♈ | ♉ ab 21.36 ♊ |
| 5 | ♎ | ♏ ab 13.15 ♐ | ♒ | ♒ ab 08.36 ♓ | ♈ | ♊ |
| 6 | ♎ | ♐ | ♒ | ♓ | ♈ ab 04.36 ♉ | ♊ |
| 7 | ♎ ab 03.20 ♏ | ♐ ab 14.53 ♑ | ♒ ab 02.09 ♓ | ♓ ab 13.43 ♈ | ♉ | ♊ ab 09.45 ♋ |
| 8 | ♏ | ♑ | ♓ | ♈ | ♉ ab 14.56 ♊ | ♋ |
| 9 | ♏ ab 05.38 ♐ | ♑ ab 15.29 ♒ | ♓ ab 06.15 ♈ | ♈ ab 21.06 ♉ | ♊ | ♋ ab 22.25 ♌ |
| 10 | ♐ | ♒ | ♈ | ♉ | ♊ | ♌ |
| 11 | ♐ ab 05.44 ♑ | ♒ ab 16.47 ♓ | ♈ ab 13.22 ♉ | ♉ | ♊ ab 02.58 ♋ | ♌ |
| 12 | ♑ | ♓ | ♉ | ♉ ab 07.11 ♊ | ♋ | ♌ ab 10.27 ♍ |
| 13 | ♑ ab 05.22 ♒ | ♓ ab 20.42 ♈ | ♉ ab 23.49 ♊ | ♊ | ♋ ab 15.38 ♌ | ♍ |
| 14 | ♒ | ♈ | ♊ | ♊ ab 19.21 ♋ | ♌ | ♍ ab 20.10 ♎ |
| 15 | ♒ ab 06.38 ♓ | ♈ | ♊ | ♋ | ♌ | ♎ |
| 16 | ♓ | ♈ ab 04.26 ♉ | ♊ ab 12.17 ♋ | ♋ | ♌ ab 03.03 ♍ | ♎ |
| 17 | ♓ ab 11.24 ♈ | ♉ | ♋ | ♋ ab 07.47 ♌ | ♍ ab 11.19 ♎ | ♎ ab 02.08 ♏ |
| 18 | ♈ | ♉ ab 15.41 ♊ | ♋ | ♌ | ♎ | ♏ |
| 19 | ♈ ab 20.21 ♉ | ♊ | ♋ ab 00.20 ♌ | ♌ ab 18.12 ♍ | ♎ | ♏ ab 04.14 ♐ |
| 20 | ♉ | ♊ | ♌ | ♍ | ♎ ab 15.41 ♏ | ♐ |
| 21 | ♉ | ♊ ab 04.25 ♋ | ♌ | ♍ | ♏ | ♐ ab 03.47 ♑ |
| 22 | ♉ ab 08.24 ♊ | ♋ | ♌ ab 10.02 ♍ | ♍ ab 01.16 ♎ | ♏ ab 16.57 ♐ | ♑ |
| 23 | ♊ | ♋ ab 16.14 ♌ | ♍ | ♎ | ♐ | ♑ ab 02.53 ♒ |
| 24 | ♊ ab 21.17 ♋ | ♌ | ♍ ab 15.51 ♎ | ♎ ab 05.07 ♏ | ♐ ab 16.49 ♑ | ♒ |
| 25 | ♋ | ♌ | ♎ | ♏ | ♑ | ♒ ab 03.46 ♓ |
| 26 | ♋ | ♌ ab 01.51 ♍ | ♎ ab 20.21 ♏ | ♏ ab 06.57 ♐ | ♑ ab 17.16 ♒ | ♓ |
| 27 | ♋ ab 09.08 ♌ | ♍ | ♏ | ♐ | ♒ | ♓ |
| 28 | ♌ | ♍ ab 09.16 ♎ | ♏ ab 23.31 ♐ | ♐ ab 08.16 ♑ | ♒ ab 20.00 ♓ | ♓ ab 08.07 ♈ |
| 29 | ♌ ab 19.13 ♍ | ♎ | ♐ | ♑ | ♓ | ♈ |
| 30 | ♍ | ♎ ab 14.52 ♏ | ♐ | ♑ ab 10.24 ♒ | ♓ | ♈ ab 16.22 ♉ |
| 31 | ♍ | ♏ | | ♒ | | ♉ |

122

| Tag | Januar Mond im | Februar Mond im | März Mond im | April Mond im | Mai Mond im | Juni Mond im |
|---|---|---|---|---|---|---|
| 1 | ♉ | ♋ | ♋ ab 17.48 ♌ | ♍ | ♎ ab 13.43 ♏ | ♏ ab 02.44 ♐ |
| 2 | ♉ ab 03.30 ♊ | ♋ | ♌ | ♍ ab 22.27 ♎ | ♏ | ♐ |
| 3 | ♊ | ♋ ab 10.47 ♌ | ♌ | ♎ | ♏ ab 17.06 ♐ | ♐ ab 03.30 ♑ |
| 4 | ♊ ab 15.57 ♋ | ♌ | ♌ ab 05.14 ♍ | ♎ | ♐ | ♑ |
| 5 | ♋ | ♌ ab 22.23 ♍ | ♍ | ♎ ab 04.58 ♏ | ♐ ab 18.55 ♑ | ♑ ab 03.46 ♒ |
| 6 | ♋ | ♍ | ♍ ab 14.41 ♎ | ♏ | ♑ | ♒ |
| 7 | ♋ ab 04.31 ♌ | ♍ | ♎ | ♏ ab 09.22 ♐ | ♑ ab 20.40 ♒ | ♒ ab 05.20 ♓ |
| 8 | ♌ | ♍ ab 08.31 ♎ | ♎ ab 22.06 ♏ | ♐ | ♒ | ♓ |
| 9 | ♌ ab 16.30 ♍ | ♎ | ♏ | ♐ ab 12.31 ♑ | ♒ | ♓ ab 09.24 ♈ |
| 10 | ♍ | ♎ ab 16.36 ♏ | ♏ | ♑ | ♒ ab 23.30 ♓ | ♈ |
| 11 | ♍ | ♏ | ♏ ab 03.33 ♐ | ♑ ab 15.10 ♒ | ♓ | ♈ ab 16.12 ♉ |
| 12 | ♍ ab 02.56 ♎ | ♏ ab 21.59 ♐ | ♐ | ♒ | ♓ ab 04.01 ♈ | ♉ |
| 13 | ♎ | ♐ | ♐ ab 07.09 ♑ | ♒ ab 18.01 ♓ | ♈ | ♉ |
| 14 | ♎ ab 10.31 ♏ | ♐ | ♑ ab 09.16 ♒ | ♓ | ♈ ab 10.26 ♉ | ♉ ab 01.17 ♊ |
| 15 | ♏ | ♐ ab 00.30 ♑ | ♒ | ♓ ab 21.44 ♈ | ♉ | ♊ |
| 16 | ♏ ab 14.26 ♐ | ♑ | ♒ ab 10.51 ♓ | ♈ | ♉ ab 18.49 ♊ | ♊ ab 12.09 ♋ |
| 17 | ♐ | ♑ ab 01.01 ♒ | ♓ | ♈ | ♊ | ♋ |
| 18 | ♐ ab 15.08 ♑ | ♒ | ♓ ab 13.16 ♈ | ♈ ab 03.06 ♉ | ♊ | ♋ |
| 19 | ♑ | ♒ ab 01.10 ♓ | ♈ | ♉ | ♊ ab 05.17 ♋ | ♋ ab 00.23 ♌ |
| 20 | ♑ ab 14.16 ♒ | ♓ | ♈ ab 18.00 ♉ | ♉ ab 10.55 ♊ | ♋ | ♌ |
| 21 | ♒ | ♓ ab 02.59 ♈ | ♉ | ♊ | ♋ ab 17.29 ♌ | ♌ ab 13.08 ♍ |
| 22 | ♒ ab 14.03 ♓ | ♈ | ♉ | ♊ ab 21.26 ♋ | ♌ | ♍ |
| 23 | ♓ | ♈ ab 08.09 ♉ | ♉ ab 02.00 ♊ | ♋ | ♌ | ♍ |
| 24 | ♓ ab 16.38 ♈ | ♉ | ♊ | ♋ | ♌ ab 05.59 ♍ | ♍ ab 00.38 ♎ |
| 25 | ♈ | ♉ ab 17.15 ♊ | ♊ | ♋ ab 09.45 ♌ | ♍ | ♎ |
| 26 | ♈ ab 23.17 ♉ | ♊ | ♊ ab 13.07 ♋ | ♌ | ♍ ab 16.34 ♎ | ♎ ab 08.54 ♏ |
| 27 | ♉ | ♊ | ♋ | ♌ ab 21.50 ♍ | ♎ | ♏ |
| 28 | ♉ | ♊ ab 05.11 ♋ | ♋ | ♍ | ♎ | ♏ ab 13.02 ♐ |
| 29 | ♉ ab 09.43 ♊ | ♋ | ♋ ab 01.38 ♌ | ♍ | ♎ ab 23.31 ♏ | ♐ |
| 30 | ♊ | | ♌ | ♍ ab 07.28 ♎ | ♏ | ♐ ab 13.48 ♑ |
| 31 | ♊ ab 22.12 ♋ | | ♌ ab 13.16 ♍ | | ♏ | |

| Tag | Juli Mond im | August Mond im | September Mond im | Oktober Mond im | November Mond im | Dezember Mond im |
|---|---|---|---|---|---|---|
| 1 | ♑ | ♓ | ♈ ab 13.21 ♉ | ♉ ab 05.02 ♊ | ♋ | ♌ |
| 2 | ♑ ab 13.06 ♒ | ♓ | ♉ | ♊ | ♋ ab 10.17 ♌ | ♌ ab 07.12 ♍ |
| 3 | ♒ | ♓ ab 00.06 ♈ | ♉ ab 20.09 ♊ | ♊ ab 14.15 ♋ | ♌ | ♍ |
| 4 | ♒ ab 13.08 ♓ | ♈ | ♊ | ♋ | ♌ ab 22.58 ♍ | ♍ ab 19.24 ♎ |
| 5 | ♓ | ♈ ab 04.34 ♉ | ♊ | ♋ | ♍ | ♎ |
| 6 | ♓ ab 15.43 ♈ | ♉ | ♊ ab 06.30 ♋ | ♋ ab 02.13 ♌ | ♍ | ♎ ab 04.40 ♏ |
| 7 | ♈ | ♉ ab 12.50 ♊ | ♋ | ♌ | ♍ ab 10.30 ♎ | ♏ |
| 8 | ♈ ab 21.44 ♉ | ♊ | ♋ ab 18.55 ♌ | ♌ ab 14.50 ♍ | ♎ | ♏ ab 09.59 ♐ |
| 9 | ♉ | ♊ ab 23.58 ♋ | ♌ | ♍ | ♎ ab 19.03 ♏ | ♐ |
| 10 | ♉ | ♋ | ♌ | ♍ | ♏ | ♐ ab 12.15 ♑ |
| 11 | ♉ ab 06.53 ♊ | ♋ | ♌ ab 07.29 ♍ | ♍ ab 02.01 ♎ | ♏ | ♑ |
| 12 | ♊ | ♋ ab 12.30 ♌ | ♍ | ♎ | ♏ ab 00.27 ♐ | ♑ ab 13.15 ♒ |
| 13 | ♊ ab 18.09 ♋ | ♌ | ♍ ab 18.52 ♎ | ♎ ab 10.47 ♏ | ♐ | ♒ |
| 14 | ♋ | ♌ | ♎ | ♏ | ♐ ab 03.45 ♑ | ♒ ab 14.45 ♓ |
| 15 | ♋ | ♌ ab 01.08 ♍ | ♎ ab 04.21 ♏ | ♏ ab 17.08 ♐ | ♑ | ♓ |
| 16 | ♋ ab 06.32 ♌ | ♍ | ♏ | ♐ | ♑ ab 06.15 ♒ | ♓ ab 17.56 ♈ |
| 17 | ♌ | ♍ ab 12.56 ♎ | ♏ ab 11.32 ♐ | ♐ ab 21.38 ♑ | ♒ | ♈ |
| 18 | ♌ ab 19.17 ♍ | ♎ | ♐ | ♑ | ♒ ab 09.01 ♓ | ♈ ab 23.11 ♉ |
| 19 | ♍ | ♎ ab 22.51 ♏ | ♐ ab 16.13 ♑ | ♑ ab 00.52 ♒ | ♓ | ♉ |
| 20 | ♍ | ♏ | ♑ | ♒ | ♓ ab 12.35 ♈ | ♉ |
| 21 | ♍ ab 07.15 ♎ | ♏ | ♑ ab 18.40 ♒ | ♒ ab 03.23 ♓ | ♈ | ♉ ab 06.18 ♊ |
| 22 | ♎ | ♏ ab 05.49 ♐ | ♒ | ♓ | ♈ ab 17.13 ♉ | ♊ |
| 23 | ♎ ab 16.44 ♏ | ♐ | ♒ ab 19.44 ♓ | ♓ ab 05.51 ♈ | ♉ | ♊ ab 15.15 ♋ |
| 24 | ♏ | ♐ ab 09.23 ♑ | ♓ | ♈ | ♉ ab 23.21 ♊ | ♋ |
| 25 | ♏ ab 22.25 ♐ | ♑ | ♓ ab 20.47 ♈ | ♈ ab 09.12 ♉ | ♊ | ♋ |
| 26 | ♐ | ♑ ab 10.11 ♒ | ♈ | ♉ | ♊ | ♋ ab 02.10 ♌ |
| 27 | ♐ | ♒ | ♈ ab 23.25 ♉ | ♉ | ♊ ab 07.38 ♋ | ♌ |
| 28 | ♐ ab 00.18 ♑ | ♒ ab 09.50 ♓ | ♉ | ♉ ab 14.36 ♊ | ♋ | ♌ ab 14.46 ♍ |
| 29 | ♑ ab 23.48 ♒ | ♓ | ♉ | ♊ | ♋ ab 18.31 ♌ | ♍ |
| 30 | ♒ | ♓ ab 10.16 ♈ | ♉ | ♊ | ♌ | ♍ |
| 31 | ♒ ab 23.02 ♓ | ♈ | | ♊ ab 22.57 ♋ | | ♍ |

# 1997

| Tag | Januar Mond im | Februar Mond im | März Mond im | April Mond im | Mai Mond im | Juni Mond im |
|---|---|---|---|---|---|---|
| 1 | ♍ ab 03.33 ♎ | ♏ | ♏ ab 13.02 ♐ | ♑ | ♒ ab 13.51 ♓ | ♈ |
| 2 | ♎ | ♏ ab 05.52 ♐ | ♐ | ♑ ab 05.00 ♒ | ♓ | ♈ ab 01.40 ♉ |
| 3 | ♎ ab 14.03 ♏ | ♐ | ♐ ab 18.39 ♑ | ♒ | ♓ ab 16.00 ♈ | ♉ |
| 4 | ♏ | ♐ ab 09.45 ♑ | ♑ | ♒ ab 06.43 ♓ | ♈ | ♉ ab 05.56 ♊ |
| 5 | ♏ ab 20.28 ♐ | ♑ | ♑ ab 20.55 ♒ | ♓ | ♈ ab 18.05 ♉ | ♊ |
| 6 | ♐ | ♑ ab 10.22 ♒ | ♒ | ♓ ab 07.20 ♈ | ♉ | ♊ ab 12.03 ♋ |
| 7 | ♐ ab 22.56 ♑ | ♒ | ♒ ab 20.58 ♓ | ♈ | ♉ ab 21.22 ♊ | ♋ |
| 8 | ♑ | ♒ ab 09.35 ♓ | ♓ | ♈ ab 08.21 ♉ | ♊ | ♋ ab 20.59 ♌ |
| 9 | ♑ ab 23.01 ♒ | ♓ | ♓ ab 20.34 ♈ | ♉ | ♊ | ♌ |
| 10 | ♒ | ♓ ab 09.30 ♈ | ♈ | ♉ ab 11.29 ♊ | ♊ ab 03.14 ♋ | ♌ |
| 11 | ♒ ab 22.52 ♓ | ♈ | ♈ ab 21.38 ♉ | ♊ | ♋ | ♌ ab 08.44 ♍ |
| 12 | ♓ | ♈ ab 11.57 ♉ | ♉ | ♊ ab 18.04 ♋ | ♋ ab 12.34 ♌ | ♍ |
| 13 | ♓ | ♉ | ♉ | ♋ | ♌ | ♍ ab 21.36 ♎ |
| 14 | ♓ ab 00.23 ♈ | ♉ ab 17.54 ♊ | ♉ ab 01.49 ♊ | ♋ | ♌ | ♎ |
| 15 | ♈ | ♊ | ♊ | ♋ ab 04.23 ♌ | ♌ ab 00.44 ♍ | ♎ |
| 16 | ♈ ab 04.41 ♉ | ♊ | ♊ ab 09.52 ♋ | ♌ | ♍ | ♎ ab 08.52 ♏ |
| 17 | ♉ | ♊ ab 03.14 ♋ | ♋ | ♌ ab 17.01 ♍ | ♍ ab 13.28 ♎ | ♏ |
| 18 | ♉ ab 11.54 ♊ | ♋ | ♋ ab 21.09 ♌ | ♍ | ♎ | ♏ ab 16.40 ♐ |
| 19 | ♊ | ♋ ab 14.53 ♌ | ♌ | ♍ | ♎ | ♐ |
| 20 | ♊ ab 21.30 ♋ | ♌ | ♌ | ♍ ab 05.37 ♎ | ♎ ab 00.13 ♏ | ♐ ab 21.03 ♑ |
| 21 | ♋ | ♌ | ♌ ab 10.00 ♍ | ♎ | ♏ | ♑ |
| 22 | ♋ | ♌ ab 03.29 ♍ | ♍ | ♎ ab 16.20 ♏ | ♏ ab 07.52 ♐ | ♑ ab 23.21 ♒ |
| 23 | ♋ ab 08.51 ♌ | ♍ | ♍ ab 22.36 ♎ | ♏ | ♐ | ♒ |
| 24 | ♌ | ♍ ab 16.24 ♎ | ♎ | ♏ | ♐ ab 12.52 ♑ | ♒ |
| 25 | ♌ ab 21.57 ♍ | ♎ | ♎ ab 09.43 ♏ | ♏ ab 00.33 ♐ | ♑ | ♒ ab 01.10 ♓ |
| 26 | ♍ | ♎ | ♏ | ♐ | ♑ ab 16.21 ♒ | ♓ |
| 27 | ♍ | ♎ ab 03.58 ♏ | ♏ | ♐ ab 06.33 ♑ | ♒ | ♓ ab 03.40 ♈ |
| 28 | ♍ ab 10.22 ♎ | ♏ | ♏ ab 18.41 ♐ | ♑ | ♒ ab 19.19 ♓ | ♈ |
| 29 | ♎ | | ♐ | ♑ ab 10.51 ♒ | ♓ | ♈ ab 07.24 ♉ |
| 30 | ♎ ab 21.49 ♏ | | ♐ | ♒ | ♓ ab 22.19 ♈ | ♉ |
| 31 | ♏ | | ♐ ab 01.08 ♑ | | ♈ | |

| Tag | Juli Mond im | August Mond im | September Mond im | Oktober Mond im | November Mond im | Dezember Mond im |
|---|---|---|---|---|---|---|
| 1 | ♉ ab 12.36 ♊ | ♋ | ♌ ab 05.28 ♍ | ♍ ab 00.33 ♎ | ♏ | ♐ ab 19.39 ♑ |
| 2 | ♊ | ♋ ab 11.28 ♌ | ♍ | ♎ | ♏ ab 05.28 ♐ | ♑ |
| 3 | ♊ ab 19.34 ♋ | ♌ | ♍ ab 18.31 ♎ | ♎ ab 12.58 ♏ | ♐ | ♑ |
| 4 | ♋ | ♌ ab 23.16 ♍ | ♎ | ♏ | ♐ ab 13.32 ♑ | ♑ ab 00.59 ♒ |
| 5 | ♋ | ♍ | ♎ | ♏ ab 23.44 ♐ | ♑ | ♒ |
| 6 | ♋ ab 04.46 ♌ | ♍ | ♎ ab 07.11 ♏ | ♐ | ♑ ab 19.34 ♒ | ♒ ab 05.08 ♓ |
| 7 | ♌ | ♍ ab 12.18 ♎ | ♏ | ♐ | ♒ | ♓ |
| 8 | ♌ ab 16.23 ♍ | ♎ | ♏ ab 17.55 ♐ | ♐ ab 08.05 ♑ | ♒ ab 23.36 ♓ | ♓ ab 08.25 ♈ |
| 9 | ♍ | ♎ | ♐ | ♑ | ♓ | ♈ |
| 10 | ♍ | ♎ ab 00.51 ♏ | ♐ | ♑ ab 13.30 ♒ | ♓ | ♈ ab 11.01 ♉ |
| 11 | ♍ ab 05.22 ♎ | ♏ | ♐ ab 01.24 ♑ | ♒ | ♓ ab 01.45 ♈ | ♉ |
| 12 | ♎ | ♏ ab 10.46 ♐ | ♑ | ♒ ab 16.00 ♓ | ♈ | ♉ ab 13.36 ♊ |
| 13 | ♎ ab 17.21 ♏ | ♐ | ♑ ab 05.11 ♒ | ♓ | ♈ ab 02.46 ♉ | ♊ |
| 14 | ♏ | ♐ ab 16.43 ♑ | ♒ | ♓ ab 16.26 ♈ | ♉ | ♊ ab 17.26 ♋ |
| 15 | ♏ | ♑ | ♒ ab 06.00 ♓ | ♈ | ♉ ab 04.06 ♊ | ♋ |
| 16 | ♏ ab 02.03 ♐ | ♑ ab 18.59 ♒ | ♓ | ♈ ab 16.17 ♉ | ♊ | ♋ ab 23.59 ♌ |
| 17 | ♐ | ♒ | ♓ ab 05.26 ♈ | ♉ | ♊ ab 07.33 ♋ | ♌ |
| 18 | ♐ ab 06.46 ♑ | ♒ ab 19.02 ♓ | ♈ | ♉ ab 17.27 ♊ | ♋ | ♌ |
| 19 | ♑ | ♓ | ♈ ab 05.22 ♉ | ♊ | ♋ ab 14.39 ♌ | ♌ ab 10.01 ♍ |
| 20 | ♑ ab 08.30 ♒ | ♓ ab 18.46 ♈ | ♉ | ♊ ab 21.46 ♋ | ♌ | ♍ |
| 21 | ♒ | ♈ | ♉ ab 07.40 ♊ | ♋ | ♌ | ♍ ab 22.36 ♎ |
| 22 | ♒ ab 09.01 ♓ | ♈ ab 19.58 ♉ | ♊ | ♋ | ♌ ab 01.34 ♍ | ♎ |
| 23 | ♓ | ♉ | ♊ ab 13.34 ♋ | ♋ ab 06.11 ♌ | ♍ | ♎ |
| 24 | ♓ ab 10.04 ♈ | ♉ ab 23.57 ♊ | ♋ | ♌ | ♍ ab 14.30 ♎ | ♎ ab 11.08 ♏ |
| 25 | ♈ | ♊ | ♋ ab 23.13 ♌ | ♌ ab 18.00 ♍ | ♎ | ♏ |
| 26 | ♈ ab 12.54 ♉ | ♊ | ♌ | ♍ | ♎ | ♏ ab 21.08 ♐ |
| 27 | ♉ | ♊ ab 07.12 ♋ | ♌ | ♍ | ♎ ab 02.44 ♏ | ♐ |
| 28 | ♉ ab 18.05 ♊ | ♋ | ♌ ab 11.28 ♍ | ♍ ab 07.06 ♎ | ♏ | ♐ |
| 29 | ♊ | ♋ ab 17.20 ♌ | ♍ | ♎ | ♏ ab 12.29 ♐ | ♐ ab 03.49 ♑ |
| 30 | ♊ | ♌ | ♍ | ♎ ab 19.16 ♏ | ♐ | ♑ |
| 31 | ♊ ab 01.39 ♋ | ♌ | | ♏ | | ♑ ab 07.59 ♒ |

## 1998

| Tag | Januar Mond im | Februar Mond im | März Mond im | April Mond im | Mai Mond im | Juni Mond im |
|---|---|---|---|---|---|---|
| 1 | ♒ | ♈ | ♈ | ♊ | ♋ | ♌ ab 04.22 ♍ |
| 2 | ♒ ab 10.57 ♓ | ♈ ab 22.26 ♉ | ♈ ab 06.01 ♉ | ♊ ab 20.11 ♋ | ♋ ab 10.50 ♌ | ♍ |
| 3 | ♓ | ♉ | ♉ | ♋ | ♌ | ♍ ab 16.18 ♎ |
| 4 | ♓ ab 13.44 ♈ | ♉ | ♉ ab 08.16 ♊ | ♋ | ♌ ab 20.48 ♍ | ♎ |
| 5 | ♈ | ♉ ab 02.10 ♊ | ♊ | ♋ ab 03.37 ♌ | ♍ | ♎ ab 05.07 ♏ |
| 6 | ♈ ab 16.53 ♉ | ♊ | ♊ ab 13.28 ♋ | ♌ | ♍ | ♏ |
| 7 | ♉ | ♊ ab 07.58 ♋ | ♋ | ♌ ab 14.26 ♍ | ♍ ab 09.20 ♎ | ♏ ab 16.35 ♐ |
| 8 | ♉ ab 20.43 ♊ | ♋ | ♋ ab 21.47 ♌ | ♍ | ♎ | ♐ |
| 9 | ♊ | ♋ ab 15.48 ♌ | ♌ | ♍ | ♎ ab 22.11 ♏ | ♐ |
| 10 | ♊ | ♌ | ♌ | ♍ ab 03.05 ♎ | ♏ | ♐ |
| 11 | ♊ ab 01.44 ♋ | ♌ | ♌ ab 08.36 ♍ | ♎ | ♏ | ♐ ab 01.51 ♑ |
| 12 | ♋ | ♌ ab 02.10 ♍ | ♍ | ♎ ab 15.57 ♏ | ♏ ab 09.49 ♐ | ♑ |
| 13 | ♋ ab 08.46 ♌ | ♍ | ♍ ab 20.59 ♎ | ♏ | ♐ | ♑ ab 09.04 ♒ |
| 14 | ♌ | ♍ ab 14.18 ♎ | ♎ | ♏ | ♐ ab 19.40 ♑ | ♒ |
| 15 | ♌ ab 18.32 ♍ | ♎ | ♎ | ♏ ab 03.53 ♐ | ♑ | ♒ ab 14.32 ♓ |
| 16 | ♍ | ♎ ab 03.14 ♏ | ♎ ab 09.52 ♏ | ♐ | ♑ | ♓ |
| 17 | ♍ ab 06.45 ♎ | ♏ | ♏ | ♐ ab 14.06 ♑ | ♑ ab 03.31 ♒ | ♓ ab 18.24 ♈ |
| 18 | ♎ | ♏ ab 14.57 ♐ | ♏ ab 21.57 ♐ | ♑ | ♒ | ♈ |
| 19 | ♎ ab 19.35 ♏ | ♐ | ♐ | ♑ ab 21.42 ♒ | ♒ ab 09.04 ♓ | ♈ ab 20.48 ♉ |
| 20 | ♏ | ♐ ab 23.31 ♑ | ♐ ab 07.44 ♑ | ♒ | ♓ | ♉ |
| 21 | ♏ | ♑ | ♑ | ♒ ab 02.07 ♓ | ♓ ab 12.07 ♈ | ♉ ab 22.27 ♊ |
| 22 | ♏ ab 06.26 ♐ | ♑ | ♑ ab 14.02 ♒ | ♓ | ♈ | ♊ |
| 23 | ♐ | ♑ ab 04.11 ♒ | ♒ | ♓ ab 03.31 ♈ | ♈ ab 13.07 ♉ | ♊ |
| 24 | ♐ ab 13.40 ♑ | ♒ | ♒ ab 16.44 ♓ | ♈ | ♉ | ♊ ab 00.40 ♋ |
| 25 | ♑ | ♒ ab 05.43 ♓ | ♓ | ♈ ab 03.10 ♉ | ♉ ab 13.26 ♊ | ♋ |
| 26 | ♑ ab 17.28 ♒ | ♓ | ♓ ab 16.50 ♈ | ♉ | ♊ | ♋ ab 05.05 ♌ |
| 27 | ♒ | ♓ ab 05.43 ♈ | ♈ | ♉ ab 02.56 ♊ | ♊ ab 14.59 ♋ | ♌ |
| 28 | ♒ ab 19.09 ♓ | ♈ | ♈ ab 16.07 ♉ | ♊ | ♋ | ♌ ab 12.55 ♍ |
| 29 | ♓ | | ♉ | ♊ ab 04.58 ♋ | ♋ ab 19.39 ♌ | ♍ |
| 30 | ♓ ab 20.22 ♈ | | ♉ ab 16.39 ♊ | ♋ | ♌ | ♍ |
| 31 | ♈ | | ♊ | | ♌ | |

| Tag | Juli Mond im | August Mond im | September Mond im | Oktober Mond im | November Mond im | Dezember Mond im |
|---|---|---|---|---|---|---|
| 1 | ♍ ab 00.06 ♎ | ♏ | ♐ ab 03.24 ♑ | ♒ | ♓ ab 12.28 ♈ | ♉ |
| 2 | ♎ | ♏ ab 08.49 ♐ | ♑ | ♒ ab 00.24 ♓ | ♈ | ♉ ab 22.31 ♊ |
| 3 | ♎ ab 12.46 ♏ | ♐ | ♑ ab 10.22 ♒ | ♓ | ♈ ab 12.13 ♉ | ♊ |
| 4 | ♏ | ♐ ab 18.19 ♑ | ♒ | ♓ | ♉ | ♊ ab 22.29 ♋ |
| 5 | ♏ | ♑ | ♒ ab 13.49 ♓ | ♓ ab 01.33 ♈ | ♉ ab 11.12 ♊ | ♋ |
| 6 | ♏ ab 00.25 ♐ | ♑ | ♓ | ♈ | ♊ | ♋ |
| 7 | ♐ | ♑ ab 00.32 ♒ | ♓ ab 14.53 ♈ | ♈ ab 00.58 ♉ | ♊ ab 11.40 ♋ | ♋ ab 00.56 ♌ |
| 8 | ♐ ab 09.28 ♑ | ♒ | ♈ | ♉ | ♋ | ♌ |
| 9 | ♑ | ♒ ab 04.05 ♓ | ♈ ab 15.17 ♉ | ♉ ab 00.45 ♊ | ♋ ab 15.34 ♌ | ♌ ab 07.22 ♍ |
| 10 | ♑ ab 15.53 ♒ | ♓ | ♉ | ♊ | ♌ | ♍ |
| 11 | ♒ | ♓ ab 06.11 ♈ | ♉ ab 16.41 ♊ | ♊ ab 02.49 ♋ | ♌ ab 23.28 ♍ | ♍ ab 17.44 ♎ |
| 12 | ♒ ab 20.23 ♓ | ♈ | ♊ | ♋ | ♍ | ♎ |
| 13 | ♓ | ♈ ab 08.05 ♉ | ♊ ab 20.21 ♋ | ♋ ab 08.26 ♌ | ♍ | ♎ ab 06.17 ♏ |
| 14 | ♓ ab 23.46 ♈ | ♉ | ♋ | ♌ | ♍ ab 10.59 ♎ | ♏ |
| 15 | ♈ | ♉ ab 10.47 ♊ | ♋ | ♌ ab 17.33 ♍ | ♎ | ♏ ab 18.48 ♐ |
| 16 | ♈ | ♊ | ♋ ab 02.49 ♌ | ♍ | ♎ ab 23.42 ♏ | ♏ |
| 17 | ♈ ab 02.34 ♉ | ♊ ab 14.46 ♋ | ♌ | ♍ | ♏ | ♏ |
| 18 | ♉ | ♋ | ♌ ab 11.53 ♍ | ♍ ab 05.03 ♎ | ♏ | ♏ |
| 19 | ♉ ab 05.19 ♊ | ♋ ab 21.02 ♌ | ♍ | ♎ | ♏ ab 12.14 ♐ | ♐ ab 05.56 ♑ |
| 20 | ♊ | ♌ | ♍ ab 22.58 ♎ | ♎ ab 17.37 ♏ | ♐ | ♑ |
| 21 | ♊ ab 08.44 ♋ | ♌ | ♎ | ♏ | ♐ ab 23.46 ♑ | ♑ ab 15.18 ♒ |
| 22 | ♋ | ♌ ab 05.22 ♍ | ♎ | ♏ | ♑ | ♒ |
| 23 | ♋ ab 13.50 ♌ | ♍ | ♎ ab 11.23 ♏ | ♏ ab 06.17 ♐ | ♑ | ♒ ab 22.46 ♓ |
| 24 | ♌ | ♍ ab 16.03 ♎ | ♏ | ♐ | ♑ ab 09.44 ♒ | ♓ |
| 25 | ♌ ab 21.35 ♍ | ♎ | ♏ | ♐ ab 18.06 ♑ | ♒ | ♓ |
| 26 | ♍ | ♎ ab 04.26 ♏ | ♏ ab 00.06 ♐ | ♑ | ♒ ab 17.15 ♓ | ♓ ab 04.05 ♈ |
| 27 | ♍ | ♏ | ♐ | ♑ | ♓ | ♈ |
| 28 | ♍ ab 08.15 ♎ | ♏ | ♐ ab 11.31 ♑ | ♑ ab 03.45 ♒ | ♓ ab 21.35 ♈ | ♈ ab 07.06 ♉ |
| 29 | ♎ | ♏ ab 16.56 ♐ | ♑ | ♒ | ♈ | ♉ |
| 30 | ♎ ab 20.45 ♏ | ♐ | ♑ ab 19.54 ♒ | ♒ ab 09.59 ♓ | ♈ ab 22.54 ♉ | ♉ ab 08.23 ♊ |
| 31 | ♏ | ♐ | | ♓ | | ♊ |

# 1999

| Tag | Januar Mond im | Februar Mond im | März Mond im | April Mond im | Mai Mond im | Juni Mond im |
|---|---|---|---|---|---|---|
| 1 | ♊ ab 09.16 ♋ | ♌ | ♌ ab 11.06 ♍ | ♎ | ♏ | ♐ ab 03.07 ♑ |
| 2 | ♋ | ♌ ab 02.38 ♍ | ♍ | ♎ ab 13.50 ♏ | ♏ ab 08.37 ♐ | ♑ |
| 3 | ♋ ab 11.32 ♌ | ♍ | ♍ ab 19.35 ♎ | ♏ | ♐ | ♑ ab 14.38 ♒ |
| 4 | ♌ | ♍ ab 10.57 ♎ | ♎ | ♏ | ♐ ab 21.13 ♑ | ♒ |
| 5 | ♌ ab 16.50 ♍ | ♎ | ♎ | ♏ ab 02.08 ♐ | ♑ | ♒ |
| 6 | ♍ | ♎ ab 22.07 ♏ | ♎ ab 06.23 ♏ | ♐ | ♑ | ♒ ab 00.02 ♓ |
| 7 | ♍ | ♏ | ♏ | ♐ ab 14.40 ♑ | ♑ ab 08.41 ♒ | ♓ |
| 8 | ♍ ab 01.54 ♎ | ♏ | ♏ ab 18.47 ♐ | ♑ | ♒ | ♓ ab 06.09 ♈ |
| 9 | ♎ | ♏ ab 10.39 ♐ | ♐ | ♑ | ♒ ab 17.17 ♓ | ♈ |
| 10 | ♎ ab 13.50 ♏ | ♐ | ♐ | ♑ ab 01.25 ♒ | ♓ | ♈ ab 08.44 ♉ |
| 11 | ♏ | ♐ ab 22.11 ♑ | ♐ ab 06.55 ♑ | ♒ | ♓ ab 21.54 ♈ | ♉ |
| 12 | ♏ | ♑ | ♑ | ♒ ab 08.36 ♓ | ♈ | ♉ ab 08.49 ♊ |
| 13 | ♏ ab 02.24 ♐ | ♑ | ♑ ab 16.33 ♒ | ♓ | ♈ ab 22.57 ♉ | ♊ |
| 14 | ♐ | ♑ ab 06.58 ♒ | ♒ | ♓ ab 11.47 ♈ | ♉ | ♊ ab 08.15 ♋ |
| 15 | ♐ ab 13.30 ♑ | ♒ | ♒ ab 22.31 ♓ | ♈ | ♉ ab 22.08 ♊ | ♋ |
| 16 | ♑ | ♒ ab 12.41 ♓ | ♓ | ♈ ab 12.08 ♉ | ♊ | ♋ ab 09.08 ♌ |
| 17 | ♑ ab 22.12 ♒ | ♓ | ♓ | ♉ | ♊ ab 21.40 ♋ | ♌ |
| 18 | ♒ | ♓ ab 16.07 ♈ | ♓ ab 01.14 ♈ | ♉ ab 11.40 ♊ | ♋ | ♌ ab 13.13 ♍ |
| 19 | ♒ | ♈ | ♈ | ♊ | ♋ ab 23.38 ♌ | ♍ |
| 20 | ♒ ab 04.41 ♓ | ♈ ab 18.30 ♉ | ♈ ab 02.10 ♉ | ♊ ab 12.28 ♋ | ♌ | ♍ ab 21.11 ♎ |
| 21 | ♓ | ♉ | ♉ | ♋ | ♌ | ♎ |
| 22 | ♓ ab 09.26 ♈ | ♉ ab 20.55 ♊ | ♉ ab 03.06 ♊ | ♋ ab 16.07 ♌ | ♌ ab 05.16 ♍ | ♎ ab 08.19 ♏ |
| 23 | ♈ | ♊ | ♊ | ♌ | ♍ | ♏ |
| 24 | ♈ ab 12.53 ♉ | ♊ | ♊ ab 05.34 ♋ | ♌ ab 23.05 ♍ | ♍ ab 14.30 ♎ | ♏ |
| 25 | ♉ | ♊ ab 00.10 ♋ | ♋ | ♍ | ♎ | ♏ ab 20.52 ♐ |
| 26 | ♉ ab 15.30 ♊ | ♋ | ♋ ab 10.23 ♌ | ♍ | ♎ | ♐ |
| 27 | ♊ | ♋ ab 04.45 ♌ | ♌ | ♍ ab 08.47 ♎ | ♎ ab 02.06 ♏ | ♐ ab 09.13 ♑ |
| 28 | ♊ ab 17.58 ♋ | ♌ | ♌ ab 17.35 ♍ | ♎ | ♏ | ♑ |
| 29 | ♋ | | ♍ | ♎ ab 20.14 ♏ | ♏ ab 14.38 ♐ | ♑ |
| 30 | ♋ ab 21.17 ♌ | | ♍ | ♏ | ♐ | ♑ ab 20.20 ♒ |
| 31 | ♌ | | ♍ ab 02.50 ♎ | | ♐ | |

| Tag | Juli Mond im | August Mond im | September Mond im | Oktober Mond im | November Mond im | Dezember Mond im |
|---|---|---|---|---|---|---|
| 1 | ♒ | ♓ ab 17.48 ♈ | ♉ | ♊ ab 14.32 ♋ | ♌ | ♍ ab 18.30 ♎ |
| 2 | ♒ | ♈ | ♉ ab 06.26 ♊ | ♋ | ♌ ab 05.08 ♍ | ♎ |
| 3 | ♒ ab 05.35 ♓ | ♈ ab 22.10 ♉ | ♊ | ♋ ab 18.14 ♌ | ♍ | ♎ ab 04.36 ♏ |
| 4 | ♓ | ♉ | ♊ ab 09.11 ♋ | ♌ | ♍ ab 12.58 ♎ | ♏ |
| 5 | ♓ ab 12.22 ♈ | ♉ | ♋ | ♌ ab 23.41 ♍ | ♎ | ♏ |
| 6 | ♈ | ♉ ab 00.58 ♊ | ♋ ab 12.30 ♌ | ♍ | ♎ ab 22.47 ♏ | ♏ ab 16.28 ♐ |
| 7 | ♈ ab 16.23 ♉ | ♊ | ♌ | ♍ | ♏ | ♐ |
| 8 | ♉ | ♊ ab 02.54 ♋ | ♌ ab 16.58 ♍ | ♍ ab 06.53 ♎ | ♏ | ♐ ab 05.15 ♑ |
| 9 | ♉ ab 18.01 ♊ | ♋ | ♍ | ♎ | ♏ ab 10.16 ♐ | ♑ |
| 10 | ♊ | ♋ ab 04.57 ♌ | ♍ ab 23.17 ♎ | ♎ ab 16.02 ♏ | ♐ | ♑ ab 18.00 ♒ |
| 11 | ♊ ab 18.28 ♋ | ♌ | ♎ | ♏ | ♐ ab 23.01 ♑ | ♒ |
| 12 | ♋ | ♌ ab 08.23 ♍ | ♎ | ♏ | ♑ | ♒ |
| 13 | ♋ ab 19.27 ♌ | ♍ | ♎ ab 08.09 ♏ | ♏ ab 03.20 ♐ | ♑ ab 11.47 ♒ | ♒ ab 05.19 ♓ |
| 14 | ♌ | ♍ ab 14.25 ♎ | ♏ | ♐ | ♒ | ♓ |
| 15 | ♌ ab 22.40 ♍ | ♎ ab 23.41 ♏ | ♏ ab 19.36 ♐ | ♐ ab 16.05 ♑ | ♒ ab 22.22 ♓ | ♓ ab 13.31 ♈ |
| 16 | ♍ | ♏ | ♐ | ♑ | ♓ | ♈ |
| 17 | ♍ | ♏ | ♐ | ♑ | ♓ | ♈ |
| 18 | ♍ ab 05.20 ♎ | ♏ ab 11.33 ♐ | ♐ ab 08.14 ♑ | ♑ ab 04.18 ♒ | ♓ | ♈ ab 17.46 ♉ |
| 19 | ♎ | ♐ | ♑ | ♒ | ♓ ab 04.58 ♈ | ♉ |
| 20 | ♎ ab 15.31 ♏ | ♐ | ♑ ab 19.39 ♒ | ♒ ab 13.34 ♓ | ♈ | ♉ ab 18.40 ♊ |
| 21 | ♏ | ♐ ab 00.00 ♑ | ♒ | ♓ | ♈ ab 07.27 ♉ | ♊ |
| 22 | ♏ | ♑ | ♒ | ♓ ab 18.42 ♈ | ♉ | ♊ ab 17.53 ♋ |
| 23 | ♏ ab 03.49 ♐ | ♑ ab 09.50 ♒ | ♒ ab 03.52 ♓ | ♈ | ♉ ab 07.15 ♊ | ♋ |
| 24 | ♐ | ♒ | ♓ | ♈ ab 20.26 ♉ | ♊ | ♋ ab 17.33 ♌ |
| 25 | ♐ ab 16.09 ♑ | ♒ ab 18.51 ♓ | ♓ ab 08.35 ♈ | ♉ | ♊ ab 06.30 ♋ | ♌ |
| 26 | ♑ | ♓ | ♈ | ♉ ab 20.34 ♊ | ♋ | ♌ ab 19.35 ♍ |
| 27 | ♑ | ♓ | ♈ ab 10.52 ♉ | ♊ | ♋ ab 07.20 ♌ | ♍ |
| 28 | ♑ ab 02.55 ♒ | ♓ ab 00.10 ♈ | ♉ | ♊ ab 21.10 ♋ | ♌ | ♍ |
| 29 | ♒ | ♈ | ♉ ab 12.22 ♊ | ♋ | ♌ ab 11.12 ♍ | ♍ ab 01.15 ♎ |
| 30 | ♒ ab 11.28 ♓ | ♈ | ♊ | ♋ ab 23.48 ♌ | ♍ | ♎ |
| 31 | ♓ | ♈ ab 03.42 ♉ | | ♌ | | ♎ ab 10.37 ♏ |

## 2000

| Tag | Januar Mond im | Februar Mond im | März Mond im | April Mond im | Mai Mond im | Juni Mond im |
|---|---|---|---|---|---|---|
| 1 | ♏ | ♐ ab 18.11 ♑ | ♑ | ♒ ab 09.13 ♓ | ♒ ab 01.56 ♈ | ♉ ab 17.35 ♊ |
| 2 | ♏ ab 22.33 ♐ | ♑ | ♑ ab 14.15 ♒ | ♓ | ♈ | ♊ |
| 3 | ♐ | ♑ ab 06.32 ♒ | ♒ | ♓ ab 16.23 ♈ | ♈ ab 05.55 ♉ | ♊ ab 17.31 ♋ |
| 4 | ♐ | ♒ | ♒ | ♈ | ♉ | ♋ ab 17.47 ♌ |
| 5 | ♐ ab 11.25 ♑ | ♒ | ♒ ab 00.31 ♓ | ♈ ab 20.30 ♉ | ♉ ab 07.24 ♊ | ♌ |
| 6 | ♑ | ♒ ab 17.03 ♓ | ♓ | ♉ | ♊ | ♌ |
| 7 | ♑ ab 23.54 ♒ | ♓ | ♓ ab 07.55 ♈ | ♉ ab 22.59 ♊ | ♊ ab 08.15 ♋ | ♌ ab 19.58 ♍ |
| 8 | ♒ | ♓ ab 01.18 ♈ | ♈ | ♊ | ♋ | ♍ |
| 9 | ♒ | ♈ | ♈ ab 13.02 ♉ | ♊ | ♋ ab 10.02 ♌ | ♍ |
| 10 | ♒ ab 11.00 ♓ | ♈ ab 07.22 ♉ | ♉ | ♊ ab 01.17 ♋ | ♌ | ♍ ab 01.00 ♎ |
| 11 | ♓ | ♉ | ♉ ab 16.47 ♊ | ♋ | ♌ ab 13.42 ♍ | ♎ |
| 12 | ♓ ab 19.49 ♈ | ♉ ab 11.24 ♊ | ♊ | ♋ ab 04.17 ♌ | ♍ | ♎ ab 08.56 ♏ |
| 13 | ♈ | ♊ | ♊ ab 19.52 ♋ | ♌ | ♍ ab 19.28 ♎ | ♏ |
| 14 | ♈ ab 01.39 ♉ | ♊ ab 13.46 ♋ | ♋ | ♌ ab 08.20 ♍ | ♎ | ♏ ab 19.19 ♐ |
| 15 | ♉ | ♋ | ♋ ab 22.44 ♌ | ♍ | ♎ | ♐ |
| 16 | ♉ ab 04.26 ♊ | ♋ ab 15.12 ♌ | ♌ | ♍ ab 13.37 ♎ | ♎ ab 03.17 ♏ | ♐ ab 07.28 ♑ |
| 17 | ♊ | ♌ | ♌ | ♎ | ♏ | ♑ |
| 18 | ♊ | ♌ ab 16.54 ♍ | ♌ ab 01.49 ♍ | ♎ ab 20.36 ♏ | ♏ ab 13.10 ♐ | ♑ ab 20.27 ♒ |
| 19 | ♊ ab 05.02 ♋ | ♍ | ♍ | ♏ | ♐ | ♒ |
| 20 | ♋ | ♍ ab 20.22 ♎ | ♍ ab 05.58 ♎ | ♏ | ♐ | ♒ |
| 21 | ♋ ab 04.59 ♌ | ♎ | ♎ | ♏ ab 05.59 ♐ | ♐ ab 01.02 ♑ | ♒ ab 08.53 ♓ |
| 22 | ♌ | ♎ | ♎ ab 12.19 ♏ | ♐ | ♑ | ♓ |
| 23 | ♌ ab 06.08 ♍ | ♎ ab 02.59 ♏ | ♏ | ♐ ab 17.48 ♑ | ♑ ab 14.01 ♒ | ♓ ab 18.56 ♈ |
| 24 | ♍ | ♏ | ♏ ab 21.44 ♐ | ♑ | ♒ | ♈ |
| 25 | ♍ ab 10.10 ♎ | ♏ | ♐ | ♑ | ♒ | ♈ |
| 26 | ♎ | ♏ ab 13.11 ♐ | ♐ | ♑ ab 06.43 ♒ | ♒ ab 02.08 ♓ | ♈ ab 01.20 ♉ |
| 27 | ♎ ab 18.02 ♏ | ♐ | ♐ ab 09.52 ♑ | ♒ | ♓ | ♉ |
| 28 | ♏ | ♐ | ♑ | ♒ ab 18.07 ♓ | ♓ ab 11.09 ♈ | ♉ ab 04.00 ♊ |
| 29 | ♏ | ♐ ab 01.46 ♑ | ♑ ab 22.35 ♒ | ♓ | ♈ | ♊ |
| 30 | ♏ ab 05.19 ♐ | | ♒ | ♓ | ♈ ab 16.03 ♉ | ♊ |
| 31 | ♐ | | ♒ | | ♉ | |

| Tag | Juli Mond im | August Mond im | September Mond im | Oktober Mond im | November Mond im | Dezember Mond im |
|---|---|---|---|---|---|---|
| 1 | ♊ ab 04.10 ♋ | ♌ ab 14.28 ♍ | ♎ ab 06.56 ♏ | ♏ ab 23.51 ♐ | ♑ | ♒ |
| 2 | ♋ | ♍ | ♏ | ♐ | ♑ | ♒ |
| 3 | ♋ ab 03.39 ♌ | ♍ ab 16.32 ♎ | ♏ | ♐ | ♑ ab 07.42 ♒ | ♒ ab 04.24 ♓ |
| 4 | ♌ | ♎ | ♏ ab 15.09 ♐ | ♐ ab 10.43 ♑ | ♒ | ♓ |
| 5 | ♌ ab 04.20 ♍ | ♎ ab 22.05 ♏ | ♐ | ♑ | ♒ ab 20.14 ♓ | ♓ ab 15.18 ♈ |
| 6 | ♍ | ♏ | ♐ | ♑ ab 23.34 ♒ | ♓ | ♈ |
| 7 | ♍ ab 07.48 ♎ | ♏ | ♐ ab 02.48 ♑ | ♒ | ♓ | ♈ ab 22.28 ♉ |
| 8 | ♎ | ♏ ab 07.31 ♐ | ♑ | ♒ | ♓ ab 06.03 ♈ | ♉ |
| 9 | ♎ ab 14.49 ♏ | ♐ | ♑ ab 15.45 ♒ | ♒ ab 11.37 ♓ | ♈ | ♉ ab 01.51 ♊ |
| 10 | ♏ | ♐ ab 19.45 ♑ | ♒ | ♓ | ♈ ab 12.13 ♉ | ♊ |
| 11 | ♏ | ♑ | ♒ | ♓ ab 20.52 ♈ | ♉ | ♊ |
| 12 | ♏ ab 01.07 ♐ | ♑ ab 08.44 ♒ | ♒ ab 03.35 ♓ | ♈ | ♉ ab 15.28 ♊ | ♊ ab 02.50 ♋ |
| 13 | ♐ | ♒ | ♓ | ♈ | ♊ | ♋ |
| 14 | ♐ ab 13.29 ♑ | ♒ ab 20.42 ♓ | ♓ ab 13.01 ♈ | ♈ ab 03.07 ♉ | ♊ ab 17.22 ♋ | ♋ ab 03.10 ♌ |
| 15 | ♑ | ♓ | ♈ | ♉ | ♋ | ♌ |
| 16 | ♑ ab 02.28 ♒ | ♓ | ♈ ab 20.06 ♉ | ♉ ab 07.20 ♊ | ♋ ab 19.20 ♌ | ♌ ab 04.31 ♍ |
| 17 | ♒ | ♓ ab 06.45 ♈ | ♉ | ♊ | ♌ | ♍ |
| 18 | ♒ ab 14.45 ♓ | ♈ | ♉ | ♊ ab 10.38 ♋ | ♌ ab 22.16 ♍ | ♍ ab 08.02 ♎ |
| 19 | ♓ | ♈ ab 14.32 ♉ | ♉ ab 01.23 ♊ | ♋ | ♍ | ♎ |
| 20 | ♓ | ♉ | ♊ | ♋ ab 13.43 ♌ | ♍ | ♎ ab 14.13 ♏ |
| 21 | ♓ ab 01.10 ♈ | ♉ ab 19.56 ♊ | ♊ ab 05.17 ♋ | ♌ | ♍ ab 02.36 ♎ | ♏ |
| 22 | ♈ | ♊ | ♋ | ♌ ab 16.53 ♍ | ♎ | ♏ ab 22.58 ♐ |
| 23 | ♈ ab 08.45 ♉ | ♊ ab 23.01 ♋ | ♋ ab 08.01 ♌ | ♍ | ♎ ab 08.34 ♏ | ♐ |
| 24 | ♉ | ♋ | ♌ | ♍ ab 20.31 ♎ | ♏ | ♐ |
| 25 | ♉ ab 13.02 ♊ | ♋ | ♌ ab 10.03 ♍ | ♎ | ♏ ab 16.34 ♐ | ♐ ab 09.55 ♑ |
| 26 | ♊ | ♋ ab 00.18 ♌ | ♍ | ♎ | ♐ | ♑ |
| 27 | ♊ ab 14.31 ♋ | ♌ | ♍ ab 12.23 ♎ | ♎ ab 01.24 ♏ | ♐ | ♑ ab 22.26 ♒ |
| 28 | ♋ | ♌ ab 00.56 ♍ | ♎ | ♏ | ♐ ab 02.58 ♑ | ♒ |
| 29 | ♋ ab 14.25 ♌ | ♍ | ♎ ab 16.31 ♏ | ♏ ab 08.41 ♐ | ♑ | ♒ |
| 30 | ♌ | ♍ | ♏ | ♐ | ♑ ab 15.28 ♒ | ♒ ab 11.28 ♓ |
| 31 | ♌ | ♍ ab 02.34 ♎ | | ♐ ab 19.03 ♑ | | ♓ |

# MOND IM WIDDER

### Ein Meister der schnellen Entschlüsse

*Menschen mit dieser Mondbetonung haben einen ausgeprägten Freiheitsdrang, eine Abneigung gegen jede Art von Anpassung, und ihr Auftreten kann recht autoritär, gar von cholerischen Ausbrüchen begleitet sein. Sie sind sehr impulsiv, wenn es darum geht, Urteile zu fällen und andere Menschen einzuschätzen.*

## Lebenseinstellung und Wesen

*Der Widdermond liebt den edlen Wettstreit. Er ist auf Widerstand und faire Auseinandersetzung orientiert, um sich seinen Freiraum zu erhalten.*

Oft geht die Ehrlichkeit des Mond-im-Widder-Geborenen so weit, daß sie geradezu verletzend ist. Entscheidungen werden blitzschnell bis übereilt getroffen. Es fällt leicht, in Minutenschnelle das ganze Leben umzuwerfen – und erstaunlich häufig sind diese scheinbar übereilten Entscheidungen sogar absolut richtig. Man sucht den Widerstand der Außenwelt und erlebt sich selbst oft erst bewußt in der Auseinandersetzung mit anderen. Eine große Faszination ist aus diesem Grund der Sport, wobei mit aller Verbissenheit gekämpft wird; die Fairneß bleibt dabei jedoch nicht auf der Strecke.

## Prägungen und Mutter-Beziehung

Während der Schwangerschaft und zur Zeit der Geburt war die Mutter des Mond-im-Widder-Geborenen häufig gezwungen, sich durchzukämpfen und durchzubeißen. Die Eltern können sich in einer schwierigen Konfliktsituation befunden haben, oder die Mutter befand sich in einer Existenzkrise bzw. fühlte sich allein gelassen. Der Mond im Widder empfand darum die Geburt als »Ausgestoßenwerden«, wobei die Grundstimmung der Mutter – das Gefühl, nicht abgesichert zu sein, sich von anderen attackiert zu fühlen – vom Kind übernommen wird. Die Mutter-Kind-Beziehung ist oft gekennzeichnet durch eine deutliche Distanz. Die fehlende Einheit mit der Mutter treibt dazu, frühzeitig selbständig zu werden, stark zu sein, keine Schwäche zu zeigen, Einzelkämpfer zu werden. So ist es typisch, daß man nach außen oft unbeirrt gute Laune demonstriert und vorgibt, alles sei wunderbar und man selbst mit sich im reinen.

## Talente und Berufe

Bei der Karriere helfen der bewegliche Verstand, die Durchsetzungsfähigkeit und die Flexibilität, auf vielen Gebieten erfolgreich zu sein. Der Widdermond muß sich einfach messen, um die eigene Stärke immer wieder bestätigt zu bekommen. Selbstverständlich werden Führungspositionen angestrebt, die gewährleisten, daß man keinem übermäßigen Zwang ausgesetzt ist und keine Anweisungen entgegennehmen muß. Ganz wichtig ist dem Mond-im-Widder-Geborenen, einen Beruf zu haben, der den eigenen Bewegungsspielraum nicht einengt, denn man ist ausgesprochen kontaktfreudig, manchmal auf eine forsch-aggressive Weise. Freundschaften werden schnell geschlossen, man ist begeisterungsfähig und schnell verliebt.

*In die Karten – sprich in die Gefühle – schauen läßt sich der Widdermond schon gar nicht. Er tarnt seine Gefühle gerne nach außen.*

## Liebe und Beziehungen

In Beziehungen läßt man wirkliche Nähe nur schwer zu. Dem Partner wird immer nur ein kleiner Teil der eigenen Persönlichkeit präsentiert und offenbart. Auch in punkto Sexualität ist der Mond-im-Widder-Geborene, bei aller Feurigkeit, die ihm immer zugesprochen wird, sehr kontrolliert – weil er sich ungern ganz hin- und damit preisgibt. Menschen mit dieser Mondstellung sind – oft unbewußt – gute Schau-

129

spieler. So werden auch Gefühle »geübt« und in Szene gesetzt. Man muß eben immer eine gute Figur abgeben. Denn die nonverbale Botschaft aus der Kindheit lautet:

- gib dir niemals eine Blöße,
- laß dich nie unterkriegen, auch nicht von deinen Gefühlen,
- bleibe Einzelkämpfer.

Für Frauen mit dem Mond im Widder ist es wichtig, in der Beziehung keine Konkurrenz-Situation zum Ehepartner aufzubauen und Liebe nicht mit Schwäche gleichzusetzen. Die Lösung für Konflikte in Beziehungen ist: Unterschiede auszugleichen, statt Gegensätze zu betonen. Der Mond-im-Widder-Geborene hat sehr viel Mut, und es wäre gut, diesen Mut einzusetzen, um sich vertrauensvoll fallenzulassen.

## Gesundheit und Therapie

Der Mond im Widder haßt es, zu kränkeln oder krank zu sein. Er verleugnet Beschwerden, auch vor sich selbst, bis wirklich nichts mehr geht. Er neigt zu plötzlichen, stürmisch verlaufenden Erkrankungen, die oft ebenso plötzlich verschwinden, wie sie aufgetaucht sind.

*Klar, daß ein so auf Stärke und Durchsetzung orientierter Mensch wie der Widdermond jedes gesundheitliche Angeschlagensein verleugnet – bis es nicht mehr geht.*

### Krankheitsdispositionen

Fiebrige Infekte, trocken und heiß,
Entzündungen,
Kopfschmerzen, auch Migräne,
Augenerkrankungen,
Stirnhöhlenkatarrh,
Hirnhautentzündung,
Trigeminusneuralgie.

### Homöopathie

Folgende homöopathischen Konstitutionsmittel könnten helfen:

Aconitum (D und C Potenzen)
*Schlüssel-Symptome:* Hat eine trockene, heiße Haut. Stärkste nervöse Ruhelosigkeit. Plötzliche Anfälle oder Erkrankungen. Wallungen, rotes Gesicht, aber ohne Schweiß. Reagiert auf Schreck mit psychischen/somatischen Beschwerden. Musik ist unerträglich. Angst in

einer Menschenmenge, bei Überqueren der Straße.
*Verschlimmerung:* abends, nachts, im warmen Zimmer.

Ferrum metalic (C und D Potenzen)
*Schlüssel-Symptome:* Ein sanguinisches Temperament,
streitsüchtig, sucht ständig Widerstände. Ist ausgespro-
chen reizbar (doch die stärksten Reizauslöser sind zum
Beispiel nicht laute Geräusche; im Gegenteil – beson-
ders leise Geräusche führen zu Ausbrüchen). Sehr blaß,
bei der leisesten Erregung oder Anstrengung Erröten.
Hat Kopfschmerz, hämmernd, klopfend, pulsierend.
*Verschlimmerung:* nachts, in der Ruhe, beim Stillsitzen.

Chamomilla (in D oder C Potenzen)
*Schlüssel-Symptome:* Ist nervös, reizbar. Reagiert über-
empfindlich auf Tabak, Alkohol oder Koffein. Bissig.
Abneigung gegen Wind (besonders empfindlich sind die
Ohren). Ist schläfrig, ohne schlafen zu können. Ruhelos,
muß ständig umhergehen (Kinder wollen herumgetragen
werden). Trigeminusneuralgie mit reißenden, lancieren-
den Schmerzen.
*Verschlimmerung:* durch Ärger, Hitze, vor Mitternacht.

## *Bachblüten*
*Impatiens:* wird leicht ungeduldig, leicht gereizt.
*Chestnut Bud:* lernt kaum aus alten Fehlern, handelt
unüberlegt.
*Agrimony:* wenn Sorgen und quälende Gedanken nicht
ausgedrückt, sondern hinter einer Maske von Fröhlich-
keit versteckt werden.

## *Phytotherapie*
*Bergahorn:* bei Augenleiden.
*Lobelia:* gegen Schlaflosigkeit.
*Eisenkraut:* bei Nervosität, Kopfschmerzen.
*Capsicum (Paprika):* bei Ohrenentzündung, Nasen-
nebenhöhlen-Entzündung, Depression.
*Sassafras:* gegen Fieber, Schüttelfrost, Blutandrang zum
Kopf, Kongestionen.

### Biochemie
*Ferrum phosphoricum:* wirkt auf das Blut, bei Entzündungen 1. Grades.
*Kalcium chloratum:* Entzündungsmittel 2. Grades.

### Farben
*(auch Heilfarben):* Rot, Zinnoberrot, Blutrot. Sie stärken und helfen, an die eigenen Energien ranzukommen.

### Grund- und Heilton
C und Cis

### Edelsteine
Karneol, Blutstein, weißer Diamant, Rubin, Magnetstein

### Alchemistische Entsprechung
Eisen (Ferrum)

### Heilelement
Das tut dem Mond-im-Widder gut: feurige Bewegung und Kunsttherapien.

### Therapien zur Harmonisierung
(Erläuterungen im »Glossar« ab Seite 214)
- Aikido
- Flamencotanz
- Tanztherapie
- Joggen
- Fitneß
- Trommeln

### Indianische Entsprechung
Der alte Krieger

### Mond-Rhythmus
Bei laufendem Mond im Widder (siehe Mondkalender) sind folgende Operationen ungünstig:
Augenoperation, Kopfoperation, Zahnextraktion oder Kieferoperation.

# MOND IM STIER

### BRAUCHT DIE FESTE VERANKERUNG

*Menschen mit dieser Mondstellung brauchen seelische Sicherheit, Bodenständigkeit, eine »Herde«, die Geborgenheit und Schutz verspricht. Sie wollen vieles auf einmal: Es sich gut gehen lassen, ohne dafür zahlen zu müssen – den Genuß ohne Reue.*

## Lebenseinstellung und Wesen

Der Mond im Stier hätte gerne nicht weniger als alles, will möglichst nichts loslassen. Sein Festhalten an Traditionen und Werten kann zwar scheinbar Sicherheit vermitteln und vor allzu großen, überraschenden Verlusten schützen, verhindert aber auch die Erfahrung der eigenen Stärke. Und die Ausrichtung auf Gemeinsamkeit provoziert auch starke Verlustängste, bringt einen in die Zwangslage, sich verpflichtet zu fühlen, einmal getroffene Entscheidungen nicht zurücknehmen zu können – auch dann nicht, wenn sie sich gegen die eigenen Interessen richten. Er fühlt sich in einem Maße an Verpflichtungen gebunden, das schon zwanghafte Züge annehmen kann. Auch

*Der Stiermond kann sich nur geborgen fühlen, wenn er er eingebunden ist – in die Familie, in ein Wertesystem, in Traditionen. Um nicht als »Versager« dazustehen, setzt man ganz stark auf Erfolg und Leistung.*

133

in der Weise, daß er nach außen hin etwas vorspielt und aufrechterhält, was längst keinen Sinn mehr hat und macht. Die Mond-im-Stier-Energie ist erdig-rational, pragmatisch. Das geht häufig auf Kosten der Phantasie. Man hält sich an das Machbare und räumt der Vorstellungskraft wenig Raum ein.

## Prägungen und Mutter-Beziehung

Menschen, deren Mond im Stier steht, werden oft in Familien hineingeboren, die sich nach außen hin stark abgrenzen, die ein Sippenverhalten entwickeln und vom Kind eine absolute, glatte Integration in diesen Verband erwarten. Die Mutter ist oft stark fixiert auf äußere Werte, auf Erfolg. Und sie möchte es dem Kind um jeden Preis ermöglichen, gut zu leben, eine Vormachtstellung im Leben einzunehmen. Das Kind soll häufig eigene, unerfüllte Sehnsüchte und Träume verwirklichen. Dafür wird es auf Benehmen gedrillt, ist stets gut gekleidet – immer der Norm entsprechend –, und es wird ihm Erfolgsdenken eingeimpft. Es soll tadellose Manieren haben, nicht auffallen, sich bereitwillig anpassen und selbstverständlich alle eigenen Bedürfnisse hintanstellen. In überdurchschnittlich vielen Fällen ist die Mutter die Bestimmende, Richtungweisende in der Familie, während der Vater als Bezugsperson kaum in Erscheinung tritt, im Familienverband eine eher untergeordnete Rolle spielt. Diese als schwach empfundene Vaterfigur kann bei Menschen mit einer Mond-Stierbetonung Entscheidungs- und Versagensängste provozieren. Als »Lösung«, dieser Ängste Herr zu werden, wählt das Kind oft die Karriere: Es hat den Wunsch, es dem schwachen Vater zu zeigen und der starken Mutter gegenüber Leistung vorzuweisen.

## Talente und Berufe

Die beruflichen Ambitionen gehen eindeutig in Richtung Prestigeberufe. Man will Macht, Ansehen, ein hohes Einkommen. Schon aus Sicherheitsgründen, da der Stiermond zu Existenzängsten neigt. Ein innerer Vorsatz lautet: Begib dich nie auf unsicheres Terrain. Da Mond-im-Stier-Geborene bei der Verfolgung ihrer Ziele grundsätzlich zäh sind, dazu von unerschütterlicher Hartnäckigkeit und geradezu bezwingendem Charme, ist der berufliche Erfolg auch in aller Regel vorprogrammiert. Man erreicht alles, was man will.

## Liebe und Beziehungen

Mond-Stierbetonte Menschen lieben Bewunderung, auch und gerade vom Partner. Das kann z. B. dazu führen, Partner zu wählen, die einem deutlich unterlegen sind und deswegen dankbar und gefügig. Und das gefällt dem Mond-im-Stier-Geborenen: Er hat sich herabgelassen, nun soll der so reich Beschenkte auch entsprechende Gegenleistungen bringen. Symptomatisch ist, daß man selbst oft nicht erkennt, weil ungeübt im Umgang mit den eigenen Gefühlen, wie stark man emotional an seinen Partner gebunden ist. Man macht sich etwas vor und glaubt, den anderen ja gar nicht so sehr zu lieben. Eine andere Variante ist, sich einen beeindruckend-erfolgreichen Partner zu suchen, sich in dessen Licht zu sonnen und sich darüber die Bewunderung der anderen einzuhandeln. In punkto Sexualität demonstriert man nach außen gerne Treue, lehnt einen Seitensprung aber ganz und gar nicht ab. Man teilt seine Gefühle ein und zu: Der eine Partner ist zuständig für die Geborgenheit und den Status, der andere für prickelnde Erotik und Leidenschaft. Denn die nonverbale Botschaft aus der Kindheit lautet:

*Ansehen und Bewunderung braucht der Stiermond wie die Luft zum Atmen. Die eigenen Gefühle sind unbekannte Wesen, denen man darum auch nicht sonderlich traut.*

- entsprich der Norm,
- sei erfolgreich,
- begib dich nicht unter deinen Stand,
- sichere dich ab durch die Anhäufung von Gütern und Prestige.

Wichtig wäre bei dieser Mondabstimmung, die eigenen Gefühle besser auszuloten und sich mehr auf die eigene Empfindung einzulassen, sich selbst mehr zu trauen.

## Gesundheit und Therapie

Der Mond im Stier ist handfest und realitätsbezogen. Da er gerne genießt und oft eine Vorliebe für deftiges Essen hat, neigt er etwas zur Eindickung der Säfte und zur Fülle im Blutkreislauf. Sich einzugestehen, daß es ihm nicht gutgeht, fällt ihm im allgemeinen schwer. Einschränkungen hinzunehmen, seine Gewohnheiten zu ändern oder die Ernährung umzustellen, versucht er gerne zu umgehen. Seine Furcht vor Krankheit ist Ausdruck von Existenzangst.

### Krankheitsdispositionen
Halsentzündungen und Anginen,
Kehlkopferkrankungen,
Schilddrüsenleiden,
Nasen- und Rachenpolypen,
Kongestion,
Gefäßbelastung,
Bluthochdruck.

### Homöopathie
Folgende homöopathischen Konstitutionsmittel könnten
helfen:

Sulfur (C oder LM Potenzen)
*Schlüssel-Symptome:* Venöse Kongestionen. Stehende
Haltung ist unbequem. Hat nachts brennende Fußsohlen.
Streckt die Füße aus dem Bett. Tagsüber kalte Füße. Hat
einen Katzenschlaf (wird bei jedem kleinsten Geräusch
wach). Gefühl von Leere und Schwäche von 10.30 bis
11.30 Uhr. Legt häufig keinen großen Wert auf Klei-
dung und Äußerlichkeiten. Leugnet seine Ängste.
*Verschlimmerung:* beim Stehen, in der Bettwärme, nach
dem Baden oder Duschen.

Bryonia (C Potenzen)
*Schlüssel-Symptome:* Ist reizbar. Neigt zu Hitzköpfig-
keit. Ist eher dunkel als blond. Schmerzen werden durch
Bewegung schlimmer. Nach Ärger Frösteln bei heißem
rotem Gesicht. Großer Durst. Sucht die Lösung seiner
Existenzängste im Beruf – durch übertriebene Leistung.
Fürchtet, die Arbeit zu verlieren und zu verarmen.
*Verschlimmerung:* Wenn er daran denkt.

Lycopodium clavatum (C oder LM Potenzen)
*Schlüssel-Symptome:* Ist geistig rege. Schmerzen und
Beschwerden tauchen vornehmlich rechts auf. Mürrisch
beim Erwachen. Magenbeschwerden mit übermäßiger
Gasansammlung. Ist sparsam, achtet sehr auf die Finan-
zen. Angst vor öffentlichen Auftritten, vor Öffentlich-

keit überhaupt. Fürchtet die Einsamkeit, aber auch große Menschenansammlungen.
*Verschlimmerung:* von 16 bis 20 Uhr, durch Wein, Brot, Zwiebeln und Menschenansammlungen.

### Bachblüten
*Chicory:* besitzergreifend, dominierend, bestimmend.
*Vine:* wenn machthungrig, auf Kontrolle bedacht.
*Water violet:* bei innerer Reserviertheit, verschlossen, stark abgeschottet.

### Phytotherapie
*Mariendistel:* Leberentgiftungsmittel.
*Knoblauch:* Blutdrucksenkung, macht das Blut flüssiger.
*Weißdorn:* stützt das Herz und reguliert die Zirkulation.
*Emser Salz:* wohltuend für Hals und Kehlkopf.

### Biochemie
*Calcarea sulfuricum:* bei Eiterungsprozessen
*Natrium sulfuricum:* entsäuert das Blut

### Farben
Der Stiermond liebt Blau in allen Schattierungen.

### Grund- und Heilton
F und D

### Edelsteine
Lapislazuli,
Saphir,
Turmalin

### Alchemistische Entsprechung
Kupfer (Cuprum)

### Heilelement
Erde.
Der Stier-Mond fühlt sich wohl, wenn er im Einklang mit der Natur leben kann.

*Dem Blutkreislauf bekommt die Vorliebe des Stiermondes für handfeste kulinarische Genüsse nicht besonders gut. Auch die latenten Existenzängste, die unterdrückt werden, sorgen für eine starke Gefäßanspannung.*

### Therapien zur Harmonisierung
(Erläuterungen im »Glossar« ab Seite 214)
- Alexandertechnik
- Feldenkrais
- Lehmanwendungen nach Pastor Felke

### Indianische Entsprechung
Die Traumgewährerin

### Mond-Rhythmus
Bei laufendem Mond im Stier (siehe Mondkalender) sind folgende Operationen ungünstig: Hals, Nase, Schilddrüse, Ohrspeicheldrüse.

# MOND IN DEN ZWILLINGEN

### BRAUCHT EINEN GROSSEN FREUNDESKREIS

*Mond-in-den-Zwillingen-Geborene strahlen nach außen eine be-
neidenswerte Lebensleichtigkeit aus; sie haben etwas erfrischend
Unkompliziertes. Sie möchten möglichst nichts im Leben ernst
nehmen müssen und bleiben lieber an der Oberfläche.*

## Lebenseinstellung und Wesen

Der Mond-in-den-Zwillingen-Geborene versucht nur zu gerne, alles
Tiefgründige von sich fern zu halten, geht Konflikten aus dem Wege
und flüchtet sich, um Leid zu vermeiden, in eine rein rationale Be-
trachtung der Dinge. Die Reise nach innen, sich mit sich selbst, mit
der eigenen inneren Wirklichkeit auseinanderzusetzen, ist oft angst-
besetzt und wird mit dem Hinweis auf den eigenen unbestechlichen
Intellekt abgcwehrt. Als ebenso irritierend werden Gefühle, werden
heftige Emotionen empfunden. Der Mond-in-den-Zwillingen-Gebore-
ne geht ihnen lieber aus dem Weg. Große Gefühle, ist seine Befürch-
tung, verstricken ihn nur in unvorhersehbare Verwicklungen und in
cin zu inniges Miteinander.

*Der sehr gewandte
und flexible Mond-
in-den-Zwillingen
läßt sich lieber auf
die heiter-unbe-
kümmerten als auf
die tieferen Seiten
des Lebens ein. Daß
man seinem Inneren
näherkommt, ist ihm
unbehaglich.*

## Prägungen und Mutter-Beziehung

*Auch in punkto Treue hält sich der Zwillingemond nicht an die gängigen Moralvorstellungen. Bei seinen vielfältigen Interessen und Neigungen sucht er immer wieder die Abwechslung und das Neue.*

Die pränatale Situation ist gekennzeichnet durch eine recht komplizierte Familiensituation. Oft war entweder der Vater oder die Mutter bereits einmal mit einem anderen Partner verheiratet, und es existieren Geschwister aus diesen Verbindungen. Oder es besteht ein großes soziales Gefälle bzw. ein beträchtlicher Altersunterschied – und ein dadurch bedingtes Ungleichgewicht in der Partnerschaft der Eltern. Meist sind Mutter wie Vater beruflich außerordentlich stark beansprucht und haben nur wenig Zeit und Zuwendung für das Kind. Die Mutter ist zumeist intellektuell ausgerichtet, hat oft selbst noch etwas Kindhaftes und ist dem Kind gegenüber mehr ältere Schwester als Mutter. In dieser Rolle wird das Kind frühzeitig zur Vertrauten. Es fühlt sich für das Wohlergehen der Mutter verantwortlich, es ist geistig beweglich, frühreif und übernimmt die Rolle des verständnisvollen Ratgebers. Bei all diesen Überforderungen bleiben die eigenen Bedürfnisse auf der Strecke: Die eigenen Gefühle werden nicht richtig wahrgenommen, der Zugang zur Emotionalität wird verschüttet. Die früh entwickelte Fähigkeit des Kindes, für alles eine Erklärung zu finden, Rat parat zu haben, trägt dazu bei, die Eltern zu idealisieren und sich – als Kompensation für die entgangene Fürsorge – mit dem Nimbus des Besonderen zu umgeben.

## Talente und Berufe

Menschen mit dieser Mondabstimmung finden sich zahlreich in journalistischen und schriftstellerischen Berufen. Die ihnen in der Kindheit abgeforderte Flexibilität und Gewandtheit prädestinieren sie auch für den Beruf des Diplomaten oder Dolmetschers. Auffällig ist bei vielen Mond-in-den-Zwillingen-Geborenen ein großes Interesse an Atemarbeit mit dem Berufsziel Atemtherapeut.

## Liebe und Beziehungen

In Beziehungen wird oft die Unverbindlichkeit gesucht. Man wählt einen Partner, der den eigenen beruflichen Ambitionen nicht im Wege steht, der einen gewähren und einem den nötigen Freiraum läßt. Zu sexueller Treue fühlen sich Menschen mit dieser Mondstellung selten verpflichtet. Der Mond-in-den-Zwillingen-Geborene hat seine ganz

eigenen Moralvorstellungen. Kommunikation und geistiger Aus-
tausch sind ihm oft ein viel elementareres Bedürfnis und schaffen viel
mehr Verbindendes zwischen ihm und dem Partner als Sexualität.
Und er muß sich selbst darstellen können, muß sich über einen viel-
fältigen, interessanten Freundeskreis erleben. Der Wunsch nach
Selbstbestätigung ist auch die Triebfeder für die häufigen kleinen
Flirts. Denn die nonverbale Botschaft aus der Kindheit lautet:

● sei geistig beweglich,
● sei schneller als andere,
● sei unangreifbar,
● sei unbeeindruckbar,
● sei beziehungslos,
● sei Außenseiter.

Bei dieser Mondstellung wäre es gut, sich vom Denken, vom Kopf,
zu lösen und sich mehr dem Empfinden, dem Leben aus dem Bauch
zuzuwenden. Gerade über die Atemarbeit ist es gut möglich, an sich
selbst heranzukommen und sich neue innere Räume zu erschließen,
mit dem Ziel, Gefühle fließen zu lassen statt sie nur darzustellen.

## Gesundheit und Therapie

Eine Krankheit, die vielleicht sogar noch ans Bett bindet und unbe-
weglich macht, ist für den Zwillingemond eine rechte Strafe. Er
braucht die Bewegung und die Kommunikation mit anderen. Deswe-
gen verdrängt oder bagatellisiert er Störungen. Dadurch können aus
anfänglich eher kleinen Unpäßlichkeiten wie Bronchitiden plötzlich
schwere Krankheiten wie z. B. Lungenentzündung entstehen. Der
Mond in den Zwillingen möchte gerne unbekümmert leben. Gesund-
heit und Krankheiten sind Themen, die er nicht unbedingt mag.

*Einschränkungen empfindet der Zwillingemond als Greuel.*

### Krankheitsdispositionen
Erkrankungen im
Bronchial-Lungentrakt,
Beschweren im Schulter-Armbereich,
Rippenfellerkrankungen,
Asthma,
Tuberkulose,
nervöse Störungen,
Schreibkrampf.

*Ein großer Schwach-
punkt sind die Atem-
wege, und es besteht
die Gefahr, wenn den
Anfängen keine
Beachtung geschenkt
wird, daß chronische
Beschwerden daraus
werden.*

### Homöopathie

Folgende homöopathischen Konstitutionsmittel könnten helfen:

Acidum phosphoricum (C oder LM Potenzen)
*Schlüssel-Symptome:* Anfänglich kräftige Konstitution, die bei Herausforderung oder Krankheit völlig zusammenbricht. Benommen vor Kummer bei Enttäuschung, Heimweh, enttäuschten Hoffnungen, bei Entzug von Zuneigung. Nervöse Schwäche. Psychische und physische Asthenie. Erwartungsdruck mit Durchfall.
*Verschlimmerung:* durch Aufregung, Ärger und durch Enttäuschung.

Coffea (D oder C Potenzen)
*Schlüssel-Symptome:* Alle Sinne sind hellwach und geschärft. Starke Aktivität von Körper und Geist. Handelt schnell. Schlaflos vor lauter Gedanken. Lachen und Weinen wechseln ab. Weint auch vor Freude. Körperlich unruhig, wenn geistig angespannt.
*Verschlimmerung:* durch übergroße Freude, Schlafmittel, kalte Luft.

Drosera rotundifolia (kleines Mittel,
in C oder D Potenzen)
*Schlüssel-Symptome:* Hat Keuchhusten, Bellhusten. Spastisch, mit Würgen. Nächtlicher Kitzelhusten. Gefühl, als ob eine Feder im Hals kitzelt. Rauhes, kratzendes Gefühl im Hals.
*Verschlimmerung:* durch Wärme, Trinken, Singen, Lachen, wenn man sich nach Mitternacht hinlegt.

### Bachblüten

*Scleranthus:* wenn unschlüssig, sprunghaft, geistig überaktiv, wenn Meinungen und Stimmungen schnell wechseln.
*Centaury:* bei Überreaktionen auf die Wünsche anderer, bei zu starker Anpassungsbereitschaft, wenn man schwer nein sagen kann.

*Agrimony:* wenn Sorgen und Nöte hinter einer Maske der Unbeschwertheit verborgen werden. Wenn immer gute Laune demonstriert wird.

### Phytotherapie
*Hopfen:* bei Schlaflosigkeit, kräftigt die Nerven, bei Husten.
*Königskerze:* bei Asthma, Rippenfellentzündung.
*Lattich:* bei Schlaflosigkeit, zur Beruhigung.
*Echinacin:* zur Stärkung der Abwehrkräfte.

### Biochemie
*Natrium phosphoricum:* wirkt auf Nerven, Gehirnzellen.
*Kalium chloratum:* bei Entzündungen im Bronchial-Lungentrakt.

### Farben
Gelborange, sowie Zitronengelb: entspannen, gleichen aus und beruhigen.

### Grund- und Heilton
D, Dis und E

### Edelsteine
Alexandrit,
Aquamarin,
Smaragd,
Achat

### Alchemistische Entsprechung
Quecksilber (Mercurius)

### Heilelement
Luft. Und luftige Beschäftigungen wie tanzen, fliegen. Überhaupt: Bewegung! Der Zwillingemond braucht Bewegung so nötig wie die Luft zum Atmen. Jeder Sport, bei dem er viel laufen muß, belebt und erfrischt. Tanzen, um sich selbst darzustellen (ein Prinzip des Zwillinge-mondes), hat eine geradezu heilsame Wirkung.

### Therapien zur Harmonisierung
(Erläuterungen im »Glossar« ab Seite 214)
- Atemtherapie
- Polarity Massage
- Partner-Massage
- Mal-Therapie
- Jazztanz, Ausdruckstanz

### Indianische Entsprechung
Der spirituelle Vater

### Mond-Rhythmus
Bei laufendem Mond in den Zwillingen (siehe Mond-kalender) sind folgende Operationen ungünstig:
Lunge, Bronchialtrakt, Schultergürtel, Arme und Hände, Luftröhre, Rippenfell.

*Die nonverbale Botschaft aus der Kindheit lautet z.B.: sei schneller als der andere.*

# MOND IM KREBS

### KREATIV ZU SEIN IST LEBENSWICHTIG

*Der Mond-im-Krebs-Geborene hat den ausgeprägten Wunsch nach seelischer Geborgenheit. Er hat ein hervorragendes psychologisches Einfühlungsvermögen und die Fähigkeit, fast hellsichtig zu erfassen, was andere brauchen, um sich wohl zu fühlen.*

## Lebenseinstellung und Wesen

Der Krebsmond spürt sofort, wenn jemand seelisch nicht im Lot ist. Er hat hervorragende Antennen für Disharmonien. Doch obwohl er geradezu dafür prädestiniert ist, andere zu beraten und zu entlasten, frißt er seine eigenen Seelennöte in sich hinein. Es scheint, als hätte er einen Vertrag mit sich abgeschlossen, absolut alles mit sich selbst abzumachen und nie die Hilfe anderer in Anspruch zu nehmen. Dabei ist es ihm deutlich anzusehen, daß es ihm nicht gutgeht, daß er seelisch leidet. Muß man denn alles be- oder zerreden, denkt der Krebsmond. Und schweigt. Doch durch diese Einstellung schließt er andere davon aus zu verstehen, was ihn innerlich bewegt und daran teilzunehmen. Er schließt auch Menschen, die ihm helfen wollen, davon aus.

*Mit tausend Antennen stellt sich der Mond-im-Krebs auf die Bedürfnisse der anderen ein. Er ist der Typ »Urmutter«.*

Diese starke Ausrichtung auf andere und die seelische Einfühlsamkeit machen den Mond-im-Krebs-Menschen natürlich auch dünnhäutig. Seine Sensibilität kann ihn, wenn zu viele Außenreize aufgenommen werden, in Stimmungsschwankungen stürzen. Der Krebs entspricht in seiner archetypischen Bedeutung der Urmutter, der großen Göttin. Das heißt, man hat die Fähigkeit, Dinge in Ruhe wachsen und reifen zu lassen, Entwicklungen abzuwarten, Dinge geschehen zu lassen, Schöpfer zu sein. Ein schöpferischer Akt ist zum Beispiel, Kinder zu gebären. Die oben genannten Eigenschaften prädestinieren den Mond-im-Krebs-Geborenen geradezu dazu. Der Wunsch nach seelischer Geborgenheit kann aber auch dadurch befriedigt werden, daß man sich anderen gegenüber fürsorglich und verwöhnend verhält, daß man viele »Kinder« hat (als Therapeut, als Sozialarbeiter) oder sich in seinem künstlerischen Schaffen erkennt und darüber weiterlebt.

## Prägungen und Mutter-Beziehung

*Die ambivalente Liebe zur Mutter macht es dem Krebsmond schwer, in der eigenen Beziehung einen Weg zwischen der Sucht nach Zuwendung und der Verstrickung in Familienansprüchen zu finden.*

Im vorgeburtlichen Zustand finden sich häufig Situationen (z. B. Kriegs-, Krisen- oder Verfolgungssituationen, existenzielle Schwäche der Familie, Konflikte zwischen den Eltern), die die Mutter dazu bringen, sich besonders stark mit dem Kind zu identifizieren, es besonders stark zu vereinnahmen und als Teil des eigenen Selbst zu begreifen. Das Kind bleibt auch nach der Geburt über eine unsichtbare, aber um so festere Nabelschnur mit der Mutter verbunden.

Es empfindet diese übermäßige Verbundenheit oft als Ausgeliefertsein und Abhängigkeit. So wird die Mutter als allmächtige Urmutter empfunden – aber mit allen lichten und dunklen Anteilen. Sie schützt und ernährt, ist aber auch verschlingend und vereinnahmend. Daraus entsteht für das Kind ein Konflikt. Auf der einen Seite liebt es die Mutter, die ja das Überleben erst möglich macht, auf der anderen Seite wird diese überbordende Mütterlichkeit, die ja auch etwas Bedrohliches hat, abgewehrt. Aus dieser Gefühlsambivalenz heraus wird die Mutter oft abgelehnt, was dann wieder heftige Schuldgefühle hervorruft und dazu antreibt, diese »frevelhaften« Empfindungen durch besondere Liebe und Dankbarkeit wettzumachen.

Die Abnabelung von der Mutter findet bei Mond-im-Krebs-Menschen erst spät und unter großen Schwierigkeiten statt. Obwohl der Drang, sich aus der Umschlingung herauszukatapultieren, in der Pubertät unverhältnismäßig stark sein kann. Bei Frauen mit einer Mond-im-

Krebs-Ausrichtung fällt auf, daß sie, bedingt durch die zumindest teilweise und zeitweise Ablehnung der Mutter, oft betont sportlich-unkompliziert oder apart-elegant auftreten. Betont weiblich, weich, fließend ziehen sie sich nicht an. Ihr Stil signalisiert Distanz zur Mütterlichkeit. Sich in eine als nicht sinnvoll empfundene Ordnung einfügen zu müssen, führt beim Mond-im-Krebs-Geborenen nur zu Aufsässigkeit und Renitenz.

## Talente und Berufe

Die Gefühlsambivalenz in der Kindheit hat oft eine latente Lebensangst zur Folge. Und, da das Kind aus seinem Dilemma in eine Phantasiewelt flüchtet, auch eine ausgeprägte Kreativität. Das prädestiniert dazu, einen künstlerischen Beruf zu ergreifen. Überdurchschnittlich häufig sind eine musikalische Begabung, das Talent zu gestalten, eine schriftstellerische Begabung (in Richtung Lyrik, Poesie). Die Triebfeder ist: Es muß einfach etwas er- oder geschaffen werden. Wird dieser grundsätzliche Lebenstrieb vernachlässigt oder übersehen, neigen Menschen mit einer Mond-Krebs-Betonung zu Depressionen, oder sie klammern sich krampfhaft an andere Menschen. Die in der Kindheit erlebte Vereinnahmung kann im Wiederholungszwang dazu führen, entweder mit kindlicher Gier unerschöpfliche Zuwendung und Verwöhnung zu suchen oder durch eine totale Aufopferung für die Familie Anerkennung, Liebe und Dankbarkeit zu fordern.

## Liebe und Beziehungen

In Beziehungen können die frühkindlichen Eindrücke, daß Liebe und Geborgenheit einen Preis haben, nämlich Abhängigkeit, zu Schwierigkeiten führen. Denn die nonverbale Botschaft des Mond-im-Krebs-Geborenen aus der Kindheit lautet:

- sei schwierig,
- sei unnahbar,
- mißtraue allzu großer Liebe,
- gehe auf Distanz,
- laß intensive emotionale Kontakte nicht zu.

Das kann dazu antreiben, die eigene emotionale Geborgenheit in der Partnerschaft ständig in Frage zu stellen oder gar zu zerstören. Man sucht immer wieder nach Gründen, den Partner nicht zu sehr lieben zu müssen. Oder man wählt einen Partner, mit dem eine ständige, enge Beziehung gar nicht gelebt werden kann, weil er bereits gebunden ist, zur See fährt, ständig anderweitig beschäftigt ist und somit auf Distanz gehalten werden kann.

Um wirklich Nähe zulassen zu können und beziehungsfähig zu werden, wäre es für den Krebsmond wichtig zu erfahren, daß Liebe gegenseitige Förderung sein kann. Und daß sie absichtslos, ohne etwas dafür zu verlangen, gegeben wird.

## Gesundheit und Therapie

*Man achtet schon auf seine Gesundheit. Doch der Krebsmond schluckt sehr viel und läßt seine Gefühle nicht raus. Er leidet häufig an Magenbeschwerden.*

Der Mond-im-Krebs hat Probleme, sich und seine Gefühle auszudrücken. Da er selbst ungeheuer empfindsam und leicht zu verletzen ist, versucht er, sich nach außen abzuschotten, indem er nichts rausläßt. Er frißt den Ärger in sich hinein und ist darum prädestiniert für Magenerkrankungen. Und die oft schwierige Mutterbeziehung disponiert zu Erkrankungen des Darmes. Von leichter Darmentzündung bis hin zu schweren Krankheitsbildern wie Morbus Crohn oder Colitis ulcerosa. Der Mond-im-Krebs-Geborene weiß um seine etwas fragile Gesundheit und ist bereit, dafür auch etwas zu tun, gerade was gesunde Ernährung angeht. Trotzdem ißt und kocht der Mond-im-Krebs-Geborene meist gut und gerne. Er weiß, daß auch gesunde Kost vorzüglich schmecken kann.

*Krankheitsdispositionen*
Magenempfindlichkeit,
Magengeschwür,
Magenpolypen,
Verdauungsstörungen,
Darmerkrankungen,
Morbus Crohn oder Colitis ulcerosa,
Erkrankung der weiblichen Organe
(Brust und Gebärmutter),
Schleimhautempfindlichkeit,
Eßstörungen,
Nahrungsmittelallergien,
Einlagerung von Wasser im Gewebe,
Erkrankungen des Lymphsystems.

## *Homöopathie*

Folgende homöopathischen Konstitutionsmittel könnten helfen:

Calcium carbonicum
(in C, LM Potenzen oder als Sahnimethode)
*Schlüssel-Symptome:* Blond, blauäugig, helle Haut. Neigung zu Gewichtszunahme, vor allem in der Jugend. Ist schnell ermüdet, blaß, furchtsam. Starke Schweißbildung am Kopf. Verlangen nach Eiern. Fürchtet, den Verstand zu verlieren. Ist schüchtern, taut erst allmählich auf. Furcht vor der Strafe Gottes. Ängste auch vor außerirdischen, magischen Dingen und Kräften. Weint aus Wut.
*Verschlimmerung:* bei Vollmond, morgens, bei feuchtem, kaltem Wetter.

Silicea
(LM Potenzen)
*Schlüssel-Symptome:* Nordischer Typ. Hat kein adäquates Selbstbewußtsein. Ist angenehm, sanft, nachgiebig. Gibt aber nie auf. Enormer Mut. Korrigiert andere nicht, auch wenn er es effektiv besser weiß. Eigensinnig, wenn unter Druck. Angst vor Nadeln. Erwachsene bei mentaler Anstrengung schlaflos. Perfektionismusbedingt durch Gewissensangst und Gewissenhaftigkeit.
*Verschlimmerung:* bei Neumond. Wundert sich morgens, worüber er sich nachts Sorgen gemacht hat.

Ignatia amara
(C, LM Potenzen oder Sahnimethode)
*Schlüssel-Symptome:*
Ist sehr widersprüchlich. Zeigt paradoxe Reaktionen: zum Beispiel krampfhaftes Lachen bei Kummer. Fieber ohne Durst. Gesichtsfarbe wechselt bei Ruhe. Unwillkürliches Seufzen. Brütet über eingebildete Leiden. Unsicher, deshalb peinlich genau, perfektionistisch. Durchfall bei Aufregung.
*Verschlimmerung:* durch Tabak, Alkohol, Kummer.

Nux moschata (C oder LM Potenzen
oder Sahnimethode)
*Schlüssel-Symptome:* Nervös, geistesabwesend, wechselhafte Stimmung, plötzlich und unberechenbar. Blähungen nach jeder Mahlzeit. Schnell ermüdet, muß sich hinlegen. Beschwerden verursachen Schläfrigkeit. Neigung, in Ohnmacht zu fallen. Gedanken schwinden beim Lesen und Schreiben.
*Verschlimmerung:* bei Wetterwechsel, durch kalte Speisen und Getränke.

### Bachblüten
*Mustard:* bei Melancholie ohne erkennbaren Grund.
*Honeysuckle:* bei Sehnsucht nach Vergangenem; bei Schwierigkeiten, in der Gegenwart zu leben, weil man gedanklich an der Kindheit haftet.
*Aspen:* bei Angst vor Geistern und Mystischem. Gegen Folgen von seelischen Traumata in der Kindheit. Wenn Vorahnungen erschrecken und ängstigen.

### Phytotherapie
*Kamille:*
beruhigt die Magenschleimhaut, wirkt desinfizierend und abheilend.
*Himbeere:*
bei Regelstörungen, Unterleibskrämpfen.
*Fenchel:*
entbläht, entspannend, auch im Magen-Darm-Bereich.

### Biochemie
*Silicea:*
ein Bindegewebsmittel, gibt Festigkeit
*Natrium phosphoricum:* wirkt bei saurem Aufstoßen und Erbrechen

### Farben
Violett, Hellblau, Silber, Weiß.
Diese Farben entspannen und tragen zu seelisch-geistiger Klarheit bei.

### Grund- und Heilton
H und F

### Edelsteine
Beryl, Mondstein, Perle, Bergkristall

### Alchemistische Entsprechung
Silber (Argentum)

### Heilelement
Wasser. Der Mond-im-Krebs-Geborene braucht die klä-
rende, reinigende, erfrischende Energie des Wassers.
Lymphdrainagen helfen zu entstauen und zu entwässern.
Äußerliche Wasseranwendungen kräftigen das Binde-
und Stützgewebe. Um in seiner empfindlichen Mitte
(Bauchraum) zu bleiben, braucht er meditative Entspan-
nung.

### Therapien zur Harmonisierung
(Erläuterungen im »Glossar« ab Seite 214)
- Sufi-Meditation
- Shiatsu
- Eutonie
- Kunsttherapie (Gestalten und Malen)

### Indianische Entsprechung
Die spirituelle Mutter

### Mond-Rhythmus
Bei laufendem Mond-im-Krebs (siehe Mondkalender)
sind folgende Operationen ungünstig: Magen, Darm,
weibliche Brust, Gebärmutter.

# MOND IM LÖWEN

### Braucht den Platz an der Sonne

*Menschen, deren Mond im Tierkreiszeichen des Löwen steht, sind außerordentlich stolz und müssen zur Geltung kommen. Sie schäumen über vor Lebenskraft und sind anspruchsvoll: Sie erwarten vom Leben wie von anderen Menschen sehr, sehr viel.*

## Lebenseinstellung und Wesen

*Sein Revier läßt sich dieser Mond-Typus von niemandem streitig machen. Er braucht es, daß sich alles um ihn dreht.*

Gegen Kritik oder Reglementierung ist der Mond-im-Löwen-Geborene geradezu allergisch. Schon kleinste Revierübergriffe werden registriert und aufs heftigste beantwortet. Die von diesen Menschen nach außen hin demonstrierte scheinbar beneidenswerte Selbstsicherheit entsteht oft aus einem Mangel an Selbstreflexion und aus der Unfähigkeit, bei sich selbst Schwächen zuzulassen oder wahrzunehmen. Dem Mond-im-Löwen-Menschen ist es unmöglich, sich selbst in Frage zu stellen. Er kann gar nicht anders: Er muß dominieren, er muß danach streben, im Mittelpunkt zu stehen, anerkannt und bedeutend zu sein, um seelisch im Gleichgewicht zu bleiben.

## Prägungen und Mutter-Beziehung

Menschen mit diesem Mondstand werden häufig geboren oder gezeugt mit dem Auftrag, etwas Besonderes zu werden und zu leisten. Das Kind wird oft in eine Situation hineingeboren, im Familienverband einen Menschen, den man verloren hat (z. B. durch Tod), zu ersetzen oder eine andere Lücke zu füllen. Oder das Kind soll etwas erreichen oder ausführen, was als Familienauftrag wichtig, fast heilig ist. Häufig handelt es sich um Einzelkinder oder Nachzügler, die einerseits stark bevorzugt oder verwöhnt werden, andererseits aber mit dem steten Anspruch »herausragend« zu sein, schlicht überfordert werden. Überdurchschnittlich oft findet sich hier auch die Konstellation, daß ein Kind ständig zu Höchstleistungen getrieben, daß eine elitäre Atmosphäre geschaffen wird. Und schon beim allergeringsten Versagen ist das Kind der Sündenbock: Sein Selbstwertgefühl wird fast vernichtet, es ist für alles, was in der Familie nicht nach Wunsch läuft, verantwortlich. Dieses durch andere rauf- und runtergeputschte Selbstvertrauen stellt eine ungeheure Belastung dar und sucht sich ein Ventil für die aufgestauten Emotionen. Ausbrüche von Jähzorn und dramatischer Kontrollverlust sind bei Menschen mit dem Mond im Löwen nicht selten. Die Beziehung zum Vater ist oft höchst kompliziert. Das Kind bindet sich mehr an die Mutter und schafft dadurch nur noch mehr Rivalität in bezug auf den Vater. Diese Konkurrenzsituation in der Kindheit ist prägend für das ganze weitere Leben.

## Talente und Berufe

Es werden oft selbständige Berufe gesucht, aber solche, die den Vergleich mit anderen weitgehend ausschließen. Wichtig ist, eine besondere Rolle zu spielen: Man strebt nach Einfluß, muß etwas bewegen können, Anerkennung und Bedeutung erlangen. Der Mond-im-Löwen-Geborene hat organisatorische Talente und hervorragende rhetorische Fähigkeiten. Mit Kindern und Jugendlichen besteht oft ein herzliches Einvernehmen. Man findet schnell einen guten Draht zu ihnen. Überdurchschnittlich häufig zeugen Menschen, deren Mond im Löwen steht, keine eigenen Kinder oder erst im späteren Leben. Sie sind aber über ihre Arbeit mit vielen Kindern gesegnet. Der Wunsch, im Mittelpunkt zu stehen, prädestiniert auch dazu, Schauspieler zu werden oder sich als Maler oder Künstler zu profilieren.

## Liebe und Beziehungen

Bei so viel Selbstliebe und Egozentrik ist es nicht leicht, den richtigen Partner zu finden, denn der muß sehr großzügig und selbstlos sein. Die Unfähigkeit, Kritik auszuhalten beziehungsweise sich auch mal selbst in Frage zu stellen, führt dazu, einen Partner zu suchen, der einem unterlegen ist und darum bereit, zu einem aufzuschauen. Möglicherweise wählt man auch einen besonders attraktiven Partner, um so sein Image noch etwas mehr aufzupolieren. Die Rollen sind in der Beziehung aber unverrückbar festgelegt: Man nimmt für sich selbst in Anspruch, wesentlich mehr Rechte zu haben als der andere. Und man geht selbstverständlich davon aus – schließlich ist man ja unvergleichlich – keiner allgemeingültigen Ordnung zu unterstehen. Denn die nonverbale Botschaft aus der Kindheit lautet:

*Konkurrenz ist dem Löwemond verhaßt, aber er muß sich zwanghaft mit anderen vergleichen, um bestätigt zu bekommen, daß er die Nr. 1 ist.*

● sei unvergleichlich,
● zeige keine Schwäche,
● hüte dich vor tiefen Gefühlen,
● sei unzugänglich,
● sei Topdog.

Diese Konditionierungen haben konsequenterweise eine Flucht vor echtem emotionalen Austausch zur Folge. Eine gleichwertige Partnerschaft wird aus Angst vor Konkurrenzdruck und Unterlegenheit nicht zugelassen. Einmaligkeit macht aber auch sehr einsam. Es wäre deswegen für den Mond-im-Löwen-Geborenen wichtig zu lernen, daß Liebe Konkurrenz ausschließt, daß Offenheit Stärke sein kann; daß nur wahre, echte Stärke unverletzlich macht.

## Gesundheit und Therapie

Der Löwemond ist vital, aktiv, erfolgreich und auf Außergewöhnlichkeit getrimmt. Krankheit paßt deswegen nicht in sein Weltbild. Bei auftretenden Störungen wird er deshalb erstmal versuchen, sie zu verdrängen. Aber gerade dadurch geraten die Dinge oft außer Kontrolle und werden chronisch. Und es gibt kaum eine tiefere Depression, als die des Löwen! Eben weil er lange versucht, nach außen das gewohnte Bild aufrechtzuerhalten. Er leidet, ohne Hilfe zu suchen oder sich jemandem mitzuteilen. Und wenn er behandelt wird, ist er ungeduldig und neigt zu leichter Querköpfigkeit, wenn es um die Einhaltung bestimmter Vorsichtsmaßregeln geht.

### Krankheitsdispositionen
Erkrankungen des Herzens,
Rhythmusstörungen,
Erkrankungen der Rückenmuskulatur,
Kreislaufstörungen,
Hypertonie und Gefäßbelastung.

### Homöopathie
Folgende homöopathischen Konstitutionsmittel könnten
helfen:

Aurum metallicum (LM Potenzen oder Sahnimethode)
*Schlüssel-Symptome:* Ist lebhaft und ruhelos. Nichts
kann schnell genug gehen. Immer in Eile. Der geringste
Widerspruch erregt Zorn. Ist ein hart arbeitender, erfolg-
reicher Mensch. Bricht bei Meinungsverschiedenheiten
den Kontakt oft unvermittelt ab. Empfindung, als stünde
das Herz still. Blutandrang im Kopf. Bei Melancholie
haßerfüllt und streitsüchtig. Neigt zu Suizid-Gedanken,
fürchtet sich sehr vor dem Sterben.
*Verschlimmerung:* beim Hinlegen, durch geistige An-
strengung, im Winter, von Sonnenaufgang bis Sonnen-
untergang.

Platin metallic (in LM Potenzen oder Sahnimethode)
*Schlüssel-Symptome:* Dunkles Haar, straffes Gewebe.
Die Prinzessin. Große Heiterkeit mit dem Wunsch zu
tanzen wechselt ab mit tiefer Traurigkeit. Erst traurig,
mißmutig, dann überaus glücklich. Stolz, auch arrogant.
Lappalien verursachen tiefgreifende Verstimmung.
Schmollt gerne und ausgiebig. Gemütssymptome treten
auf, wenn körperliche Symptome zurückgehen.
*Verschlimmerung:* abends, im Sitzen, im Stehen, durch
nervöse Überanstrengung.

Arnica montana (in LM oder C Potenzen,
auch in D Potenzen)
*Schlüssel-Symptome:* Keine Krankheitseinsicht. Sagt, er
sei gesund. Arbeitswut, überheblich, streitet gerne. Fühlt

sich wie zerschlagen, aber muß sich dauernd bewegen. Nervös, kann keine Schmerzen ertragen. Kann nachts nicht stilliegen. Jede Unterlage scheint zu hart. Angst vor Unheil. Furcht auf öffentlichen großen Plätzen, vor dem plötzlichen Tod.

*Verschlimmerung:* in der Ruhe, wenn er sich hinlegt, nach Alkohol, vor allem Wein.

### Bachblüten

*Water violet:* bei zu ausgeprägtem Stolz, bei zu starken Überlegenheitsgefühlen.

*Mustard:* wenn Anfälle von Traurigkeit das Lebensgefühl beeinträchtigen.

*Heather:* wenn man Publikum braucht, selbstbezogen ist, stets um seine eigenen Probleme kreist.

### Phytotherapie

*Knoblauch:*
bei Hypertonie, putzt die Gefäße
*Mistel:*
bei Herzbeschwerden
*Melisse:* gegen Schlafstörungen, Sedativum im Sinne von Entspannung

### Biochemie

*Kalium phosphoricum:* bei Platzangst, Melancholie
*Magnesium phosphoricum:* wirkt regulierend und entkrampfend

### Farben

Geldgelb, Purpurrot, Rotgold, Orangerot.
Diese Farben stärken und harmonisieren.

### Grund- und Heilton

A und Fis

### Edelsteine

Rubin, roter Onyx, Smaragd,
Diamant, Heliotrop, Goldquarz

### Alchemistische Entsprechung
Gold (Aurum)

### Heilelement
Feuer, feurige rasante Bewegung.
Der Löwemond braucht Bestätigung, eine Bühne, um
etwas plastisch oder dramatisch gestalten zu können. Da
er schauspielerisch begabt ist, sind Psychodrama, Schau-
spiel, Pantomime, Ausdrucks- und Bewegungstherapie
seine Heilenergie. Er braucht ein Medium, um sich aus-
drücken und energetisch verausgaben zu können.

### Therapien zur Harmonisierung
(Erläuterungen im »Glossar« ab Seite 214)
- Rebalancing
- Biodynamische Psychotherapie
- Psychodrama
- Gestalt-Therapie

### Indianische Entsprechung
Die ewige Großmutter

### Mond-Rhythmus
Bei laufendem Mond im Löwen (siehe Mondkalender)
sind folgende Operationen ungünstig: Rückenmark,
Herz, Gefäßsystem.

*Der Löwe tut so lange,
als wäre nichts, bis
nichts mehr geht. Er
braucht handfeste
Therapien. Sehr gut
zu behandeln ist er
mit Akupunktur, Aku-
pressur und Chiro-
praktik.*

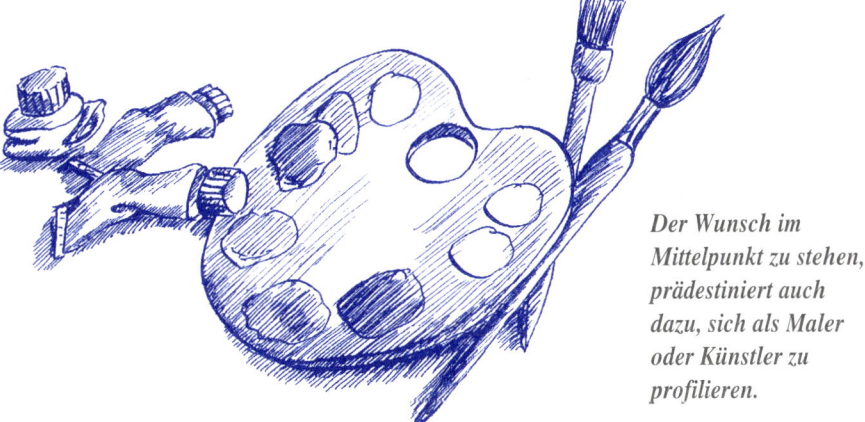

*Der Wunsch im
Mittelpunkt zu stehen,
prädestiniert auch
dazu, sich als Maler
oder Künstler zu
profilieren.*

157

# MOND IN DER JUNGFRAU

### ALLES MUSS SEINE ORDNUNG HABEN

*Menschen, deren Mond im Tierkreiszeichen der Jungfrau steht, sind von bestechender Rationalität. Ihre Fähigkeit, Situationen und Menschen messerscharf zu analysieren und richtige Diagnosen zu stellen, setzen sie gerne ein, um die Umwelt zu entschärfen.*

## Lebenseinstellung und Wesen

*Glasklar zu analysieren ist die große Stärke dieses Mond-Typs. Er möchte möglichst alles und jeden einordnen können.*

Dieses Kategorisieren, das analytische Sich-Rantasten, das Abwägen soll den Mond-in-der-Jungfrau-Geborenen vor unliebsamen Überraschungen schützen, geht aber meistens zu Lasten von Spontaneität und Flexibilität. Das Leben und seine möglichen Entwicklungen soll überschaubar sein und möglichst keine Unwägbarkeiten oder Unerwartetes bieten. Schon unerhebliche, nicht einkalkulierte Dinge können den Mond-in-der-Jungfrau-Geborenen aus der Balance bringen; schon Kleinigkeiten seinen wohldurchdachten Drei-, Vier-, Fünfjahresplan vollständig über den Haufen werfen. Selbst dann, wenn in Wirklichkeit nichts passiert ist, wenn die eigenen Ziele in keiner Weise in Frage gestellt sind. Aus dem Wunsch heraus, alles im Griff zu haben, entwickelt der Jungfraumondbetonte jedoch ein hervorragendes Organisationstalent und ein Gespür für die Machbarkeit und die rechte Verhältnismäßigkeit. Zwei Eigenschaften können aber auch ganz schön nerven: der Hang, alles und jeden zu kritisieren, und sein Narzißmus. Letzterer ergibt sich aus dem ersten, denn die Kritik ist viel Selbstkritik – von der Art, daß man ständig um sich selbst kreist.

## Prägungen und Mutter-Beziehung

Die Bedingungen zur Zeit der Schwangerschaft und Geburt sind für die Mutter oft geprägt von außerordentlichen Einschränkungen. Möglicherweise hatten die Eltern gar nicht vor zu heiraten und fühlten sich – ungewollt – aus anderen Gründen in eine Situation hineingezwungen, zum Beispiel weil sie die Ausbildung noch nicht abgeschlossen hatten, finanziell wenig abgesichert waren, oder weil die Beziehung von anderen nicht gern gesehen, gar abgelehnt wurde. In jedem Fall fühlt das Kind schon im pränatalen Zustand, daß es den Eltern Opfer abverlangt, daß es stört und mehr eine Aufgabe als eine Erfüllung ist. Das Kind spürt die Ablehnung, entwickelt Schuldgefühle und den Wunsch, etwas gutzumachen, reibungslos zu funktionieren, keine Ansprüche zu stellen. Aus diesen Gründen wird es zum angepaßten, frühreifen Kind, das möglicherweise in eine Aschenputtelrolle hineinschlüpft und versucht, so unauffällig wie möglich, fleißig, tüchtig, nützlich zu sein. Gefühle werden nicht zugelassen und, weil sie als irritierend empfunden werden, stark kontrolliert. Man entwickelt sehr früh ein Gefühl für pragmatisches Verhalten und versucht – meist sehr geschickt –, Emotionen mit Rationalität glattzubügeln. Frauen mit dieser Mondabstimmung sind oft auffällig perfekt durchgestylt, alles ist aufeinander abgestimmt, jedes Haar liegt auf seinem Platz. Da wird jede Laufmasche zur Katastrophe, und schon ein fehlender Knopf am Kleid kann ein Gefühl von Verwahrlosung hervorrufen. Und damit das Gefühl, nichts wert zu sein.

## Talente und Berufe

Der in der Kindheit in die Anpassung gezwungene Mond-in-der-Jungfrau-Geborene neigt aus Mangel an Selbstbewußtsein oft auch später dazu, sein Licht unter den Scheffel zu stellen. Er strebt im allgemeinen keine Spitzenrolle, keine Führungsposition an, setzt nicht auf Ehrgeiz und Prestige, sondern auf etwas Solides und auf menschenbezogene Berufe. Er wird Sozialarbeiter, Therapeut oder geht in einen kaufmännisch ausgerichteten Beruf.

Erfolglos ist er dabei nicht, denn die in der Kindheit erlernte Fähigkeit, handfest zu arbeiten, tüchtig und zuverlässig zu sein, und eine nicht zu unterschätzende Zähigkeit in der Verfolgung von Zielen bringen ihm durchaus berufliche Anerkennung ein.

## Liebe und Beziehungen

In der Liebe besteht die Tendenz, bei der Wahl des Partners nicht auf gefühlsmäßige, sondern vernünftige Gründe zu setzen. Aus himmelstürmender Liebe allein wird sicher keine Beziehung eingegangen. Dafür mißtraut man allen (in der Kindheit rationalisierten und verdrängten) spontanen Gefühlen viel zu sehr. Innige Liebes-Bezeugungen gelten, so das Erfahrungsmuster des Jungfraumondes, eher als schwärmerisch oder unrealistisch – und sind von daher suspekt. Denn die nonverbale Botschaft aus der Kindheit lautet:

● sei praktisch,
● sei vernünftig,
● funktioniere,
● setze auf Solides,
● mache kein Aufhebens von dir,
● leiste dir keine gefühlsmäßigen Höhenflüge.

*Auf leidenschaftliche Gefühle läßt sich der Jungfraumond erst gar nicht ein. Geschätzt wird eine verläßliche, solide Beziehung.*

So besteht eine Affinität zu erdigen Partnern, die mit Beständigkeit und Zuverlässigkeit ihr Leben meistern und die signalisieren, daß sie keine große Leidenschaft suchen, sondern einen berechenbaren Lebenspartner. Der Jungfraumond braucht einen Menschen, mit dem man unbeirrt durch dick und dünn gehen und seinen Reichtum mehren kann.

In Einzelfällen gehen Menschen mit dieser Mondstellung aber auch den umgekehrten Weg und suchen, um Farbe und Aufregung in ihr Leben zu bringen, einen exzentrischen Partner. Einen, der immer für Aufregung gut ist, der die eigene nüchterne Weltsicht aufhellen und auch erweitern kann. Eine solche Partnerschaft ist für den Mond-in-der-Jungfrau-Geborenen eine Herausforderung, aber auch eine große Chance, sehr viel intensiver zu leben.

# Gesundheit und Therapie

Der Jungfraumond hat im allgemeinen ein gutes Gefühl für sich selbst, auch ein gutes Körpergefühl. Weil viele Nahrungsmittel nicht vertragen werden, die angeblich doch so gesund sind (Milch, Milchprodukte), wird ihm oft das Etikett »Hypochonder« aufgedrückt, was ihm nicht gerecht wird. Der Jungfraumond interessiert sich für Krankheitsprophylaxe und sinnvolle Ernährung. Diäten oder Fasten- und Reinigungskuren sind ihm vertraut und bekommen ihm auch sehr gut, da der Magen-Darm-Trakt die empfindlichste Region ist. Und der Jungfraumond weiß, die Gesundheit sitzt im Darm. So gründlich, wie man alles macht, was einen interessiert, geht man auf seine gesundheitlichen Belastungen ein. Und wird mit jeder Einschränkung oder Veränderung zwar nicht ganz klaglos, aber doch recht gut fertig.

*Der Jungfraumond hat häufig mit Allergien – im Bauchraum – zu tun. Man weiß aber sehr gut selbst, was guttut und was man braucht, um gesund zu bleiben.*

### Krankheitsdispositionen
Erkrankungen des
Bauchraumes,
des Zwölffingerdarmes,
des Darmes,
bedingt durch Allergien
(Milch, Weizen, Roggen),
Schleimhautirritationen
mit Pilzbefall des Darmes,
Dysbiose,
Erkrankungen der
Bauchspeicheldrüse,
Leber- und Gallenerkrankungen.

### Homöopathie
Folgende homöopathischen Konstitutionsmittel könnten helfen:

Natrium muriaticum (C oder LM Potenzen
oder Sahnimethode)
*Schlüssel-Symptome:* Neigung zu weinen, aber Trost verschlimmert. Herzflattern in der Ruhe und beim Hinlegen. Träume von Einbrechern. Herpesblasen wie Perlen rings um den Mund. Verlangen nach Salz, Abnei-

gung gegen Brot. Ißt gerne Suppe und Soßen. Erzählt erst beim Rausgehen, die Hand am Türgriff, von seinen Problemen. Hat in Versammlungen Angst zu sprechen. Gewinnt Selbstvertrauen durch äußere Zustimmung. Reagiert als Folge von Kränkungen aggressiv.
*Verschlimmerung:* durch Sonne, wenn er sich hinlegt, am Meer, zwischen 10 und 11 Uhr.

Antimonium crudum (C, LM Potenzen)
*Schlüssel-Symptome:* Kann nicht ertragen, berührt oder angesehen zu werden. Sentimentale Stimmung bei Mondlicht. Große Traurigkeit, weint. Will nicht reden und nicht angesprochen werden. Hat ein starkes Verlangen nach Saurem, Essiggurken. Magenverstimmung und Kopfschmerzen nach Milch, Fett oder alkoholischen Getränken. Symptome wechseln ständig und wandern von einem Ort zum nächsten. Spricht gerne in Versform.
*Verschlimmerung:* nach dem Essen, durch Sonne.

Arsenicum album (C oder LM Potenzen oder Sahnimethode)
*Schlüssel-Symptome:* Kraft läßt schlagartig nach. Brennende Schmerzen. Erwartungsangst. Das Gesicht ist abends häufig geschwollen. Ist anspruchs- und verachtungsvoll. Ist von nervöser Unruhe geplagt. Zwanghafte Ordnungsliebe. Feine Haut. Wird leicht rot. Ängstlichkeit mit Trauer.
*Verschlimmerung:* um Mitternacht oder um die Mittagszeit zwischen 13 und 14 Uhr.

Kalium carbonicum (C oder LM Potenzen
oder Sahnimethode)
*Schlüssel-Symptome:* Kann es nicht ertragen, angefaßt zu werden, besonders an den Füßen. Ist korrekt, zweckbetont. Zeigt seine wahren Gefühle und Ängste nicht. Hastig beim Arbeiten und beim Essen. Schreit wegen Lappalien, sonst sehr beherrscht. Hat Angst, bestohlen zu werden. Ist reizbar, wenn seine Routine gestört wird. Enorme Pflichtauffassung. Frauen fühlen sich eine Woche vor der Regel schlecht.

162

*Verschlimmerung:* nachts, um 3 Uhr morgens, durch Zugluft, Milch und Fett, durch Kälte.

### Bachblüten
*Rock-Water:* wenn die persönlichen Bedürfnisse stets den beruflichen Zielen und der Pflicht untergeordnet werden.
*Crab apple:* bei ausgeprägtem Perfektionismus, wenn jemand sich schnell innerlich oder äußerlich beschmutzt fühlt.
*Beech:* bei Kritiksucht, Intoleranz, bei innerlich starrer Haltung, auch sich selbst gegenüber.

### Phytotherapie
*Mariendistel:* zur Leberentgiftung
*Bitterklee:* bei Magen-Darm-Beschwerden
*Gänsefingerkraut:* gegen Magenkatarrh,
gegen Darmstörungen

### Biochemie
*Natrium muriaticum:* wirkt auf die Schleimhäute
*Mercurius solubilis:* ein Lebermittel, bewirkt Entgiftung

### Farben
Gelbgrün, Eidottergelb, Grün.
Diese Farben wirken stabilisierend und erdend.

### Grund- und Heilton
D und A

### Edelsteine
Tigerauge,
Goldtopas,
Rauchtopas

### Heilelement
Erde und erdige Beschäftigungen.
Der Jungfraumond ist in seinem Element, wenn er Kontakt zur Erde hat. Er gärtnert gerne und hat einen grünen

Daumen. Der Jungfraumond ist auch schöpferisch und arbeitet gerne mit Ton, Gestein oder anderen Grundstoffen der Natur.

### Therapien zur Harmonisierung
(Erläuterungen im »Glossar« ab Seite 214)
- Bioenergetik
- Yoga
- Töpfern, Weben, Bildhauern
- Bauchtanz hilft, im Bauchraum loszulassen

### Indianische Entsprechung
Der spirituelle Vater

### Mond-Rhythmus
Bei laufendem Mond-in-der-Jungfrau (siehe Mondkalender) sind folgende Operationen ungünstig:
Bauch (Magen, Darm, Pankreas, Galle, Leber), Unterleib (wenn das Bauchfell durchschnitten werden muß).

*Der Jungfraumond ist auch schöpferisch und arbeitet gerne mit Ton, Gestein und anderen Grundstoffen der Natur.*

# MOND IN DER WAAGE

### ENTWICKELT VIEL CHARME UND FREUNDLICHKEIT

*Menschen, deren Mond im Tierkreiszeichen Waage steht, haben ein besonders ausgeprägtes Harmoniebedürfnis und den Wunsch nach einem lockeren, unkomplizierten Leben. Der sehr ausgeprägte Schönheitssinn wie auch der Zwang, alles immer nur von der besten und positiven Seite zu sehen, bestimmen das Lebensgefühl.*

## Lebenseinstellung und Wesen

Die beneidenswerte Fähigkeit, das Leben zu genießen, und das Talent, für eine gute Atmosphäre zu sorgen, machen Menschen mit dieser Mondabstimmung zu beliebten Persönlichkeiten. Sie haben nur ein Problem: die Weigerung, die Realität ungeschönt wahrzunehmen, Konflikte auszuhalten, sich durch Konflikte zu entwickeln. Erhebliche Schwierigkeiten kann auch die deutliche Entscheidungsschwäche bereiten, die zur Folge hat, daß Beschlüsse aufgeschoben und Festlegungen vermieden werden, daß man sich in unentschiedene Schwebezustände flüchtet. Der Mond-in-der-Waage-Geborene lebt auch durch

*Harmonische Beziehungen und eine positive Sicht der Dinge sind dem Waagemond wichtig. Konflikte können nur sehr schwer ausgehalten werden.*

oder über die Begegnung mit anderen Menschen. Denn der Waage-
mond braucht die Spiegelung im Gegenüber, um ein Gefühl für sich
selbst zu entwickeln, um sich einordnen zu können, um sich zu
spüren. Dadurch wird er aber auch abhängig von der Meinung ande-
rer Menschen. Er braucht ihre Bestätigung. Auffällig ist dabei, daß
menschliche Beziehungen von vornherein mit einer gewissen Resi-
gnation eingegangen werden.

## Prägungen und Mutter-Beziehung

Das entscheidende Muster für die Befindlichkeit ist die Situation der
Mutter vor der Geburt. Überdurchschnittlich häufig hatte sie, bevor
sie die Verbindung mit dem Vater einging, bereits eine starke emotio-
nale Bindung zu einem anderen Mann, die scheiterte oder aus äuße-
ren, eventuell gesellschaftlichen Gründen nicht legalisiert werden
konnte. So ist die Beziehung der Eltern aus der Sicht der Mutter mehr
eine Vernunftehe. Aus dieser Haltung heraus übermittelt sie dem
Kind schon vor der Geburt und auch später die Vorstellung, daß das
Leben Konzessionen erfordert, daß das große Glück eine Illusion ist
und man sich zu fügen und zu beschränken hat.

*Selbstbewußtsein bezieht der Mond-in-der-Waage-Geborene aus der Spiegelung im Gegenüber. Freiheit sucht er in der Flucht – in Flirts, Abenteuer, Trubel.*

Die in der Ehe der Eltern deutlich vorhandene Spannung verunsichert
das Kind mit einer Mond-Waage-Betonung zusätzlich. Das Nest und
die nötige Sicherheit sind bedroht, es gibt keine wirklich stabile emo-
tionale Basis. Als Wiederholungszwang erlebt der Mond-in-der-Waa-
ge-Geborene Verlassensängste, die im späteren Leben auch dann be-
herrschend sein können, wenn jede Voraussetzung dafür fehlt. Um al-
le Nuancen der Veränderung in der Familiensituation frühzeitig regi-
strieren und dann darauf reagieren zu können, entwickeln diese Kin-
der eine unglaublich scharfe Beobachtungsgabe und ein freundliches,
charmantes Wesen, um sich die Liebe der Eltern, vorwiegend der
Mutter, zu erschmeicheln.

## Talente und Berufe

Die ausgezeichnete Auffassungsgabe und die geistige Beweglichkeit
bedingen eine sprachliche Begabung. Der Schönheitssinn und das
ästhetische Empfinden sind auch gute Voraussetzungen für einen
künstlerischen Beruf. Zum Beispiel den des Schauspielers, denn Ge-
wandtheit und Charme haben die waagebetonten Menschen reichlich

entwickelt. Wichtig ist ihnen in jedem Fall, in jedem Beruf Kontakt zu anderen Menschen zu haben, sich über die Begegnung zu erleben, zu empfinden und zu entwickeln. Und sie haben den ausgeprägten Wunsch, ja es ist ihnen geradezu ein elementares Bedürfnis, durch andere Bestätigung zu erhalten. Denn das Selbstbewußtsein ist stark abhängig von der Meinung der anderen, da das Selbstwertgefühl wenig stabil ist und immer wieder neu aufgebaut und genährt werden muß. Von anderen geliebt zu werden und beliebt sein, ist von elementarer Bedeutung – der Mond-in-der-Waage-Geborene braucht das wie die Luft zu Atmen. Um das sicherzustellen, wird viel Energie investiert und manche Wahrheit zurechtgebogen. Auffällig ist hier die Diskrepanz zwischen Anspruch und eigenem Handeln. Von anderen wird immer Aufrichtigkeit und Ehrlichkeit gefordert, man selbst bringt es aber nicht fertig, anderen die ungeschminkte Wahrheit mitzuteilen, sondern ist stets bemüht, nur ja niemanden zu verletzen.

## Liebe und Beziehungen

Die Angst vor Festlegung macht es dem Mond-in-der-Waage-Geborenen nicht leicht, eine feste Beziehung einzugehen. Als Wiederholung der ver-trauten Atmosphäre aus der Kindheit besteht die Neigung, in Beziehungen zu gehen, für die nicht übergroße Liebe den Ausschlag gibt. Man sorgt also selbst dafür, daß die Bäume nicht in den Himmel wachsen. Nach Glück wird gar nicht erst gestrebt – weil man nicht daran glaubt oder nicht enttäuscht werden möchte. Eine andere Variante: Man sucht sich eine Partnerschaft, in der sich beide größtmögliche emotionale Freiheit zugestehen. Also eine Beziehung ohne wirkliche Bindung, in der jeder jederzeit seinen Koffer packen und gehen kann. Dazu werden immer wieder kleine Fluchten geprobt, zum Beispiel in einen Flirt, in Abenteuer, in die Jagd nach Erfolg oder einfach in Trubel und Geselligkeit. Oft wird hartnäckig, weil der kreative Mensch das eben braucht, Freiraum gefordert, der dem Partner sehr viel Toleranz und Verständnis abverlangt. In aller Regel wird aber streng darauf geachtet, die Grenzen gerade so abzustecken, daß die Beziehung bestehenbleibt. Allein zu sein, kann der Mond-in-der-Waage-Geborene nur schwer ertragen. Ein weiteres Beziehungsmuster ist die Suche nach einem Partner, der – meist im Sinne eines Familienauftrages – dafür sorgen soll, daß es einem nicht zu gut geht, der ein Ausbrechen aus der eigentlich begrenzten, einengenden Partnerschaft einfach nicht gestattet. Denn die nonverbale Botschaft, die in der Kindheit vermittelt wurde, lautet:

● greife nicht nach den Sternen,
● begnüge dich mit dem, was sich bietet, ohne auf Außergewöhnliches zu warten,
● sei anpassungsfähig, sei charmant, sei freundlich, sei liebenswert um jeden Preis.

Um mit dieser Mondabstimmung eine befriedigende, erfüllte Partnerschaft erleben zu können, muß der waagebetonte Mensch lernen, Spannungen auszuhalten – ohne zu glauben, für alle und jede Spannung verantwortlich zu sein. Er muß begreifen lernen, daß man um seiner selbst willen geliebt werden kann und nicht ständig um die Zuneigung anderer kämpfen oder fürchten muß, daß sie einem entzogen wird. Auch Festlegung, das Trauma jeder Waage, ist leichter auszuhalten, wenn man erlebt, daß man wählen kann, eben weil man durchaus so liebenswert ist, daß man sich nicht mit wenig oder dem Falschen begnügen muß.

## Gesundheit und Therapie

Der Waagemond hat den Wunsch, in allem das Gute und Schöne zu sehen. Deswegen verdrängt er Unliebsames nur zu gerne. Dazu gehören auch gesundheitliche Störungen. Hat er sich aber einmal zu einer Therapie durchgerungen, ist er auch ungeheuer kooperativ und hundertprozentig dabei. Und er ist bemüht zu verstehen, welche Botschaft sich hinter der Krankheit verbirgt. Der große Schwachpunkt sind die Nieren. Hier geht es einmal um Klärungsprozesse, auch und gerade im Beziehungsbereich. Bei Störungen im zwischenmenschlichen Bereich, nicht nur in der Partnerschaft, reagiert der Waagemond mit Nierenaffektionen.

### Krankheitsdispositionen

Nieren und Harnwege (Nierenschwäche, Nierengrieß, Nierensteine, Nierensklerose, Nierenentzündung, Nierenversagen, Harnleiterverengungen),
Blasenschwäche,
rezidivierende Blasenentzündung,
allergische Disposition,
Hauterkrankungen und -empfindlichkeit.

### Homöopathie

Folgende homoöphatischen Konstitutionsmittel könnten helfen:

<u>Staphisagria (in C, LM Potenzen, besonders Sahnimethode)</u>
*Schlüssel-Symptome:* Schon harmlose Worte verletzen. Große Entrüstung über Geschehnisse und Dinge, die er selbst oder andere getan haben. Schämt sich und fürchtet die Folgen. Leiden durch Stolz, Neid und Kummer. Ist zu edel, um bei Beleidigungen angemessen und kämpferisch zu reagieren. Harndrang, muß stundenlang auf der Toilette sitzen. Brennen in der Harnröhre, wenn nicht uriniert wird.
*Verschlimmerung:* durch seelischen Kummer.

<u>Phosphor (in C oder LM Potenzen oder Sahnimethode)</u>
*Schlüssel-Symptome:* Ist visionär. Hat eine feine Haut, wechselt schnell die Farbe, dabei nie feuchte Haut. Ruhelos, kribbelig, bewegt sich unausgesetzt. Beobachtet stets, fühlt sich in überfüllten Räumen ängstlich. Nervöse Erschöpfung mit Zittern. Kann nur schwer in Versammlungen sprechen. Verströmt sich und verbrennt. Temperamentsausbrüche, derentwegen er sich später schämt. Ist freundlich, liebenswürdig, entgegenkommend. Verlangen nach Eiskrem, besonders Schokolade. Ist auf Ansprache zugänglich. Ist schnell begeistert, schnell erschöpft.
*Verschlimmerung:* in der Dämmerung, im Dunkeln, bei Gewitter.

<u>Berberis (in C, D, LM Potenzen)</u>
*Schlüssel-Symptome:* Ist voller Vorahnungen, mit ängstlichen Träumen. Schreckt nachts hoch, ist beim Erwachen gereizt. Morgens verwirrt oder kommt schwer aus dem Schlaf raus. Berührungsempfindlich in der Nierengegend, schlimmer beim Sitzen. Rheumatische Beschwerden, Gicht. Kolik durch Gallensteine.
*Verschlimmerung:* durch Bewegung, bei Dunkelheit.

Cuprum metallic (C, D, LM Potenzen)
*Schlüssel-Symptome:* Handelt sehr gefühlsbetont, Wunschträume, romantisches Denken und Empfinden. Ist nachgiebig, schenkt im Übermaß. Genußsucht. Physische und psychische Erschöpfung, urplötzliche Angstanfälle. Süßer, kupferartiger Geschmack im Mund. Starker Speichelfluß. Spasmen und Krämpfe. Periodisch auftretende Symptome. Krämpfe in Waden und Fußsohlen. *Verschlimmerung:* durch kalte Luft, nachts.

### Bachblüten

*Agrimony:* bei Menschen, die nach außen Fröhlichkeit demonstrieren, die verdrängen.
*Elm:* wenn immer wieder Zweifel auftreten, ob man seiner Aufgabe gewachsen ist, bei schwankendem Selbstwertgefühl.
*Walnut:* gegen vorübergehende Verunsicherungsgefühle, bei Wankelmut und Entscheidungsschwierigkeiten.

### Phytotherapie

*Bärentraube:* gegen leichte Blasen- und Nierenbeschwerden, wirkt entzündungshemmend (Vorsicht, nur für eine kurze und begrenzte Zeit nehmen). Bei schweren Nierenschäden kontraindiziert!
*Goldrute:* wirkt entwässernd und entzündungshemmend
*Hauhechel:* bei Harnverhaltung
*Kalmus:* gegen Abgespanntheit

### Biochemie

*Kalium phosphoricum:* bei Erschöpfung und Ängstlichkeit
*Kalium sulfuricum:* bei Hautausschlägen, Ekzemen, Entzündungen im 3. Stadium

### Farben

Grün,
Lichtgrün, Türkis,
Birkengrün.
Diese Farben wirken belebend und gleichen aus.

### Grund- und Heilton
F, Ais

### Edelsteine
Heller Opal, Lapislazuli, Hyalit-Opal, Rosenquarz

### Alchemistische Entsprechung
Kupfer (Cuprum)

### Heilelement
Luft, alle luftigen und alle harmonisch-künstlerischen Therapien.
Der Waagemond braucht Ebenmaß, braucht die Harmonie als Lebensgrundlage, um sich wohl und geborgen zu fühlen. Seine schöpferischen Kräfte müssen fließen, um körperlich und seelisch ausgeglichen zu sein. Deswegen sind alle Kunsttherapien, ist alles künstlerische Gestalten ideal.

*Dem Waagemond gehen Probleme, gehen Konflikte in der Beziehung, im wahrsten Sinne des Wortes an die Nieren. Künstlerische Aktivitäten helfen, in der Balance zu bleiben.*

### Therapien zur Harmonisierung
(Erläuterungen im »Glossar« ab Seite 214)
- Tanz, Ballett
- Partnermassage
- Schwedische Massage
- Malen, Musizieren

### Indianische Entsprechung
Die Traumgewährerin

### Mond-Rhythmus
Bei laufendem Mond in der Waage (siehe Mondkalender) sind folgende Operationen ungünstig:
Niere, Blase, Haut, Unterleib, vor allem Eierstöcke.

# MOND IM SKORPION

### Braucht gesellschaftliche Anerkennung

*Der Mond-im-Skorpion-Geborene hat eine charismatische Ausstrahlung. Er fasziniert, ist jedoch von dem ausgeprägten Wunsch beseelt zu dominieren und andere Menschen zu beeinflussen. Leidenschaftlich und mit intensiver Emotionalität wird oft der Versuch gestartet, Menschen zu vereinnahmen und an sich zu binden.*

## Lebenseinstellung und Wesen

*Der Skorpionmond liebt und leidet intensiv. Er kann schwer loslassen und möchte andere Menschen vereinnahmen.*

Dieses starke Kontrollbedürfnis soll Schutz und Sicherheit bieten – vor unwägbaren Schicksalsschlägen, vor den unberechenbaren Seiten des Lebens. Denen möchte der Mond-im-Skorpion-Geborene nicht ausgesetzt sein, übersieht dabei jedoch, daß die Kontrollhaltung nicht Stärke gibt, sondern Abhängigkeit bewirkt. Der Skorpionmond vergißt keine Kränkung und wartet seine Zeit geduldig ab, um sich bei gegebener Gelegenheit zu revanchieren. Sein Aggressionspotential ist wahrlich nicht klein – und wird doch von ihm selbst sehr negativ bewertet. Das Thema »Loslassen« ist darum von besonderer Brisanz.

Zwanghaft halten Mond-im-Skorpion-Menschen oft an Verbindungen fest, die sich längst erschöpft oder verschlissen haben. Und sie klammern sich eifersüchtig, fast verschlingend an andere – auch wenn es schon gar keine gemeinsame Basis mehr gibt. Der Grund für dieses Verhalten ist die Verlustangst.

Für einen Mond-im-Skorpion-Geborenen ist die Vorstellung, irgend jemand könnte sich der Einflußnahme entziehen, schier unerträglich. Da er Gefühle so intensiv empfindet und lebt, ist natürlich auch die Leidensbereitschaft groß, ebenso die Tendenz zu Schuldgefühlen mit destruktivem, selbstzerstörerischem Charakter. Andererseits wird die eigene Unzulänglichkeit gerne anderen untergeschoben: Man ist Opfer der Umstände! Emotionale Verletzungen werden so schnell nicht vergessen, manchmal sogar richtig ausgekostet. Und es besteht ein leichter Hang zur Rachsucht.

## Prägungen und Mutter-Beziehung

Der Mond symbolisiert im Horoskop auch immer die Mutter. Da der Herrscher des Skorpions Pluto ist, hat die Mutter hier plutonische Eigenschaften, das heißt: Sie ist gefühlsmäßig ungemein stark, sie ist ungemein dominierend, gar manipulierend. Die Einflußnahme auf das Kind ist oft total und allumfassend. Daher ist die Mutter-Beziehung bei dieser Mondstellung oft äußerst kompliziert. Die Mutter scheint sehr fern zu sein, möglicherweise wird sie abgelehnt, doch die fehlende emotionale Verbundenheit wird als schmerzlich empfunden. Vielleicht wird die Mutter aber auch als Übermutter erlebt, die Dankbarkeit verdient hat und besondere Hochachtung.

Häufig sind die Familien der Kinder, die den Mond im Skorpion haben, besonders dogmatisch, politisch oder religiös stark engagiert. Typisch ist auch die Außenseiterposition in der Familie, und eine Kindheit, die hohe Anforderungen an diese im Grunde höchst sensiblen Menschen stellt. Durch die Hemmnisse, die das Kind von frühester Kindheit an erlebt hat, kann sich kompensatorisch ein starker Ehrgeiz entwickeln, der zu Höchstleistungen antreibt. Die Triebfeder ist der zwingende Wunsch, der Mutter gegenüber Leistung vorzuweisen. Die Selbstliebe des Mond-im-Skorpion-Geborenen ist schwach ausgebildet. Daher fällt es diesen Menschen schwer zu glauben, daß sie bedingungslos, also ohne Leistung oder Gegenleistung bringen zu müssen, geliebt werden.

## Talente und Berufe

*Das sehr sensible Kind reagiert auf den enormen Erwartungsdruck, immer der Beste zu sein, mit ständiger Selbstüberforderung.*

Dieser fehlenden Selbstliebe steht der große Anspruch gegenüber, immer gut zu sein, Bedeutung zu erlangen. Das animiert zu einer starken Selbstüberforderung. Der Mond-im-Skorpion-Geborene gibt sich nicht damit zufrieden, irgendeine gute Position anzustreben. Er wird eine wählen, die mit besonderer gesellschaftlicher Anerkennung verbunden ist, die ihm nicht nur Geld, sondern auch viel Prestige einbringt. Angestrebt werden einflußreiche Berufe mit Leitbild-Charakter, zum Beispiel Chirurg, Professor, eine Spitzenposition im Management. Entsprechend viel Wert wird auf die richtige, dem Ziel dienende, auf eine erstklassige Ausbildung gelegt.

## Liebe und Beziehungen

In der Liebe tendieren Mond-im-Skorpion-Menschen zu symbiotischen Abhängigkeitsverhältnissen. Die Gefahr, den Partner verlieren zu können, versuchen sie dadurch zu bannen oder klein zu halten, daß sie sich ständig unentbehrlich machen. Möglicherweise werden auch

*Leistung vorzuweisen wird der Ehrgeiz des Mond-im-Skorpion. An Liebe zu glauben, fällt ihm sehr schwer.*

Partner ausgesucht, die in auffallender Weise das vereinnahmende, kontrollierende Verhalten der Mutter haben. Man lebt also weiterhin die altbekannte, vertraute Situation – weil sie Sicherheit und Geborgenheit vorspiegelt. Frauen mit einer Mond-im-Skorpion-Betonung im Horoskop haben oft Schwierigkeiten, sich fallenzulassen, sich hinzugeben, denn Hingabe würde bedeuten loszulassen, die Kontrolle aufzugeben. Folglich kann die Sexualität als eine Situation erlebt werden, die einer Entmachtung gleichkommt. Andererseits besteht aber in vielen Fällen auch der Wunsch, über intensive sexuelle Empfindungen den Partner an sich zu binden und zu beherrschen. Denn die nonverbale Botschaft aus der Kindheit lautet:

- hüte dich vor allem und jedem,
- laß Dir von niemandem in die Karten sehen,
- zeige keine Schwächen,
- sei unbesiegbar.

Bei dieser Mondstellung ist es besonders wichtig, die eigenen Handlungsmotive zu hinterfragen und sich mit großer Aufmerksamkeit auch seinen Schattenseiten zuzuwenden. Die Voraussetzung für eine glückliche Beziehung ist beim Mond-im-Skorpion-Geborenen die absolute seelische Übereinstimmung

# Gesundheit und Therapie

Der Skorpionmond ist sehr an Tiefenpsychologie interessiert und darum in der Lage, organische Störungen zu verstehen und zu bejahen. Ein ausgeprägter Hang zu leiden, bis an den Punkt, Leiden als ein notwendiges Opfer zu betrachten, bringt ihn aber auch manchmal dazu, an Krankheiten festzuhalten und sich nicht helfen zu lassen. Dabei sind die Selbstheilungskräfte allerbestens ausgebildet. Der Skorpionmond weiß: Letztendlich heilt er sich immer selbst. Er ist sein eigener Heiler und Guru. Deswegen fällt es ihm auch nicht leicht, die Hilfe anderer in Anspruch zu nehmen, und es ist ihm sehr unangenehm, anderen einzugestehen, daß er krank und hilfebedürftig ist.

### Krankheitsdispositionen
Blasenleiden,
Prostatabeschwerden,
Erkrankungen der weiblichen und
männlichen Geschlechtsorgane,
Hämorrhoidalleiden,
Hypertonie,
Gefäßbelastung,
Kongestionen,
gutartige Tumoren wie Warzen, Kondylome, Polypen,
Regelstörungen.

### Homöopathie
Folgende homöophatischen Konstitutionsmittel könnten helfen:

Sulfur (in C oder LM Potenzen)
*Schlüssel-Symptome:* Venöse Kongestionen. Stehende Haltung ist unbequem. Nachts brennende Fußsohlen, streckt die Füße aus dem Bett. Tagsüber kalte Füße. Katzenschlaf (bei jedem Geräusch wach). Gefühl von Leere und Schwäche von 10.30 bis 11.30 Uhr. Legt häufig keinen übermäßigen Wert auf Kleidung und Äußerlichkeiten. Leugnet seine Ängste.
*Verschlimmerung:* im Stehen, im warmen Bett, nach dem Baden oder Duschen.

Stramonium (in C oder LM Potenzen, besonders Sahnimethode)
*Schlüssel-Symptome:* Braucht Licht und Gesellschaft, aber Verschlimmerung durch Lichtreflexe. Manipuliert andere aus Angst, verlassen zu werden. Küßt und schlägt, weint, schreit, tobt, bittet um Verzeihung. Flucht und betet abwechselnd. Geht inbrünstig in jedes Gefühl hinein. Blutwallungen zum Gesicht, umschriebene Röte der Wangen. Gesicht heiß und rot bei kalten Händen und Füßen. Haluzinationen, die Angst, Panik und Schrecken hervorrufen.
*Verschlimmerung:* nachts, im Dunkeln, durch helle, blitzende Gegenstände, reflektierende Wasseroberflächen, blitzende Messer.

Cantharis (D, C Potenzen)
*Schlüssel-Symptome*: Überempfindlichkeit. Ekel vor Tabak, Nahrung und Getränken. Das Trinken kleinster Wassermengen verursacht Blasenbeschwerden. Verbrennungen. Plötzlicher Harndrang mit Jucken. Extreme Ängstlichkeit bei akuten Erkrankungen, verdrießlich. Lehnt es ab, einen Rat anzunehmen.
*Verschlimmerung:* durch kalte Getränke, helle Objekte, beim Urinieren, am Nachmittag.

Lilium tigrinum (C, LM Potenzen, Sahnimethode)
*Schlüssel-Symptome:* Kompakte, feste Statur. Reizbar, bissig. Schwer zufriedenzustellen. Depression mit religiöser Melancholie. Angst vor der Zukunft und um das Seelenheil. Große Niedergeschlagenheit, weint. Tendenz zu schlagen, zu fluchen. Reagiert auf Trost schlechtgelaunt. Gestautes Becken. Ausgeprägte sexuelle Neigung. Abneigung gegen Kaffee und Brot. Stirnkopfschmerz.
*Verschlimmerung:* 17 bis 8 Uhr, nach der Regel, bei Hitze, im Bett.

Causticum (C, LM Potenzen und Sahnimethode)
*Schlüssel-Symptome:* Blaß, zart. Kleine warzenartige Auswüchse um Augen und Lider. Neigung zu Pickeln

und Warzen auf der Nase. Scheu, sorgenvoll, befürchtet das Schlimmste. Mitleid. Angst wird hinter nervösem Lachen verborgen. Muß sich ständig bewegen, auch nachts im Bett. Setzt sich gegen Ungerechtigkeit ein. Engagiert sich für sozial Schwächere. Verdrießlichkeit wechselt mit Fröhlichkeit ab.
*Verschlimmerung:* bei klarem, schönen Wetter, Luftzug, Kälte, aber auch in warmen Räumen.

### Bachblüten
*Pine:* gegen Schuldgefühle, Selbstvorwürfe.
*Mustard:* wenn Perioden von Traurigkeit kommen und gehen.
*Chicory:* bei einer besitzergreifenden Persönlichkeit, die stets im Mittelpunkt stehen möchte.

### Phytotherapie
*Johanniskraut:* bei Depressionen, Novemberdepression
*Herzgespann:* gegen Nervosität, Kreislaufstörungen
*Rosmarin:* bei Kreislaufstörungen, Erschöpfung

### Biochemie
*Ferrum phosphoricum:*
dient der Übertragung von Sauerstoff
*Kalium phosphoricum:*
bei Melancholie, Platzangst

### Farben
Rot, Tiefrot und Kardinalrot geben Energie.
Rosa besänftigt bei überschiessender Energie.

### Grund- und Heilton
C, H und F

### Edelsteine
Rubin, Topas, Karneol-Achat

### Alchemistische Entsprechung
Plutonium, Radium

177

*Wenn einer sich selber helfen kann, dann der Skorpionmond. Aber er neigt auch dazu, sich in seine gesundheitlichen Probleme zu verbeißen. Wassertherapien helfen, innerlich lockerer und unverkrampfter zu werden.*

### Heilelement
Wasser. Der Skorpionmond neigt zum Festhalten und verkrampft daher oft innerlich. Dadurch baut er die typischen Verhärtungen oder Verdickungen wie Warzen, Kondylome oder Polypen auf. Wasser entspannt, entkrampft und hilft loszulassen. Und zwar innerlich wie äußerlich.

### Therapien zur Harmonisierung
(Erläuterungen im »Glossar« ab Seite 214)
- Bioenergetik
- Postulare Integration
- Orgontherapie
- Zen-Meditation
- Zen in der Kunst des Bogenschießens
- Karate, Aikido

### Indianische Entsprechung
Der Heiler

### Mond-Rhythmus
Bei laufendem Mond im Skorpion (siehe Mondkalender) sind folgende Operationen ungünstig: Gefäße, Blinddarmoperationen, Bruchoperationen, Operationen an Harnwegs- und Geschlechtsorganen, Hämorrhoiden.

*Wasser entspannt, entkrampft und hilft loszulassen.*

# MOND IM SCHÜTZEN

### WILL IM LEBEN SPUREN HINTERLASSEN

*Den Schützemond treibt es zu immer neuen realen und geistigen Ufern. Er ist ständig auf der Suche nach Wahrheit, nach der Essenz des Lebens. Das macht den Alltag spannend, bringt aber auch viel Unruhe und Sprunghaftigkeit mit sich.*

## Lebenseinstellung und Wesen

Menschen mit dieser Mondstellung identifizieren sich besonders mit ihrer sozialen Rolle und mit ihren Überzeugungen. Sie können recht unduldsam, geradezu missionarisch sein. Und im Gespräch mit anderen besteht eine Tendenz zu predigen. Der Mond-im-Schützen-Geborene läßt die dem Schützen allgemein zugeordnete Toleranz oft vollständig vermissen.

Der Schützemond ist zumeist eine schillernde Persönlichkeit – interessiert an allem. Er hat hohe ethische Ideale und ist beseelt von dem eindringlichen Wunsch, nicht durch dieses Leben zu gehen, ohne Spuren zu hinterlassen. Bei all diesem positiven Streben ist jedoch der

*Triebfedern des Schützemondes sind ein großer Idealismus und der Drang, sich in jeder Weise selbst zu verwirklichen.*

deutliche Hang zur Unzuverlässigkeit ein Faktor, der es anderen nicht immer leichtmacht, mit ihm zurechtzukommen. Der Grund dafür liegt in der Struktur der Mond-im-Schützen-Persönlichkeit: Er ist in sich zutiefst davon überzeugt, etwas Besonderes zu sein – herausgehoben aus der Allgemeinheit, ganz und gar nicht verpflichtet, sich an die normalen Maßstäbe in bezug auf Treue oder Zuverlässigkeit zu halten. Auffällig sind bei diesen Menschen, vor allem, solange sie sich der eigenen Konditionierung noch nicht bewußt sind, starke Stimmungsschwankungen. Sobald der Schützemond aber einen Lebensinhalt, ein Ziel, etwas, das ihn wirklich fesselt, gefunden hat, widmet er sich mit Feuereifer und all seinem inneren Reichtum seiner Aufgabe. Dabei bleiben banale tägliche Dinge oft auf der Strecke. Aber an Alltäglichkeiten verschwendet er seine Energie ohnehin nicht sehr gerne. Sein Sinnen und Trachten ist auf etwas gerichtet, das größer ist als alles, was auf dieser Erde zu finden ist.

## Prägungen und Mutter-Beziehung

Die oft labile Verfassung des Mond-im-Schützen-Geborenen in der ersten Lebensphase ist bedingt durch die pränatale Situation, durch den seelischen Zustand der Mutter zum Zeitpunkt der Geburt und Schwangerschaft. In aller Regel war die Mutter zum Zeitpunkt der Empfängnis und Schwangerschaft psychisch belastet, sie war starken emotionalen Schwankungen ausgesetzt, ihre Lebenssituation hat sich verändert. Möglicherweise mußte die Mutter, die bei dieser Mondabstimmung oft ausgeprägte Wünsche nach Selbstverwirklichung, beruflicher Karriere oder uneingeschränkter Selbständigkeit hatte, ihr Leben einschneidend umstellen. Häufig mußte der (geliebte) Beruf aufgegeben werden. In manchen Fällen fehlte auch die stabile emotionale Wärme und Geborgenheit, so daß sich die Mutter zeitweise allein gelassen fühlte. Eine Erfahrung, die sie in ihren Grundfesten verunsicherte. So erlebt der Mensch mit dieser Mondstellung schon im pränatalen Zustand – über die Verbindung mit der Mutter –, daß er zwischen völlig ambivalenten Gefühlszuständen hin- und hergerissen wird. Als Wiederholungszwang bleibt diese Instabilität so lange erhalten, bis man gelernt hat, seine eigene Balance zu finden, emotional in sich selbst zu ruhen. Eine ausgeprägte Sehnsucht nach Harmonie, nach Gleichmaß, danach, dem Sinn des Lebens auf die Spur zu kommen, kann schon in jungen Jahren zu Einsamkeits- oder Isolationsgefühlen führen: Man fühlt sich in der Familie nicht wirklich zu Hause, nicht absolut geborgen. Also wendet man sich Bereichen zu, die Antworten auf Sinnfragen versprechen. Der Schützemond interessiert sich oft schon vor oder während der Pubertät für Psychologie oder Religion. Auch dieses Interesse trägt dazu bei, von den anderen Gleichaltrigen als Außenseiter empfunden zu werden. Zumal es oft als Dünkel ausgelegt wird, sich mit diesen – in dem Alter – außergewöhnlichen Fragen zu beschäftigen. Mond-im-Schützen-Geborene reisen gerne, entweder tatsächlich oder in der Phantasie. Interessanterweise erleben diese Menschen bereits, bedingt durch unterschiedliche Umstände, in der Kindheit viele Umzüge. Oder sie werden viel in der Verwandtschaft herumgereicht, gar nicht mal in böser, oft in allerbester Absicht.

## Talente und Berufe

Die Fähigkeiten des Mond-im-Schützen-Geborenen sind häufig schöpferisch-kreativer Art. Der Wunsch, sich über die Arbeit zu verwirklichen, treibt sie in Berufe, die eine Berufung sind. Sie haben Interesse an einer Arbeit als Seelsorger, Missionar, überhaupt an jeder Art Helferberufe. Typisch ist eine fast suchtartige Gier nach Wissen. Bücher werden nur so verschlungen. Ums Durchhaltevermögen steht es allerdings nicht zum besten, es steht auf schwachen Füßen. Die Tendenz, alles hinzuwerfen, das Interesse am Begonnenen zu verlieren und sich auf etwas Neues zu stürzen, steht der Ausbildung der vielen Fähigkeiten oft im Wege.

## Liebe und Beziehungen

Mond-im-Schützen-Menschen wählen oft einen Partner, der zwar da und verfügbar ist, jedoch ohne allzu große Anforderungen in bezug auf die Beziehung zu stellen. Der weder viel Zuwendung fordert noch darauf besteht, daß man vieles gemeinsam macht oder viel Zeit miteinander verbringt. Denn die nonverbale Botschaft, die aus der Kindheit mitgenommen wurde, lautet:

- laß keine zu große Nähe zu,
- laß dich nicht verstricken,
- bleibe bei deinen Talenten und Fähigkeiten,
- laß dich davon nicht durch zu intensive Gefühle ablenken.

Auffällig häufig trennt der Mond-im-Schützen-Geborene Sexualität und Liebe voneinander. Eine andere Liebesvariante ist die Suche nach dem idealen Partner, nach einer Beziehung, die fast überirdisch schön ist. Also nach einem Glück bar jeder Konflikte, das es in der Realität gar nicht geben kann.

*Der großen, tiefen Liebe geht der Mond-im-Schützen-Geborene gern aus dem Weg. Zuviel Nähe ist ihm suspekt.*

Wird jedoch die Abneigung gegen den »lästigen Alltagsschrott«, der unabdingbar auch Teil jeder Zweierbeziehung ist, einmal überwunden, bestehen gute Chancen, daß es dem Schützemond gelingt, eine sinnvolle und spannende Beziehung zu leben.

## Gesundheit und Therapie

Der Schützemond, der sich sehr mit Fragen nach dem Sinn des Lebens beschäftigt, kann Krankheiten als Signale verstehen oder als Schicksal, das letztendlich auch Positives beinhaltet. Der Schützemond kann damit leben, daß sein Bewegungsspielraum eingeschränkt ist, weil ihn zum Beispiel ein Infekt zwingt, im Bett zu bleiben. Oder weil eine Hüftgelenksarthrose im Alter evtl. den Aktionsradius einschränkt. Unerträglich aber ist ihm geistige Unbeweglichkeit. Seine vielfältigen Interessen und Ideen helfen ihm, auch in Phasen erzwungener Ruhe Inspirierendes zu unternehmen. Er langweilt sich nie.

### *Krankheitsdispositionen*
Hüfterkrankungen, Rheuma,
Leberleiden,
Arterienverkalkung,
Regulationsstörungen,
Nervenerkrankungen,
Erkankungen des Atemtraktes,
Störungen des Hormonregelkreises.

### *Homöopathie*
Folgende homöopathischen Konstitutionsmittel könnten helfen:

Phosphor (in C oder LM Potenzen oder Sahnimethode)
*Schlüssel-Symptome:* Ist Visionär. Hat eine feine Haut, wechselt schnell die Farbe, nie feucht. Ruhelos, Kribbe-

lig, bewegt sich unausgesetzt. Beobachtet stets, fühlt sich in überfüllten Räumen ängstlich. Kann nur schwer in Versammlungen sprechen. Verströmt sich und verbrennt. Temperamentsausbrüche, über die er sich im Anschluß schämt. Ist freundlich, liebenswürdig, entgegenkommend. Verlangen nach Eiskrem, besonders Schokolade. Ist auf Ansprache zugänglich. Ist schnell begeistert und schnell erschöpft.
*Verschlimmerung:* in der Dämmerung, im Dunkeln, bei Gewitter.

Gelsemium (C, D, LM Potenzen, Sahnimethode)
*Schlüssel-Symptome:* Rotfleckige Ausschläge bei Aufregung. Hat ein nervös-hysterisches Temperament. Ist ängstlich, hat Vorahnungen. Erregbar, reizbar, empfindsam. Bei Aufregung Durchfall. Erwartungsspannung »bei besonderen Anlässen« wie Theaterbesuch, Vorstellungsgespräch, erstes Rendezvous. Zittern, Lampenfieber. Verlangen nach Ruhe und Alleinsein. Kopfschmerzen, Beginn im Nacken. Nackensteifheit. Fürchtet, das Herz höre auf zu schlagen, wenn er sich bewegt.
*Verschlimmerung:* durch feuchtes Wetter, bei Gewitter, durch schlechte Nachrichten, wenn er auf seine Leiden oder einen Verlust angesprochen wird.

Argentum nitricum (LM, C Potenzen, Sahnimethode)
*Schlüssel-Symptome:* Abmagerung und Ermüdung nach großer Anstrengung. Aufregung mit vermehrtem Harndrang oder Diarrhö. Zeit vergeht zu langsam. Immer in Eile. Ist ängstlich, reizbar, nervös. Kopfschmerzen mit dem Gefühl, der Kopf zerspringt. Verlangen nach Süßigkeiten. Als Folge von Engeerfahrung während der Geburt Angst in uterusähnlichen Räumen (Fahrstuhl). Telefoniert lieber als direkt zu verhandeln.
*Verschlimmerung:* durch Eiskrem, Süßigkeiten, kaltes Essen, kalte Luft.

Rhus toxicodendron (C, LM Potenzen, Sahnimethode)
*Schlüssel-Symptome:* Rheumatische Diathese. Große

Ruhelosigkeit, Angst. Empfindlich gegen kalte Luft. Besorgnis oder Schmerzen treiben nachts aus dem Bett. Nachts Todesangst. Träumt von großen Anstrengungen, von harter täglicher Arbeit. Alle Beschwerden werden durch Bewegung besser. Metallischer Geschmack im Mund, belegte Zunge mit feuerroter Spitze.
*Verschlimmerung:* in der Ruhe, nachts, vor einem Sturm, durch feuchtes, kaltes Wetter.

### Bachblüten
*Impatiens:* wenn jemand ruhelos ist, ungeduldig, bei überschießenden Reaktionen.
*White Chestnut:* wenn der Kopf nicht zur Ruhe kommt, weil die Gedanken unaufhörlich kreisen, bei inneren Selbstgesprächen.
*Wild Oat:* bei Unzufriedenheit, wenn man seine Lebensaufgabe nicht findet.

### Phytotherapie
*Löwenzahn:* gegen Galle- und Lebererkrankungen, bei rheumatischen Leiden
*Wacholder:* gegen Rheuma
*Wegwarte:* bei Galle- und Lebererkrankungen

### Biochemie
*Calcerea sulfuricum:*
bei Galle-Lebererkrankungen
*Silicea:*
gibt Festigkeit, bei Erschöpfungszuständen

### Farben
Blauorange, Violett, Purpur.
Diese Farben beleben und stabilisieren. Indigo beruhigt.

### Grund- und Heilton
E und G

### Edelsteine
Amethyst, Malachit, Rubin, Jaspis

### Alchemistische Entsprechung
Zinn (Stannum)

### Heilelement
Geistig-luftige Energien und Therapien.
Für den Schützemond sind Religion, Philosophie und
Weltanschauung (auch Reisen) die wichtigsten, unent-
behrlichen Grundpfeiler, um seelisch, geistig und kör-
perlich ausgewogen zu sein.

### Therapien zur Harmonisierung
(Erläuterungen im »Glossar« ab Seite 214)
- Meditation
- schamanistisches Trommeln,
  schamanistische Rituale
- Schwedische Massage
- Polarity Massage
- Rebalancing
- Tanzen

### Indianische Entsprechung
Der Ernährer

### Mond-Rhythmus
Bei laufendem Mond im Schützen (siehe Mondkalen-
der) sind folgende Operationen ungünstig:
Hüfte, Schenkel, Respirationstrakt.

*Der Schützemond
wird mit körperlichen
Einschränkungen
sehr viel besser fertig
als mit geistigen. Sein
Element ist die Luft.
Und solange er
frei denken kann,
ist er mit sich im
reinen – auch wenn
er gesundheitliche
Probleme hat.*

*Typisch ist eine
fast suchtartige
Gier nach Wissen.
Bücher werden nur
so verschlungen.*

185

# MOND IM STEINBOCK

### HAT AUSDAUER UND KANN EINSTECKEN

*Der Mond-im-Steinbock-Geborene ist ein sehr ernster, zuverlässiger, stark leistungsorientierter Mensch. Ihn bestimmt das Grundgefühl, daß das Leben kein Spaß ist und volle Aufmerksamkeit erfordert – wenn man seine Aufgaben und Pflichten erfüllen will. Auch in der Liebe nimmt er nichts auf die leichte Schulter, er läßt sich von dem Partner sehr viel abverlangen.*

## Lebenseinstellung und Wesen

*Der Mond im Steinbock zieht Verantwortung geradezu an. Er ist auf Pflicht programmiert und auf die ernsten Seiten des Lebens.*

Die fast verbissene Ausrichtung des Steinbockmonds auf Pflichten und selbstgestellte Aufgaben geht zu Lasten der Lebensleichtigkeit und der Gefühle. Emotionen werden als Beunruhigung erlebt, »entschärft« werden sie dadurch, daß man versucht, sich zu »beherrschen«. Verantwortung wird geradezu gesucht. Man zieht sie, da voll konzentriert und belastbar, regelrecht an. Der Mond-im-Steinbock-Geborene ist stark auf sich selbst bezogen. Er ist einsam, doch das empfindet er durchaus nicht als Belastung.

## Prägungen und Mutter-Beziehung

Die Ursache dafür liegt in der Mutter-Kind-Beziehung, die etwas Tragisches haben kann. Häufig befand sich die Mutter zum Zeitpunkt der Schwangerschaft und Geburt unter extremem Druck oder mußte sich massiv behaupten, z. B. wegen wirtschaftlicher Nöte oder weil jede Unterstützung von seiten des Vaters fehlte. Diese Situation setzt sich fort: Die Mutter muß die Geschicke der Familie meistern, »ihren Mann stehen«, den Vater ersetzen. Sie entwickelt dadurch notgedrungen eher männliche Eigenschaften. Für Zärtlichkeiten, für Körper- oder Hautkontakt, bleibt da nicht viel Zeit. So lernt das Kind frühzeitig zu funktionieren, tüchtig, fleißig und nützlich zu sein. Die oft saturnische Maßregelung der Mutter wird verinnerlicht und rücksichtslos gegen sich selbst gerichtet – sie wird zum Motor für den eigenen Erfolg. Einmal gefaßte Ziele läßt man nicht mehr aus den Augen, ein starrer Tagesablauf soll allem Unwägbaren möglichst einen Riegel vorschieben. Dadurch werden lebendige Impulse und spontane Reaktionen im Keim erstickt. Der Mond-im-Steinbock-Geborene neigt zu zwanghaftem Verhalten. Es soll gewährleisten, daß keine impulsiven Entscheidungen getroffen werden müssen. Der in der Kindheit nicht geübte Umgang mit Gefühlen macht unsicher und enorm verletzlich. Darum weicht man Emotionen aus und flüchtet in vertraute Bereiche, z. B. in die Leistung. Auf dem Terrain fühlt man sich sicher, hat ja tausendfach erfahren, daß man da keine Überraschungen befürchten muß. Konsequenterweise entwickelt sich dadurch ein starker Ehrgeiz, eine oft beneidenswerte Tüchtigkeit.

## Talente und Berufe

Im Beruf besticht die absolute Sicherheit. Die Scheu vor Begegnungen treibt den Mond-im-Steinbock-Geborenen zu den Büchern, er giert geradezu nach Wissen. Über Bücher wird die Wirklichkeit gelebt – und als Nebeneffekt wird viel gelernt. Oft hat man ausgeprägte naturwissenschaftliche Begabungen, mathematische Interessen, auf jeden Fall den Wunsch, etwas vorweisen zu können. Das ist, allerdings meistens erst ab Mitte Dreißig, auch fast immer der Fall. Den Erfolg garantieren zwei Eigenschaften: große Ausdauer und die Fähigkeit, wenn es sein muß, auch Härten hinzunehmen. Man ist prädestiniert dafür, Führungsaufgaben zu übernehmen.

*Tüchtig und nützlich zu sein sind die wichtigsten Werte des Steinbockmondes. Spontane, impulsive und gefühlsbetonte Handlungen verunsichern.*

## Liebe und Beziehungen

In der Liebe machen es sich Menschen mit dieser Mondstellung nicht leicht. Es werden gerne Partner gesucht, die mehr eine Aufgabe sind, die einem mehr abverlangen als geben. Man übernimmt in der Beziehung eine Art Therapeutenrolle. Das ausgeprägte Verantwortungsgefühl verhindert dann, solche Entscheidungen zu korrigieren und zu einer befriedigenden Partnerwahl zu finden. Schuldgefühle, gespeist durch die frühe Konditionierung, immer in der Verantwortung zu sein, sind der Grund für dieses Verhalten. Der Mond-im-Steinbock-Geborene wählt den Partner aber auch unter dem – unbewußten – Gesichtspunkt, sexueller Hingabe auszuweichen. Die ist angstbesetzt. So lebt er nicht selten eine sogenannte Geschwisterehe, also eine Verbindung ohne erotische Anziehung, getragen von Zuneigung und Verläßlichkeit. Denn die nonverbale Botschaft aus der Kindheit lautet:

- Gefühle können enttäuscht werden,
- Liebe und Sexualität haben etwas nicht Berechenbares,
- sei stark,
- sei selbständig,
- verlaß dich nur auf deine eigene Tüchtigkeit,
- sei kontrolliert.

Aber gerade diese Konditionierung, der gefühlsmäßige Schutzwall, muß durchbrochen werden, damit der Steinbockmond zu einer befriedigenden Beziehung finden kann.

## Gesundheit und Therapie

Der Mond-im-Steinbock-Geborene ist ausgesprochen ehrgeizig, er neigt zum »Ehrgeizmagen«. Das heißt: Die Magenschleimhaut sezerniert zu reichlich Magensäfte und daut sich damit selber an. Ein weiterer Schwachpunkt ist die Knieregion. Die Kniegelenke sind schwach, obwohl der Steinbockmond zäh und nicht so schnell in die Knie zu zwingen ist. Grundsätzlich gibt es bei diesem Mondtyp zwei sehr konträre Arten, mit Krankheiten umzugehen. Der eine Typ lebt sehr vorsichtig, verhalten, eher selbstkasteiend. Er hat Angst vor Krankheit, horcht ständig in sich hinein und fürchtet immer gleich das Schlimmste. Der andere Typ verlangt sich perfektes Funktionieren ab, greift zu Kaffee oder anderen Stimulantien, um sich über jede Grenze, über Müdigkeit und Erschöpfung, hinwegzuhelfen.

## *Krankheitsdispositionen*

rheumatischen Erkrankungen im Sinne
von Verhärtungen,
Nieren-, Blasen- und Gallensteine,
Arteriosklerose,
Gefäßanspannung durch Perfektionismus,
Hauterscheinungen wie Psoriasis,
Magen- und Darmstörungen
(auch weil man zu Nahrungsmittel-
Allergien neigt, vor allem gegen Milch)

*Magen-Darm-*
*Störungen und*
*Probleme mit den*
*Kniegelenken sind die*
*Schwachpunkte des*
*Steinbockmondes.*
*Gartenarbeit hilft ihm*
*zu entspannen.*

## *Homöopathie*

Folgende homöopathischen Konstitutionsmittel könnten
helfen:

Arsenicum album (C oder LM Potenzen oder
Sahnimethode über ein Haar)
*Schlüssel-Symptome:* Rapides Sinken der Lebenskräfte.
Brennende Schmerzen. Leidet an Erwartungsangst. Ge-
sicht abends häufig geschwollen. Ist anspruchsvoll.
Beim Sitzen nervöse Unruhe. Zwanghafte Ordnungslie-
be. Hat feine Haut. Wird leicht rot. Ängstlichkeit mit
Trauer.
*Verschlimmerung:* Mitternacht bis 2 Uhr früh, durch
kalte Getränke und Obst.

Nux vomica (C oder LM Potenzen oder
Sahnimethode)
*Schlüssel-Symptome:* Kann keine Arbeit aufschieben.
Sieht übermüdet aus. Schlaffe Haltung. Ist schnell er-
regt, auch beim Sprechen. Überempfindlichkeit gegen
äußere Eindrücke (Licht, Musik, Geräusche). Wird beim
Sprechen schnell rot. Bagatellbeschwerden sind uner-
träglich. Ist schwer zufriedenzustellen. Hat Zukunfts-
oder Existenzängste. Übernimmt sich mit allem. Angst
mit Reizbarkeit. Magenschmerzen durch Überforde-
rung, mit saurem Geschmack und Aufstoßen.
*Verschlimmerung* (auch schlaflos): gegen 3 bis 4 Uhr
nachts.

Silicea (LM Potenzen)
*Schlüssel-Symptome:* Nordischer Typ. Hat kein angemessenes Selbstbewußtsein. Ist angenehm, sanft, nachgiebig. Gibt aber nie auf. Enormer Mut. Korrigiert andere nicht, auch wenn er es effektiv besser weiß. Eigensinnig, wenn unter Druck. Hat Angst vor Nadeln. Reagiert bei mentaler Anstrengung mit Schlaflosigkeit. Gewissensangst und Gewissenhaftigkeit.
*Verschlimmerung:* bei Neumond. Wundert sich morgens, worüber er sich nachts Sorgen gemacht hat.

### Bachblüten
*Aspen:* bei unerklärlicher vager Ängstlichkeit.
*Beech:* wenn überkritisch, innerlich starr.
*Pine:* gegen Schuldgefühle, Selbstvorwürfe.
*Red Chestnut:* bei übertriebener Angst um andere.

### Phytotherapie
*Brennessel:* zum Entgiften und Ausschwemmen von Salzen und Säuren
*Johanniskraut:* hellt die Stimmung auf
*Schafgarbe:* regulierende Wirkung auf Magen, Darm
*Knoblauch:* putzt die Gefäße
*Vitamin A – E:* macht die Gefäße elastisch

### Biochemie
*Calcarea fluorica:* wirkt auf Knochen und Bänder
*Calcarea phosphorica:* wirkt auf Knochen, Zähne, ein Kräftigungsmittel

### Farben
Freundlich und hell sollten sie sein:
*Gelb:* zieht aus der Depression
*Rosa:* entspannt
*Türkis:* harmonisiert

### Grundfarbe
Indigoblau

### Grund- und Heilton
G und A

### Edelsteine
Gagant, schwarzer und weißer Onyx

### Alchemistische Entsprechung
Blei (Plumbum)

### Heilelement
Erde. Der Mond-im-Steinbock-Geborene braucht, um sich wohl und ausgeglichen zu fühlen, die Beschäftigung mit der Erde oder mit erdigen Dingen.

### Therapien zur Harmonisierung
(Erläuterungen im »Glossar« ab Seite 214)
- Rolfing
- Tai Chi
- Gartenarbeit
- Bergwandern
- Hören von klassischer oder Meditationsmusik

### Indianische Entsprechung
Die weise Frau

### Mond-Rhythmus
Wenn der laufende Mond im Steinbock steht (siehe Mondkalender) sind folgende Operationen möglichst zu vermeiden: Knieregion, Magen, Gallenblase und Nierensteine, Haut.

# MOND IM WASSERMANN

## ENGAGIERT SICH FÜR DIE ALLGEMEINHEIT

*Der Mond-im-Wassermann-Geborene lebt in dem Bewußtsein, anders als andere zu sein, nicht dazuzugehören. Diese Haltung, auf keinen Fall der allgemeinen Norm entsprechen zu wollen, treibt ihn zu exzentrischem Verhalten und zu großer Originalität.*

## Lebenseinstellung und Wesen

*Sich für andere zu engagieren, kann ein so starkes Anliegen sein, daß darüber die eigenen Interessen wie die der Familie vernachlässigt werden.*

Das vorrangige Ziel des Wassermann-Mondes ist es, seinen Weg nach eigenen Gesetzen zu gehen. Man ist Individualist – und das um jeden Preis. Auch um den Preis der Kontaktarmut oder des Verzichts auf ein wirkliches Miteinander. Das verleiht eine schillernde Austrahlung und oft, als Kompensation, ein Talent zu taktieren: Nach außen hin wird Offenheit signalisiert – man zieht sich aber sofort wieder zurück, wenn tatsächlich Nähe entsteht. Eine der hervorstechendsten Eigenschaften ist die Sorge um das Wohl der Allgemeinheit; der Wunsch, Unterschiede aufzuheben, sich Benachteiligten, Randgruppen und Minderheiten zuzuwenden. Diese als Auftrag empfundene Lebensgestaltung kann so stark sein, daß das Privatleben und die eigene Familie darüber vernachlässigt werden. Auffällig sind extreme Stimmungsschwankungen. Auf der einen Seite das manchmal euphorisch-übersteigerte Gefühl, etwas Besonderes zu sein, zu großen Taten und Werken ausersehen zu sein, auf der anderen Seite tiefe Versagensängste und das Empfinden, den eigenen Anforderungen nicht gewachsen zu sein. Dies kann zu depressiven Verstimmungen führen.

## Prägungen und Mutter-Beziehung

Die Mutter-Kind-Beziehung ist äußerst kompliziert. Die Lebensbedingungen zum Zeitpunkt der Geburt oder der Schwangerschaft waren für die Mutter häufig durch extreme psychische Belastungen geprägt. Überdurchschnittlich häufig werden Menschen mit dieser Mondabstimmung gezeugt und geboren, um bewußt oder unbewußt, Gegensätze der Eltern auszugleichen, um Disharmonie zu entschärfen. Das Kind übernimmt diese Aufgabe. Es entwickelt tausend Antennen, um die Atmosphäre einzuschätzen, und fühlt sich – auch im späteren Leben – stets verantwortlich für Spannungen. Im Wiederholungszwang greift der Mond-im-Wassermann-Geborene überall ein, um eine gute und harmonische Stimmung zu schaffen. Die Eltern, in aller Regel die Mutter, klammern sich stark an das Kind und überlagern es seelisch. Das Kind empfindet die Vereinnahmung als Bedrohung und lehnt die Mütterlichkeit generell ab, später auch bei sich selbst. Häufig wird die Mutter als unberechenbar in ihren Reaktionen empfunden, als launisch oder überfordert. Tatsächlich ist sie oft durch vielfältige Anforderungen überlastet oder durch Enttäuschungen frustriert. Komplizierend für den Menschen mit dem Mond im Wassermann kommt hinzu, daß er wesensmäßig viel von beiden Elternteilen übernimmt und lebt – und zwar zumeist die ungeliebten, eher abgelehnten Seiten der Eltern. Der Grund dafür: Es wird auf diese Weise versucht, die Unvereinbarkeit, die Spannung zwischen den Eltern auszubalancieren. Das kann, wenn man gelernt hat, diese Spannung in sich selbst auszugleichen, ungeheuer talentiert und genial machen. Im Zusammenleben mit anderen kompliziert die Überempfindlichkeit und Stimmungslabilität des Wassermannmondes aber häufig das harmonische Miteinander. Zudem lebt man mit dem Zwang, alles positiv zu sehen, und ist von dem Wunsch beseelt, nur die schönen Seiten wahrzunehmen.

*Exzentrik ist das Ventil des Wassermann-Mondes, um Spannungen abzubauen. Er fühlt sich ständig aufgefordert, Disharmonien aufzuheben und zu entschärfen. Und kommt dadurch immer wieder in Überforderungssituationen.*

## Talente und Berufe

Ganz ausgeprägt sind beim Mond-im-Wassermann die seelsorge-
rischen Talente und die therapeutischen Fähigkeiten. Auffällig oft fin-
den sich unter dieser Mondstellung Sozialarbeiter, Ärzte, Heilprakti-
ker oder Psychologen. Völlig in der Arbeit aufgehen, das Gefühl, et-
was Positives zu bewirken, kann einen Zustand von »Highsein« aus-
lösen, so daß die eigene Überforderung kaum registriert wird. Weib-
liche Mond-im-Wassermann-Geborene haben oft Schwierigkeiten,
anderen Frauen zu trauen oder sie zu respektieren, weil ihre Vorstel-
lung von Weiblichkeit negativ besetzt ist. So muß man sich die Be-
jahung der eigenen Rolle oft hart erarbeiten, ebenso das Zutrauen zu
den eigenen Fähigkeiten, auch als Mutter. Denn die nonverbale Bot-
schaft aus der Kindheit lautet:

● sei schnell,
● sei unabhängig,
● sei besonders, laß dich nicht ein.

## Liebe und Beziehungen

In der Partnerschaft können Konflikte durch die eigene Angst vor
Nähe, vor Abhängigkeit, vor Vereinnahmung entstehen. Oft wird ver-
sucht, dieses Dilemma zu lösen, indem man sich für sexuelle Kontak-
te »ungefährliche«, d. h. gebundene Partner sucht oder Partner, zu de-
nen ein geradezu unüberwindliches soziales oder intellektuelles Ge-
fälle besteht. Feste Bindungen werden zumeist vermieden. Die Chan-
cen für eine dauerhafte Bindung liegen darin, sich mit einem ähnlich
exzentrischen Partner zusammenzutun oder mit einem, der einen in
keiner Weise einschränkt und der die – wenn auch noch so strapaziö-
sen – persönlichen Eigenheiten liebevoll toleriert.

## Gesundheit und Therapie

Der Mond-im-Wassermann-Geborene neigt dazu, Krankheiten zu ba-
gatellisieren. Häufig werden sogar starke Schmerzen entweder über-
haupt nicht wahrgenommen oder als harmlose Irritationen abgetan.
Körperliche Signale nimmt man kaum wahr, sehr fein sind jedoch die
Antennen für das seelische Befinden. Sie helfen, die Ursache für Be-
lastungen zu erkennen und auch den Sinn der Krankheit zu ergründen.

## Krankheitsdispositionen

Schleimhautirritationen, vornehmlich
im Uro-Genitalsektor,
Rhythmusstörungen, auch am Herzen,
Gefäßerkrankungen,
Venenleiden,
Krämpfe,
nervöse Störungen,
Schlafstörungen,
Anämie,
Zirkulationsstörungen,
Bluterkrankungen.

*Durch Nervosität bedingte Störungen und Gefäßerkrankungen können dem Wassermann-Mond zu schaffen machen. Anzeichen von Krankheit werden zumeist ignoriert.*

## Homöopathie

Folgende homöopatischen Konstitutionsmittel könnten helfen:

Phosphor (in C oder LM Potenzen
oder als Sahnimethode über ein Haar)
*Schlüssel-Symptome:* Ist Visionär. Hat feine Haut. Wechselt schnell die Farbe. Ist ruhelos. Kribbelig. Bewegt sich unausgesetzt. Beobachtet stets. Ist in überfüllten Räumen ängstlich. Leidet an nervöser Erschöpfung mit Zittern. Kann nur schwer in Versammlungen sprechen. Verströmt sich und verbrennt. Hat Temperamentsausbrüche, deren er sich anschließend schämt. Ist freundlich, liebenswürdig, entgegenkommend. Ißt liebend gern Eiskrem, besonders Schokoladeneis. Ist sehr zugänglich für Komplimente, schnell begeistert, aber auch schnell erschöpft.
*Verschlimmerung:* in der Dämmerung, im Dunkeln, bei Gewitter.

Sepia (Sahnimethode oder LM Potenzen)
*Schlüssel-Symptome:* Ist leicht gekränkt. Verträgt keinen Widerspruch. Hat Angst, andere um Hilfe bitten zu müssen. Liebt Rhythmus, Musik und Tanz. Hat einen Widerwillen gegen Essens- und Tabakgerüche. Sucht ständig neue Erfahrungen. Hat Herzklopfen bei Wut. Leidet

195

an Angst mit Hitzewallungen und Röte im Gesicht. Bei Erregung rote Flecken am Hals. Gelber Sattel über der Nase. Langer Schlaf erfrischt. Verträgt keine Schwüle.
*Verschlimmerung:* vor einem Gewitter.

Zincum metalic (C oder LM Potenzen oder Sahnimethode)
*Schlüssel-Symptome:* Mangel an Lebenskraft. Stetes Unruhegefühl, insbesondere in den Beinen. Brennendes Gefühl entlang der Wirbelsäule. Bei Frauen: einsetzende Regelblutung bessert alle Beschwerden. Berührung des Rückens unerträglich. Heißhunger gegen 11 oder 12 Uhr. Hände zittern beim Schreiben. Kann nicht schnell genug essen.
*Verschlimmerung:* durch Wein.

### Bachblüten
*Impatiens:* bei überschießenden Reaktionen, innerer Anspannung und Ungeduld, immer auf dem Sprung.
*Verbain:* bei Tendenz, sich für ein höheres Ziel zu verschleißen, Raubbau an seinem Körper zu betreiben.
*Cherry Plum:* bei Angst, den Verstand zu verlieren, bei Angst vor seelischen Kurzschlußhandlungen, vor Kontrollverlust.

### Phytotherapie
*Baldrian:*
bei innerer Unruhe, Schlafstörungen
*Kava-Kava:*
bei innerer Gespanntheit
*Ginseng:* bei Erschöpfung
*Gingko:* verbessert die Durchblutung der feinsten Gefäße

### Biochemie
*Natrium phosphoricum:* wirkt auf Nerven, Muskeln und Gehirnzellen.
*Magnesium phosphoricum:* wirkt auf Nerven, Rückenmark, Blutzellen.

### Farben
*Hellblau:* lockert auf;
*Türkis:* stärkt die Selbstheilungskräfte;
*Smaragdgrün:* beruhigt

### Grund- und Heilton
Fis und Dis

### Edelsteine
Blauer Saphir,
Türkis,
Rhodolith Granat

### Alchemistische Entsprechung
Zink (Zincum), Uranium.

### Heilelement
Luft und Vibrationen.

### Therapien zur Harmonisierung
(Erläuterungen im »Glossar« ab Seite 214)
● Fußreflexzonenmassage
● Polarity-Massage
● Lymphdrainage
● Gestalttherapie
● Prozeßorientierte Psychologie
● Vipassana-Meditation

### Indianische Entsprechung
Philosoph

### Mond-Rhythmus
Bei laufendem Mond im Wassermann (siehe Mond-
kalender) sind folgende Operationen ungünstig:
Im Unterschenkelbereich,
Gefäß-, auch Herzoperationen.

# MOND IN DEN FISCHEN

### LEBT IN EINER WELT VOLLER PHANTASIE

*Der Mond-in-den-Fischen-Geborene ist extrem sensibel, auf andere ausgerichtet und durch Impulse von außen schnell zu irritieren und zu beeindrucken.*

## Lebenseinstellung und Wesen

*Der Fischemond schwankt zwischen Aufopferung und dem Gefühl, das Opfer der Ansprüche anderer Menschen zu sein.*

Wie kein anderes Sternzeichen empfindet sich der Fisch als Teil eines großen Ganzen und darum dazu aufgefordert, für andere dazusein und seinen Beitrag zum Allgemeinwohl zu leisten. Das geht oft auf Kosten der eigenen Lebensenergie und -freude, da die deutliche Abgrenzungsschwäche es schier unmöglich macht, nein zu sagen, eigene Interessen zu verteidigen. Diese nach außen gezeigte Hilfsbereitschaft kann im Extremfall dazu führen, daß man sich als Opfer fühlt, sich geradezu selbst verleugnet. Wenn er aber spürt, was er sich selbst schuldig geblieben ist, reagiert der Fischmond mit innerer Vergrämtheit, Groll und Aggression. Er lernt oft erst durch eine seelische oder körperliche Krise, seine Bedürfnisse zu beachten, sich zu schützen und gut für sich zu sorgen. Die Umwelt nimmt so einen Rollenwechsel oft mit Befremden zur Kenntnis und versucht Gegenmaßnahmen zu ergreifen (z.B. durch Erzeugen von Schuldgefühlen), um den Fischemond in seinem neuerlernten und für andere unbequemen Verhalten zu verunsichern. Aber Egoismus zu lernen ist hier wichtigstes Gebot.

## Prägungen und Mutter-Beziehung

Die Beziehung zur Mutter ist oft von symbiotischer Natur. Während der Schwangerschaft kann eine unsichere Familiensituation dem Kind bereits ein Gefühl von Isolation vermittelt haben; den Eindruck nicht dazuzugehören. In der frühen Kindheit war der innige Kontakt zur Mutter, der notwendig ist, um sich seelisch und gefühlsmäßig zu Hause zu fühlen, durch äußere Umstände verhindert. Zum Beispiel weil die Mutter gezwungen war, ihre eigenen Bedürfnisse stark zu verleugnen, nur zu funktionieren, ohne jemals Ansprüche zu stellen. Das Kind empfindet diese Opferrolle der Mutter als demütigend. Es hat Mitleid und entwickelt Schuldgefühle, weil es meint, für die Überforderung oder das Leid der Mutter verantwortlich zu sein. Erleichterung findet der Mond-in-den-Fischen-Geborene in Tagträumen. Er hat viel Phantasie, lebt in einer Welt voller phantastischer und mythischer Geschichten. Die Kreativität ist also besonders stark ausgebildet und prädestiniert dazu, in künstlerischen Berufen erfolgreich zu sein. Die übersteigerte Wahrnehmungsfähigkeit, die an Hellsichtigkeit grenzt, verführt aber auch dazu, sich an Nebensächlichkeiten zu verlieren und diese extrem überzubewerten. Daß jemand die Dinge zurechtrückt und Belangloses als Belangloses »entlarvt«, verträgt der Mond-in-den-Fischen-Geborene gar nicht: Er fühlt sich schnell tief verletzt, abgewiesen und unverstanden.

## Talente und Berufe

Besonders erfolgreich sind Menschen mit einer Mond-Fische-Betonung in Berufen, in denen sie ihre Phantasie und ihre Inspiration ungehindert ausleben können. Geschäftstüchtig sind sie allerdings nicht. Die Unfähigkeit, für die eigene Leistung das entsprechende Honorar zu fordern, kann sie regelrecht in Notsituationen führen. Außerdem neigen sie dazu, immer wieder der Retter und Helfer zu sein. Sie fühlen sich Randgruppen, Minderheiten, sozial Benachteiligten verbunden. Um sich nicht an die eigene, übergroße Sensibilität zu verlieren, um sich selbst Halt zu geben, wird manchmal auch der Versuch gestartet, einen ganz handfesten Beruf zu ergreifen, einen der der ausufernden Phantasie Grenzen setzt (Bankbeamter, Steuerbeamter).

## Liebe und Beziehungen

*Die Flucht in eine bestimmte Vorstellung von Liebe und Beziehung macht es schwer, den Partner wahrzunehmen, wie er ist. Seinem Glück steht der Fischemond dadurch oft selber im Weg.*

In Beziehungen besteht die Gefahr, Partner zu suchen, die völlig überzogene Anforderungen stellen. Man lebt, was die Mutter vorlebte: den Verzicht. Getrieben von einer Glücksverweigerung hält man aus, daß es einem nicht gutgeht – und flüchtet, wenn es einem gutgeht. Die Unfähigkeit, Ansprüche zu artikulieren, kann immer wieder das Gefühl aufkommen lassen, zurückgesetzt oder ausgenutzt zu werden. Der Wunsch nach allumfassender Harmonie und überirdisch schöner Übereinstimmung prädestiniert auch dazu, symbiotische Beziehungen einzugehen. Die Realität wahrzunehmen, Menschen und Dinge zu sehen, wie sie sind, sie nicht zu schönen oder zu idealisieren, fällt dem Fischemond ungemein schwer. So werden immer wieder Gründe gesucht – und gefunden –, um in unbefriedigenden Verbindungen zu bleiben. In Beziehungen, in denen man duldet, ohne dem anderen Grenzen zu setzen. Denn die nonverbale Botschaft aus der Kindheit lautet:

- sei selbstlos,
- sei bescheiden,
- sei frei von allem,
- sei abgehoben und rein.

Menschen, deren Mond im Tierkreiszeichen Fische steht, sollten unbedingt ihr Selbstbewußtsein stärken, sich ihres Selbstes mehr bewußt werden. Das heißt: die eigenen Wünsche ernst nehmen, die eigenen Talente und Fähigkeiten als wertvoll empfinden und begreifen. Das erlaubt dann auch, die eigene Sexualität zu genießen, in Partnerschaften Ansprüche zu stellen, glücklich zu sein.

## Gesundheit und Therapie

Der Mond-in-den-Fischen-Geborene neigt wegen seiner ausgeprägten Sensibilität sehr zu psychosomatischen Erkrankungen, die oft nicht leicht zu diagnostizieren oder zu therapieren sind. Je nachdem, ob er sich familiär oder seelisch geborgen oder nicht geborgen fühlt, reagiert der Fischemond auf körperliche Störungen unbekümmert, fast zerstreut, dann wieder übertrieben ängstlich. Man kann sich schwer gegen andere abgrenzen und geht bereitwillig in die Opferrolle. Doch wer darin verharrt, ist auch etwas dafür prädestiniert, Krankheiten mit unbegrenztem Wachstum zu entwickeln. Davor kann und sollte man sich schützen: Indem man sich selbst ernster nimmt und klare Grenzen zieht gegen die Ansprüche anderer.

### Krankheitsdispositionen

Allergien,
Hauterkrankungen,
Fußerkrankungen
(Senk- und Spreizfuß),
Blasenreizungen und -schwäche,
Lympherkrankungen,
Abwehrschwäche.

### Homöopathie

Folgende homöopathischen Konstitutionsmittel könnten helfen:

Pulsatilla (in LM Potenzen oder mit der Sahnimethode)
*Schlüssel-Symptome:* Ist unentschlossen, leicht zu verunsichern. Hat bei großem Schlafmangel purpurne Gesichtsfarbe. Ist mild, freundlich, schüchtern, selbstlos. Weint leicht (auch bei Dank oder Lob). Braucht viel Aufmerksamkeit. Haßt das Alleinsein. Ständiger Wechsel der Symptome. Abends hellwach, erwacht dann morgens zerschlagen. Kann nicht aushalten, in der Sonne zu sitzen.
*Verschlimmerung:* in der Dämmerung, abends, in warmen, geschlossenen Räumen.

Thuja (in LM und/oder C Potenzen)
*Schlüssel-Symptome:* Ist zurückhaltend. Zeigt sich nicht gerne. Hält sich seelisch bedeckt. Hat Schuldgefühle, ist sensibel, dankbar, höflich. Träumt von Verstorbenen. Ist reizbar, verfroren. Haßt es, berührt zu werden. Hat Furcht vor Fremden. Negative Folgen von Impfungen. Frißt alles in sich rein.

Glaubt an eine höhere Macht, die ihn lenkt. Neigung zu Wassereinlagerungen.

*Verschlimmerung:* um 3 Uhr nachts und um 15 Uhr, durch kalte, feuchte Luft.

Lachesis (in LM Potenzen und nach Sahni)
*Schlüssel-Symptome:* Ist melancholisch, zeitweise cholerisch. Hat blonde oder rote Haare mit Sommersprossen. Ist spirituell. Stellt hohe Ansprüche an sich selbst. Kämpft das ganze Leben gegen seine dunklen Triebseiten an und vermutet bei sich mehr Schattenanteile als bei anderen. Ist eifersüchtig. Hat eine lebhafte Phantasie. Alle Beschwerden zeigen sich vorzugsweise links. Ekstase, mit prophetischer Wahrnehmung.
*Verschlimmerung:* nach Schlaf oder Alkoholgenuß, verträgt keinen Druck und keine Einengung, nicht mal enge Kleidung.

### Bachblüten
*Mimulus:* bei spezifischen Ängsten, die man benennen kann.
*Pine:* bei Schuldgefühlen, Seelenqual.
*Aspen:* bei diffusen Ängsten, Vorahnungen.
*Larch:* bei Mangel an Selbstvertrauen, wenn stets Fehlschläge erwartet werden.
*Oak:* beim Typ »tapferer erschöpfter Kämpfer«, der trotz Angst und Selbstzweifeln immer weitermacht.

### Phytotherapie
*Goldrute:* ist harntreibend, desinfizierend
*Echinacin:* kräftigt die Abwehr
*Thymusextrakt:* stärkt das Immunsystem

### Biochemie
*Kalcium phosphoricum:*
bei Platzangst und Melancholie
*Ferrum phosphoricum:*
gegen Entzündungen im ersten Stadium
*Natrium muriaticum:* Wasserregulator

## Farben
Irisierende, schimmernde, silbrige Töne.
Violett, ein sanftes Pink, Lila, Rosa:
Diese Farben beruhigen, hellen die Stimmung auf, haben eine besänftigende Wirkung.

## Grund- und Heilton
E, C und F

## Edelsteine
Jade,
Turmalin,
Türkis,
Amethyst

## Alchemistische Entsprechung
Aluminium (Aluminia)
Phosphor, Platin

## Heilelement
Wasser. Dem Mond-in-den-Fischen-Geborenen tut es gut zu schwimmen, Wasserwanderungen zu machen, an Flüssen und Seen spazierenzugehen.

## Therapien zur Harmonisierung
(Erläuterungen im »Glossar« ab Seite 214)
- Kriya-Yoga mit Meditation
- Astro-Psycho-Therapie
- Astrodrama
- Esoterische Selbsterfahrungsgruppen

## Indianische Entsprechung
Die Zaubergewährerin

## Mond-Rhythmus
Bei laufendem Mond in den Fischen (siehe Mondkalender) sind Operationen ungünstig im Bereich der Füße, im Lungen-Bronchialtrakt, im Uro-Genitaltrakt.

*Zu lernen, auch mal »Nein« zu sagen, ist für den Fischemond besonders wichtig. Denn sonst kann die Opferrolle, in die er oft geht, zu ernsten gesundheitlichen Störungen führen.*

# DIE HEILKRAFT DI

Daß Edelsteine eine heilende Wirkung besitzen, dieses Wissen gehört zum Grund-»Programm« ganzheitlich denkender Menschen, da Mensch, Tier, Pflanze und Stein eine harmonische natürliche Einheit bilden. Edelsteine wirken durch ihr Licht, durch ihre Farbe, durch die chemische Zusammensetzung. Und obwohl sie eine sehr niedrige Schwingung haben, unterstützen sie Heilungsprozesse auf vielseitige Weise – wenn die Bereitschaft da ist, sich dieser Wirkung zu öffnen.

Bei der folgenden Darstellung der Heilwirkung für die jeweiligen Sternzeichen ist auch immer wieder von Chakra die Rede. Als Chakra bezeichnet man die Hauptenergiezentren des Menschen: Sie sind die Schlüsselpunkte im Fluß der Energie. Dieser Energiestrom verläuft im menschlichen Körper vom Basis-Chakra über die Wirbelsäule bis zum Scheitel-Chakra. Ist eines dieser Energiezentren blockiert, sind auch die anderen in ihrer Arbeit eingeschränkt. Ausgeglichenheit, Harmonie, können erst wiederhergestellt sein, wenn die Blockade aus dem Weg geräumt ist.

Edelsteine können über die Betrachtung und das Fühlen wirken. Man kann sie tragen, in der Tasche bei sich haben, unters Kopfkissen legen. Man kann sie auflegen oder über ein Bioresonanzgerät einschwingen. Über Nacht in Öl eingelegt, geben sie ebenfalls Heilenergie ab: Man kann das Öl dann als Einreibemittel benutzen. Auch ein Weg, Energie zu »tanken«: Edelsteine in Wasser oder Wein legen und die Flüssigkeit dann trinken.

# EDELSTEINE

## Edelsteine & Tierkreiszeichen

Steinbock, Wassermann, Fische… im folgenden Kapitel geht es um die Zuordnung der Edelsteine zum astrologischen Tierkreis. Dabei ist es gleichgültig, ob es sich um die Sonne, den Mond oder den Aszendenten handelt oder um einen anderen der persönlichen Planeten (Venus, Merkur, Mars).

### Steinbock

Gagant · schwarzer Onyx
weißer Onyx
Seite 206

### Wassermann

blauer Saphir · Türkis
Granat · Rhodonit
Seite 206

### Fische

Jade · Turmalin · Türkis
Amethyst
Seite 207

### Widder

Karneol · Blutstein
weißer Diamant · Rubin
Magnetstein
Seite 207

### Stier

Lapislazuli · Saphir
Turmalin
Seite 208

### Zwillinge

Aquamarin · Alexandrit
Smaragd · Achat
Seite 208

### Krebs

Beryle · Mondstein
Perle · Bergkristall
Seite 209

### Löwe

Rubin · roter Onyx
Heliotrop · Goldquarz
Smaragd · weißer Diamant
Seite 210

### Jungfrau

Tigerauge · Goldquarz
Rauchtopas
Seite 211

### Waage

Lapislazuli · Rosenquarz
heller Opal · Hyalit-Opal
Seite 211

### Skorpion

Rubin · Topas
Karneol-Achat
Seite 212

### Schütze

Amethyst · Rubin
Jaspis · Malachit
Seite 213

# WELCHER STEIN FÜR WELCHES STERNZEICHEN

## Steinbock

**Gagant:**
kühlend, beruhigend, schmerzstillend bei entzündlichen Prozessen.

**schwarzer Onyx:**
beruhigend, klärend, dämpfend bei Erregungszuständen.

**weißer Onyx:**
antidepressiv, aufbauend, stärkend, stark reinigend, zur Regeneration von Herz und Nieren.

## Wassermann

**blauer Saphir:**
stärkt die intellektuellen Fähigkeiten, gibt geistige Klarheit und innere Ordnung, tröstet, wirkt beruhigend und stabilisierend.

**Türkis:**
ältester Heilstein, Stein der Schamanen, stärkt die Heilkräfte, bringt Harmonie mit dem Kosmos.

**Rhodonit:**
verstärkt die sensible Wahrnehmung, bei Sprachstörungen, entzündungshemmend.

**Granat:**
(andere Bezeichnung für Rhodonit) verbessert die Funktion der Kapillargefäße, insbesondere im Lungengewebe.

# Fische

**Jade:**
kühlend, abschwellend, erdend, kräftigt den Atlas bei Störungen im Immunsystem.

**Turmalin:**
öffnet das Herz-Chakra, psychische Probleme mit dem Vater können besser aufgearbeitet werden.

**Türkis:**
ältester Heilstein, Stein der Schamanen, stärkt die Heilkräfte, bringt Harmonie mit dem Kosmos.

**Amethyst:**
reinigend, günstig bei überschießenden Prozessen (z. B. Allergien), ausgleichend, weckt spirituelle Erkenntnis, schenkt Liebesfähigkeit, auch im kosmischen Sinn, hilft bei Suchtproblemen.

# Widder

**Karneol:**
lindert Ängste und Ärger, regt die Gewebe-Regeneration an, verstärkt die Leberentgiftungsprozesse.

**Blutstein:**
wirkt auf Knochenmark, auf Milz und Herz, Herz- und Basis-Chakra werden geöffnet.

**weißer Diamant:**
steht mit dem höheren Selbst in Verbindung; gibt geistige Klarheit, entgiftet physisch wie psychisch, läßt blockierte Lebensenergie wieder fließen.

**Rubin:**
verbessert die geistige Beweglichkeit, reinigt von destruktivem Denken, gegen Alpträume, Melancholie, kräftigt die Lebensfunktionen, aktiviert die Intuition, hat einen Bezug zum Herz-Chakra, gegen innere Orientierungslosigkeit.

**Magnetstein:**
gleicht zwischen Ying und Yang aus, bringt bewußtseinsmäßig ins Gleichgewicht.

## Stier

**Lapislazuli:**
bei Entzündungen im Halsbereich und in den oberen Luftwegen, regt die Schilddrüsentätigkeit an, ist ein machtvolles Reinigungsmittel.

**Saphir:**
(vor allem rosefarben) bei Koliken, Rheumatismus, Stoffwechselstörungen, wirkt auf die Hypophyse, weckt die höhere Vernunft, verstärkt das Bedürfnis nach Gebet und innerem Frieden.

**Turmalin:**
öffnet das Herz-Chakra, psychische Probleme mit dem Vater können besser aufgearbeitet werden.

## Zwillinge

**Aquamarin:**
lindert Husten, beruhigt die Nerven, bei Ängsten und innerer Unrast, kräftigt die Struktur der inneren Organe.

**Alexandrit:**
wirkt auf Nervensystem, die Bauchspeicheldrüse und die Milz, hilft, ein besseres Selbstwertgefühl aufzubauen und Freude zu empfinden.

**Smaragd:**
fördert die sprachliche Differenzierungsfähigkeit, bei kreislaufbedingten und neurologischen Beschwerden; ist ein Symbol für Liebe, Güte und Wohlstand.

**Achat:**
regt den Tastsinn an, verstärkt die Hinwendung zum inneren Selbst, verbessert die Sauerstoffversorgung der Zellen, lindert Magen- und Darmbeschwerden, auch Magersucht, öffnet das Herz-Chakra.

# Krebs

**Beryll:**
hilft, sich besser abzugrenzen, lindert Entzündungen im Schleimhaut-
bereich, wirkt besonders auf den Magen-Darm-Trakt.

**Mondstein:**
schenkt innere Harmonie und inneren Frieden, fördert tiefe Einsichten
und hellseherische Fähigkeiten, hat eine besondere Wirkung auf die
weiblichen Organe.

**Perle:**
stärkt das Selbstvertrauen und das Vertrauen in übergeordnete Prozes-
se, gleicht Disharmonie aus, hilft, Flexibilität zu entwickeln bei emo-
tionalen Schwierigkeiten; Magen, Milz und Darm werden günstig be-
einflußt.

**Bergkristall:**
(nach Hildegard von Bingen: das gefrorene Wasser Gottes) schenkt
Gelassenheit, tiefe Reinigungskraft, bei allergischen Reaktionen, bei
toxischer Belastung.

## Löwe

**Rubin:**
verbessert die geistige Beweglichkeit, reinigt von destruktivem Denken, gegen Alpträume, Melancholie, kräftigt die Lebensfunktionen, aktiviert die Intuition, hat einen Bezug zum Herz-Chakra, gegen innere Orientierungslosigkeit.

**roter Onyx:**
kräftigt die Herzfunktionen, regt das Kreislaufsystem an, hilft, seelisch im Gleichgewicht zu bleiben, öffnet für höhere Inspirationen.

**Heliotrop:**
weckt das spirituelle Bewußtsein und das Mitgefühl für andere, hilft, eine allumfassende Liebe zu entwickeln.

**Goldquarz:**
aktiviert die geistigen Kräfte, die Disziplin, hilft, die eigenen Emotionen besser zu kontrollieren.

**Smaragd:**
fördert die sprachliche Differenzierungsfähigkeit, bei kreislaufbedingten und neurologischen Beschwerden, ist ein Symbol für Liebe, Güte und Wohlstand.

**weißer Diamant:**
steht mit dem höheren Selbst in Verbindung; gibt geistige Klarheit, entgiftet physisch wie psychisch, läßt blockierte Lebensenergie wieder fließen.

## Jungfrau

**Tigerauge:**
erdet, stärkt die Verdauungsorgane, hilft, sich emotional abzugrenzen, schafft einen Zugang zu den inneren Bedürfnissen.

**Goldquarz:**
aktiviert die geistigen Kräfte, die Disziplin, hilft, die eigenen Emotionen besser zu kontrollieren.

**Rauchtopas:**
zur allgemeinen Gewebe-Regeneration, Alterungsprozesse lassen sich verlangsamen, stimuliert den Geschmackssinn, bringt Gefühle ins Gleichgewicht.

## Waage

**Lapislazuli:**
bei Entzündungen im Halsbereich und in den oberen Luftwegen, regt die Schilddrüsentätigkeit an, ist ein machtvolles Reinigungsmittel.

**Rosenquarz:**
weckt die Kreativität, wirkt auf Nieren und Blase, erhöht die Fruchtbarkeit, löst Anspannung und Ärger.

**heller Opal:**
stärkt die Lebenskraft, wirkt auf Hypophyse und Epiphyse, lindert Autismus, Legasthenie, Epilepsie, Koordinationsstörungen; Solarplexus und Stirn-Chakra werden geöffnet.

**Hyalit-Opal:**
fördert das spirituelle Wachstum, lindert Augenleiden, verbessert die Blutbildung, bei Depressionen und Apathie, stärkt die Intuition.

## Skorpion

**Rubin:**
verbessert die geistige Beweglichkeit, reinigt von destruktivem Denken, gegen Alpträume, Melancholie, kräftigt die Lebensfunktionen, aktiviert die Intuition, hat einen Bezug zum Herz-Chakra, gegen innere Orientierungslosigkeit.

**Topas:**
lindert Wut, Aggression, übermäßige Eifersucht und selbstzerstörerische Tendenzen, fördert die positive Selbstliebe.

**Karneol-Achat:**
macht die Gefäße elastisch, läßt die Lebensenergie gleichmäßig fließen, stimuliert die Zellneubildung, wirkt dogmatischem Denken entgegen.

# Schütze

**Amethyst:**
reinigend, günstig bei überschießenden Prozessen (z. B. Allergien), ausgleichend, weckt spirituelle Erkenntnis, schenkt Liebesfähigkeit, auch im kosmischen Sinn, hilft bei Suchtproblemen.

**Rubin:**
verbessert die geistige Beweglichkeit, reinigt von destruktivem Denken, gegen Alpträume, Melancholie, kräftigt die Lebensfunktionen, aktiviert die Intuition, hat einen Bezug zum Herz-Chakra, gegen innere Orientierungslosigkeit.

**Jaspis:**
wirkt auf Thymusdrüsen und Nieren, gut bei Hautproblemen, Störungen des Immunsystems, überschießenden Reaktionen, bei Halluzinationen, Depressionen, bei latenten Ängsten und überaktivem Traumleben.

**Malachit:**
bei Schlafstörungen, Schwächezuständen, Magenproblemen, stimuliert die Heilkräfte des Menschen, weckt Altruismus und Hingabefähigkeit.

# GLOSSAR